왜 베토벤인가

왜 베토벤인가

초판 1쇄 발행 2025년 3월 28일

지은이 노먼 레브레히트
옮긴이 장호연

펴낸이 서지원
책임편집 홍지연
디자인 형태와내용사이

펴낸곳 에포크
출판등록 2019년 1월 24일 제2019-000008호
주소 서울시 용산구 한강대로 95, A동 1315호
전화 070-8870-6907
팩스 02-6280-5776
이메일 info@epoch-books.com
인스타그램 @epoch.books

ISBN 979-11-991266-0-2(03670)
한국어판 ⓒ 에포크, 2025

왜 베토벤인가

노먼 레브레히트 지음 | 장호연 옮김

WHY
BEETHOVEN

에포크

이 책의 완성을 보지 못한

비어트리스(1930~2022)를 위하여

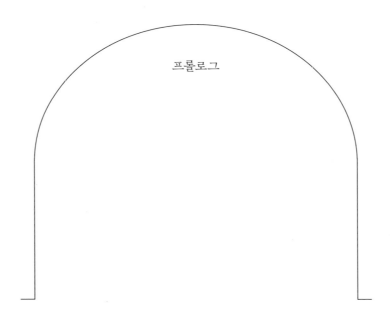

프롤로그

내가 틸 얀추코비치를 처음으로 만난 것은 1990년대 여름 슐레스
비히홀슈타인의 한 목가적인 페스티벌에서였다. 우리는 비가 부슬
부슬 내리는 가운데 외양간에서 무조無調의 현악 4중주곡 세계 초
연을 듣고 있었다. 삐걱대는 현악기 소리와 쫓겨난 홀스타인 젖소
들의 울음소리가 뒤섞여 들리는 와중에 둥근 얼굴의 이 젊은 남자
는 모든 클래식 음반을 한곳에서 들을 수 있도록 하는 것이 자신
의 꿈이라고 털어놓았다. "음반사가 결코 동의하지 않을 텐데요."
나는 그렇게 말하며 어깨를 으쓱했다.

사반세기 뒤에 켄싱턴의 한 레스토랑에서 틸을 다시 만나 저
녁식사를 함께 했다. 그는 1000만 달러를 들여 엔리코 카루소에
서 유자 왕에 이르기까지, 녹음된 모든 클래식 음반을 자신이 운

영하는 웹사이트(idagio.com)에 업로드하고 있었다. 이미 틸은 자신의 꿈을 실현한 셈이었다. 이제 그는 나의 클래식 뉴스 사이트(slippedisc.com)와 협업하고 싶다고 했고, 나에게 좋은 아이디어가 있는지 떠보았다.

"베토벤이죠." 내가 말했다.

"어째서죠?"

"곧 그의 탄생 250주년이니까요."

"생각하고 있는 거라도 있어요?"

"모든 곡에 비평 가이드를 제공하는 겁니다." 나는 그 자리에서 생각나는 대로 말했다.

"몇 곡이나 되는데요?"

"250곡."

"음반은?"

"대략 1만 5000장."

"얼마나 자주 올려요?"

"매일."

"언제부터 시작할 수 있어요?"

집으로 돌아오니 아내가 내게 현실을 일러주었다. 북투어가 두 차례 예정되어 있고 새로운 소설을 절반 정도 쓴 상태이며 이미 내가 하루 열한 시간 일하고 있다고 했다. "시간을 어떻게 내려고 그래?"

"중요한 것부터 해야지."

"그러지 못한다는 거 알면서."

"당신이 도와주면 돼."

계산해보니 아무것도 안 하고 베토벤 음반 1만 5000장을 듣는 데만도 4년이 걸린다. 그러면 이 책은 다음 주기周期인 2027년에야 나올 수 있다. 그런데 굳이 모든 음반을 다 들어봐야 하나, 하는 생각도 했다. 나는 음반을 가리지 않고 듣는 사람이어서 카탈로그를 훤히 꿰고 있다. 데메트리오스가 알렉산드리아 도서관을 알았듯이, 엘리아스 카네티가 『현혹』에서 서가에 대한 지식을 자랑했듯이 나도 베토벤 음반이라면 남부럽지 않게 안다. 지하 창고에는 개성 없는 시시한 음반들이 대부분이다. 허세용 음반, 재발매 음반, 기준 미달의 음반을 걸러내고 나면 논의의 가치가 있는 베토벤 음반은 1000장으로 줄일 수 있었다. 이 정도면 어떻게든 해볼수 있겠다는 생각이 들었다. 재미도 있고 말이다.

연구는 이미 다 되어 있었고 더 둘러볼 곳도 없었다. 베토벤의 세계는 성냥갑처럼 좁았다. 그는 본과 빈에 살았고 바다를 본 적이 없었다. 온천에서 여름휴가를 즐겼다. 나는 그의 집, 그가 머물던 휴양지, 그가 걸었던 숲, 호수, 무덤을 보았다. 그는 주로 한곳에서 생활했고 특별한 사건이랄 게 많지 않았다. 좋은 일보다 우울한 일이 더 많았다. 자폐증에 가까워서 사랑에 계속 실패했고 여자와 섹스를 나눈 적이 없었다. 적어도 확인된 관계만 놓고 보면 그렇다. 그는 서른한 살부터 청력이 심각하게 망가져 사회생활이 대화록에 적힌 메모로 쪼그라들고 말았다. 그는 불결하게 살았다. 그를 찾아갔던 이들은 지독한 냄새와 더러운 바닥에 기겁을 했다. 그렇게 사람들을 멀리한 베토벤이었건만, 그는 이전의 어떤 음악가보다도 인간의 본질을 더 깊이 파고들었다. 그에 비하면 하이든과 모차르트는 그냥 관객을 즐겁게 하는 사람들이었다. 베토벤은 자기 음악이 일반 청취자의 이해 수준을 넘어서는 지점에서 (처칠의 말을 빌리자면) 더욱더 굴을 파고 들어갔다. 그는 스스로에게 부여한 임무를 혼자 힘으로 수행해냈다. 마지막 걸작들에 이르러서는 본인이 가고 있는 방향을 알았는지 어쨌는지도 더 이상 분명하지 않다.

음악가에게 닥칠 수 있는 최악의 장애가 그의 발목을 잡았다. 청력을 잃었다는 사실만으로도 그의 위업은 독보적이다. 베토벤이 작곡을 했다는 것 자체가 기적인데, 거기에 그치지 않고 이전의 모든 음악을 능가하는 곡을 썼다는 것이 믿기지 않는다. 팬데믹때 교황이 그랬듯 베토벤도 저 위를 향해 손을 뻗었다. 하지만 베토벤은 교회에 나가지 않았다. 그가 무엇을 믿었는지는 확실치 않다. 귀로 듣지 못하면서 그런 음악을 계속 작곡해나갔다는 건 창작의 영역에서 유례없이 뚝심 있는 행동이다. 아울러 이는 창작의 불꽃이 번뜩이는 인간이라면, 아직 숨이 붙어 있고 곳간에 먹을 것이 있는 한 예술 활동을 결코 포기해서는 안 된다는 본보기가 된다.

왜 베토벤인가? 이 질문은 평생 나를 괴롭혔다. 어떻게 그는 나폴레옹 군대의 대포 소리에 겁을 먹으면서도 〈황제〉 협주곡을 쓸 수 있었을까? 무엇 때문에 그는 관습을 거역하면서 교향곡에 가수들을 더하고 현악 4중주곡에 일곱 악장을 넣었을까? 〈엘리제를 위하여〉는 어떻게 중국에서 가장 인기 있는 피아노곡이 되었을까? 한때 베토벤 음악이 가졌던 의미는 지금도 유효할까, 아니면 시간이 경과하면서 변화했을까? 이런 질문에 대한 답을 알아보는 유일한 방법은 베토벤이 쓴 음악을 통해서, 그리고 여러 예술가— 가령 턱수염을 길게 기른 요제프 요아힘부터 초미니스커트를 입은 유자 왕에 이르기까지—의 음반에서 해석되고 재해석된 방식을 통해서 베토벤을 살펴보는 것이다. 모든 세대, 모든 예술가는 저마다 다른 베토벤을 발견한다. 셰익스피어가 그렇고 성경이 그렇듯 여기서도 해석이 텍스트만큼이나 중요하다.

나는 닐 맥그리거의 『100대 유물로 보는 세계사』에서 착안하여 우선 베토벤의 작품들을 100개의 장에 배열했다. 카탈로그 순서에 따라 작품번호 1부터 138까지 적는 것은 의미가 없다. 정확한 날짜순도 아닐뿐더러 베토벤이 정해진 순서에 따라 곡을 만든 것도 아니기 때문이다. 그가 열아홉 살에 만든 왕실 칸타타의 주제는 최종적으로 오페라 〈피델리오〉의 클라이맥스에 들어가게 되었다. 교향곡 5번의 운명의 노크 소리는 청년 시절 두 대의 피아노를 위한 스케치에 처음으로 등장한다. 베토벤은 종종 여러 벌씩 작업했다. 대여섯 곡의 소나타나 현악 4중주곡을 쓰고 나서 10년 뒤 다시 그 장르에 뛰어들었다. 〈하머클라비어〉를 작업하다 말고 난데없이 아일랜드 노래에 매달렸다. 이렇듯 그는 자신만의 무질서 속에 존재한다. 그러니 기록자가 자유롭게 연관 관계를 찾아서 기술할 수 있다. 그 과정에서 머뭇거림, 중단, 삭제, 음식 자국이 묻은 자필 악보를 통해 작곡가의 손길을 따라가게 된다. 모두가 창작 과정의 일부다.

고심 끝에 나는 중간 지점에 해당하는 작품들을 살펴보고 거기서 양방향으로 나아가기로 했다. 이는 피아니스트들이 서른두 곡의 소나타 전곡을 며칠에 걸쳐 연주할 때 쓰는 방법이다. 출판 순서를 따르지 않고, 각각 다른 시기에서 서로 어울리는 곡들을 묶어 일관성을 드러낸다. 베토벤은 하나의 작품에서 다음 작품으로 의식의 흐름을 이어가는 식이 아니라 몇 가지 거대한 아이디어를 창의적 세계의 동맥으로 두고 작업했다.

베토벤과 만나는 자리는 음악이다. 우리는 저마다 개인적인 방식으로 음악과 관계를 맺는데, 여기에는 장소와 시간, 학습과 전통, 버릇과 재능이 관여한다. 그러므로 베토벤을 향한 모든 접근은 주관적으로 흐를 수밖에 없으며, 베토벤에 관한 모든 연구는 베토벤만큼이나 연구자 자신에 대해서도 많은 것을 드러낸다. 이 책을 쓰면서도 오랫동안 묻혀 있던 내 어린 시절 트라우마를, 또 성인이 돼서 맺는 관계에 대한 통찰을, 베토벤이 내 삶에 깔아놓은 여러 노선을 맞닥뜨리게 되었다. 많은 사람이 연구한 바를 다시 살펴보면서는 〈엘리제를 위하여〉의 충격적인 정체를, 베토벤의 독특한 민족성을 이루는 다양한 뿌리를 확인하기도 했다. 베토벤은 우리가 살면서 굳이 의식하려 하지 않아도 의식하게 되는 존재다. 단단한 피부를 뚫고 나오는 가시 같은 존재요, 묻혀 있다가도 불편한 순간에 고개를 드는 기억이다. 베토벤의 음악을 통해 250년 세월 저편에 있는 그를 만나는 것이 이 책의 목적이다.

흔히 전기 작가들이 묘사하는 베토벤은 제멋대로 굴고, 단정치 못하고, 아랫사람들을 괴롭히고, 친구들에게 무례한, 한마디로 알고 싶지 않은 사람이다. 하지만 베토벤과 함께 2년을 보내고 나니 내게는 그가 거의 이상적인 인간으로 비친다. 그는 운명에 굴하지 않았고, 놀라우리만치 독립적이었으며, 교회나 국가에 고개 숙이지 않았다. 하나의 곡을 마치면 누가 값을 지불하게 될지 모르는 채로 다음 곡을 작업했다. 그는 매일 자신이 더 잘할 수 있다고 믿었다. 그리고 비평가와 팬을 똑같이 경멸했다.

계층 서열이 강한 빈에서 그는 모차르트와 달리 권력자에게 무릎 꿇기를 거부했다. 그 대신에 마련한 것이 돈을 대는 후원자 이름을 곡에 붙이는 현대적인 예술 후원 방식이었다(소나타가 없었다면 과연 누가 발트슈타인의 이름을 들어보기나 했을까). 부유한 자들과 위세 있는 자들이 명령하면 그는 귀가 들리지 않는다며 고개를 돌렸다. 교향곡 9번은 권력자들이 시골에 내려가 있는 주말에 초연하여 진정한 음악 애호가들에게 선보일 수 있었다. 베토벤의 세계관은 자기 한계가 뚜렷했다. 과학에 무지하고 철학에 무관심했던 그는 의사를 불신했고, 변호사를 미워했으며, 집주인을 경멸했고, 재산을 소유하지 않았다. 그는 독일어로 말했고, 라틴어를 읽었으며, 프랑스어를 살짝 했는데 그 밖에는 더 필요한 것이 없었다.

생활 습관은 단순했다. 그는 가장 질 좋은 연필과 펜을 구입했다. 슈트나 재킷은 소유하지 않았다. 신발은 동네에서 만든 것을 신고 다녔다. 아침에는 커피를, 밤에는 와인을 마셨다. 요강에 소변을 보고 그걸 의자 밑에 둔 다음 비우는 것을 잊었다. 더 이상 소변을 보지 못할 때 죽은 덕에 흉한 꼴은 보이지 않았다. 그 손길을 따라 악보를 넘기면 넘길수록 그가 그토록 평범한 바탕에서 거대한 깨우침을 얻었다는 사실에 놀라게 된다. 대체 베토벤은 한낱 음악가가 세상을 바꿀 수 있다는 발상을 어디서 얻은 걸까?

𝄽

내가 생각을 정리하기도 전에 세상이 멈추고 말았다. 2020년 1월 9일, 베토벤 탄생 250주년을 맞아 이스라엘 피아니스트 아미엘 부샤케비츠가 중국 우한의 친타이 콘서트홀에서 베토벤의 3중 협주곡을 연주했다. 중국의 번영을 상징하는 붉은색과 황금색이 어우러진 멋진 건물이었고 표는 일찌감치 다 팔렸다. 전에도 여기서 공연한 적이 있는 아미엘은 불안을 감지했다. "코로나바이러스가 퍼졌다는 소문이 있어요. 가이드와 통역사가 그러더군요." 그가 내게 이메일로 알렸다. 일주일 뒤 우한은 폐쇄되었다. 무슨 일이 벌어질지 우리는 아직 몰랐다.

그 주에 갈라파고스 제도로 신혼여행을 간 젊은 수학자는 1835년 찰스 다윈이 그곳을 방문했을 때부터 살아 있던 땅거북을 보았다. "그들로부터 2미터 거리를 유지하라는 표지판이 사방에 있었습니다." 애덤 쿠차르스키 교수의 말이다. 런던으로 돌아온 그에게 팬데믹 때 사람들이 서로 지켜야 하는 최선의 거리가 어떻게 되는지 정부 관료가 물었다. "2미터죠!" 쿠차르스키가 말했다. 그렇게 해서 냉혹한 규칙이 정해졌다.

3월에 코로나바이러스가 서양을 덮쳤다. 내가 처음으로 사망 소식을 접한 음악가는 3월 12일 밀라노 라 스칼라 극장의 캐스팅 감독 루카 타르제티였다. 매일 아침 더 많은 비극적인 소식이 들렸다. 영국에 사는 러시아 작곡가 드미트리 스미르노프는 갑자기 숨을 쉬지 못했다. 브라질 지휘자 무나카타 나오미는 리허설 때 마스크가 없어서 불안해했다. 두 사람 다 죽었다. 메트로폴리탄 오페라 오케스트라 동료들은 비올리스트 빈센트 리온티와 작별하며 슬픔에 잠겼다. 음악 비평가가 마드리드에서, 극작가가 맨해튼에서 죽었다. 베토벤 현악 4중주단이 첼리스트를 잃었고, 인도 작곡가가 병원 계단에서 세상을 떠났다.

하늘에서 항공기가 사라지고 거리에 자동차가 줄어들자, 나는 해가 잘 드는 안뜰에 앉아 새소리를 들었다. 더 이상 기계와 경쟁할 필요가 없어진 새들은 조용히 노래했다. 에이브북스에서 나온 『베토벤은 새 관찰자였을까?』라는 책을 구입했다. 〈전원〉 교향곡에서 플루트로 나이팅게일을, 클라리넷으로 뻐꾸기를, 오보에로 메추라기를 묘사한 걸 보면 과연 베토벤은 그랬을 것이다. 정신없이 더운 4월에 제비가 아프리카에서 날아와, 새장에 갇힌 우리의 신세를 조롱했다. 여행이 처음 완화되었을 때 나는 바다 냄새를 맡을 수 있다면 뭐든 하겠다고 다짐하며 기차역으로 달려갔다. 평생 육지에서 살았던 베토벤이 그런 나를 말렸다.

10대 손자가 집에 왔다. 베토벤에 대해 아무것도 모르는 아이였다. 나는 손자의 학업을 봐주고 휴대폰과 컴퓨터 사용 시간을 통제하고 운동을 시키고 잠을 재우고 먹을 것을 챙겨주면서, 집안일을 전혀 할 줄 몰랐던 베토벤이 조카를 돌보는 모습을 상상했다. 베토벤은 그 과정에서 거의 반미치광이가 되었고, 그의 조카는 거의 자살 직전에 이르렀다. 그는 양육의 롤모델이 아니었다.

삶의 위기에 이를 때마다 '이런 상황에서 구스타프 말러라면 어떻게 했을까' 자문하곤 했다. 코로나 시대에 나는 말러를 들을 마음이 나지 않았다. 언제쯤 콘서트홀에서 그의 음악을 다시 들을 수 있을지 알 수 없었다. 하지만 베토벤은 꿋꿋하게 계속 흘러나왔다. 그의 음악은 온갖 매체, 온갖 분위기에 다 어울렸다. 음악가들은 화상통화 프로그램 '줌'을 연결한 침실에서 베토벤을 연주하여 그 결과물을 '유튜브'에 올렸다. 한 여성은 영국의 부엌에서 줌을 통해 전국 각지의 아마추어들을 지휘하여 아홉 개의 교향곡을 연주했다. 필라델피아 시민 50만 명이 라이브 스트리밍으로 다 함께 교향곡 5번을 들었다. 백신이 도착해 사람들이 팔을 걷고 줄을 서서 평소 모습으로 돌아가려고 할 때에도 베토벤이 연주되었다.

좋은 면만 있었던 건 아니다. 코로나가 덮치고 처음 맞이한 여름에 '흑인의 생명도 소중하다Black Lives Matter' 시위가 일면서 서양 문화의 일면을 "취소"하라고 요구하는 목소리가 있었다. 『뉴욕 타임스』의 수석 음악 비평가는 오케스트라들이 백인 작곡가에게 할당제를 적용해야 한다고 했다. 『시카고 트리뷴』 사설에서는 베토벤을 1년간 "활동 중단"시켜야 한다는 주장이 나왔다. 누구도 바흐, 모차르트, 베르디, 로저스와 해머스타인, 롤링 스톤스에 대해서는 그런 금지령을 요구하지 않았다. 베토벤은 거리의 수사를 훌쩍 뛰어넘어 나머지 서양 문명을 보호하는 탁월함과 영감의 예였던 것이다. 내가 어렸을 때 비틀스는 "롤 오버 베토벤"(베토벤을 저리 치워)이라는 노래를 부르며 클래식 음악의 시대가 한물갔음을 선언했다. 이 노래는 인기를 누렸지만 베토벤은 굳건히 살아남았다.

서점에 가보면 프루스트, 카프카, 셰익스피어, 피카소, 아인슈타인과 1년만 보내면 더 행복해지거나 건강해지거나 섹시해지거나 강해진다고 주장하는 책들이 있다. 나도 팬데믹 내내 베토벤을 곁에 둔다면 검은색 머리카락을, 올림픽 선수와 같은 혈압을, 밤을 새워가며 세 개 언어로 글을 쓰는 능력을 되찾을 수 있을 것 같았다. 그런 일은 일어나지 않았지만, 나는 몇 가지를 깨달았다.

베토벤은 신체가 손상되면 정신적 보상이 주어질 수 있음을 우리에게 가르쳐준다. 청력이 온전했다면 그가 후기 4중주곡을, 음악가들의 이해를 넘어서는 작품을, 지금 여기를 넘어서는 작품을 쓰는 건 불가능했을 것이다. 그는 실현 가능한 것에 구애받지 않고 천상의 것을 건드렸다. 종교적 의미나 도덕적 의미에서 영적인 사람은 결코 아니었다. 그는 자연에서 신을 찾았다. 진보나 기술 따위는 믿지 않았다. 기차를 타거나 기계를 만져본 적도 없었다. 지적이지 않았고 대화에 서툴렀다. 그는 음악가였다. 음악을 만들었다.

그러나 코로나 대유행 때처럼 세상의 축이 멈추었을 때, 음침한 골짜기를 지나 우리를 무사히 다른 쪽으로 내보내줄 안내인으로 베토벤보다 더 현명하고 분별 있고 안전한 이는 없다. 어두컴컴한 밤에 우리가 오늘 죽은 자들을 애도하고 내일 사상자들이 생길 것을 두려워할 때 베토벤은, 1940년에 윈스턴 처칠이 그랬듯, 우리에게 일말의 진실을, 자신감을, 희망을 주었다. 우리 부모님은 처칠 덕분에 6년간의 전쟁을 견뎌냈다. 나는 2년간 역병을 겪으면서 베토벤이 우리를 꿰뚫어본다는 걸 한 순간도 의심한 적이 없다. 하늘이 다시 열리고, 우리가 다시 전 세계 여기저기로 날아가 너무도 그리웠던 사람들을 껴안으며 입맞춤하게 되었을 때에도 말이다. 베토벤은 항상 그랬고 앞으로도 그럴 것이다. 그의 음악은 우리 인류를 하나로 이어주는 접착제다. 왜 베토벤인가? 이것은 질문이 아니라 진술이다. 그 어느 때보다 그가 더 필요한 시절이다.

2022년 6월 런던 세인트존스우드에서
노먼 레브레히트

차례

3부 몰입의 순간

4부 막다른 골목에서

5부 어려운 상황에도 불구하고

6부 인류 전체를 위한 목소리

일러두기
이 책에 소개된 작곡가와 연주자, 지휘자 등의 성명 표기는 국립국어원 외래어 표
기법을 준용하되 일부 굳어진 경우는 관용을 따랐습니다.

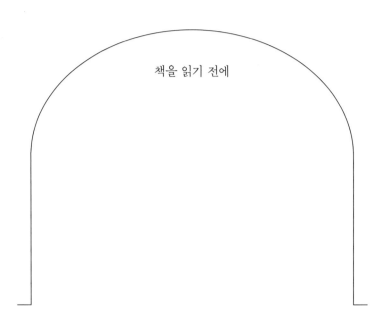

책을 읽기 전에

이 책의 원서에는 저자가 독자들을 위해 선별한 추천 연주 영상 목록이 실린 웹페이지 링크가 있습니다. 한국어판에서는 이 곡들을 들을 수 있도록 에포크 출판사의 유튜브 채널에 연주 영상을 정리해두었습니다. 책의 각 부 시작 페이지에 있는 QR코드를 스캔하면 볼 수 있습니다. 혹시 영상의 링크가 제대로 열리지 않을 경우 곡명과 연주자를 검색하여 감상해주시기 바랍니다.

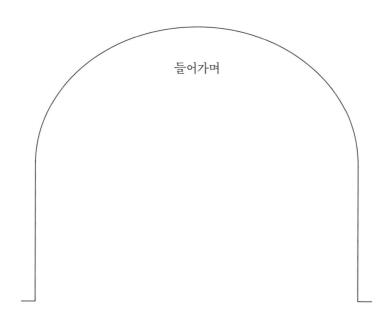

들어가며

베토벤의 생애

베토벤은 1770년 12월 중순(17일에 세례를 받았으니 16일로 추정된다) 독일 본에서 태어났다. 아버지는 궁정악단의 테너 가수였고 부업으로 바이올린을 가르쳤다. 술을 좋아하고 걸핏하면 폭력을 휘두르는 가련한 시골뜨기였다. 어머니 마리아 막달레나가 죽고 나서 베토벤은 빈으로 거처를 옮겼다. '새로운 모차르트'라는 칭송을 받은 그는 자기 뜻대로 살았다. 남들을 즐겁게 하는 작곡가가 아니라 스스로 내킬 때 곡을 쓰는 작곡가가 되었다.

부유한 가문의 후원을 받은 그는 불운하게도 그 가문의 딸들과 사랑에 빠졌다. 매력이 없진 않았다. 초상화를 보면 보통 키(대략 165센티미터)에 다부진 체구, 넓은 이마, 숱 많은 흑발을 하고 있다. 여자들은 그의 강한 성격을 두려워했다. 그는 살면서 단 한 번도 결혼하지 않았다.

서른한 살에 귀가 멀자 베토벤은 자살을 생각했다. 아무런 기쁨도 되지 못한 조카의 양육권 다툼으로 전성기 3년을 허비했다. 점점 고립감이 심해진 그는 음악을 남들이 아는 한계 너머로 밀어붙였다. 그는 음악이란 "영적인 삶과 감각적인 삶의 중재자"요, 천국과 지상을 연결하는 다리라고 밝혔다. 1827년 3월 26일, 폭풍이 몰아치는 오후에 그는 쉰여섯 살로 세상을 떠났다. 장례식엔 빈 역사상 유례없이 많은 군중이 몰렸다.

베토벤의 음악

베토벤은 그가 남긴 작품 속에 살아 있다. 우리가 악보에서 보게 되는 건 나쁜 농담을 던지고 지루하면 그만두는 창작자, 7분이면 피아노 소나타로는 충분하다고 말하는 창작자다. 그는 현의 속삭이는 음형을 가져다가 교향곡 7번의 알레그레토로 만든다. 그가 만든 작품의 4분의 1이 피아노 독주용이다. 달콤하고 별것 아닌 '바가텔'|이 책 92장 참고—옮긴이|도 있지만 마지막 소나타는 한쪽으로 치우친 리듬으로 충격을 안겨준다. 그는 서프라이즈의 대가다. 아무리 익숙한 청자도 다음에 무엇이 나올지 모른다.

분노의 불길이 오선지를 집어삼킨다. 바이올린 협주곡은 권위에 저항하는 목소리가 벌이는 전쟁이다. 〈하머클라비어〉 소나타는 피아노를 부순다. 일곱 악장으로 된 현악 4중주 14번은 하이든의 완벽한 대칭을 무너뜨린다. 고귀한 〈장엄미사〉에서 얄팍한 사랑 노래 〈그대를 사랑해〉에 이르기까지 모든 곡이 베토벤의 내면을 드러낸다. 악보를 통해 우리는 그의 무의식으로 들어간다. 베토벤은 **무궁동**無窮動이다. 창을 들어 여러 방향으로 지칠 줄 모르고 찔러댄다. 그는 놀라라고 말한다. 준비하지 말라고 말한다.

이 책에서 작품을 논할 때 음악학계의 장치와 용어는 쓰지 않을 것이다. '초기' '중기' '후기' 하는 식으로 투박하게 시기 구분을 한다든지, 음악의 빠르고 느림을 이탈리아어로 명명하지도 않을 것이다. 내부자만 알아듣는 전문용어는 가급적 피할 것이다. 형식과 가사를 분석하기보다는 프로이트와 융, 헤겔과 마르크스, 카프카와 만, 아인슈타인과 카너먼에 의지하여 더 큰 의미를 찾아 나설 것이다. 베토벤은 중요한 사람이니만큼 사상의 세계로, 끝없는 해석으로 파악하는 것이 옳다.

베토벤을 연주한 거장들

1900년까지 음악은 집 안 거실에서 피아노를 중심으로 돌아갔다. 플루트나 바이올린, 낡은 악보도 함께 있었을 것이다. 음악회에 가기 전에는 두 사람이 같이 피아노를 치며 예습하고, 집에 돌아오면 다시 연주했다. 그때까지만 해도 음악이란 제 손으로 직접 하는 것이었다. 이후 라디오와 음반이 등장하면서 손과 입술을 움직여 음악을 만들 필요가 사라졌다. 사람들은 음 하나하나를 수고스럽게 익힐 필요 없이 수동적으로 음악을 소비할 수 있게 됐다. 공연은 안락의자에서 스피커를 통해 접할 수 있었다.

1913년 베를린 필하모닉 오케스트라가 헝가리 지휘자 아르투어 니키슈와 함께 베토벤 교향곡 5번을 최초로 녹음했다. 카리스마 넘치는 지휘자들은 열렬한 추종자들을 거느렸다. 빌헬름 푸르트벵글러는 아돌프 히틀러의 생일 축하 자리에서 교향곡 9번을 지휘했다. 레오폴드 스토코프스키는 월트 디즈니 애니메이션 〈판타지아〉를 위해 베토벤을 연주했다. 헤르베르트 폰 카라얀은 냉전 시대 베를린에서 베토벤을 제대로 우려먹었다. 레너드 번스타인은 베를린 장벽이 무너졌을 때 교향곡 9번을 지휘했다.

정치인들은 베토벤을 정치적 자산으로 이용했다. 스탈린은 소비에트 연방 10주년을 베토벤 서거 100주년에 맞추었다. 공산국가 중국은 문화혁명을 마무리하며 베토벤 교향곡 5번을 텔레비전으로 내보냈다. 프랑스의 어느 선동가는 2022년 대선 선거 운동에 교향곡 7번을 들고 나왔다. 유럽연합은 교향곡 9번을 공식적인 송가로 삼았다. 모두가 베토벤에 한 발 걸치려고 했다.

중국 피아니스트 랑랑, 윤디 리, 유자 왕이 온라인에 베토벤 음악을 풀었을 때 시청자들은 점차 예전의 해석자들로 돌아섰다. '재떨이'라는 별명으로 불린 아니 피셔는 궐련을 입에 물고 녹음했다.
글렌 굴드는 작달막한 피아노 의자에 쪼그리고 앉아 연주했다. 프
리드리히 굴다는 몸에 아무것도 걸치지 않은 여자친구를 옆에 두
고 연주했다. 네 명의 러시아인—에밀 길렐스, 스뱌토슬라프 리흐
테르, 마리야 유디나, 마리야 그린베르크—은 몹시도 설득력 있게,
하지만 서로 확연히 다르게 연주해서 이들이 같은 음을 연주하고
있다는 게 믿기지 않을 정도다. 위대한 해석자들의 삶은 베토벤과
비슷한 면을 조금씩 보여준다.

　이 글을 탈고하는 오늘, 그토록 오래 끌던 베토벤 전집 기획의
마지막 발매본을 손에 쥔다. 캐나다 피아니스트 앤절라 휴잇이 서
른두 곡의 소나타 전곡을 16년에 걸쳐 녹음한 프로젝트가 끝난
참이다. 16년이면 베토벤이 소나타 전곡을 쓰는 데 걸린 시간과 비
슷하다. 미국이나 유럽의 엘리트 음악원 출신이 아닌 휴잇은 대기
업 브랜드인 스타인웨이 피아노 대신 이탈리아 장인 브랜드 파치올
리 피아노를 택했다. 휴잇의 접근은 참신하고 탐색적이며, 독단적
이지 않다. 작품번호 111의 마지막 소나타를 불안한 당김음으로,
결국에는 그걸 넘어서는 위안으로 해석하는 연주를 듣자 나도 모
르게 눈물이 나오고 만다. 이제껏 이 소나타를 100번 넘게 들었
다. 그런데도 이 음악은 내 삶과 내가 살아온 시대에 대해 무언가를
더 말해주고 있다. 왜 베토벤인가? 다시금 자문하지 않을 수 없다.
베토벤이라는 사람과 그의 음악을 이해했다고 생각할 때마다 그는
나에게 새로운 충격을 던져준다. 그다음 번에도, 또 그다음 번에도.

1부

인간 베토벤

1장

가련한 것이 아니라

_____

피아노 소나타 8번 C단조 '비창' op.13 (1797~1798)

대체로 제목을 싫어한 베토벤이지만 이 제목은 상관하지 않았다. 빈의 무도회장을 드나드는 이들에겐 생소하게도 그는 오만함과 그리움과 아이러니를 동시에 담은 태도가 느껴지는 '대大 소나타 〈비창〉'을 내놓았다. 1790년대 빈에서 '비창pathétique'이라는 형용사는 치명적인 비극에서 경미한 경멸에 이르기까지 그 어떤 것도 의미할 수 있다. 비스킷에 붙이면 딱 좋을 '괜찮은nice'과 같은 평범한 단어다. 시간이 흘러 베토벤 문하생 출신이 펴낸 교재에서 이 소나타는 교과 과정에 늘 들어가는 레퍼토리가 되었다. 열 살 아이들을 위한 어느 보조 교재에서는 '비창'의 뜻을 '감동적인' 혹은 '감정을 자극하는'이라고 설명한다. 베토벤을 싫어하는 사람들을 보면 이 소나타를 배우고 나서 그리된 경우가 대부분이다.

악보 표지에 궁중 고관 카를 알로이스 폰 리히노프스키 공작
에게 바친다는 헌사가 있다. 음악 애호가인 리히노프스키는 초연
의 권리를 읽는 대가로 젊은 베토벤에게 무료로 거처를 제공했다.
공작은 금요일마다 최고 음악가들을 데려와 음악회를 열었는데,
누구도 그 청을 거절하지 못했다. 음악가들은 공작이 변덕이 심하
고 트집 잡기 좋아하고 대놓고 잔인하게 굴 수 있다는 점을 이미
들어서 알고 있었다.

리히노프스키는 모차르트도 후원했다. 하지만 모차르트가 자
신에게 의지하는 것이 싫증나자 "작곡가가 돈을 갚지 않았다"며
고소했고, '모차르트는 리히노프스키 공작에게 1415굴덴(오늘날
로 치면 대략 4만 파운드)을 배상하라'는 승소 판결을 받아냈다. 모
차르트는 한 달 뒤에 죽었다. 리히노프스키는 돈을 달라고 요구하
지 않았다. 그의 가족과 친밀하게 지냈던 한 지인이 "냉소적인 타
락자, 파렴치한 겁쟁이"라고 말한 데서 보듯 리히노프스키의 성적
취향은 방탕하게 노는 빈의 엘리트들이 보기에도 특이한 축에 속
했다. 고상한 아내 크리스티아네는 결혼 첫날밤 매음굴에 방을 하
나 빌려 그를 맞아야 했다. 공작이 오르가슴을 느낄 수 있는 유일
한 장소가 그곳이었기 때문이다. 세속적 권력, 가족에 대한 가학적
성애, 음악을 향한 열의가 혼재된 그의 개인 이력이 빈의 통치자들
사이에서 이례적인 건 아니었다. 다만 많고 많은 세습 독재자들 중
에서도 그는 여러 면에서 가장 타락한 군주였다.

그런 리히노프스키도 베토벤은 처음부터 너그럽게 대해 연봉

600굴덴(1만 5000파운드)을 지급하고 멋진 바이올린 두 대(과르네리와 아마티)까지 구입해주었다. 아울러 베토벤이 골치 아픈 일에 휘말리면 신속하게 개입하는 등 세심하게 보호했다. 리히노프스키에게 헌정한 작품인 교향곡 2번 리허설을 아침 8시에 소집해 음악가들이 반발하자, 공작은 호화롭고 따뜻한 아침 식사를 대접하여 그들의 마음을 달랬다. 베토벤은 최소한의 고마움을 표시했고 결코 더 많은 것을 요구하지 않았다. 모차르트의 사례를 보고 그 정도는 알았던 것이다.

두 사람은 1806년 9월 체코 흐라데츠에 있는 리히노프스키의 성에서 불가피한 결별을 맞았다. 오케스트라가 교향곡 2번을 연주하고 나자, 공작은 베토벤에게 손님들을 위해 새로운 곡을 연주해달라고 했다. 요청에 순순히 응하는 사람이 아니었던 베토벤은 "손바닥으로 건반을 내려치거나 손가락 하나로 건반을 오르내리는 등 무료한 시간을 때울 때나 할 법한 일을 했다".

공작은 재차 요청했다. 이번에는 위협이 느껴졌다. 손님들은 소란스럽고 콧대 높은 프랑스 장교들이었다. 평소 프랑스군에 분개했던 베토벤은 그들의 점령에 저항했다. 피아노 자리에서 일어나 의자 하나를 집어 들더니 장교들에게 던졌다. 그러고는 "무분별하고 갑작스럽게" 폭풍이 몰아치는 밤에 밖으로 나왔다. 몸이 흠뻑 젖은 채 가까운 마을로 가서 겨우 사정하여 의사의 집에서 하룻밤 신세를 졌다. 그는 다음 날 아침 빈으로 떠났고, 집에 돌아와 리히노프스키의 흉상을 바닥에 집어던졌다. 리히노프스키가 설명을

요구하자 베토벤은 이렇게 답장했다. "공작, 당신은 환경과 출신 덕
분에 지금 그 자리에 있지만, 나는 오로지 내 힘으로 지금의 내가
되었소. 당신 같은 귀족은 지금도 앞으로도 수없이 많겠지만, 세상
에 베토벤은 오로지 한 명밖에 없소."

이 문장은 파괴력이 있었다. 베토벤이 작곡가와 권력자의 역사
적 관계를 재조정했기 때문이다. 하이든과 모차르트가 하인 대접
을 받았다면 베토벤은 베토벤이었다. 그는 부와 권력을 가진 사람
들에게 결코 굽실거리지 않았다. 하물며 모차르트를 망가뜨린 괴
물이야 말할 필요도 없었다. 때마침 나폴레옹이 귀족의 권세를 무
너뜨렸으니 운이 좋았다. 작곡가로서 연주할 수 있는 궁정은 얼마
든지 있었다.

얼마 뒤 리히노프스키와 사이가 안 좋은 동생 모리츠 백작이
베토벤에게 연락하여 새 후원자가 되고 싶다고 했다. 베토벤은 피
아노 소나타 27번 작품번호 90을 백작에게 헌정하며 이렇게 말했
다. "존경하는 친구여, 행복하게 지내시고 나를 당신의 우정을 받
을 자격이 되는 사람으로 배려해주시오." 그러고는 한마디 덧붙였
다. "썩어빠진 당신 형과는 다르게 말이오."

그로부터 5년 뒤인 1811년 9월, 권력에서 밀려난 카를 리히노
프스키 공작이 베토벤의 작업실에 찾아왔다. 베토벤은 그의 목소
리를 듣고 자리에서 일어나 문을 잠갔다. 공작은 순순히 물러나지
않고 매일같이 찾아와 계단에 앉아 작곡가가 나오기를 기다렸다.
두 사람의 입장이 바뀐 것이다. 베토벤이 베푸는 자, 공작이 간청

하는 자였다.

리히노프스키를 위해 작곡한 〈비창〉은 베토벤이 개인적으로 아낀 소나타였다(소나타는 '소리를 내는 것'을 가리키는 이탈리아어에서 가져온 말로, '노래를 하는 것'이라는 뜻의 칸타타와 구별된다). 조수 안톤 쉰들러는 베토벤이 이 곡을 연주하는 것을 자주 들었다. 그는 이런 글을 남겼다. "〈비창〉 소나타를 베토벤의 손으로 들으면 (비록 말끔한 연주라는 측면에서는 미흡한 점이 많지만) 이것이 그 유명한 작품이 맞는지 확인하기 위해 듣고 또 들어야 한다. 모든 것 하나하나가 그의 손에서 새로운 창조물이 되었다."

첫 악장은 극도로 진지하다. 둘째 악장은 믿기지 않게 단순하며 모차르트의 K.457 소나타 한 소절이 슬쩍 끼어든다. 피날레는 경쾌하다. 마르셀 프루스트는 할머니가 연주하는 〈비창〉을 듣더니 이 곡을 베토벤 소나타의 "스테이크와 감자"라고 했다. 연주 시간은 20분이다.

〈비창〉 음반으로는 1926~1927년에 녹음한 프레더릭 러몬드와 빌헬름 바크하우스를 시작으로 약 150장이 있다. 에트빈 피셔와 제자 알프레트 브렌델은 간소한 연주를 들려준다. 아르투르 루빈스타인은 환한 표정으로 말을 걸어온다. 글렌 굴드는 살인범을 쫓는 기마경찰이다. 긴장과 실존적 불안이 교차하는 연주인데, 이런 그의 〈비창〉은 '당신 아기의 뇌를 키워주세요Build Your Baby's Brain'라는 제목의 앨범에도 실렸다. 프리드리히 굴다는 느리고 퇴폐적으로 연주한다. 내가 선호하는 음반이다. 최근 음반 중에서 나는 아르헨티나 출신인 잉그리드 플리테르의 몽상적인 연주와 프랑스 출신인 장에플랑 바부제의 시적인 연주를 높이 산다. 하지만 누구도 러시아 태생 에밀 길렐스의 깊이를 따라갈 수는 없다. 그러니 차분하게 길렐스를 들어보자.

2장

조용히 있어줄래요?

피아노 협주곡 4번 G장조 op.58 (1805~1806)

1970년대에 친구들이 축구 경기를 보고 여자를 만나러 다니는 동안 나는 네모난 슬리브에서 동그란 물체를 꺼내고 있었다. 클래식 음반 수집은 영국산 자동차 구입과 비슷하게 패배자들의 놀이였다. 세 장 중 하나는 긁히거나 휘거나 불안정했고, 음반을 트는 오디오는 상태가 위태위태하여 좋은 콘서트홀에서 나는 꽉 차고 따뜻한 소리와는 거리가 멀었다. 나 같은 괴짜는 실망에도 아랑곳않고 고행苦行하듯 음반을 수집하여 거실 벽을 따라 이어진 무릎 높이의 선반에 두었다.

매달 음반을 열 장 넘게 사는 의사들, 변호사들, 트럭 운전사들을 영국녹음음악협회에서 만났다. 와인이나 옷보다 음악에 돈을 더 많이 쓰는 사람들이었다. 우리는 헤르베르트 폰 카라얀이 최근에 낸 베토벤 전집이 앞선 세 전집보다 나은지를 두고 점잖게 논의했다. 다들 나치 당원이었던 카라얀이 현존하는 최고의 베토벤 지휘자라고 했다. 내가 반대 의견을 내자 그들은 마치 화학요법을 거부하는 암 환자와 마주한 의사처럼 동정의 눈길로 나를 쳐다보았다.

카라얀을 최고로 치는 협회의 의견은 『그라모폰』이 주도하여 만든 것이다. 『그라모폰』은 영국 왕실 사람들이 『타임스』를 읽듯 클래식 음반업계 사람들이 읽는 잡지다. 『그라모폰』에는 대기업 음반사들이 돈을 댄 여덟 페이지짜리 화려한 광고 전단지가 들어 있었다. 잡지는 이 세상에서 녹음된 모든 것을 통틀어 최고로 좋은 것을 위해 존재했다. "노먼, 당신도 알겠지만, 나는 누구에 대해서도 나쁜 말은 결코 쓰고 싶지 않아요." 수석 비평가 에드워드 그린필드가 잘츠부르크에서 스프리처 칵테일을 마시며 내게 한 말이다. 영국 의회 특파원이었고 전 총리 에드워드 히스의 친구이기도 했던 그는 『그라모폰』에 리뷰를 쓴 로버트 레이턴, 아이번 마치와 손잡고 『펭귄 음반 가이드』를 출간했다. 그들이 판매한 음반들을 다 합치면 그 어떤 예술가가 판매한 음반보다 많다. 나는 클래식 음반이 보졸레누보와 살짝 비슷하다는 점을 서서히 깨닫게 되었다. 홍보만 요란할 뿐 솔직히 맛은 형편없다. 남들이 괜찮다고 하는 것들 중에서도 뛰어난 것을 알아보는 안목을 키울 필요가 있었다.

우리는 중심가의 팝 음반점 지하에서 음반을 구입했다. 위층에는 미니스커트를 입은 여자들과 여자처럼 차려입은 젊은 남자들이 보였지만, 아래층에는 너덜너덜한 스웨터 차림의 남자들이 마치 성인용품점에 온 헌병처럼 은밀하게 두리번거렸다. 아무도 웃지 않았다. 중고 음반점은 더 끔찍했다. 사망한 교수들의 잔해가 음반 사이에 끼워져 있었다. 언젠가 노팅힐의 어느 가게에서 브람스와 브루크너 사이로 쥐가 돌아다니는 광경을 목격했다. 음반을 훑어보는 사람 누구도 눈 하나 깜빡이지 않았다.

미국은 사정이 나았다. 뉴욕에 처음 갔을 때 어두운 나무 판벽에 희미한 조명과 중앙난방이 갖춰진 5번로의 한 음반점으로 들어갔다. 클래식 음반이 우중충하지 않아도 된다는 것을 보았다. 남자들이 내가 있는 선반 쪽으로 다가오더니 템포에 관한 이야기를 주고받았다. 나는 계산대 직원에게 부탁하여 매장 오디오에서 나오는 협주곡 연주자를 아이작 스턴 대신 이브리 기틀리스나 커밀라 윅스로 바꾸도록 했다. 웨스트 49번가의 '샘 구디' 매장은 클래식의 천국이었다. 다만 이곳에선 직원에게 음반 추천을 부탁해 카탈로그 전체를 뒤지려면 하루 종일 걸렸다. 뉴욕은 독특한 문화가 있는 음반 천국이었다. 레너드 번스타인과 어울리던 친구가 있었는데, 번스타인은 젊은 사내들과 단체로 수음을 하며 새로 발매된 음반을 틀었다고 한다.

LP가 끝물에 접어들었다. 1980년에 티 없이 반짝이는 디지털 콤팩트디스크, 곧 CD가 등장하여 다른 사람도 아닌 카라얀으로부터 절대적으로 완벽하다는 평을 받았다. "다른 건 모두 가스등에 불과하다." 카라얀의 말이다. 표면적으로 보면 옳은 말이다. 디지털 녹음은 잡음과 스크래치를 제거했다. 데카 시연회에서 정말로 벌어진 일인데, 〈1812년 서곡〉이 담긴 디스크에 잼을 발라도 나폴레옹이 모스크바 성문 앞에서 들었던 소리보다 더 우렁차고 불길한 소리가 울려 퍼졌다.

　그러나 완벽한 것도 안 좋은 면이 있었다. CD는 음반 구매에서 불확실함을 없앴다. 위험 없는 삶이 무슨 의미란 말인가? 빤하게 예측되자 나의 열망은 시들고 말았다. CD 수익으로 주머니가 두둑해진 음반사들은 늘 똑같은 교향곡을 내고 또 냈다. 카라얀은 자신의 아홉 번째 베토벤 전집을 녹음했다. 어떤 전집인지 구별하려면 초인적인 귀와 베토벤에 관한 방대한 지식, 또한 나이가 들고 자주 실망하면서 늘어나는 비판적 거리감이 있어야 했다. 그렇다고 내가 천재적인 상술에 요지부동이었다는 말은 아니다.

　피아노 협주곡 4번에 관해 내 의견을 묻는다면, 몇몇 쟁쟁한 경쟁자들이 있겠지만 단연코 **최고의** 음반 연주는 에밀 길렐스가 필하모니아 오케스트라와 함께 한 연주라고 말하겠다. 이 음반은 레오폴트 루트비히가 지휘를 맡았으며, 설명하기 복잡한 법적 이유로 미국에서는 '에인절Angel'이라고 알려진 영국 EMI 레이블에서 나왔다. 1957년의 이 음반을 내가 첫손에 꼽는 이유는 무엇일까? 정확함, 명료한 아티큘레이션, 게다가 언제 들어도 놀라운 역량 때문이다. 길렐스는 소련이 세계에 자랑한 예술가였다. 인터뷰를 한 적도 없고 결코 웃음을 보이지 않았던 그는 초월적인 무심함과 놀랍도록 정교한 소리로 연주했다. 루트비히는 평범한 독일 지휘자다. 오케스트라는 부분적으로 들을 만하다. 현의 소리가 살짝 힘이 떨어지는 것이 절정의 기량은 아니다.

예나 지금이나 나를 매료시키는 것은 시적 아름다움과 허세를 부리지 않는 태도다. 길렐스는 마치 목소리를 듣고 환영을 보는 예언자 에스겔처럼 연주한다. 2악장이 중간에 접어들면 나는 그가 자아내는 긴장감 때문에 숨을 쉬기가 어렵다. 음과 음 사이의 거리가 세계 챔피언을 겨루는 자들이 두는 체스 말처럼 떨어져 있다. 길렐스가 어떻게 이런 착시를 일으키는지는 과학으로 풀리지 않는 미스터리다. 1957년 4월 30일 아침 애비 로드 스튜디오에서 에밀 길렐스는 다른 어떤 음악가도 밟아보지 못한 구역으로 들어가 그곳을 자기 것으로 만들었다. 다음 날 아침 그는 협주곡 5번 〈황제〉를 녹음했는데, 능숙한 연주였으나 영감은 전날에 비할 바가 아니었다. 그는 협주곡 4번을 다섯 차례 더 녹음했지만 어느 것도 불길을 일으키지 않는다. 그만큼 길렐스-루트비히의 G장조 협주곡은 독보적인 위치에 있다. 그런 위대함은 원한다고 얻어지는 것이 아니며 다시 반복할 수 없다(길렐스의 세계에 익숙해지게 되면서 나는 들을 때마다 위대함을 더 많이 발견한다).

다른 경쟁자들은 볼 것도 없다는 말은 아니다. 1942년 프레더릭 스톡이 이끄는 시카고 심포니 오케스트라와 함께 한 아르투어 슈나벨의 성마른 연주는 영생을 살짝 엿보게 해준다. 칠레 출신의 클라우디오 아라우는 천국의 우아함에 이른다. '솔로몬'이라고 알려진 영국 피아니스트의 1950년 연주는 절제된 마스터클래스다. 아르투르 루빈스타인은 기운이 넘치고, 언드라시 시프는 살짝 점 잔 빼는 느낌이며, 이반 모라베츠는 고집스럽게 자꾸 달아난다. 라두 루푸는 날갯짓하며 현혹시킨다. 크리스티안 지메르만은 레너드 번스타인을 만나 생기발랄하다. 글렌 굴드가 같은 지휘자를 대동한 연주는 이보다 별날 수 없다.

결점이 두드러지는 연주들도 알아보자. 니콜라우스 아르농쿠르가 이끄는 유럽 체임버 오케스트라와 호흡을 맞춘 피에르로랑 에마르는 지나치게 생각이 많다. 제발 부탁인데 이건 음악이지 박사학위 논문이 아니란 말이다. 밴 클라이번은 소뇌│몸의 움직임과 자세를 담당하는 중추신경계 부위—옮긴이│의 아래쪽 끝에서 갈팡질팡하는 것이 리버라치│쇼 비즈니스계에 몸담으며 화려한 의상과 쇼맨십으로 유명했던 미국 피아니스트—옮긴이│와 어깨를 견줄 만하다. 랑랑이 2017년 크리스토프 에셴바흐 지휘의 파리 오케스트라와 협연한 무대는 그야말로 최악의 음반이다. 첫 번째 터치부터 만두처럼 두툼하며 아무리 여리게 치는 음도 메조포르테보다 조용한 법이 없다. 부디 여러분은 이 1970년대 음반 수집광의 말을 듣고 영락없는 실패작 세 장을 구입하는 일이 없기를 바란다.

❧

G장조 협주곡의 리허설을 앞두고 아르투어 슈나벨이 지휘자 오토

클렘퍼러와 산책하며 곡에 대해 논의했다. 슈나벨이 말했다. "개시부는 조용해야 합니다. 무게가 느껴지지 않을 정도로 말입니다."

"예를 보여주시오." 지휘자가 말했다.

슈나벨은 입술을 움직이며 첫 번째 음들을 소리로 표현했다.

"너무 커요." 클렘퍼러가 말했다.

이보다 더 조용하게 시작하는 음악은 없다. 들릴락 말락 하는 피아노 소리에 현이 실크처럼 부드럽게 응답한다. 이것은 새로운 종류의 음악적 대화다. 이렇게 피아노가 먼저 나서고 오케스트라가 독주자와 다른 조성으로 시작하는 협주곡은 이전에 없었다. 여기서 베토벤은 의향을 드러내고 있다. 질서를 무너뜨리려고, 상황을 깨부수려고 나선 것이다. 독주자의 '쉿' 하는 몸짓은 청중에게 잡담을 멈추고 들으라는 지시다. 베토벤 자신은 포르티시시모 이하의 소리를 듣지 못했다. 그러니 개시부는 그의 청력으로는 감당할 수 없는 장벽이다.

중간 악장에서 피아니스트가 오케스트라의 흐름에 끼어들어 극도로 느린 독주를 펼친다. 피날레에서 베토벤은 트럼펫과 드럼을 불러들여 조성을 C장조로 바꾸고, 피아노는 우회하여 처음의 G장조로 돌아간다. 혼돈에 빠져들 것처럼 춤을 춘다. 작곡가는 자신이 좋아하는 것은 뭐든 할 수 있음을 과시한다.

협주곡은 1807년 3월 로브코비츠 공작의 궁정에서 초연되었다. 베토벤의 두 번째로 중요한 후원자인 로브코비츠는 그에게 4000플로린의 연봉을 주고 교향곡 3번, 5번, 6번을 헌정받았다.

공작은 바이올린과 첼로를 연주하고 깊은 베이스 음성으로 노래 하던 훌륭한 음악가였다. 슈바르첸베르크 공작부인과 결혼하여 열두 명의 자녀를 두었는데, 당시 기준으로 보면 이례적이게도 아 내에게만 헌신했다. 그는 모든 돈을 음악에 쓰느라 (다른 베토벤 후원자인 발트슈타인과 프리스 백작이 그랬듯) 궁핍한 처지로 전락 했다.

G장조 협주곡이 사적인 자리에서 초연되었다는 기록은 없다. 1808년 12월 22일에 열린 공개 연주회는 재앙이었다. 혹한의 날 씨에 이 협주곡 말고도 교향곡 5번과 6번, 〈합창 환상곡〉까지 무 려 네 시간이나 베토벤이 울려 퍼졌다. 그 자리에 참석했던 한 사 람이 투덜거렸다. "지나친 것은 하나도 좋을 게 없어." 베토벤이 독 주자로 나선 협주곡은 처참한 실패였다. 제자 루이스 슈포어는 이 렇게 회상했다.

"베토벤은 (…) 첫 번째 총주에서 자신이 독주 연주자임을 잊 고 자리에서 벌떡 일어나 평소와 같이 지휘하기 시작했다. 첫 번째 스포르찬도에서 그는 팔을 양쪽으로 쫙 벌렸는데 그 바람에 촛대 두 개가 피아노에서 바닥으로 떨어졌다. 청중이 웃었다. 베토벤은 이런 소동에 화가 나서 오케스트라 연주를 중단시키고 처음부터 다시 시작했다. 〔지휘자〕 자이프리트는 같은 대목에서 같은 사고 가 일어날 것을 염려하여 합창단 소년 둘을 데려다가 베토벤 양쪽 에 세우고 촛대를 들도록 했다. 그중 한 소년이 아무 생각 없이 가 까이 다가가더니 피아노 파트의 음들을 읽었다. 그는 문제의 스포

르찬도가 연주되었을 때 베토벤이 휘두른 오른손에 입술을 정통
으로 맞아 촛대를 떨어뜨리고 말았다. 좀 더 조심스러웠던 다른 소
년은 베토벤의 모든 동작을 찬찬히 눈으로 살폈다. 그래서 운명의
순간에 몸을 잽싸게 숙여 입술을 얻어맞는 사태를 피했다. 앞서도
사람들이 웃음을 참지 못했는데 이번에는 더 그랬다. 일제히 폭소
가 터지자 베토벤은 격노했고, 그 바람에 독주에서 첫 화음을 연
주할 때 피아노 현이 몇 개 끊어졌다. 차분하게 음악에 다시 집중
하려는 음악 애호가들의 노력은 헛수고가 되고 말았다. 결국 협주
곡의 첫 악장 알레그로는 청중에게 제대로 전해지지 못했다."

　음악의 역사를 보면 실패한 초연이 많다. 우리가 아는 음악은
나중에 명예를 회복한 결과물이다. G장조 협주곡은 사반세기 동
안 아무도 연주하지 않다가 베토벤이 죽고 9년이 지나서야 음악감
독 펠릭스 멘델스존이 라이프치히에서 음악회 청중에게 선보였다.
작곡가 로베르트 슈만은 그날 밤 이런 글을 남겼다. "나는 자리에
가만히 앉아 숨을 죽이고 움직이지 않으려 애썼다." 에밀 길렐스의
음반을 들을 때 나의 모습과 똑같다.

3장

골목길 노래

가센하우어 3중주 op.11 (1800)

카카두 변주곡 op.121a (1824)

'가센Gassen'은 거대한 조약돌이 깔린 옛날 빈의 골목길을 가리킨
다. '하우어Hauer'는 석공石工이라는 뜻이다. '가센하우어'는 배달원
들이 골목을 다니면서 휘파람으로 불었던 노래다. 베토벤의 3중
주곡은 주요 곡조가 귓가에 맴돈다고 해서 이런 이름이 붙었다.
그가 의도한 것은 아니다. 작곡가는 온 힘을 다해 곡을 썼다.

  19세기로 접어들 무렵 작곡하는 방법에는 두 가지가 있었다.
바로 사적인 작곡과 공적인 작곡이다. 베토벤은 책상 앞에 앉아 길
이 살아남을 곡을 썼다. 무대에 오르면 즉흥연주를 해달라는 요청
을 받았다. 그는 주로 변주를 했는데, 능숙한 귀재와 경쟁할 때도
많았다. 일례로 베토벤의 본 시절 친구였던 안톤 라이하는 갑자기
생각난 주제 하나로 90분간 쉰일곱 개의 변주를 만들어낼 수도 있

었다. 베토벤은 미심쩍은 솜씨를 겨루는 그런 식의 대결을 피하려고 했지만 항상 피할 수 있었던 건 아니다.

1800년 프라하에서 다니엘 슈타이벨트라는 쇼맨이 도발적인 변주로 여자들을 홀리고, 얼마나 오래 연주를 이어가는지 내기를 해서 남편들로부터 돈을 뜯어낸다는 소문이 들려왔다. 슈타이벨트가 빈에 도착하자 베토벤의 후원자들은 그에게 건방진 놈의 버릇을 고쳐주라고 말했다. 그래서 3월에 은행업자 모리츠 프리스 백작의 궁정에서 대결이 성사되었다.

베토벤이 먼저 나섰다. 그는 피아노와 클라리넷, 첼로를 위한 3중주 작품번호 11에서 주제를 가져왔다. 한창 작업하는 중이었고 한 번도 연주한 적 없는 곡이었다. 슈타이벨트는 자신의 신작 5중주에 나오는 리프로 맞섰다. 트레몰로를 섞어가며 연주했는데 청중의 마음을 사로잡기 위한 교활한 술책이었다. 그가 승리했다.

주말에 재대결이 이루어졌다. 이번에는 내기를 걸었다. 무례하게도 슈타이벨트는 딱 한 번 들었던 베토벤의 3중주를 가지고 즉흥연주를 했다. 연주를 마친 그는 자리에서 일어나 환하게 웃으며 손키스를 날렸다. 피아노 옆으로 밀려난 베토벤은 슈타이벨트의 5중주 악보를 보더니 거꾸로 뒤집고는 첼로 선율을 가져와 손가락 하나로 현란한 변주를 만들었다. "그의 멋진 즉흥연주에 슈타이벨트는 그가 연주를 마무리하기도 전에 방을 나갔고, 다시는 그와 만나려 하지 않았다. 그리고 대결을 수락할 때는 베토벤이 참석하지 않는다는 조건을 내걸었다." 누구도 감히 베토벤과 피아노 대결을 하려고 하지 않았다. 1969년 음반에서 다니엘 바렌보임, 저베이스 드 페이어, 재클린 듀프레이는 〈가센하우어〉 3중주를 재기발랄하게 연주한 바 있다.

피아노, 바이올린, 첼로를 위한 〈카카두 변주곡〉은 1794년 오페라 〈프라하의 자매들〉에 나오는 인기곡을 바탕으로 만든 것이다. 마지막 수정이 1824년이니 최종 악보에서는 젊은 베토벤의 작품을 교향곡 9번의 베토벤이 다시 작업한 것을 보게 된다. '카카두 Kakadu'는 독일어로 앵무새를 뜻한다. 과연 깃털처럼 가볍다.

첫 음반은 프랑스 바이올리니스트 자크 티보, 피아니스트 알프레드 코르토, 카탈루냐 첼리스트 파블로 카살스가 1926년에 녹음한 것이다. 모루에 올려놓고 세 명이서 힘차게 두드리는 연주다. 이 트리오는 1945년에 해체되었다. 프랑스 파트너 두 사람이 나치 점령군에 협력했었다는 것을 카살스가 알게 되었기 때문이다.

베토벤 카탈로그에서 작품번호 121은 둘로 쪼개져 있다. 〈카카두 변주곡〉이 121a이고, 독창과 합창, 오케스트라를 위한 6분짜리 〈희생의 노래〉가 121b다. 〈희생의 노래〉는 여전히 말끔하지 못하여 두 가지 버전으로 존재한다. 다음 작품인 작품번호 122는 독창 둘, 합창, 목관 앙상블을 위한 〈우정의 노래〉다. 산책 노래이기도 하고 음주 찬가이기도 하다. 그다음으로 종교 음악의 몽블랑 산 〈장엄미사〉가 작품번호 123에 온다. 악보 한 장을 사이에 두고 베토벤은 벌레ㅣ귓가에 맴도는 곡조를 귀벌레라고 부른다―옮긴이ㅣ와 천사를 넘나든다.

4장

본 여행

피아노 3중주 1번 E플랫장조 op.1-1,

2번 G장조 op.1-2,

3번 C단조 op.1-3 (1791~1795)

2009년 9월, 나는 독일연방공화국 창설 60주년을 기념하는 현대 음악 페스티벌에 참석하려고 본에 와 있었다. 이 "독일의 소도시"는 1991년 연방의회가 베를린으로 이전할 때까지 독일의 수도였다. 그 뒤로 본은 인구가 절반으로 쪼그라들고 모든 지위를 잃었다.

  페스티벌은 권력의 거처였던 곳에서 열렸다. 아침 리사이틀이 의사당 회의실에서 있었다. 내가 앉은 자리에는 '브레멘'이라고 표시되어 있다. 내 아내는 절반이 바이에른 혈통이다. 디터 슈네벨의 난장판 같은 〈바우에른스체네〉가 연주된다. 네 명의 음악가가 나와서 접시를 박살내는 곡이다. 리게티 죄르지의 〈100대의 메트로놈을 위한 교향시〉는 옛 연방총리실에서 연주되었는데 실은 앙겔라 메르켈의 거실이다. 이곳은 그녀가 언젠가 복귀할 때를 대비하여 완벽하게 관리되고 있다. 메트로놈의 재깍거림이 점차 줄어들다가 멈춘다. 권력의 무상함을 나타내는 것 같다. 권력은 얼마나 제멋대로 주어지고 또 얼마나 쉽게 회수되는지. 본이 1949년 독일 수도가 된 것은 다름이 아니라 콘라트 아데나워 총리가 근처에 살았기 때문이다. 존 르 카레의 소설에서 스파이가 한탄하며 말한다. "사람들이 본에 대해 하는 말이라고는 비가 온다는 거랑 건널목 차단기가 내려와 있다는 게 전부라고요." 라인강이 돌아 흐르고 하늘이 낮게 걸려 있다. 좋은 콘서트홀을 건립하자는 안건을 두고 마을에서 언쟁이 있는데, 권력이 없으니 갈팡질팡 마음을 정하지 못한다.

베토벤이 본에 뿌리를 내린 것은 오래되지 않았다. 할아버지 로데베이크 판 베토벤은 오늘날 벨기에에 속하는 루뱅 출신으로 선제후 궁정악단에서 노래를 불렀고, 나중에 카펠마이스터(지휘자)까지 올랐다. 그는 부업으로 와인 사업을 했다. 그의 아내가, 나중에는 아들이 알코올 중독자가 되었다. 아들 요한 역시 궁정악단 가수였고 바이올린과 치터, 건반악기를 연주했다. 요한은 열아홉 살의 과부 마리아와 결혼했다. 루트비히는 그들의 일곱 자녀 중 둘째이며 그와 두 형제가 살아남았다.

루트비히 판 베토벤이 첫 울음을 터뜨렸던 집은 바로크식 석조 전면을 가진 1700년 건물로 1893년에 한 시민 단체가 사들였고, 나치가 확장했으며, 1990년대에 연방의회가 이별 선물로 남기고 가면서 활력을 되찾았다. 베토벤이 네 살 때 떠난 집이니 그의 자취는 거의 없는 셈이다. 오늘날 베토벤 생가(베토벤 하우스)는 그의 편지와 기념품, 흉상과 초상화, 데스마스크, 머리카락 등 가장 방대한 물품을 보유하고 있는 곳이다. 어떻게 보더라도 행복한 집은 아니다.

"아주 불행한 어린 시절을 보낸 사람은 자신을 창조하는 일에 능하다." 르 카레가 자신에 대해 한 말인데 베토벤에게도 똑같이 말할 수 있다. 베토벤은 신동이어서 아버지가 어린 그를 모차르트처럼 키우려고 했다. 그는 아동학대 피해자일까? 2021년 한 텔레비전 다큐멘터리에서 지휘자 찰스 헤이즐우드가 이렇게 주장했다. "그가 청각을 잃은 이유를 두고 여러 이론이 있지만, 나는 다른 많은 이와 마찬가지로 그가 어렸을 때 겪은 극심하고 매정한 학대가 원인이 아닐까 의심한다. 음악가이자 폭력적인 술꾼이던 아버지는 어린 루트비히를 걸핏하면 침대에서 끌어내 강제로 연습을 시켰고, 중간중간 주먹으로 머리를 내리쳤다. 거듭된 이런 행위가 작곡가의 고막을 틀어지게 해서 청력 상실에 단연코 한몫했을 것이다." 내가 보기에는 억지 주장이다. 당시에는 대부분의 아이들이 부모와 교사에게 맞고 자랐고, 음악 레슨에서는 더더욱 그랬다.

아버지를 경계했던 베토벤에게는 아버지의 주먹을 막아주고 자존심을 키워준 어머니가 있었다. "훌륭하고 사랑스러운 어머니였고 가장 좋은 친구였다." 어머니가 죽고 나서 그가 한 말이다. 그는 아버지는 물론이고 어머니에 대해서도 많은 말을 하지 않았다. 누군가 주장하듯 베토벤에게 인격 장애가 있었다 해도, 그것이 당대 기준으로는 유달리 잔혹하지 않았던 양육에서 비롯한 결과일 가능성은 크지 않다.

10대 시절에 그는 군주의 오케스트라에서 비올라를 연주했다. 그러다 스물한 살이 되어 요제프 하이든에게 배우려고 빈으로 떠났다. 후원자 발트슈타인 백작이 그에게 말했다. "사랑하는 베토벤, 자네는 오늘 빈으로 떠나 오랫동안 품어온 꿈을 실현하게 될 것이네. 모차르트의 수호신이 그의 죽음을 아직도 애도하고 있네. 지칠 줄 모르는 하이든의 정신에서 피난처를 얻었지만 집을 얻지는 못했으니까. (…) 열심히 하게. 그러면 하이든의 손을 통해 자네가 모차르트의 정신을 이어받게 될 것이네." 그러니 압박은 없었다.

이제 막 예순 살이 된 하이든은 런던에서 대성공을 거두고 (아울러 처음으로 바람도 피우고는) 금의환향했다. 평생을 에스테르하지 공작의 시골 영지에서 하인 신분으로 살았던 그는 빈에서 '파파 하이든'으로 알려졌을 만큼 다정한 사람으로 통했다. 그런 그는 베토벤에게 단 하나만 요구했다. 첫 출판 악보에 "요제프 하이든의 제자"라고 쓰도록 한 것이다. 베토벤은 거절했다. 하이든은 유감을 품지 않고 제자의 첫 피아노 3중주 세 곡의 악보를 살펴보더니 세 번째 곡이 청중이 이해하기 어려운 곡이라고 경고했다. 리히노프스키 집에서 3중주가 초연되었을 때 하이든은 가장 먼저 자리에서 일어나 박수를 쳤다. 그는 베토벤을 데리고 나가 핫초콜릿을 사주고 돈도 빌려주었다. 베토벤은 배은망덕하게도 친구들에게 말하기를 하이든으로부터 "배운 게 아무것도 없다"고 했다.

3중주 1번 세 번째 마디에서 베토벤은 E플랫장조 조성에 이단적인 D플랫 음을 집어넣어 자신의 존재를 드러낸다. 초연에 참석했던 영국인 윌리엄 가드너는 이런 뜻밖의 전개에 흥분하여 "다른 모든 음악은 유순하고 밋밋하다"고 했다. 베토벤은 2번을 개정했고 3번에서는 반항의 코웃음을 친다. 그는 리히노프스키의 도움으로 모차르트의 출판업자였던 카를로 아르타리아와 계약을 맺었다. 아르타리아가 선금을 달라고 요구했다. 리히노프스키 일가에서 100부를 주문했다. 3중주 악보는 모두 합쳐 241부 팔렸을 뿐이지만, 베토벤은 점점 유명해져서 1803년 아르타리아와 서로를 고소할 때까지 10년 동안 관계를 이어갔다.

보자르 3중주단은 이 반항적인 작품들을 흥미진진하게 해석한다. 3번은 그냥 신나는 연주다. 다니엘 바렌보임, 핀커스 주커만, 재클린 듀프레이는 자기들만 즐기는 대목이 너무 많다. 2020년 소규모 네덜란드 음반사에서 나온 판 베를레 3중주단—마리아 밀스테인(바이올린), 히데온 덴 헤르더르(첼로), 하네스 미나르(피아노)—의 연주는 음악적 창문을 깨부수고 다니는 패기 넘치는 작곡가처럼 젊음과 활기가 느껴진다.

5장

제3의 사나이

피아노 소나타 4번 E플랫장조 op.7 (1796)

빈에는 온갖 박물관이 다 있다. 시계 박물관, 굴뚝 청소 박물관, 정신병 박물관, 지그문트 프로이트 박물관, 미술사 박물관, 자동차 박물관, 음악 박물관… 여기에 모차르트, 베토벤, 슈베르트가 살았던 집까지. 단위 면적을 기준으로 빈보다 박물관이 많거나 다양한 도시는 없다. 죽음 박물관도 있다. 내가 가장 좋아하는 곳은 하수도 박물관이다.

인상적인 터널 옆에 자리하고 있는 제3의 사나이 박물관은 캐럴 리드의 잊을 수 없는 1949년 영화에 매료된 두 수집가 게르하르트 슈트라스크슈반트너와 카린 회플러가 개인적인 열정으로 만든 곳이다. 그레이엄 그린이 쓴 각본에서는 전쟁이 끝난 빈을 배경으로 뉘우칠 줄 모르는 나치와 암거래상이 등장한다. 이보다 여운

이 강한 영화도 없을 것이다. 안톤 카라스의 치터 연주가 오프닝 크레디트에 흐른다. 수많은 상을 수상한 〈제3의 사나이〉는 빈에서 고작 6주 상영하고 지역 사람들의 기억에서 완전히 사라졌다. 게르하르트와 카린이 수집품을 공개하기 전까지는 그랬다. 이곳에 가면 치터 라이브 연주를 들으며 하수도 체험을 할 수 있다(만약을 위해 샌들은 신지 않는 것이 좋다).

저 아래 배설물까지 내려간다면 여러분은 빈의 모든 것을 다 보았다고 할 수 있다. 터널은 프로이트식으로 말하면 인간의 배설을 나타내는 무의식이다. 격정이 여기서 멀지 않다. 조금만 걸어가면 콘서트홀과 오페라하우스다. 전쟁이 끝나고 빈이 여기서 활기를 되찾았다. 오페라는 지붕이나 벽도 없이 은빛 찬란한 신인들— 엘리자베트 슈바르츠코프, 세나 유리나츠, 이름가르트 제프리트, 한스 호터, 크리스타 루트비히, 율리우스 파차크—을 키웠고, 창문 없는 음악원은 베토벤 피아니스트들을 대거 배출했다.

프리드리히 굴다는 콩쿠르에서 우승하고 스무 살에 카네기 홀 무대에 섰다. 얌전한 파울 바두라스코다는 베토벤 자필 악보를 찾으려고 쓰레기 더미를 뒤졌다. 외르크 데무스는 포르테피아노를 찾으려고 골동품 가게에 드나들었다. 그들은 베토벤과 관련하여 시계를 앞뒤로 돌리며 새로운 종류의 피아니즘을 세상에 선보였다.

굴다는 곡과 장소를 가리지 않고 연주했다. 지휘자 프란츠 벨저뫼스트는 "초창기 소나타에서 그가 들려준 파삭한 소리와 근심 걱정 없는 젊은이다운 접근법이야말로 (…) 베토벤의 세계를 바로 옆에서 이해한 것"이라고 말한다. 베토벤이 처음으로 홀로서기를 한 소나타인 작품번호 7에서 굴다는 〈제3의 사나이〉에 나오는 오슨 웰스처럼 시선을 사로잡는다. 베토벤으로 우리를 웃기고 울리며, 실연으로 들으면 얼마나 좋을까 상상하게 한다. 그는 1999년에 사망 선언을 하더니 곧이어 컴백 음악회를 열었다. 그리고 몇 달 뒤인 2000년 1월 세상을 떠났다.

바두라스코다는 이 소나타에서 꺼끌꺼끌하고 불길하다. 말수 적은 사람의 변덕이 살짝 느껴진다. 그의 포르테피아노가 유난히 웅장하게 들린다. 데무스는 이 소나타를 녹음하지 않았는데, 그의 포르테피아노가 종종 마분지 소리를 낸다는 점을 생각하면 다행한 일일 수도 있다. 하지만 그가 연주하는 〈엘리제를 위하여〉를 들으면 평균치보다 아이큐가 10점 높은 해석을 들을 수 있다. 분석적으로 파고들면서 동시에 즐거움을 안겨주는, 세련된 유물 같은 연주다.

〈제3의 사나이〉에 빗댄 이 글에는 제4의 인물이 있다. 체코에서 태어나 크로아티아에서 자란 알프레트 브렌델은 1951년 빈에서 프란츠 리스트의 〈크리스마스트리 모음곡〉으로 음반 데뷔를 했다. 미국 음반사 복스-턴어바웃이 빈 필하모닉을 가짜 이름을 내세워 고용하고는 브렌델을 데리고 베토벤의 피아노곡 전곡 녹음에 나섰다. 뻐드렁니에 움푹한 턱, 스파이 안경을 쓴 브렌델이 잡지 표지를 장식하는 스타가 되리라고는 누구도 예상하지 않았다.

브렌델은 이렇게 회상한다. "겨울날 아침에 낡은 바로크 양식의 저택에 모였는데 (…) 모닥불이 타닥거리는 소리가 너무 시끄러워서 눈을 끼얹고 나서야 녹음을 시작할 수 있었다." 그는 복스에서 협주곡, 소나타, 변주곡 전곡을 연주했는데 반응이 바로 오진 않았다. "젊었을 때 나의 경력은 세상을 떠들썩하게 하는 화제성과는 거리가 멀었다. 한 걸음씩 앞으로 나아갔다." 그의 말이다. "그러던 (1970년) 어느 날 런던의 퀸엘리자베스 홀에서 베토벤 프로그램을 연주했다. 대중적인 곡들은 아니었고 나 자신도 썩 마음에 들지 않았는데, 다음 날 대형 음반사 세 곳에서 제안이 왔다. 참으로 기이했다. 온도계의 눈금이 거의 알아채지 못하게 조금씩 올라갔달까, 아니면 주전자의 물이 서서히 데워지더니 갑자기 끓기 시작하고 김이 난 것이다."

브렌델은 전자 제품 기업 산하인 네덜란드의 필립스 음반사와 계약하고 베토벤을 다시 녹음하기로 했다. 브렌델은 음반사 색깔에 맞춰 갈색 슈트와 타이 차림으로 왔다. 그는 실수를 거의 하지 않아서 다시 녹음할 필요가 없었다. 지휘자들과도 뛰어난 호흡을 선보였는데, 그들도 브렌델이 최고의 연주를 끌어낸다고 느꼈던 것이다. 브렌델은 런던으로 거주지를 옮겼고 10년마다 베토벤을 다시 녹음했다. 작업량에서 그와 견줄 피아니스트는 없으며, 『뉴욕 타임스』의 비평가 버나드 홀랜드에 따르면 "성공하기 위해 일반적으로 취하는 경로와 스타덤에 이르는 공식을 그토록 고집스럽게 피하면서 정상에 도달한" 사람은 아무도 없다. 피아노 제조업체

스타인웨이는 그에게 "생각하는 사람의 피아니스트"라는 별명을 붙여주었다. 그는 토요일 아침 음반점에 들른 레인코트 차림의 평범한 사람이 첫 번째로 고르는 선택지다.

브렌델은 음악 에세이와 시집 여러 권을 냈다. 『가디언』 편집장 앨런 러스브리저는 그를 "막강한 음악적, 지적 존재"라고 부른다. 2008년 12월 빈 무지크페라인에서 열린 그의 은퇴 공연은 명사들이 대거 참석하여 공식적인 애도와 평온한 안도가 섞인 교황 장례식의 분위기를 연출했다.

브렌델의 베토벤은 생각이 많고 정확하고 몰입하고 자문한다. 그는 음악을 가볍게 대하거나 밤에 편하게 자는 예술가가 아니다. 그는 갈등으로 찢겨 있다. "연주자라는 직업은 역설로 가득하다. 그것을 껴안고 살아가는 법을 터득해야 한다. 자신을 잊고 자신을 통제해야 한다. 작곡가가 무엇을 원하는지 제대로 파악하여 음악을 즉석에서 만들어야 한다. 음악 시장의 일부가 되어야 하지만 그럼에도 본인의 견실함은 지켜야 한다." 브렌델의 연주를 들으면 음악이 즐기기 위한 것임을 잊게 된다. 전성기를 넘긴 축구 선수처럼 볼을 건드릴 때마다 팬들의 마음을 아프게 한다.

브렌델의 전성기는 나에게는 〈제3의 사나이〉 빈 시절이다. 복스에서 나온 다듬어지지 않고 서두르는 감이 있는 그의 베토벤 소나타에는 시들지 않는 진정성이 담겨 있다. 그가 연주하는 변주곡은 경이로울 만큼 다채로워서 각각의 변주가 놀라움을 안겨준다. 그의 협주곡은 데뷔 무대처럼 신선하다. 필립스 음반에서는 찾아보기 어려운 자발성이다. 그의 슈베르트가 심오하고, 모차르트가 재기발랄하고, 브람스가 어둡다면, 그의 베토벤은 지나치게 부드럽게 흐른다. 프리드리히 굴다의 피아노 소나타 4번이 구급차의 비상등처럼 요란하게 번쩍거린다면, 브렌델은 뻔해서 안정감을 주는 연주다.

　브렌델의 역설을 제대로 포착한 사람은 도덕철학자 로널드 드워킨이다. 그는 브렌델의 전처인 아이린의 남편이기도 하다. "어째서 그는 자신이 연주하는 것이 다른 해석보다 낫다고 생각할까?" 2011년 인터뷰에서 드워킨은 이렇게 물었다. "그는 더 낫다고 생각하는 것이 틀림없다. 왜 그럴까? 그가 연주하는 것이 다른 식으로 연주할 수도 있는 것보다 더 아름답기 때문이 아니다. 그가 목표로 하는 것이 아름다움이라면 작곡가가 악보에 적은 것에서 벗어날 수 있었다. 하지만 그는 곡에 충실하다. 그럼에도 그는 작곡가의 음악을 연주하는 것만이 아니라 그것을 해석하고 있다."

　이런 극심한 모순은 치료사에게는 매력적일 수 있겠지만, 베토벤에 다가가려는 사람에게는 침해하는 느낌을 준다. 어떤 사람은 브렌델의 에너지, 그의 고집스러움과 지성에 경외감을 느낀다. 나로 말하자면 트렌드를 들이받는 예술가를 선호하는 편이다. 그런데 브렌델은 너무나 자주 트렌드다. 자신의 브랜드에 갇힌 포로다.

　세월이 흘러 그는 한 에세이에서 밝히기를, 작품번호 28 소나타의 마지막 녹음 때 중간 악장 두 마디에서 "변명의 여지 없이" 음을 빠뜨렸다며 자책했다. 어째서 변명의 여지가 없을까? 그리고 왜

굳이 이 사실을 털어놓았을까? 음악은 순간적인 것이다. 연주되고
나면 끝이다. 놓친 음에 대한 후회는 브렌델의 문제이지 우리의 문
제가 아니다. 그는 자신의 음반에서, 지난 반세기의 모든 세션에서
모든 음을 정확히 연주했다며 우리를 설득시키려 한다. 오만하게
들리는 말이다. 빈의 다른 세 명은 브렌델보다 꼼꼼함이 덜하지 않
으면서 베토벤의 뛰는 가슴을 전달하며, 때늦은 양심 고백으로 우
리를 불편하게 하지 않는다.

6장

나는 음악이 싫어요

노투르노 op.42 (1793/1804)

본의 궁정악단 시절에 바이올리니스트 프란츠 게오르크 로반티니는 비올라를 연주하는 베토벤에게 테크닉을 가르쳤다. 수도사 코흐는 그를 오르간 앞에 앉혔다. 지휘자 크리스티안 고틀로프 네페는 체계적인 가르침을 주었다. "내가 대단한 사람이 된다면 모두 당신 덕분입니다." 젊은 루트비히가 네페에게 한 말이다. 바이올린보다 깊은 음을 내는 비올라는 본의 통치자가 연주한 악기였다. 그 사실이 루트비히에게 지위를 부여했다. 그가 사용했던 비올라가 베토벤 하우스에 남아 있다. 아직도 연주 가능한 걸 보면 그가 각별히 아꼈던 모양이다.

여기서 의문이 든다. 베토벤 작품을 다 찾아봐도 비올라 곡은 전혀 보이지 않는다. 첼로 곡도 많고 바이올린 곡은 부지기수지만,

비올라를 위해 쓴 곡은 하나도 없다. 초기 작품인 비올라와 피아노를 위한 노투르노가 있는데, 이것은 출판업자가 그의 현악 3중주 세레나데 작품번호 8을 편곡해서 낸 것이다. 이 일은 그의 동생 카를 카스파르의 탐욕만 부추긴 꼴이 되었다. 베토벤이 짜증을 냈음은 당연하다. "편곡은 내가 한 것이 아니네. 다만 내가 살펴보긴 했고 곳곳을 좋게 손봤지. 그러니 내가 편곡했다고 적는다면 그건 거짓말이네. 나는 그럴 시간도, 참을성도 없어." 하이페리온에서 발매한 폴 콜레티와 레슬리 하워드의 활기찬 음반이 있고, 에라토에서 나온 제라르 코세와 프랑수아 르네 뒤샤블의 음반도 매력이 넘친다.

베토벤은 본에 대한 안 좋은 기억을 노투르노에 숨겨놓았을지언정 털어놓지 않는다. 그는 어머니가 죽고 나서 동생들의 뒷바라지에 필요하다며 법원 명령을 통해 아버지 봉급의 절반을 확보했다. 아버지 요한은 1789년에 일자리를 잃었고 1792년에 사망했다. 이로써 베토벤은 본과 끝났다.

그러나 누구도 문제가 있는 어린 시절을 완전히 떨쳐내진 못한다. 『알코올 중독자의 성인 자녀』(1983)라는 책에서 정신과 의사 재닛 G. 워이티츠는 열세 가지 일탈적인 행동을 열거하는데, 그중에는 충동성, 과민 반응, 가혹한 자기비판, 쉴 줄 모르는 것이 포함된다. 모두 베토벤에 해당하며 정도가 심한 것도 있다. 그는 아버지의 중독과 가혹한 음악 훈련으로 만신창이가 되었다. 엄격한 부모를 둔 아이는 반항 기질이 있다. 목사 집안에서 태어난 많은 이가 반종교적이게 된다. 현악기 연주자의 아들이 헤비메탈을 연주한다. 그러니 우리는 이렇게 물어야 한다. 베토벤은 음악을 싫어했을까?

이유야 충분하다. 음악은 그의 아버지를 실패자로, 어머니를 순교자로 만들었다. 음악은 부유한 자의 즐거움이다. 베토벤 시대에 음악가가 된다는 것은 파멸보다 조금 나은 것이었다. 그럼에도 음악가의 삶을 선택했다. 음악이 그가 아는 전부였고 자신에게 소질이 있다는 것도 알았기 때문이다. 하지만 그는 음악을 사랑했을까, 싫어했을까?

작곡을 대하는 그의 태도는 목재를 대하는 목수처럼 타산적이고 현실적이다. 그는 군중을 피했고 안정을 두려워해서 몇 달마다 하숙집을 옮겼다. 값비싼 아침 커피와 저녁 와인으로 위안을 삼았다. 외양에 무신경했으며 감정의 헌신을 피했다. 이런 것은 자기혐오까지는 아니더라도 인격 장애, 강박충동 장애의 징후들이다. 그는 음악을 위해 자신의 독을 아껴두었다.

첫 출판 악보의 세 번째 마디부터 베토벤은 아버지가 주입한 규칙을 깨뜨렸고, 또 한 명의 '파파' 곧 하이든을 망신시켰다. 그는 매일 아침 음악을 공격했다. 모차르트처럼 달콤함을 짜내는 것이 아니라 예술에 온갖 방법으로 스트레스를 주어 어디까지 버티는지 알아보았다. 어떤 작곡가도 그토록 성난 소리를 내지 않았다. 그는 악보를 갈기갈기 찢는다. 교향곡 5번에선 악보 사이로 칼을 쑤시며 덤벼든다. 음악은 그의 아버지, 그의 적이다. 그는 음악을 죽임으로써 어머니의 편안함을 얻었는지도 모른다.

1943년 레너드 번스타인은 아파트에서 발성 연습을 하는 룸메이트에 실려 '나는 음악이 싫어요'라는 제목의 연가곡을 작곡했다. 혐오를 각인시키고자 아버지나 다름없는 세르게이 쿠세비츠키가 탱글우드 페스티벌을 여는 매사추세츠주 레녹스의 공공도서관을 초연 장소로 택했다. 베토벤처럼 번스타인 역시 이 연가곡에서 복수를 차곡차곡 쌓는다. 음악을 사랑하려면 먼저 음악을 혐오해야 한다.

7장

해볼 테면 해봐

현악 3중주 1번 E플랫장조 op.3,

세레나데 D장조 op.8,

현악 3중주 2번 G장조 op.9-1,

3번 D장조 op.9-2,

4번 C단조 op.9-3 (1796~1799)

현악 3중주는 4중주에서 바이올린이 하나 빠진 편성으로 다리 셋 달린 탁자다. 바로크 시대 산물로 보케리니와 디터스도르프가 현악 3중주 장르를 완성했다. 빈에서는 모차르트와 하이든이 한 곡씩 작곡했고, 알브레히츠베르거가 열두 곡을 썼다. 요한 게오르크 알브레히츠베르거는 성 슈테판 대성당의 음악감독이었다. 그가 인정하지 않고서는 빈에서 작곡가가 될 수 없었다. 베토벤은 그에게서 15개월 동안 매주 세 차례 레슨을 받았다.

알브레히츠베르거는 베토벤을 "고집불통"이라고 했다. 베토벤은 오르가니스트 자리를 "현학자 같다"며 거부했고, 스승의 놀이터인 현악 3중주로 스승의 콧대를 꺾기로 했다. 그는 작품번호 3을 4악장의 관례를 깨고 6악장으로 작곡했다. 경쾌한 곡조를 앞세워

몬테카를로 서킷을 달리는 포뮬러 원 자동차처럼 속도를 바꿔가며 40분을 질주한다. 두 번째로 3중주에 도전하여 내놓은 작품번호 9는 이탈리아의 서정성으로 추진력을 누그러뜨린다. 극적 감성이 충만한 첫 곡의 2악장은 권력의 자리에 있는 현학자를 조롱한다. 이런 사람이 음악계에 많다. 여러분이 이런 사람을 만나면 첫 마디를 휘파람으로 불어보라.

내가 즐겨 찾는 음반은 필립스에서 나온 이탈리아 현악 3중주단—프랑코 굴리, 브루노 주란나, 자친토 카라미아—의 1970년 연주다. 햇빛과 화이트와인이 생각나는 연주다. 더 강력한 소리를 원한다면 루돌프 바르샤이, 레오니트 코간, 므스티슬라프 로스트로포비치가 1956년 모스크바에서 녹음한 것이 있다. 1957년 할리우드 스튜디오에서는 야샤 하이페츠, 윌리엄 프림로즈, 그레고르 퍄티고르스키가 한자리에 모여 사랑스러운 소리의 녹음을 남겼다.

작품번호 9를 마지막으로 베토벤은 현악 3중주곡을 더 이상 작곡하지 않았다. 교사들과 작별을 고한 것이다.

8장

사 곱하기 육

현악 4중주 1번 F장조 op.18-1,

2번 G장조 op.18-2,

3번 D장조 op.18-3,

4번 C단조 op.18-4,

5번 A장조 op.18-5,

6번 B플랫장조 op.18-6 (1798~1800)

현악 4중주는 두 대의 바이올린과 비올라, 첼로가 거실에서 연주하면 무대 위 오케스트라처럼 서로 균형이 맞는다는 하이든의 인식에서 비롯된 장르다. 하이든은 불과 열여덟 살에 이런 사실을 간파했다. 모차르트는 여기에 선율과 장난기를 더했다. 베토벤과 슈베르트는 4중주 무대를 거대한 살롱으로 넓혔다.

베토벤은 로브코비츠 공작의 오케스트라 악장인 바이올리니스트 카를 아멘다를 위해 4중주 여섯 곡을 쓰기로 했다. 완성하고 다시 손보기까지 3년이 걸렸다. "그대로 연주할 수는 없어서 여기저기 수정한 곳이 많네. 이제야 4중주를 제대로 쓰는 법을 배웠거든. 악보를 받아보면 알 거야." 1800년 6월 그가 아멘다에게 쓴 편지다. 수정된 악보는 난도가 높다. 과연 베토벤은 더 나은 것을 요구한다.

　"첫 악장은 대단히 정확해야 한다. 퉁명하고 간결한 주제를 연주자들이 서로 이어받아 연주하므로 이음새가 아주 매끄럽게 들어맞아야 하며 모두가 같은 음색으로 연주해야 한다. 그렇지 않으면 전체가 삐걱거리게 된다." 20세기 초 영국계 미국 작곡가이자 전문 4중주단 연주자이기도 했던 레베카 클라크의 조언이다.

　첫 곡(F장조)은 네 악기가 화성 없이 일제히 똑같은 선율을 연주하며 시작한다. 베토벤은 "귀담아들으라고" 말한다. 그는 편안하게 즐기는 음악이 아니라 주목하는 음악을 쓰고 있는 것이다. 이어 각각의 악기는 개시부 진술을 바탕으로 짤막한 변주를 한 자락 연주한다. 이것은 격식을 갖춘 논쟁이다. 빈의 청중에게는 생소한 것으로 베토벤은 음악을 자유 발언에 한 발 걸치며 전개한다. 그는 군주들을 귀찮게 했다. 음악을 포기하고 사제가 된 아멘다는 "내 인생 전부를 이 사람에게 바치고 싶었다"고 말한다.

　2악장에서 우리는 그의 후기 작품에서 다시 등장하는 실존적 질문 '그래야만 하는가?'를 처음으로 듣는다. 세 번째 곡은 미묘하고, 네 번째 곡은 살짝 떨어지며, 여섯 번째 곡은 단호하다. 6번의 마지막 악장은 '말린코니아Malinconia'라 불리는데, 경미한 절망에서 임상적 우울로 돌변할 수 있는 기분을 나타내는 이탈리아어다. 베토벤은 이런 급작스러운 기분 변화에 누구보다 익숙한 사람이다. 악보에 이탈리아어로 이렇게 적었다. "이 악장은 최고로 세심하게 연주해야 한다." 아직 작곡되지 않은 〈영웅〉 교향곡을 암시하는 대목들이 있다.

평가는 엇갈렸다. 라이프치히의 비평가는 베토벤을 가리켜 "현학적인 것의 부스러기를 쪼아대는 늙은 암탉"이라며 그의 4중주가 "이해하기 어렵고 대중성과 아예 거리가 멀다"고 했다. 알브레히츠베르거는 "베토벤을 무시하라"고 으르렁댔다. "그는 아무것도 배운 게 없고, 절대로 위인이 되지 못한다."

하나의 음반을 고르기는 거의 불가능하다. 아돌프 부슈와 그의 4중주단이 1933년 애비 로드 스튜디오에서 녹음한 작품번호 18-1은 활력과 참신함이 두드러진다. 작품번호 18-6의 기념비적인 해석으로는 빈 필하모닉의 악장 발터 바릴리가 동료 세 사람을 데리고 녹음한 1953년 연주가 있다. 바이올리니스트 피터 운지안과 도쿄 4중주단(1993)은 가슴이 멎을 듯한 '말린코니아'에서 숨통을 틔워준다. 과르네리 4중주단(1969)과 에머슨 4중주단(1997)은 미국의 현악 4중주단 가운데서 고른 선택이다. 알반 베르크 4중주단(1989)은 너무도 능수능란하여 이 4중주곡들이 얼마나 연주하기 어려운 곡인지 잊게 한다. 프랑스의 에벤 4중주단(2020)은 미묘한 디테일을 현란하게 돌파하며, 스페인의 카살스 4중주단(2017)은 '말린코니아'에서 깊이 있는 연주로 위로를 건넨다.

9장

새소리를 들어봐

교향곡 2번 D장조 op.36 (1802)

두 번째 소설이 데뷔작을 넘어서는 경우가 드물듯 교향곡도 그렇다. 베토벤의 기세등등한 첫 번째 교향곡은 1800년 초연에서 찬사를 받았지만, 두 번째 교향곡은 실패로 끝났다. 그는 형식을 만지작거리며 춤곡의 악장을 내다버리고 활력이 못 미치는 다른 것으로 대체했다. 이 교향곡에는 영양소가 부족하다. 집으로 돌아오는 길에 휘파람으로 불 만한 곡조가 없다. 오케스트라 음악가를 아무나 붙잡고 개시부 주제가 어떻게 되는지 물으면, 곧바로 연주할 수 있는 사람이 거의 없다는 것을 알게 된다.

귓속이 웅웅거리는 가운데 외진 마을에 틀어박혀 작곡한 이 곡은 첫 소절부터 결점이 보인다. 드럼과 목관의 힘찬 울림을 현이 지지부진하게 이어받는다. 부드럽게 어루만지는 애무는 있지만 쟁

취하는 정복은 없다. 그는 시간을 표기할 뿐 갖고 놀지 않는다. 빈의 한 음악가는 이 교향곡을 가리켜 "상처를 입어 밉살스럽게 몸부림치며 죽지 않으려고 애쓰지만 피날레에서 피를 흘리며 죽어가는 용"에 비유했다. 프랑스의 한 지휘자는 "비둘기와 악어"가 함께 있는 교향곡이라고 했다. 연속성이 끊어지는 환경을 매력적인 은유로 표현한 것이다. 정체를 파악하기 난감한 작품이어서 빈의 호사가들은 이 곡을 들으면 작곡가의 잘 알려진 소화불량이 느껴진다고 했다(이런 험담을 타당한 분석이랍시고 언급하는 함량 미달의 음악학자도 있다).

베토벤은 이 곡을 서랍에 3년 동안 처박아두었다. 그가 다시 꺼내들었을 때 반응은 훈훈하지 않았다. 청자들이 무엇을 놓쳤을까? 영국 저널리스트 데이비드 터너가 『베토벤은 새 관찰자였을까?』라는 쾌활한 연구서에서 말하기를 피날레의 서두에서 조류학자들에게 '세티의 솔새'로 알려져 있는 새의 울음소리가 나온다고 했다. 나는 야외에서 녹음한 것을 들으며 터너의 이론을 확인하고 또 확인했는데, 타당하고 무척 유익한 이론임을 곧바로 알아보았다.

이탈리아 예수회 사제 프란체스코 세티의 이름을 딴 이 솔새는 작고 갈색이고 사람 눈을 피해 다닌다. "살짝 붉은 기가 도는 갈색 깃털은 따분함과 묘한 아름다움의 경계에 걸쳐 있는데, 운이 좋아야 볼 수 있다. 솔새는 무성한 초목 사이에 몸을 숨기고 있어서 (…) 눈으로 보기보다 소리로 들을 때가 더 많기 때문이다." 터너의 말이다. 중부와 남부 유럽에서 번식하는 솔새의 노래는 요란하고 갑작스러우며 아주 예쁘지는 않다. 육중한 음 하나, 가벼운 음 셋, 육중한 음 하나, 가벼운 음 하나. '넌 어쩌다 **여기** 왔니?' 하고 묻는 듯하다. 세티의 솔새는 흉내지빠귀다. "탐조자를 놀리는 것을 엄청나게 좋아하여 기관총 같은 노래를 빠르게 내뱉고는 탐조자가 소리 나는 곳을 찾는 동안 날쌔게 다른 곳으로 옮기고, 그런 다음 적당한 거리에서 다시 헷갈리게 하는 장난을 친다." 어떻게 보면 베토벤 교향곡 2번과 비슷하게 날개를 퍼덕이며 현혹시킨다.

베토벤은 어쩌다 보니 그냥 새소리를 집어넣은 것이 아니다. 그는 자연 현상을 낭만적으로 성찰하는 '괴테의 시대'에 살았다. 요한 볼프강 폰 괴테는 "세상을 가장 중심부에서 떠받치는 것"을 찾고자 식물의 변형과 동물의 분류에 관한 이론들을 생각했다. 그는 지구의 생명을 설명하는 "자연 법칙"이 있다고 보았다. 아이작 뉴턴의 색채론을 반박하며 말하기를 우주를 더 잘 이해하는 것은 과학자가 아니라 예술가라고 했다. "전체적으로 보면 과학은 생명으로부터 점차 거리를 두며 오로지 우회를 통해서만 생명으로 돌아온다." 괴테는 과학 회의론자였다.

베토벤은 괴테의 저술을 누구보다 잘 알았다. 그의 모든 책을 소유하여 곁에 두었다. 교향곡 2번에 나오는 솔새는 괴테가 무슨 꿍꿍이인지 베토벤이 알고 있으며 경험적 사실을 고집스럽게 거부하는 것을 그가 문제 삼을 준비가 되었음을 보여준다. "괴테는 더 이상 글을 쓰지 말아야 해. 가수들이랑 똑같아." 베토벤의 항변이다. 괴테는 언제 물러나야 할지 몰랐던 것이다. 교향곡 2번은 이런 대화의 연장선상에 있다. 베토벤은 자연의 한복판에서 살며 자신이 아직 들을 수 있을 때 새의 지저귐을 음악에 담았다. 그는 또한 유례없이 긴 도입부를 시도하여 곳곳에서 기대감을 무너뜨린다.

교향곡 2번의 음반들은 여러 혼란스러운 면을 보여준다. 헤르베르트 폰 카라얀은 1977년 베를린 필하모닉과 함께 그야말로 능수능란한 해석을 들려주는데, 호른과 목관이 도심지 연주회장의 인공적인 불빛 아래에서 환히 빛난다. 베르나르트 하이팅크는 비둘기 말고는 어떤 새도 얼씬대지 않는 런던 지하의 바비칸 센터에서 더 따뜻한, 하지만 더 과감하지는 않은 해석을 해낸다. 파보 예르비와 도이치 캄머필하모닉(2011)은 순간적인 평온함을 이루어냈다.

곡에 생명을 불어넣으려면 공식적인 노선에서 벗어난 거장의 손길이 필요하다. 제약 회사 상속인인 영국의 토머스 비첨은 베토벤을 즐겨 폄하했다. 교향곡 7번을 가리켜 "야크 여러 마리가 뛰어다니는 것 같다"고 했고 후기 4중주곡들은 "귀가 먼 사람만이 제대로 들을 수 있다"고 했다. 하지만 1957년 로열 필하모닉 오케스트라와 녹음한 교향곡 2번에서 비첨은 빈의 숲속으로 떠난 깃털처럼 가볍고 신나는 뇌조 사냥에 모차르트의 경박함을 불어넣는다. 이론에 구애받지 않는 비첨은 즐거움을 전파하는 메신저다. 베토벤이 엄숙하거나 인상을 찌푸리며 말리는 사람이라고 여긴다면, 여기서는 그의 활짝 웃는 얼굴을 볼 수 있다.

이에 필적할 만한 기백을 가진 음반 한 장을 알고 있다. 로저 노
링턴이 1986년 런던 클래시컬 플레이어스와 녹음한 것이다. 옥스
퍼드 대학 부총장의 아들인 노링턴은 서른 살이 다 되었을 때 학
업을 접고 음악학교에 들어갔다. "초기 악기에 대한 지식이 아주
많은 사람들"과 어울리며 베토벤 음악을 작곡가가 승인했을 음높
이와 속도로 연주하려고 애썼다. 교향곡 2번에서 그는 나비 수집
안내서를 손에 든 어린 소년처럼 날개를 벽에 딱 붙이고, 괴테와
베토벤처럼 위반과 초월 사이를 오간다. 몇몇 디테일 처리는 논란
의 여지가 있지만, 전체 연주는 마술과도 같이 응집력이 좋다. 전
문적인 녹음 언저리로 눈을 돌리면, 『암 병동』을 쓴 소설가의 아들
이그나트 솔제니친이 2014년 필라델피아 체임버 오케스트라와 함
께 한 얼룩덜룩하고 디테일이 풍부한 음반도 괜찮다.

10장

신성한 바보

교향곡 8번 F장조 op.93 (1812)

베토벤의 교향곡 아홉 곡 중에서 가장 드물게 연주되는 것은 2번
과 8번이다. 2번이 당혹감을 안겨준다면 8번은 뒷걸음질을 친다.
베토벤은 여기서 의기양양하게 뒤를 돌아보는데 어쩌면 향수를
느꼈는지도 모른다.

그렇다면 나는 어째서 8번에 끌릴까? 현혹시키기 때문이다. 이
곡은 교향곡 아류나 영화 〈추억〉에서 바브라 스트라이샌드가 부
른 노래가 아니다. 베토벤은 8번을 같은 조성으로 된 〈전원〉 교향
곡과 연관 지어 "F조로 된 나의 작은 교향곡"이라고 부른다. 그는
여전히 교향곡 형식을 밀어붙이고 있다. 다만 평소와 같은 먼 발걸
음이 아닐 뿐이다.

베토벤은 힘든 시기를 보내고 있었다. 고통과 쪼들림, 외로움,

상심으로 힘겨웠다. 나폴레옹이 러시아로 진격하는 중이었고, 물가가 폭등하여 화폐 가치가 바닥에 떨어졌으며, 부자들이 시골 영지로 도망쳐서 작곡 의뢰가 끊어졌다. 베토벤은 프랑스가 승리하는 것을 두려워했다. 그의 음악은 독일 문명의 산물이었고 그는 태도를 바꿀 생각이 없었다. 날이 갈수록 두려움이 커지고 삶이 더 불편해졌다.

1812년 7월은 유난히 더웠다. 의사가 그에게 온천 요양을 권했다. 그래서 베토벤은 보헤미아 숲이 우거진 테플리체에 예약했다. 상류층이 즐겨 찾았던 곳으로 그가 비용을 감당하기에는 무리였다. 그는 7월 5일에 도착하여 불멸의 연인에게 비통한 심정을 담은 편지 세 통을 썼다. 베토벤이 친밀한 대명사 '그대du'를 사용한 유일한 사랑 편지이므로 진지했다. 불멸의 연인을 확인했다고 주장하는 책이 많다. 가장 유력한 후보는 유부녀인 안토니 브렌타노, 그리고 남편과 별거 중이던 요제피네 브룬스비크다. 그들은 나중에 만나볼 것이다. 이 교향곡의 탄생과 관련해서는 아무 역할도 하지 않았다.

열이틀을 테플리체에서 보내고 나자 베토벤은 비참하고 지루했다. "나는 혼자야! 혼자라고!" 그가 소리쳤다. 7월 17일 괴테가 그곳에 왔다. 두 사람은 오래전부터 만남을 이야기해온 사이였다. 베토벤은 괴테의 시로 작곡한 적이 있었다. 괴테는 오페라에 대해 논의하기를 간절히 바랐다. 두 사람 모두 독일 문화를 프랑스 제국주의로부터 구하려고 싸웠다. 마음이 맞았다는 말은 이럴 때 쓰는 것이다.

괴테가 베토벤의 숙소로 찾아왔고, 두 사람은 비가 쏟아지는 숲으로 산책을 나갔다. 다음 날 그들은 빌리나에 있는 온천으로 여행을 갔다. 이틀 동안 식사를 같이 했고, 베토벤은 "기쁜 마음으로" 피아노를 연주했다. 그들은 이렇게 열흘 동안 매일 어울렸다. 베토벤이 카를로비바리로 떠나자 괴테도 따라갔다.『파우스트』를 오페라로 만들도록 그를 설득하려는 생각이었다.

하지만 아무 성과가 없었다. 두 사람은 너무도 달랐다. 괴테는 전형적인 공직자로 벨벳과 비단옷 차림에 파우더와 향수를 뿌렸다. 베토벤은 부랑자 같은 옷차림을 하고 구멍 난 신발을 신고 다녔다. "그의 재능은 나를 경탄하게 했지만, 불행히도 그는 전혀 길들여지지 않은 성격이네. 세상을 혐오스럽게 여기는 것이 잘못은 아니지만, 그런 태도는 본인을 위해서도 다른 사람을 위해서도 세상을 더 즐거운 곳으로 만들지 못해. 게다가 청력을 잃어가고 있으니 (⋯) 참으로 가엾네." 괴테의 말이다.

둘은 카를로비바리에서 두 차례 더 만났다. 베토벤은 태도를 풀고 괴테가 그렇게 꽉 막힌 사람은 아니라고 판단했다. "그런 위인이 나 같은 사람을 상대하다니 얼마나 너그러운가. 그와의 만남이 얼마나 행복했던가. 나는 그를 위해서라면 열 번도 죽을 수 있네! (⋯) 그해 여름 이후 하루도 빼놓지 않고 괴테를 읽네."

하지만 둘의 만남은 소득이 전혀 없었고, 혀를 함부로 굴리는 사람이 나타났다. 온천에서 맹렬한 말다툼이 있었다는 소문이 돌았다. 금세 둘의 갈등은 사실로 받아들여졌다. 지금도 진짜라고 믿는 사람이 많다. 잠시 소개하자면 이렇다.

베토벤과 괴테가 어느 날 산책을 나갔는데 프란츠 황제와 수행원들이 그들을 향해 다가왔다. 괴테는 모자를 벗고 허리를 숙여 인사했다. 베토벤은 고개를 빳빳이 들고 성큼성큼 지나갔다. 일행과 멀어졌을 때 베토벤은 괴테의 굴종적인 자세를 지적하며 예술가는 결코 권력에 고개를 숙여서는 안 된다고 했다. 괴테는 아무대꾸도 않고 자리를 떴다. 사실 여부가 불확실한 이 만남은 파급력이 엄청나서 카를 륄링이 이 장면을 그린 그림이 많은 독일인들 거실에 문화의 징표로 걸렸을 정도다. 1945년에 연합군이 폭격의 잔해에서 그림 수천 점을 회수했고, 곧 새로 인쇄된 그림들이 벽에 다시 걸렸다. 그만큼 베토벤-괴테의 좌표축은 독일인들의 정체성 깊은 곳에 뿌리박혀 있어서 사실 여부로 의미가 훼손되지 않는다. 독일인들은 예술이 권력보다 우위에 있다는 믿음을 갖고 있다. 현대사는 정반대 양상을 보여주지만 말이다. 독일인들은 괴테가 베토벤과 더 닮은 모습이기를 원한다.

1812년 여름 베토벤이 유일하게 거둔 성과가 있다면 바로 교향곡 8번이다. 테플리체의 광장과 술집에서 그가 들은 체코 춤곡에서 분위기와 리듬을 가져왔다. 첫 악장은 떠들썩하고 호들갑스러운 것이 피날레에 더 가깝다. 2악장은 새로운 발명품인 메트로놈의 똑딱똑딱 소리를 흉내 내는데 왠지 하이든의 〈시계〉 교향곡을 놀리는 것도 같다. 3악장은 궁정의 미뉴에트 춤곡이며, 피날레는 엔딩의 다섯 가지 선택지를 가지고 장난친다. 베토벤은 짓궂게 군다. 하지만 그의 마음은 우편배달부가 편지를 갖고 오지 않아서 매일매일 타들어갔다. 그는 또다시 사랑을 잃고 말았다. 1814년 2월에 열린 초연에서는 베토벤이 지휘를 제멋대로 하는 바람에 결국 악장이 박자를 이끌어야 했다.

교향곡은 지금도 어중간하다. 음악회 전반부에 연주하기는 너무 길고 후반부로 돌리기에는 너무 짧다. 그래서 지휘자들은 교향곡 9번에 앞서 흥을 돋우려고 연주하기도 한다. 오토 클렘퍼러의 초기 녹음(베를린, 1924)은 터벅터벅 느린 발걸음으로 장장 26분을 이어간다. '역사적 사실에 바탕을 둔' 지휘자들인 존 엘리엇 가디너와 프란스 브뤼헌은 23분으로 끊는다. 빌헬름 푸르트벵글러는 하이든처럼 가볍고 우아한 발걸음을 추구한다. 그가 죽기 몇 달 전인 1954년 잘츠부르크 페스티벌에서 빈 필하모닉과 연주한 것을 들어보면 눈망울을 반짝이며 춤을 청한다. 이외에 아르투로 토스카니니(1939), 에리히 라인스도르프(1969), 브루노 발터, 안드리스 넬손스, 사이먼 래틀의 해석이 탁월하다. 개인적으로는 클라우스 텐슈테트를 첫손에 꼽는다.

들어본 적이 없다고? 텐슈테트는 1975년 혜성처럼 등장했다가 1990년에 몰락했다. 전쟁이 끝나고 할레에서 오케스트라 악장으로 활동하던 그는 손이 부어오르면서 연주자 생활을 접었다. 공산주의자들의 허락 아래 그는 발트해 연안 마을에서 지휘를 했는데, 그가 계속해서 정권에 대항하자 당 서기장 에리히 호네커는 자신이 총애하는 지휘자 쿠르트 마주어의 조언을 받아들여 텐슈테트에게 망명하도록 했다. 서독에서 그는 해안 지방을 돌며 지휘 활동을 이어갔다. 그러던 중 캐나다 출신의 한 매니저가 킬에서 텐슈테트의 지휘를 듣고 그가 토론토에서 지휘하도록 자리를 마련했다. 보스턴에서 브루크너의 교향곡 8번을 지휘했을 때 『보스턴 글로브』는 "텐슈테트, 보스턴 심포니, 일생일대의 연주"라는 헤드라인의 기사를 실었다. 필라델피아에서 그는 비장한 베토벤으로 음악가들을 눈물바다로 만들었다. 시카고, 미네소타, 뉴욕 모두가 그의 매력에 홀렸다. 1983년 그가 지휘한 〈피델리오〉는 메트로폴리탄 오페라 극장의 역사적인 쾌거로 꼽힌다.

　미국 최고 오케스트라들이 자신을 받아준 것이 믿기지 않았던 텐슈테트는 신경쇠약에 빠졌다. 킬로 돌아온 그는 말러의 교향곡에서 공감대를 발견했고, 런던 필하모닉과 이를 연주하기 시작하면서 열광적인 반응을 받았다. 그러나 그는 항상 위태위태했다. 매니저들은 그가 무대로 걸어오는 것을 보면서 구두끈에 걸려 넘어져서 목이 부러질까 노심초사했다. 그에게는 늘상 자해하려는 성향이 있었다. 술과 담배와 여자에 빠졌다. 한 연인에게 이렇게 말했다. "사랑하지 않으면 지휘를 못하겠어." 암이 발병했다. 텐슈테트는 예순일곱에 지휘봉을 내려놓았고 1998년 일흔둘에 세상을 떠났다.

　1975년 그가 보스턴 심포니 오케스트라와 호흡을 맞춘 베토벤 8번은 분석적이지 않은 해석자의 불가해한 해석이 어떤 것인지 보여준다. 일단 호들갑스럽고 발놀림이 민첩하며, 질문과 두려움과 영감이 곳곳에 묻어 있다. 현실의 베토벤 모습이다. 적의 없이 뒤를 돌아보고 호기심 가득한 표정으로 앞을 내다본다. 내가 개인적으로 잘 아는 텐슈테트는 러시아인들이 '신성한 바보'라고 부르는 부류다. 몸짓이 격하고, 좌절하면 울분을 토하고, 취약함을 노골적으로 드러내면 사랑스럽다. 이 교향곡에 그보다 더 적합한 안내자를 나는 알지 못한다.

11장

베를린 방문

첼로 소나타 1번 F장조 op.5-1,

2번 G단조 op.5-2 (1795)

베토벤의 순회공연은 1796년 2월부터 7월까지 프라하, 드레스덴, 라이프치히, 베를린을 돌며 연주한 것이 유일하다. 아직 빈에 완전히 마음을 주지 않았던 그는 다른 곳의 사정도 알아보고자 했다. 베를린에서 베토벤은 프리드리히 빌헬름 2세 국왕을 알현했다. 국왕은 본인이 열정적인 첼리스트여서 프랑스 출신의 형제 비르투오소 장피에르 뒤포르와 장루이 뒤포르를 궁정에 두고 있었다. 동생은 철학자 볼테르로부터 이런 찬사를 받았다. "그대 연주로 기적을 믿게 되었소. 황소를 나이팅게일로 바꾸는 것을 내가 보았으니 말이오." 나폴레옹은 루이의 스트라디바리우스 첼로를 만지다가 돌이킬 수 없는 자국을 남겼다.

베토벤은 루이를 위해 소나타 두 곡을 써서 피아노 앞에 앉았

다. 장장 3분에 걸쳐 첼로 상태와 방의 온도를 살피고 나서 드디어
첫 번째 선율이 나온다. 거의 스무 차례 모습을 바꿔가며 계속 등
장할 정도로 풍요로운 선율이다. 두 번째 소나타는 느릿한 주제로
시작하는데 어찌나 느린지 루이의 어깨가 결릴 정도다. 프로이센
국왕은 베토벤에게 동전이 가득 담긴 황금 코담뱃갑을 하사했다.
"평범한 코담뱃갑이 아니라 대사에게 하사품으로 내려도 좋을 물
건이다." 하지만 베를린은 요새와 군사법원이 있는 마을이어서 베
토벤의 마음이 끌리지 않았다. 첼로를 위한 곡을 쓰는 새로운 기
술을 터득한 것이 그의 소득이었다.

　파블로 카살스는 음반에서 기대치를 높였다. 스페인 파시즘
을 피해 망명한 카탈루냐인은 바흐에서 타의 추종을 불허하는 권
위를 얻었다. 하지만 베토벤은 그만큼 편안하게 연주하지 않는다.
1939년 미에치슬라프 호르쇼브스키와 함께 한 연주는 에너지와
간절함이 넘친다. 1951년 루돌프 제르킨과 호흡을 맞춘 그는 자신
의 천사 같은 온화한 연주에 만족인지 불만인지 모를 소리를 끙끙
거린다. 10년 뒤에 독일의 빌헬름 켐프와 연주할 때는 말썽꾸러기
처럼 군다. 카살스의 대단한 점은 이렇듯 한 사람 안에 수많은 첼
리스트가 있다는 것이다.

　므스티슬라프 로스트로포비치는 루이 뒤포르가 베토벤과 연
주했던 바로 그 악기를 사용한다. 그가 스뱌토슬라프 리흐테르를
파트너로 맞아 연주하는 모습을 유튜브 동영상으로 볼 수 있는데,
악보 넘기는 사람을 불안하게 몰아붙여 그가 당황해하는 장면이

나온다. 재클린 듀프레이와 다니엘 바렌보임은 이 두 곡에서 불꽃 튀기는 생동감이 없다. 러시아 망명객 미샤 마이스키가 아르헨티나의 방랑자 마르타 아르헤리치와 1990년 브뤼셀에서 연주한 녹음은 술 마신 다음 날 호텔에서 아침을 먹는 것처럼 들린다. 산만하지만 몹시 다정한 연주다.

12장

신의 총애를 받은 사람

모차르트의 "춤추기를 원하신다면" 주제에 의한 변주곡

F장조 WoO.40,

모차르트의 "우리 손을 맞잡고" 주제에 의한 변주곡

C장조 WoO.28 (1792~1793)

베토벤이 열여섯 살이 되어 빈에 처음 갔을 때 모차르트를 찾아가 피아노로 모차르트의 C단조 협주곡을 외워서 연주했다는 이야기가 있다. 모차르트는 아내에게 이렇게 말했다. "이 소년을 잘 봐두시오. 언젠가 세상을 떠들썩하게 할 테니까."

이 이야기를 전하는 사람은 모차르트의 제자인 작곡가 요한 네포무크 훔멜이다.

갑자기 스승은 베토벤이 전혀 눈길을 주지 않았던 나를 향해 돌아섰다. "네포무크, 본에서 온 젊은 친구에게 변주곡 몇 곡을 즉석에서 연주하면 어떻겠나? 피아노 연주가 얼마나 노래하는 것처럼 원숙하게 들리는지 루트비히에게 보여주고 싶네. (…) 차이를 바로 알아볼 거네. (…) 내가 쓴 '피가로' 알지? '춤추기를 원하신다면'이 어떨까 싶은데." 그러더니 모차르트는 피아노 의자에 앉아 루트비히를 옆으로 밀고는 '춤추기를 원하신다면' 주제를 조용히 연주했다. F장조로 페달을 밟고, 여린 스타카토로 피치카토처럼, 거의 하프처럼 연주했다.

아쉽지만 이것은 지어낸 이야기다. 편지를 보면 모차르트는 베토벤이 찾아갔다는 1787년 2월에 집에 없었다. 하지만 진짜처럼 들리는 언급이 하나 있다.

모차르트는 떠나는 루트비히에게 변주곡을 해보라고 (…) 피아노 앞에 앉아 꾸준히 즉흥연주를 연습하라고 조언했다. "변주곡은 우리의 모든 상상력을 자유롭게 하지. 재료가 단순할수록 좋네. 변주곡은 우리에게 많은 자유를 안겨주고, 동시에 우리를 비좁은 우리에 가두지. 기억하게! 그는 언젠가 변주곡으로 위대한 것을 이루어낼 거네."

우리는 베토벤이 변주곡에 대해 까다롭게 굴었다는 것을 알고 있다. 하지만 1792년 11월, 그러니까 빈이 모차르트의 죽음을 애도한 지 11개월 만에 베토벤은 유명한 아리아를 바탕으로 변주곡 두 곡을 썼다. 〈피가로의 결혼〉에 나오는 아리아 "춤추기를 원하신다면"이 모티브가 된 변주곡은 바이올린이 주제를 피치카토로 연주하며 시작한다. 예후디 메뉴인과 빌헬름 켐프(1970)의 유쾌한 음반이 있다. 〈돈 조반니〉의 "우리 손을 맞잡고" 변주곡은 다양한 악기로 할 수 있다. 자비네 마이어가 남자 형제와 친구를 데리고 연주한 것은 두 대의 클라리넷과 바세트호른 편성이다. 프랑수아 를뢰는 오보에, 클라리넷, 바순 편성을 선호한다. 둘 다 다채롭고 흥겨운 연주다.

베토벤은 한 번도 만나보지 못한 사람에게 몇 차례 더 예를 표했다. 그의 첫 번째 피아노 소나타는 모차르트 소나타 14번 (K.457)을 소환한다. 〈영웅〉 교향곡은 모차르트 오페라 〈바스티앙 과 바스티엔〉의 한 대목으로 시작한다. 교향곡 5번의 3악장은 모 차르트 교향곡 40번 피날레와 첫 여덟 음이 똑같다. 베토벤은 분 노나 존경의 감정 없이 모차르트를 언급한다. 그는 자신의 몸에서 모차르트의 흔적을 지울 필요가 없었다.

이지적인 미국 피아니스트 찰스 로젠은 베토벤과 모차르트 둘 중 모차르트가 시대를 더 앞서간 작곡가라는 도발적인 주장을 한 다. 모차르트가 우리 시대에 더 가깝다는 것이다. "모차르트의 반 음계가 베토벤의 반음계보다 더 위대하다. 베토벤은 반음계에 속 하는 모든 음을 (동일한 악절에서) 이렇게 저렇게 풀어놓는 것을 모차르트에게서 배웠다. 나는 이것을 '반음계 포화'라고 부른다. 모차르트의 G단조 교향곡에서, 그리고 베토벤의 작품번호 111 소 나타에서 들을 수 있는데, 이런 경향은 19세기를 지나 아르놀트 쇤베르크에서 정점에 달한다."

쇤베르크의 시그니처인 12음렬은 〈돈 조반니〉의 석상 장면에서 맨 처음 등장한다. 그래서 로젠은 모차르트가 모더니즘의 산파이며 베토벤보다 더 선견지명이 있다고 본 것이다. 당연히 잘못된 판단이다. 모차르트는 자기 시대의 관습 내에서 작곡한 반면, 베토벤은 관습에서 한 발 벗어났다. 모차르트가 지금 여기에 관심이 있다면, 베토벤은 그 너머를 바라본다. 모차르트의 환상은 무궁무진하다. 베토벤에서 매혹적인 것은 그가 행하는 것이 아니라 그가 가려는 방향이다. 젊은 시절에 잠깐 모차르트는 베토벤이 되려고 했던 작곡가였다. 그 순간은 금방 지나갔다.

13장

대가의 작품

모차르트의 "연인이나 아내가 있었으면" 주제에 의한 변주곡

F장조 op.66,

모차르트의 "사랑을 느끼는 남자들은" 주제에 의한 변주곡

E플랫장조 WoO.46,

헨델의 "보아라, 용사가 돌아온다" 주제에 의한 변주곡

G장조 WoO.45 (1796~1798)

"모든 작곡가를 통틀어 베토벤이 최고로 친 사람은 모차르트와 헨델, 그리고 제바스티안 바흐다." 베토벤의 제자 페르디난트 리스의 말이다. "그가 손에 악보를 들고 있거나 그의 책상에 뭔가가 펼쳐져 있다면, 틀림없이 이런 영웅들 중 한 명의 곡이었다."

모차르트의 파도에 올라탄 김에 베토벤은 프로이센 국왕에게 〈마술피리〉 변주곡 두 곡을 헌정했다. 가벼운 마음으로 작곡한 걸작이다. 카살스와 제르킨(1951), 마이스키와 아르헤리치(1993)가 즐겁게 녹음한 음반이 있다.

헨델의 변주곡은 이보다 깊이가 있다. 베를린에서 베토벤은 헨델의 1746년 오라토리오 〈유다스 마카베우스〉를 접했다. 잉글랜드 왕위를 차지하려는 스코틀랜드 스튜어트 왕조에 맞서 독일 하

노버 왕조가 승리를 거둔 것을 축하하는 이 오라토리오에 압도된 베토벤은 이렇게 외쳤다. "그는 역사상 최고의 작곡가다. 그의 무덤 앞에서 모자를 벗고 무릎을 꿇고 싶다." 이런 조언도 했다. "단순한 수단으로 거대한 효과를 얻는 방법을 헨델에게서 배워라." 조울증 성향이 있었던 자유분방한 독신남 헨델은 그가 가장 공감할 수 있었던 선배 작곡가였다.

그는 〈유다스 마카베우스〉에 나오는 유명한 아리아로 첼로와 피아노를 위한 호화로운 열두 개의 변주곡을 만들었다. 열한 번째 변주는 차마 겹세로줄을 그을 수 없다는 듯이 길게 잡아 늘여 가장 길다. 베토벤은 〈장엄미사〉와 교향곡 9번을 준비하면서 헨델을 다시 들여다보았다. 자신을 찾아온 영국인 에드워드 슐츠에게 이렇게 말했다. "헨델은 가장 위대하고 가장 유능한 작곡가요." 죽어가면서 베토벤은 헨델의 새 악보 판본을 살펴보았다. "아직 그로부터 배울 게 있어."

유다스 변주곡은 음반이 많다. 그레고르 퍄티고르스키와 루카스 포스의 장난기 어린 연주, 첼리스트 아드리안 브렌델이 아버지 알프레트 브렌델과 함께 한 애정 가득한 연주, 프랑스인 피에르 푸르니에와 오스트리아인 프리드리히 굴다의 서로 다른 문화의 만남. 내가 고른 것은 마이스키와 아르헤리치다.

14장

감자튀김에 곁들이면

"신이여 왕을 지켜주소서" 주제에 의한 변주곡

C장조 WoO.78,

"지배하라 브리타니아여" 주제에 의한 변주곡

D장조 WoO.79 (1803)

살리에리의 "정말 그래요" 주제에 의한 변주곡

B플랫장조 WoO.73 (1800)

파이시엘로 주제에 의한 변주곡 두 곡 WoO.69~70 (1795)

그는 변주곡을 경멸했지만 일단 시작하자 아무도 말릴 수 없었다. 그러던 중 영국 국가國歌가 그의 주목을 끌었다. 베토벤은 은밀한 친영파였을까? 슈니첼|얇게 두드려 편 고기에 빵가루를 묻혀 튀기는 요리— 옮긴이|을 갈색 소스에 찍어 먹고 맥주를 따뜻하게 데워 마셨을까? 크리켓과 경마를 좋아하고 교회 황동 부조를 매만졌을까? 우리가 아는 한은 그렇지 않다. 말년에 이르러 이런 변주곡들을 본 베토벤은 깊은 탄식을 내뱉었다. "오 베토벤, 참으로 멍청한 녀석이었군." 하지만 이런 곡들은 터무니없지도 생뚱맞지도 않다.

"신이여 왕을 지켜주소서"는 이미 작곡가들이 눈독을 들인 인기곡이었다. 요한 크리스티안 바흐는 1763년에 쓴 하프시코드 협주곡에 이 곡을 삽입했다. 바흐의 전기를 쓴 요한 니콜라우스 포르켈은 1791년 이 선율로 변주곡을 썼다. 나중에는 훔멜, 로시니, 파가니니, 리스트, 레거, 찰스 아이브스, 지미 헨드릭스가 시도했다. 프랑스인 클로드 드뷔시조차 마음이 흔들렸다. 베토벤은 일곱 개 변주를 묶어 에든버러 출판업자 조지 톰슨에게 보냈고, 런던의 판권은 작곡가 겸 출판업자 무치오 클레멘티에게 넘겼다. 클레멘티도 곧 자신의 변주곡을 작곡했다.

음반을 살펴보면 런던의 오스트리아인 알프레트 브렌델은 아이러니를 노린다. 캐나다인 앤절라 휴잇은 예를 다해 과묵하다. 프랑스 피아니스트 세실 우세와 안 케펠렉은 무릎을 살짝 굽혀 절한다. 영국인 존 오그돈은 세 번째, 네 번째 변주에서 절묘하게 다정한 모습을 찾아낸다.

"지배하라 브리타니아여" 변주곡은 5분이 채 안 되는 곡으로 베토벤은 피아노 소나타 24번 작품번호 78의 2악장에서 이 선율을 재활용한다. 네덜란드 포르테피아노 연주자 로날트 브라우티함은 네 번째 변주에서 쇼팽의 행진곡을 미리 내다본다.

베토벤은 하나에 몰입하면 나머지는 다 잊었다. 궁정 작곡가 안토니오 살리에리가 가엾은 모차르트를 어떻게 대했는지 모두가 알았다. 혹시나 하는 마음에서 베토벤은 살리에리의 오페라 〈팔스타프〉에 나오는 주제로 변주곡을 작곡하여 그에게 경의를 표했고, 살리에리는 이에 격하게 고마워했다. 브렌델, 오그돈, 브라우티함은 겉만 번드르르한 이 곡을 멋지게 연주한다. 불가리아

인 플라메나 망고바는 기대 이상으로 곡을 요리한다. 또 한 명의
이탈리아 작곡가 조반니 파이시엘로는 매년 새로운 오페라 두세
곡을 빈의 무대에 올려 총 아흔네 편의 오페라를 작곡했다. 베토벤
은 예상대로 이에 대응한 변주곡을 내놓았다. 그는 변주곡 작곡을
멈추지 못했다. 일상은 팽개치고 멍하니 컴퓨터 게임에만 빠져든
밀레니얼 세대 같았다.

‘강박충동 장애’라고 하는 질환은 19세기 말에 피에르 자네와 지
그문트 프로이트가 확인한 것이다. 이 장애는 여러 형식을 취한다.
가장 쉽게 알아볼 수 있는 증상은 반복적인 행동이다. 손을 자꾸
씻거나 문이 잠겼는지 확인하고 또 확인하고 복잡한 행동을 일정
한 순서로 행한다. 강박충동 장애가 있으면 피부를 문대거나 기도
문을 속삭이거나 침대에서 자꾸 일어나 가스불이 꺼졌는지 확인
한다. 베토벤은 변주곡을 작곡하던 시절 몇 가지 강박 장애의 징
후를 보였다. 영국의 음악 비평가 어니스트 뉴먼은 “정신 이상에
가까운 강박 장애자”라는 의견을 내놓았다. 정신 건강 문제를 제
기한 사람은 뉴먼만이 아니다. 하지만 이것이 옳은 진단일까? 반
대를 가리키는 것도 있다. 강박충동 장애는 대체로 스무 살이면
발병하고 가장 두드러지는 증상은 지저분한 것을 무서워하고 질
서를 사랑하는 것이다. 그런데 베토벤은 20대에 씻지 않았고 정리

하지 않았다. 그러니 강박충동 장애가 아니다.

베토벤을 자폐증이라고 보는 사람이 있다. '자폐증'이라는 용어는 1911년에 조현병의 한 형식을 가리키고자 처음 사용되었다. 1943년에 볼티모어의 리오 캐너는 아동의 '자폐성 장애'를 따로 분리했다. 이듬해에 빈의 한스 아스페르거는 고도의 학업 성취와 빈약한 사회적 교류 사이에 상관관계가 있음을 알아냈다. 영국의 정신의학자 마이클 러터는 "자폐 아동은 환상의 결핍을 보인다"고 했다. 1990년대에 접어들어 자폐를 '스펙트럼'으로 보는 입장이 설득력을 얻고 있다.

베토벤은 특이할 수는 있겠지만 주류의 자폐 진단에 들어맞지 않는다. 그가 바라보는 세상은 결코 이분법적이지 않으며, 비록 행동은 극단적일지언정 그는 항상 자신의 상황을 파악하고 상황 바깥에 머무를 수 있었다. 그럼에도 현대 사람들은 그를 비정상이라고 여긴다. 20세기에 정신의학계에서 그의 신경증을 다룬 논문이 여럿 나왔다.

카를 융은 신념이 있어서 작곡가 분석을 하지 않는다. "나는 신과 모차르트, 베토벤을 믿는다." 융은 창의적인 천재들에게 그들의 처신에 대한 일반적인 책임을 묻지 않는다. "위대한 예술가들의 전기를 보면 창의적 충동이 압도적인 우위를 차지하여 인간성을 갈취하고 모든 것이 작품에 종속되며 심지어 평범한 건강과 인간적인 행복마저 희생되는 경우가 많다는 것이 자주 확인된다. 예술가의 정신 속에 있는 아직 태어나지 않은 작품은 사람이 어쩌지 못하는 자연의 힘이다. 매개체가 되는 사람의 개인적인 운명 따위는 아랑곳하지 않고 포악한 힘을 가동하거나 자연의 미묘한 간계를 부려 목적을 쟁취한다."

프로이트주의자들은 예술가에게 무책임을 허락하는 이런 입장에 동의한다. 오스트리아의 쿠르트 아이슬러는 창의적 충동을 예술가의 인격에 있는 '비사회적 요소'와 연관 짓는다. 지그문트 프로이트 아카이브의 큐레이터이기도 한 그의 말이다. "베토벤의 일상생활에서 비사회적이고 무례하고 야만적으로 보인 것은 그의 창의력의 주춧돌이었다. 감정을 잘 달래서는 우리가 찬탄하는 그런 음악 작품들을 결코 만들어내지 못한다." 아이슬러는 무엇이 베토벤을 위대하게 만드는지 이해하려면 그에게서 무엇이 특이한지 보라고 우리에게 말하는 것이다. 몇몇 베토벤 전기 작가들이 이런 방향을 취해 그의 성적 취향에 관한 공상적인 추측을 제멋대로 폈다. 하지만 1970년대에 메이너드 솔로몬에 의해 터진 봇물은 말라버린 지 오래다. 베토벤과 섹스는 만족스럽지 않은 결과로 끝나는 단편 소설이다.

그는 양극성 장애였을까? 미국의 조울증 권위자 케이 레드필드 제이미슨은 작곡가들에게서 조울증이 높은 빈도로 나타난다는 것을 알아냈고 베토벤을 연구에 포함시켰다. 이런 주장은 그녀가 처음이 아니었다. 독일의 임상의 파울 라데슈토크는 1884년 천재와 광기를 연구하면서 극단적으로 오락가락하는 베토벤의 기분 변화를 정신적 불균형의 징후로 확인했다. 헨델과 마찬가지로 베토벤도 햇빛과 폭풍을 오간 건 맞다. 하지만 다른 결정적인 징후들은 보이지 않았다. 그는 잘 먹고 잘 잤다. 하루 종일 침대에 있지 않았다. 그의 작업량은 기분이 안 좋을 때도 여전했다. 자살을 생각한 것은 딱 한 번이었다. 그러니 양극성 장애는 그의 음악에 아무런 영향을 미치지 않았다. "개인적인 이유는 식물이 뿌리를 내린 토양과 같아서 예술 작품과 상관이 많기도 하고 적기도 하다." 융의 말이다. 내적 동요가 어떻게 되든 작곡할 때 베토벤은 항상 베토벤이었다.

　베토벤의 심리를 가장 예리하게 분석한 것은 초기 프로이트주의자가 그의 지엽적인 변주곡을 연구한 것이다. 테오도어 라이크는 베토벤의 피아노 소품 〈잃어버린 동전에 대한 분노〉를 살펴본다. 유쾌한 이 론도에서 한 남자가 자그마한 동전을 가구 밑에서 잃어버려 걷잡을 수 없는 분노에 사로잡힌다. 한참 요란법석을 떨고 나서는 무기력하게 자신을 비웃는다. "애끓는 조바심에서 나온 곡으로, 처음에 나온 주제의 여러 변주들로 표현되고 작곡가의 우스꽝스러운 행태를 조롱한다." 라이크는 이 론도의 주인공이 베토벤 본인이라고 본다.

　말러의 교향곡 2번의 중요한 연구서도 냈던 라이크는 베토벤을 "세상에서 가장 서투른 인간"이라고 규정한다. "리듬의 대가는 춤추는 법을 결코 배우지 못했다. (…) 그런 그가 혼자 면도하는 법은 어떻게 익혔을까. 그의 뺨에 난 빈번한 상처들이 아니더라도 의구심이 든다. (…) 베토벤은 어떤 물건이든 손에 들 때면 떨어뜨리거나 부러뜨리는 경우가 많았다. 어떤 가구도 그의 앞에서 말짱하지 않았다. 그는 잉크병을 자주 피아노에 쏟았다. 손을 씻다가 바닥 전체에 물이 넘쳐 아파트 아래층 천장을 적신 적도 있었다."

베토벤은 화를 다스리지 못했다. "사실은 그가 통제를 잃었다고 말할 수도 없다. 애초에 통제를 가진 적이 없었으니까." 라이크는 〈잃어버린 동전에 대한 분노〉를 두 부분으로 나눈다. 하나는 화를 터뜨리는 대목이고, 또 하나는 베토벤이 상황의 바깥에 서서 거리를 두고 자신의 행동을 조롱하는 대목이다. 거리를 둔다는 것은 그가 절대적으로 제정신일 뿐만 아니라 대단히 높은 수준의 자기인식을 보여준다는 뜻이다. 정상이든 아니든 그가 정신적으로 안정적임은 틀림없는 사실이다.

나는 확정적인 진단을 알려고 하지 않는다. 텔아비브의 정신과 의사이자 『하아레츠』의 수석 음악 비평가인 아미르 만델은 "역사에, 자료에 바탕을 두고 내린 진단은 의혹의 구름으로 잔뜩 뒤덮여 있기 마련"이라고 내게 충고했다. 만델은 베토벤이 비참한 어린 시절에서 비롯된 "신뢰 문제와 서툰 사회 적응"으로 고통을 겪었다고 본다. 변주곡 작곡에서 패턴을 만드는 행위는 개인적으로 연약한 시기에 외적 세계의 폭력으로부터 방어하는 수단이 될 수 있다고 나는 생각한다.

베토벤이 변주곡에 정신이 팔린 시기는 시작했을 때와 마찬가지로 갑자기 끝났다. 1806년부터 그는 변주곡에서 손을 놓았다가 생의 마지막에 이르러 난데없이 〈디아벨리 변주곡〉을 썼다. 바흐의 독보적인 〈골드베르크 변주곡〉 이후로 가장 이지적이고 도전적인 변주곡이다. 예기치 못한 행보가 과연 베토벤답다.

15장

처참한 곡들의 묶음

'잃어버린 동전에 대한 분노' op.129 (1795)

베토벤의 모든 작품이 불멸은 아니다. 나머지는 어떻게 될까? 음반사는 베토벤의 전곡을 관처럼 생긴 상자에 담아 박스 세트로 내려고 한다. 예술가는 입장이 다르다. 알프레트 브렌델이 자신의 복스-턴어바웃 '전집' 녹음을 소개하는 글을 보자.

1958년부터 1964년까지 내가 복스-턴어바웃에서 작업한 베토벤 피아노곡의 첫 번째 녹음은 완전한 의미의 전집은 아니다. 베토벤의 능숙하고 독창적인 손길이 전혀 없는 작품을 망각에서 구하는 것은 내가 보기에 그다지 의미가 없다. 따라서 베토벤의 동시대인이라면 누구라도 쓸 수 있었던 처참한 하이벨 변주곡 같은 곡은 미련 없이 뺐다. 몇몇 학생 습작, 소품, 연습곡, 스케치도 대개는 출판하려는 의도가 결코 없었고 역사가들에게나 관심이 있으므로 뺐다. 이런 곡에는 본 시절의 모든 작품(열두 살 베토벤이 쓴 드레슬러 행진곡에 의한 변주곡, 장조의 모든 조성들을 훑는 두 곡의 전주곡 작품번호 39를 포함하여), 쉬운 소나타 C장조 WoO.51, 앞서 언급했던 하이벨의 '비가노의 미뉴에트' 주제에 의한 변주곡, 그리고 WoO.52, 53, 55(바흐 스타일의 전주곡), 56, 61, 61a, 작은 춤곡들인 WoO.81~86(여섯 개의 에코세즈 WoO.83은 녹음에 넣었다)이 포함된다. 다만 이런 곡은 거의 틀림없이 오케스트라 악보를 편곡한 것인데, 노테봄이 넘겨받은 현존 악보는 몇 가지 디테일에서 미심쩍은 구석이 있어서 (…)

그러나 라이크가 보여주듯이 중요도가 떨어지는 베토벤 곡도 얼마든지 불멸이 될 수 있다. 〈잃어버린 동전에 대한 분노〉는 1827년 11월, 베토벤의 유물을 처분하는 과정에서 악보가 발견되었다. 1790년대로 추정되는 이 곡에 출판업자 안톤 디아벨리가 근사한 제목을 붙여 큰돈을 벌었다.

악보 맨 위에 '헝가리풍의 카프리치오'라고 적혀 있다. 작곡가 로베르트 슈만은 "신발 한 짝이 벗겨지지 않아 땀을 뻘뻘 흘리며 팔짝거리는데 정작 신발은 냉정하게 쳐다볼 때 느끼는, 용납이 되고 무해한 분노"라고 했다.

이 곡을 녹음한 피아니스트로 슈나벨, 켐프, 까다로운 브렌델이 있다. 미국에서 활동하는 중국 피아니스트 유자 왕은 열 살 때의 연주를 비디오로 담았다. 알리스 자라 오트는 느긋하고 우아하다. 예브게니 키신은 속도를 높인다. 클리퍼드 커즌은 평온하고 점잖게 연주한다. 신경질적인 독일 작곡가 오이겐 달베르트는 1918년 스튜디오에서 신발에 묻은 불결한 것을 털어내듯 단숨에 곡을 해치웠다.

16장

슬라바

첼로 소나타 3번 A장조 op.69 (1808)

세 번째 소나타는 순수한 즐거움이 묻어난다. 베토벤이 항상 첼로를 사랑했다고 단언할 수는 없지만 여기서 그는 첼로에 푹 빠져 있다. 온기가 느껴지고 흥얼거리기 좋은 음악으로 첼로와 피아노가 대등하게 나눠서 연주한다. A장조는 베토벤의 행복한 기분을 나타내며, 찬란한 선율은 그의 기량이 절정에 올랐음을 말해준다. 하긴 교향곡 5번과 6번을 작곡한 바로 그해에 나왔다. 처음부터 밀도감이 대단하다. 재료의 절반이 첫 악장에 몰려 있는 느낌이다. 뒤포르의 제자 니콜라우스 크라프트와 베토벤에게서 피아노를 배운 도로테아 폰 에르트만이 초연을 맡았다.

음반 네 장이 눈에 띈다. 프랑스 장성의 아들로 태어났고 소아마비에 걸리고 나서 피아노에서 첼로로 전향한 피에르 푸르니에는 아르투어 슈나벨과 이 소나타를 녹음했다. 푸르니에는 독일 부역자, 슈나벨은 나치 망명자였다. 긴장감이 손에 만져질 듯 생생하다. 미국인 린 해렐은 1987년에 러시아인 블라디미르 아시케나지를 만나 30분간 곰처럼 연주한다. 마이스키와 아르헤리치(1994)는 적수가 없다. 하지만 세월을 뛰어넘는 연주는 1964년 에든버러 페스티벌 영상으로 남아 있는 소비에트 사절 므스티슬라프('슬라바') 로스트로포비치와 스뱌토슬라프 리흐테르의 연주다.

그들은 한없이 자유로우며 마음껏 공상을 펼친다. 8분경에 '반짝반짝 작은 별' 선율이 등장할 때 둘은 윙크를 나눈다. 리흐테르가 로스트로포비치를 보며 히죽거리는 것은 슬라바('영광'이라는 뜻)가 너무도 쉽게 지루함을 느낀다는 것을 알기 때문이다. 두 음악가는 비범하며 몸을 사리는 법이 없다.

아제르바이잔에서 폴란드인과 유대인 혈통으로 태어난 로스트로포비치는 다양한 민족적 면모를 타고났다. 10대에 첼로뿐 아니라 피아노도 연주하며 소비에트의 모든 콩쿠르를 휩쓸었다. 프로코피예프와 쇼스타코비치를 만나면서 그는 새로운 음악을 갈구하게 되었다. 키가 작고 체구가 건장한 그는 볼쇼이 극장의 프리마돈나 갈리나 비시넵스카야와 결혼했다. 제한된 자유와 넉넉한 삶을 누리고자 외국 순회공연 때 사온 브랜드 위스키를 인민위원에게 뇌물로 주었다. 늘 웃고 다니는 슬라바는 소비에트 벙커의 쾌락주의자였다. "우리에게 음악이란 태양과 산소, 생명을 접할 수 있는 유일한 창문이었어요. 그러니 우리는 서양의 그 누구보다 음악을 훨씬 더 사랑했죠." 슬라바의 말이다.

1974년 그는 반체제 소설가 알렉산드르 솔제니친에게 거처를 제공했다는 이유로 조국에서 쫓겨났다. 여권이 몰수되어 신원 파악이 어려워진 그는 공연 기획자 빅터와 릴리언 호크하우저의 런던 집에서 지내다가 워싱턴 D. C.에서 그를 음악감독으로 고용했다. 지휘는 그의 가장 떨어지는 재능이었고 영어는 없는 능력이나 마찬가지였지만, 그럼에도 그는 매력적인 성격과 열정, 넉넉한 마음으로 버텼다. 참을 수 없이 불안정함을 느꼈던 그는 파리, 런던 등지에 집을 샀다. 런던에서 음악회를 하고 나면 그는 마이다 베일에 있는 집으로 가서 무릎을 꿇고 부엌 바닥을 박박 문질렀다. 초심을 다지기 위함이라고 스스로 밝혔다. 우리가 공식 인터뷰를 하려고 런던 바비칸 센터의 창문 없는 작은 방에서 처음 만났을 때 슬라바는 뵈브 클리코 샴페인 병을 탁자에 내려놓더니 이렇게 말했다. "병이 비지 않으면 아무도 방에서 못 나가요." 워싱턴에서 그가 예순 살 생일을 맞았을 때 낸시 레이건이 흔쾌히 생일 축하 노래를 지휘했다. 1991년 미하일 고르바초프에 반대하는 쿠데타가 일어났을 때 수염도 없는 어린 보디가드가 자신의 어깨에 기대 눈을 잠깐 붙이는 동안 그의 소총을 들고 있는 로스트로포비치의 사진이 있다. 남을 배려하는 그의 마음씨는 경외감이 들 정도였다.

슬라바가 친근함을 내비치는 사람이었다면, 리흐테르는 엄격함의 화신이었다. 연주에 온 정신이 팔려 있었다. 그런 외피를 두르고는 충동적이고 즉흥적이고 종잡을 수 없게 굴어 그와 일하는 모두를 난처하게 했다. 언젠가 리흐테르가 파리에서 독주회를 마치고 여름밤에 사라졌다. KGB 경호원들은 사색이 되어 루뱐카 감옥에서 징계를 받을 각오를 했다. 빅터 호크하우저는 자신의 예술가가 행여 다칠까 걱정되어 피갈의 술집을 뒤졌지만 그를 찾지 못했다. 새벽 2시에 거리를 걸어가는데 4층 창문에서 네 손으로 피아노를 연주하는 소리가 들렸다. 그는 헐떡거리며 계단을 올라가 문을 두드렸다. 그를 맞은 사람은 미국 피아니스트 줄리어스 캐천이었다. 리흐테르는 거리 저편에서 캐천이 연주하는 소리를 듣고 집으로 찾아가 마음이 통하는 예술가와 행복한 시간을 보내고 있었던 것이다. 주위 사람들은 어떻게 되든 상관없이.

베토벤을 연주할 때 로스트로포비치와 리흐테르는 얼음과 불, 흑과 백이 되어 한 치의 타협도 하지 않는다. 음반에서 그런 연주는 어디에도 없다.

17장

뚱보

바이올린 소나타 1번 D장조 op.12-1,

2번 A장조 op.12-2,

3번 E플랫장조 op.12-3 (1798~1799)

'슈판치히는 악당' WoO.100 (1801)

팔스타페를 WoO.184 (1816)

예술은 뚱뚱한 사람에게 잔인하다. 셰익스피어와 베르디는 존 팔스타프 경을 대식가라고 놀린다. 리하르트 슈트라우스는 옥스 남작을 비대한 게으름뱅이로 묘사한다. 월터 스콧은 『아이반호』에서 터크 수사를 놀림감으로 삼으며, 『토마스와 친구들』|영국 작가 윌버트 오드리가 쓴 동화책 시리즈—옮긴이|에 나오는 철도 회사 뚱보 사장은 유아들에게 비만에 대한 부정적인 이미지를 심어준다. 뚱뚱한 사람이 무대에 오르면 청중이 크게 웃고, 축구 경기장에 서면 관중석에서 고함이 나온다.

베토벤은 체구가 큰 사람들에게 못되게 굴었다. 두 곡의 신랄한 카논에서 친한 친구를 뚱뚱하다고 놀렸다. 집요하게 예리하게 불필요하게 신경을 긁어댄 것이다. 이그나츠 슈판치히는 빈에서 가장 바쁜 바이올리니스트로 단연코 최고 실력자였다. 베토벤보다 여섯 살 어린 그는 본을 떠나 빈으로 온 베토벤의 첫 번째 교사였다. 베토벤은 바이올린 소나타와 현악 4중주를 쓸 때마다 그의 조언을 구했다. 교향곡 9번의 초연에서는 악장을 맡아 "천부적이고 실로 에너지가 넘치는 오케스트라 리더"의 기질을 발휘했다. 슈판치히보다 베토벤에게 더 많은 도움을 준, 더 자발적이고 덜 불평한 음악가는 없었다. 그럼에도 베토벤은 그를 가리켜 "악당, 뚱보, 거구의 당나귀"라고 불렀다. 왜 그랬을까?

아마 질투였을 것이다. 슈판치히는 리히노프스키 공작 밑에서, 나중에는 라주모프스키 백작 밑에서 바이올리니스트로 일하며 안정적인 삶을 살았다. 그는 좋은 여성을 만나 결혼했다. 금세공인의 딸 바르바 킬리츠키였는데 대체로 만족했던 것 같다. 바르바의 여동생 요제피네는 〈피델리오〉에서 노래를 했다. 가족은 베토벤에게 친절했고 그는 그런 가족을 경멸했다. (어떤 사이였는지 자세히는 모른다. 슈판치히 연구는 빈 필하모닉 오케스트라 회장을 지낸 사람이 쓴 출판되지 않은 박사논문이 유일하다.)

프랑스군이 빈을 점령하자 슈판치히는 상트페테르부르크로 갔다. 1823년에 그가 돌아왔을 때 베토벤은 마지막 현악 4중주곡들을 작곡하고 있었다. 그냥 뭉뚱그려 "신작 4중주 하나를 작곡"하고 있다고 했다. 베토벤은 그에게 초연을 맡기기로 했다가 철회했다가 다시 약속했다. 슈판치히는 베토벤보다 3년을 더 살았고 음악사에서 존재가 지워졌다. 『뉴 그로브 음악과 음악가 사전』에는 출생일이 잘못 기재되어 있다. 빈에는 슈판치히의 이름을 붙인 길이 없다. 하지만 그가 베토벤에게 실질적인 영향을 미쳤음은 반박의 여지가 없다. 작품번호 12를 시작으로 모든 바이올린 곡에 그가 있지만, 우리가 아는 것이라고는 그가 뚱뚱했다는 것이 전부다. 베토벤 덕분이다.

처음으로 내놓은 바이올린 소나타에서 베토벤은 바이올린과 피아노를 동등하게 대한다. 살짝 호전적인 분위기의 개시부가 5월 축제의 춤곡으로 이어진다. 두 번째 소나타는 깡충거리며 유쾌하게 굴고, 세 번째 소나타는 자신감으로 활활 타오른다. 라이프치히의 『알게마이네 무지칼리셰 차이퉁』은 "고집스럽고 부자연스럽다"며 질책했다.

예후디 메뉴인이 열세 살에 누이인 헤프시바 메뉴인을 피아니스트로 맞아 연주한 녹음은 지나치게 귀여운 티를 낸다. 1955년 그가 동서지간인 루이스 켄트너와 연주한 것은 냉랭하게 들린다. 1970년 나치 당원이던 빌헬름 켐프와 함께 연주한 녹음은 유대인을 나타내는 노란색 별처럼 불쾌한 기운이 묻어난다. 세 장의 메뉴인 녹음은 어느 것 하나 만족스럽지 않다.

조지프 시게티가 1944년 클라우디오 아라우와 함께 한 연주는 반들거리고 서두른다. 빨리 집으로 돌아가서 연합군 상륙 소식을 들으려는 사람 같다. 야샤 하이페츠는 피아니스트를 깔아뭉갠다. 엠마누엘 베이와 함께 한 1947년 녹음에서 티 하나 없고 냉정하고 메트로놈 같은 면모가 드러난다. 블라디미르 아시케나지와 호흡을 맞춘 이츠하크 펄먼(1977)은 하이페츠와 비슷하면서 따뜻하다. 기돈 크레머와 마르타 아르헤리치(1984)는 저녁 6시에 마시는 차가운 진토닉이다. 아네조피 무터(1998)는 램버트 오키스를 압도한다. 소비에트 연주자들이 제대로 한다. 다비드 오이스트라흐와 리흐테르, 레오니트 코간과 에밀 길렐스면 더 이상 다른 것을 찾지 않아도 된다.

18장

그의 피아노를 만든 사람

피아노 소나타 1번 F단조 op.2-1,

2번 A장조 op.2-2,

3번 C장조 op.2-3 (1795)

부다페스트에 가면 피아노로 가득 들어찬 거대한 아파트가 있다. 뵈젠도르퍼, 스타인웨이, 에라르, 플레옐 등의 피아노 제조자들이 성능이 확연히 좋아졌다며 프란츠 리스트에게 선물로 준 것이다. 베토벤이 살았을 때는 피아노 메커니즘이 그렇게 급속하게 발달하지 않았다. 베토벤은 피아노를 "불만족스러운 악기"라고 불렀다. 작품번호 10에 이르면 그는 당대 피아노들이 감당할 수 있는 능력치를 넘어섰다.

　빈에서 그는 괜찮은 피아노를 하나 찾았다. 아우크스부르크의 요한 안드레아스 슈타인이 만든 초기 모델을 가브리엘 안톤 발터가 복제한 것이었다. 장인이자 음악가인 슈타인은 베토벤이 본에서 만난 적이 있었다. 슈타인은 거장이었고 발터는 아니었다. 발터

의 피아노에 엄지를 치켜든 모차르트와 달리 베토벤은 손가락질
을 하며 욕했다. 1802년에 그는 건반이 반 옥타브 추가된 에라르
피아노를 파리에 주문했다. 베토벤은 세바스티앵 에라르가 선물로
준 것이라고 주장하지만, 실은 할부로 구입했다. 에라르에는 페달
이 하나 더 있어서 음량 확장과 음색 조절이 가능했다. 〈월광〉 소나
타를 시작으로 그는 "항상 페달을 써가며" 작곡했다.

　다음 피아노는 1811년에 구입한 빈의 프리츠로 그렇게 좋지
않았다. 그래서 슈타인의 딸인 나네테 슈트라이허에게 다른 피아
노를 주문했다. 베토벤보다 한 살 많은 나네테는 작곡가이자 몽상
가였고 시인 실러의 친구였던 안드레아스 슈트라이허와 결혼했다.
안드레아스가 제작을 맡았고 나네테가 사업을 운영했다. 베토벤
이 피아노를 구입하면서 두 사람은 친한 사이가 되었고, 그들과 관
련하여 소문이 무성했다. 그녀가 베토벤 집을 수시로 들락거리는
모습이 목격되었는데 결혼한 여자에게 어울리지 않는 처신이었다.
그녀는 집안일과 관련하여 이런저런 조언을 했다. 그의 살림을 맡
은 가정부가 그만두면 그녀가 다른 사람을 알아봐주었다. 그는 이
렇게 사정을 알렸다. "그저께 내 대단한 하인들이 난로에 불을 붙
이는 데 무려 세 시간이 걸렸지 뭔가. 저녁 7시부터 10시까지 매달
렸네. 덕분에 몹쓸 감기로 오한이 들어 하루 종일 옴짝달싹 못 했
네. (…) 오늘 우리 집에 올 수 있으면 서둘러 와주게."

　1818년 1월에 그는 회계 장부를 나네테에게 보냈다. "장부만
봐서는 모든 것이 만족스럽게 설명되지 않네. 가끔 식사 시간에

와서 우리 상황이 어떤지 봐줬으면 하네. (…) 내니 양〔가정부〕이 내가 던진 장부에 머리를 맞더니 많이 변했어. 아마도 뭔가가 가슴이 풍만한 이 사기꾼의 뇌 아니면 사악한 마음을 뚫고 지나간 모양이네."

　이런 편지가 예순 통가량 남아 있다. 그의 외로움에 마음이 움직인 나네테는 역사적으로 중요하고 무기력한 이 남자에게 자신이 도움이 되었음을 자랑스러워했다. 그녀를 아는 사람들이 그녀의 능력에 대해 의견을 남겼다. "쾌활하고 개방적인 이 여인을 만난 모든 사람들은 그녀의 강인하고 날카롭게 각이 져 있으면서 표정이 풍부한 이목구비에, 지적이면서 선의가 담긴 태도에, 생동감 넘치고 거의 남자 같은 행동과 말투에 깊은 인상을 받았다." 나네테 가족과 친하게 지냈던 한 친구의 말이다. 루트비히 크로네스가 그녀의 옆모습을 그린 초상화가 있다. 짙은 머리 위로 리본 끈으로 묶는 흰색 모자를 쓰고 입술을 꾹 다물고 속내를 드러내지 않는 눈빛이다. 그녀는 아내이자 어머니이자 기술자이자 성공적인 사업가였다. 베토벤에게 필요한 실리적인 현실주의자였다.

　나네테 슈트라이허는 피아노 사업을 혼자 이끌어갔다. 작곡가 요한 프리드리히 라이하르트는 말한다. "슈트라이허는 다른 빈 피아노들의 부드러움, 가벼운 액션, 반향의 울림을 버리고 베토벤의 조언과 바람을 받아들여 자신의 악기에 더 큰 저항력과 탄성을 부여했다. 그 결과 비르투오소는 악절을 멈추거나 이어갈 때와 최고의 터치로 건반을 치거나 건반에서 뗄 때 피아노를 더 잘 통제할 수 있다. (…) 그저 가볍고 밝게 연주하는 것 이상을 원하는 기교파 연주자에게 이보다 더 만족스러운 악기는 없다. 탁월한 품질과 기품, 튼튼함을 선사한다." 영국의 국왕 조지 4세는 슈트라이허 피아노를 연주했다.

운가르가세 375번지 슈트라이허 공장에는 300석 규모의 리사이틀 홀이 있었다. 바로 여기서 빈 악우협회가 설립되었다. 나네테는 일요일 아침 음악회에서 딸 조피와 함께 연주했다. 베토벤의 흉상이 입구를 지켰다. 작업장과 연주회장은 1959년에 개발업자들이 건물을 허물면서 사라졌다.

베토벤이 그녀의 사업에 도움이 되었다면, 나네테는 그의 목숨을 구했다. 1818년에 그는 이런 글을 남겼다. "간밤에 죽음을 자주 생각했지만, 이런 생각들은 낮이라고 해서 덜한 것도 아니니. (…) 리넨에 대해 나에게 일러두는 것 잊지 말게." 그는 엄마 없이 자란 아이처럼 굴었다. 둘 사이에 신체적 접촉이 있었다 해도 목공 일로 굳은살이 박인 그녀의 손은 매력이 없었다. 둘이 주고받은 편지에 보면 사랑 이야기는 없다. 하인들이 많은 집에서 섹스를 하는 것도 불가능했다. 나네테는 베토벤에게 이성적인 조언을 하고 위기를 해결해주는 집사였다. 음악사를 통틀어 창작자와 제작자 간에, 예술가와 장인 간에 이런 관계는 또 없다. 그의 집을 수시로 드나든 나네테 슈트라이허는 그가 무사한지 마지막으로 본 사람이었다.

하지만 베토벤은 다른 피아노에도 관심이 있었다. 슈트라이허를 "언제나 특별히 좋아했지만" 그는 1817년에 토머스 브로드우드로부터 영국산 피아노를 선물로 받았다. 저음 건반 여섯 개가 추가된 이 피아노로 베토벤은 〈하머클라비어〉 소나타를 작곡했다. 나네테가 〈하머클라비어〉를 석 달째 연습 중인데 아직도 시작 부분에 머물러 있다는 말을 듣고 그는 신랄한 한마디를 했다. 죽기 몇 달 전에는 빈의 제작자 콘라트 그라프에게 마지막이 되는 피아노를 대여해달라고 부탁했다.

그가 처음으로 내놓은 피아노 소나타들은 마침내 하이든에게 헌정되었다. 첫 두 곡은 하이든-모차르트의 길을 따르며, 연주 시간이 25분인 세 번째 소나타는 베토벤 본인의 색을 드러낸다.

음반을 살펴보면 캐나다의 글렌 굴드는 첫 번째 소나타에서 쉽게 부서지는 모습이다. 수시로 바뀌는 속도, 기이한 분위기가 느껴지는 연주다. 스뱌토슬라프 리흐테르는 속내를 드러내지 않는다. 헝가리의 아니 피셔는 느린 악장에서 연민을, 피날레에서 섬뜩한 유머를 본다. 미하일 플레트뇨프는 두 번째 소나타에서 작정했다는 듯 다르게 군다. 어색하고 정이 안 가는 연주다. 클라우디오 아라우의 1964년 암스테르담 리사이틀 실황은 절뚝거리는 달팽이의 속도를 취한다. 레프 오보린은 1927년 쇼팽 콩쿠르에서 우승하고 나서 스탈린에 의해 발이 묶였다가 쉰 살이 되어서야 이 소나타를 녹음했다. 대단히 아름다운 실존적 고독을 담아냈다.

두 명의 이탈리아인이 세 번째 소나타에 도전했다. 창문이 열린 것을 보고 음악회를 취소할 정도로 퀴퀴한 공기를 사랑하는 아르투로 베네데티 미켈란젤리는 주제를 괴롭히고 조롱하고 헝클어

뜨려 1악장 마지막에 이르면 해결할 수 없는 지경에 이른다. 그러
고 나서 그는 마술을 부려 엉킨 것을 푼다. 열 장의 미켈란젤리 음
반이 있는데 1965년에 나온 것을 추천한다. 한때 그의 제자였던
마우리치오 폴리니는 정반대 길을 간다. 초인적인 속도로 단순함
을 추구한다. 폴리니는 베토벤에서 심하다 싶을 만큼 진지하기도
하지만, 2007년에 녹음한 이 소나타에서는 경박함의 경계치까지
간다.

19장

아일랜드 여인

피아노 소나타 5번 C단조 op.10-1,

6번 F장조 op.10-2,

7번 D장조 op.10-3 (1795~1798)

세 개의 행진곡 op.45 (1802)

러시아 춤곡에 의한 변주곡 WoO.71 (1797)

이 작품들에 돈을 댄 사람은 안나 마르가레테 폰 브로우네 백작 부인으로 남편은 러시아군에서 여단장을 맡았던 아일랜드인(잘못 읽은 것이 아니다)이다. '아네테'라고 불린 브로우네 부인은 예카테리나 2세 치하에서 발트해의 두 나라를 다스려 '리보니아의 왕'으로 불렸던 자의 후손이다. 가족 영지에서 농노들을 부려 얻은 부로 그녀는 빈에서 원하는 모든 것을 살 수 있었다.

아일랜드인 남편인 요한 게오르크 폰 브로우네카무스 백작은 러시아 대사관에서 정보국장을 지낸 첩자였다. "낭비와 부패"를 일삼았던 그는 베토벤에게 음악을 주문하여 작품번호 9의 3중주곡들과 작품번호 22, 45, 48이 그에게 헌정되었다. 자신의 이름이 악보에 적힌 것을 보고 기분이 좋아진 브로우네는 베토벤에게 말을 선물로 보냈다. 마구간은 본인이 부담해야 한다는 것을 알고 베토벤은 뒤늦게 말을 처분했다. 아네테 브로우네도 남편의 뒤를 이어 세 곡의 피아노 소나타와 러시아 춤곡에 의한 변주곡을 본인의 명의로 주문했다.

가족은 비극으로 끝났다. 아네테는 서른넷에 원인 모를 죽음을 맞았다. 백작은 미쳐서 보호소에 수감되었다. 그들의 아들은 군복무 중에 죽었다. 베토벤의 곡이 그들이 남긴 유일한 유산이다.

아네테의 첫 번째 소나타는 '영웅적인' C단조로 되어 있다. 두 번째 곡 F장조는 여러 차례 조성을 바꾼다. D장조의 세 번째 소나타는 느린 악장에서 애간장을 녹이고 피날레에서 농담을 던진다. 스위스 피아니스트 에트빈 피셔는 다니엘 바렌보임에게 말하기를 음악에서 유머의 정점을 보여주는 곡이라고 했다. 클라우디오 아라우는 비극의 깊이가 느껴진다고 했다. 바렌보임은 이렇게 정리한다. "내가 볼 때 이 곡은 음악을 설명하기 위해 형용사를 고르는 위험을 단적으로 보여주는 예다. 음악은 소리를 통해서만 설명될 수 있을 뿐이다."

정말 그럴까? 나는 음악에 대한 글쓰기를 업으로 삼는 많은 사람들이 어떻게 생각하는지 알아보았다. 『뉴요커』의 알렉스 로스는 말한다. "음악 앞에서 우리가 입을 꾹 닫고 있어야 한다면 그 세상은 빈곤할 것이다. 솜씨 좋은 말 한마디가 우리를 음악으로 이끌고 음악에 더 몰입하게 할 수 있다. 요컨대 음악과 언어는 영원히 상호 의존적인 상태로 존재한다." 음악 교수인 팀 페이지는 말한다. "음악이 그 자체 말고는 다른 인간적인 의미가 없다는 생각은 지나치게 단순한 것 같다. 내가 아는 한 베토벤은 유머가 넘치고 비극이 넘친다. 작품번호 10의 소나타들에는 두 가지 모두가 풍부하게 담겨 있다. 당연히 우리는 다른 사람이 비극적이라고 여기는 음악을 두고 웃을 수 있다. 조용하게만 한다면 문제가 없다."『옵서버』의 피오나 매덕스의 말을 들어보자. "음악에 대한 우리의 반응은 순전히 개인적이어서 응당 어떠해야 한다는 것은 존재하지 않는다. 하지만 언어는 우리의 도구다. 우리는 메신저다. 우리가 무엇을 듣는지, 그게 어떤 감정인지, 왜 중요한지를 얼마든지 자유롭게 서술한다."

『워싱턴 포스트』에 기고하던 앤 미젯은 이렇게 말한다.

말은 우리가 음악과 관계를 맺고 반응하는 것을 도울 수 있다. 음악을 들었을 때의 경험을 오래 간직하게 해주고 다른 사람의 경험과 비교하도록 해준다. 말은 또한 음악을 듣고 어떻게 반응해야 할지 모르거나 자신의 반응을 믿는 데 익숙하지 않은 (공연장에서 음악이 연주될 때 가만히 앉아 있어야 하고 전공자가 아니면 음악을 '이해할' 자격이 되지 않는다는 말을 오랫동안 귀가 따갑게 들은 클래식 음악 청중들에게 이런 태도는 드물지 않다) 사람들에게 음악으로 들어가는 여러 경로를 열어준다. 나는 두 사람이 똑같은 음악에서 완전히 다른 것을 듣는 현상이 바렌보임이 생각하듯 말의 부적절함을 보여주는 예라기보다는 경험의 풍부함을 보여주는 예라고 본다.

　이런 상황에서도 자신들만이 음악의 의미를 해석할 권리가 있다고 고집스럽게 믿는 음악가들이 많다. 미국 작곡가 버질 톰슨은 말한다. "말로 음악에 대해 의견을 나누는 것은 음악가들끼리만 가능한 일이다." 에런 코플런드는 이렇게 빈정거린다. "문학에 일가견 있는 사람이 음악에 대해 두 마디를 했다면 그중 하나는 엉뚱한 말이다." 스코틀랜드의 음악 분석가 도널드 토비는 음악 비평이 "다른 것에 기생하여 생명을 이어가는 꼴사나운 것"이라고 무안을 준다. 바이올리니스트 파트리샤 코파친스카야는 리뷰 기사에 "개가 짖어도 카라반은 떠난다"고 대응했고, 피아니스트 이고어 레비트는 비평가를 성불구자에 빗댔다. 이런 권위자들이 조금이라도 못 미덥게 여겨진다면, 지금 책 읽는 것을 멈추고 레비트나 코파친스카야의 베토벤 연주를 들어보라.

　객관적인 논평이 필요하다는 것은 따로 설명하지 않아도 될 만큼 자명하다. 음악가들은 음악의 작동에 너무 가까이 있어서 전체 구조를 보지 못한다. 그들의 손에 분석을 맡기자는 것은 신의 의미를 성직자들이 독점하게 하는 것과 같다. 게다가 음악가들은 자신이 연주하는 음에도 합의하지 못한다. 가장 영리한 두 사람인 피셔와 아라우는 상당히 초보적인 소나타를 두고 의견 충돌을 보인다.

　음악은 스포츠와 마찬가지로 거리를 두고 볼 수 있어야 한다. 음악회 청중이 무대 위 연주자들보다 돌아가는 상황을 더 잘 본다. 비평가의 일은 큰 그림을 전하는 것이다. 작곡가는 음악을 만들고, 연주자는 연주하고, 비평가는 현장에 있거나 있지 않은 사람들을 위해 연주를 맥락 내에서 해석한다. 모든 요소가 음악을 만드는 데 필요불가결하다. 세 번째가 없으면 앞의 둘은 아무도 모른 채로 넘어갈 수 있다. "누군가는 겐트의 소식을 엑상프로방스에 전해야 한다." 매덕스의 말이다.

비평가는 유머와 악의와 책망으로 자신의 판단을 내놓는다. 낮에는 크리켓을 보고 저녁에 음악회에 갔던 영국 비평가 네빌 카더스는 베토벤이 지나치게 느리다며 지휘자들을 자주 꾸짖었다. 해밀턴 하티가 초시계의 평가는 듣고 싶지 않다고 하자 카더스는 이렇게 답했다. "남자 대 남자로서 경고하는데, 당신이 다음에 교향곡 9번을 또 지휘한다면, 내 비평의 목적이 아니라 개인적으로 편해서 초시계가 아니라 알람시계를 갖고 가겠소."

음악에 대한 글쓰기에 삶을 바치는 사람은 예술에 빛을 비추려고, 좋은 점을 찬양하고 나쁜 점을 들추려고 그렇게 하는 것이다. 그러는 가운데 가끔은 음악 청취의 경험을 수동적으로 흘려듣는 것을 넘어 더 높은 수준의 이해로, 아랍인들이 '타랍tarab'이라고 부르는 황홀경으로 끌어올린다. 대부분의 문화는 음악이 말로 된 논평 없이 전달되지 않는다는 생각을 받아들인다. 다니엘 바렌보임조차 책을 썼다.

비평은 남다르다는 것의 정의를 내린다. 네빌 카더스는 블라디미르 호로비츠를 리뷰하면서 무엇이 위대한 피아니스트를 만드는

지 이렇게 설명한다.

완벽한 피아노 연주의 특징에는 무엇이 있을까? (내가 여기서 말하는 '완벽한'이란 교양 있는 사람이 생각할 수 있는 최고의 품질을 가리키는 편의적인 표현일 뿐이다.) 따뜻한 음악적 손길, 자유롭게 노래하되 리듬과 화성을 침해하지 않는 선율, 자발적이면서 그 자체가 기쁨을 안겨주는 리듬, 풍성하고 중심 음에 매력적으로 그늘을 씌운 화성이다. 전체적인 해석은 균형이 잡혀 있고 감수성이 느껴진다. 음악을 자유롭게 내버려두면서 황홀하게 만드는 시인의 능력이다.

동의할지 모르겠지만 비평은 우리가 수많은 베토벤 음반들 중에서 어떤 것이 한 시간을 들일 가치가 있고 어떤 것이 관심이 덜가는지 판단할 수 있는 유일한 수단이다. 작품번호 10의 세 소나타에서 나는 첫 곡은 아니 피셔의 격정을, 두 번째 곡은 보리스 길트버그의 절제를, 세 번째 곡은 바렌보임의 분별력을 강력하게 추천한다. 아네테 백작부인의 러시아 춤곡에서는 블라디미르 아시케나지가 경우에 딱 어울리는 무심함을 들려준다.

20장

이토록 단순한 음악이라니

피아노 소나타 9번 E장조 op.14-1,

10번 G장조 op.14-2 (1798~1800)

거의 항상 앞만 보고 나아간 베토벤이었기에 그가 딱 한 번 제자리걸음을 하는 모습을 보는 것은 다행스러운 일이다. 작품번호 14의 소나타들은 그가 오페라를 무대에 올리고 싶다면 잘 보일 필요가 있었던 안 데어 빈 극장 매니저의 아내 요제피네 폰 브라운 남작부인을 위해 작곡된 것이다. 아동용 소나타가 아니라는 것이 오히려 의아할 만큼 곡들이 단순하다. 소나타 9번의 개시부는 스코틀랜드 민요 "내 사랑 보니My Bonnie Lies Over The Ocean"를 생각나게 한다. 유튜브 동영상으로 올라와 있는 스뱌토슬라프 리흐테르의 연주에서 표정이 가장 풍부하다.

다른 피아니스트들은 다양한 방식으로 접근한다. 마우리치오 폴리니(2013)는 호두를 깨뜨리는 뇌외과 의사다. 언드라시 시프

(2006)는 장난스럽게 시작했다가 엄숙하게 돌아선다. 머리 퍼라이아(2008)는 유혈과 폭력이 난무한다. 앤절라 휴잇은 이렇게 요점을 짚어준다. "손이 작으면 마디 17~20에서 어려움을 겪으며 그렇다고 화성을 쪼개서 연주하면 음악적으로 그다지 만족스럽지 않다. (…) 음들은 복잡하지 않지만 성격을 묘사하기가 까다롭다." 휴잇은 생동감을 늦춰 성찰을 끌어내는 재주가 있다. 성가대 지휘자로 경력을 시작했던 그녀는 음들이 길게 이어지는 대목에서 호흡을 제대로 맞출 줄 안다. 그녀의 장기다.

소나타 10번은 하이든 전성기를 떠올리게 한다. 햇살 따뜻한 오후, 티롤 지방의 원피스를 입은 여자아이가 거품 가득한 맥주를 들고 와서 숨찬 작곡가에게 건넨다. 리흐테르(유튜브 동영상)는 생각이 다르다. 그에게 이 곡은 시베리아에서 야반도주하는 것에 더 가깝다.

팔레스타인 연주자들을 보면, 바렌보임이 가르친 나사렛의 살림 아부드 아슈카르는 환상적인 색채가 스승보다 낫다. 레온 플라이셔 제자인 텔아비브 출신의 에이나프 야르덴은 설득력 있는 연주지만 웃을 줄을 모른다. 레바논 출신이며 미라르 음반사에서 서른두 곡의 소나타 전곡을 녹음한 압델 라만 엘 바샤는 속도감이 대단하다. 사이클 경기에서 선두 무리를 이끌며 달리는 선수 같다.

유튜브에 올라와 있는 네덜란드 초기 음악 개척자 구스타프의 여동생 트뤼델리스 레온하르트는 내가 시대 건반악기로 들어본 베토벤 연주 가운데 가장 매혹적이다. 성부가 뚜렷하게 들리고 권

위적이면서 듣는 재미도 있다. 2015년의 동영상인데 아흔이 넘은
나이에도 여전히 정정한 트뤼델리스 레온하르트는 명성의 축복을
받지 못했다.

21장

아마추어의 티를 벗다

피아노 소나타 11번 B플랫장조 op.22 (1800)

베토벤이 1800년 이전에 작곡한 곡들의 반은 가정에서 연주하려고 만든 피아노 소나타다. 저녁을 먹고 나서 아니면 일요일 오후에 아버지나 어머니, 따분해하는 아들이나 딸이 거실에 있는 피아노에 앉아 최근에 나온 베토벤 곡을 쳤다. 상당히 단순하게 진행된다. 흥미롭게도 조성과 첫 주제의 절반이 〈하머클라비어〉 소나타와 같다.

베토벤은 지금까지 작곡한 어떤 곡보다 이 소나타를 자랑스러워했고 "때를 씻어냈다"고 덧붙였다. 악보가 괜찮게 팔렸고 하이든의 남은 영향력을 다 지웠다는 뜻이다. 실제로 이 곡은 더 두터운 화음과 낭만주의 내러티브의 시대를 예고한다. 2악장은 쇼팽의 느낌이 물씬 난다. 학계 분류에 따르면 베토벤 초기를 마감하는 작품이다. 이 소나타로 아마추어의 티를 벗었다.

내가 고른 음반은 오스트리아인 파울 바두라스코다, 헝가리인 아니 피셔, 수수께끼의 러시아인 마리야 그린베르크다.

22장

전작주의자

피아노 소나타 31번 A플랫장조 op.110 (1821)

1932년 1월 21일 아침에 땅딸막한 남자가 애비 로드 3번지에 새로 문을 연 EMI 녹음 센터로 들어오더니 3번 스튜디오에 있는 새 피아노를 자신이 사용하는 악기인 베히슈타인 피아노로 바꿔달라고 요청했다. 한바탕 소동이 벌어지고 적합한 악기를 찾아서 옮기고 조율까지 다 마치고 나자 아르투어 슈나벨은 자리에 앉아 베토벤의 마지막에서 두 번째 소나타를 4분 연주했다. 녹음 역사상 누구도 해보지 않았던 7년간의 여정이 그렇게 시작되었다.

슈나벨은 오래전부터 베토벤을 연주하는 방식이 불만이었다. 그가 사용한 악보(현재 의회 도서관에 보관된)를 보면 페이지마다 고친 것과 메모한 것으로 어지럽다. 이런 풍부한 낙서는 1935년에 두 권짜리 슈나벨판 베토벤 소나타로 출판되었다. 그는 절대적인 진리라고 주장하지 않는다. 슈나벨의 베토벤은 지극히 개인적인 접근이다. 그는 작곡가의 표기 너머에 있는 것을 찾는다. "모든 음을 똑같은 세기로 연주하거나 명료하게 들리도록 연주해야 한다는 생각은 잘못이다. 음악이 **명료**하려면 어떤 **음**은 애매하게 처리해야 할 때가 자주 있다." 그는 훗날 해럴드 숀버그가 『뉴욕 타임스』에 기고한 글에서 "베토벤을 발명한 사람"으로 영원히 기억된다.

그의 여정은 1927년으로 거슬러 올라간다. 베토벤 서거 100주년을 맞아 베를린, 런던, 뉴욕을 돌며 서른두 곡의 소나타 전곡을 연주하여 이해하지도 못하면서 열광하는 청중의 반응을 받았다. 그는 "청중은 연주가 좋을 때도 환호를 한다"며 불평했다. 그는 사람을 바보로 만드는 신랄한 입담의 대가였다. "청중에는 두 부류가 있다. 기침하는 청중과 그렇지 않은 청중."

동쪽 지방에서 신동으로 태어난 슈나벨은 여섯 살에 테오도르 레셰티츠키와 공부하려고 빈으로 왔다. 레셰티츠키의 스승은 베토벤의 제자 카를 체르니였다. "자네는 결코 피아니스트가 될 수 없네. 자네는 음악가야." 레셰티츠키가 장담했다. 요하네스 브람스가 그를 데리고 숲으로 산책을 나갔다. 슈나벨은 베를린으로 가서 알토 가수 테레제 베르와 결혼했다.

키는 작았지만(테레제가 약 30센티미터 더 컸다) 멋진 스리피스 정장에 시가를 들거나 물고 있는 슈나벨의 모습은 참으로 매력적이었다. 풍성한 콧수염을 실룩거리며 유머와 경멸을 발했다. 말할 때 그의 낮은 목소리는 선율적으로 들렸다. 음악가들은 그의 막강한 지성 앞에서 경외감을 느꼈다. "나는 음을 연주할 때는 다른 피아니스트들보다 나을 게 없네. 하지만 음들 사이에서 멈출 때 (…) 오, 바로 그 순간에 예술이 있지." 슈나벨의 말이다.

EMI 프로듀서 프레드 가이스버그가 그를 꾀어 자신의 새 스튜디오로 불러들이려고 했다. "슈나벨은 절대로 녹음에 임하지 않을 터였다. 한낱 기계가 역동적인 자신의 연주를 충실히 담는 것은 불가능하다고 여겼기 때문이다. 그래서 내가 그를 만났을 때 그는 말을 아꼈지만, 한편으로는 자신의 이론을 검증할 준비가 되어 있었다. 많은 설득이 필요한 일이었다. 마침내 그의 고집을 꺾을 수 있었다. 두둑한 개런티를 주겠다고 하자 그는 자신의 이상을 기계에 맞추는 것이 가능하다고 동의했다. (…) 그러면서 말하기를 베토벤의 피아노 소나타 전곡과 다섯 곡의 협주곡을 모두 녹음해야 한다는 조건을 달았다."

대공황으로 신음하던 시기에 음반사로서는 방대한 프로젝트였다. 슈나벨은 프로젝트를 완료하리라는 확신도 없으면서 EMI가 예약 주문을 받도록 했다. 가이스버그는 몰려드는 우편환으로 정신이 없었고, 슈나벨은 마지막에서 두 번째 소나타 작품번호 110을 녹음하기로 했다. "나는 무대에서 연주하는 것보다 낫겠다고 판단되는 음악에만 매력을 느낍니다." 그가 기자에게 한 말이다.

그는 쉰 살에 접어들었고 모든 것이 바뀌었다. 히틀러가 권력을 잡았다. 유대인 슈나벨은 자신이 나치의 목록에 있다는 것을 알고 베를린을 떠나기로 결심했다. 뒤에 남겨진 모친은 죽음을 면치 못했다. 슈나벨은 다시는 오스트리아나 독일 땅에 발을 들이지 않았다. 이탈리아에 잠깐 있다가 영국과 미국으로 거처를 옮겼고, 그곳에서 영어권 사람들이 생각하는 예술가에 대한 인식을 바꿔 놓았다.

베토벤 전곡 녹음은 그에게 언제든 들르는 집이나 마찬가지였다. 스튜디오에서 그는 좋을 때도 나쁠 때도 있었다. 피아노가 살짝 오른쪽이나 왼쪽으로 움직였다면서 30분을 허비하는가 하면 유리 벽 뒤에서 움직이는 사람에게 분통을 터뜨렸다. 테레제에게 그는 스튜디오의 폭압적인 분위기를 불평했다.

그저 4분 연주할 수 있을 뿐이야. 이 4분 동안 2000개 건반을 치게 되는데, 그중 두 음이 만족스럽지 않으면 2000개 음을 처음부터 다시 해야 해. 그 과정에서 처음의 잘못된 음은 고쳐지겠지만 다른 두 음이 문제가 생기고, 그럼 또다시 2000개 음을 연주해야 하지. 이렇게 열 번을 해. 언제 실수할지 몰라 항상 조마조마한 마음으로. 결국에는 포기하게 되고 20개 잘못된 음이 남고 말아. 나는 육체적으로 정신적으로 이런 과정을 감당할 자신이 없네. 무너지기 일보직전이야. 거리에서 혼자 걸어가는데 울음이 나왔네. 이런 외로움은 난생처음이네. 양심의 가책을 느껴. 악에 굴복했다는 생각, 삶을 배신했다는 생각, 죽음과 결혼했다는 생각이 들어서 말이야. 완전히 허튼수작이고 부자연스럽기 짝이 없는 일이네.

그는 잘못된 음들을 그냥 두도록 요구했다. 그는 음반이 음악회에서 듣는 것과 최대한 비슷하기를 원했다. 매일 아침 어떤 곡을 연주할지 정했고, 스튜디오에 도착해서 프로듀서에게 알렸다. 가이스버그의 말이다.

슈나벨은 시험이기도 하고 기쁨이기도 했습니다. (…) 나는 이후 10년간 해마다 20회 열린 우리의 세션을 모두 지켜보았고, 그의 연주를 평가하고 그가 풍부한 가르침을 흥겹게 풀어내는 즉흥적인 강의도 들었습니다. (…) 그는 타고난 교육자였어요. 그가 학생들에 둘러싸여 피아노 앞에 다리를 꼬고 앉아 왼손으로 건반을 부드럽게 쓰다듬고 오른손으로 시가를 쥐고 있었을 때보다 행복한 적은 없었습니다. 대부분이 여학생들로 그의 말을 하나라도 놓치지 않으려고 했습니다.

여자들이 그의 약점이었다. 1951년에 그가 죽고 한참 뒤에 공개된 편지들을 통해 그가 메리 버지니아 포먼이라는 미국 학생과 열애 관계였음이 드러났다. 다른 여자들도 있었다. 베토벤처럼 그는 완벽한 사랑을 꿈꾸며 살았다. 그리고 적어도 슈나벨은 신체적으로는 사랑의 보상을 얻었다.

베토벤은 작품번호 110을 작곡했을 때 나이와 기분이 슈나벨과 비슷했다. 그의 조수 쉰들러는 "심오한 성격의 사람만이 쓸 수 있는 음악이고, 그런 사람만이 제대로 이해하고 활용할 수 있다"고

했다. 피날레에 '탄식의 노래Klagender Gesang'라는 제목이 붙어 있는
데 어두운 색채나 죽음의 그림자는 보이지 않는다. 곡은 갑작스러
운 A플랫메이저 화음으로 끝난다. 마치 그걸로 됐다는 듯이. 미국
피아니스트 찰스 로젠은 혹독한 슬픔을 알아차린다. 얼마 전 세상
을 떠난 머나먼 연인 요제피네 브룬스비크를 향한 슬픔일 것이다.
바흐의 〈요한 수난곡〉에서 예수의 죽음을 암시하는 대목을 떠올
리는 사람도 있다.

슈나벨은 마지막 페이지에서 속도를 늦추고 음량을 줄인다. 여
기서 마지막은 그의 시작이다. 그가 남긴 전집은 잊을 수 없고 누
구도 흉내 낼 수 없다. 작품번호 111을 침울하고 통렬하고 폭력에
가깝게 연주한 스뱌토슬라프 리흐테르는 슈나벨을 "전혀 받아들
일 수 없고 듣고 있기가 절대적으로 불가능"하다며 깔아뭉갠다.
에밀 길렐스는 숲의 소리를 듣는다. 솔로몬, 굴다, 굴드, 브렌델은
저마다 다른 진실을 내민다. 슈나벨은 잘못된 음들이 있지만 여전
히 베토벤 연주의 기준점으로 통한다.

영국의 피아니스트 스티븐 허프는 내게 이런 말을 했다.

지난여름에 와이파이나 4G도 없이 그저 휴대폰에 다운로드받
은 슈나벨의 소나타를 들으며 옐로스톤을 다녀왔습니다. 작품
과 연주가 어찌나 참신한지 감탄했습니다. 음악적 통찰력도 통
찰력이지만 그의 기교는 눈부실 지경이었고, 그의 성긴 베히슈
타인 소리는 옛날 피아노와 현대 스타인웨이를 완벽하게 합쳐놓

은 것이었습니다. '이것을 능가할 수는 없겠구나' 하는 생각을 했습니다.

슈나벨은 소나타를 녹음한 것을 평생 후회했다. "내가 연주한 음악을 듣는 사람들의 행동을 어쩌지 못한다고 생각하니 참을 수 없네. 그들이 어떤 옷을 입고 듣는지, 들으면서 동시에 무엇을 하는지, 얼마나 집중해서 듣는지 알 수가 없으니." 무엇보다 그는 산자락의 개울처럼 자유롭게 흐르는 음악이라는 예술을 가둬놓고 포장해서 상품으로 만들고, 제대로 주목하지도 적절하게 옷을 차려입지도 않은 사람들이 이러니저러니 비교할 수 있다는 착각을 자신이 조장했다는 것을 깨닫고 몸서리를 쳤다.

그의 슬픔에는 인위적인 구석이 없다. 눈꺼풀이 아래로 처진 사진 속 그의 모습에는 패배의 기운이 역력하다. 그의 어깨를 두드리며 괜찮다고 그를 안심시키고 싶다. 잘못된 음을 남겨둠으로써 다른 사람들이 다르게 보도록, 개울이 계속 흐르도록, 작품이 다른 시대와 환경에서 새롭게 거듭나도록 여지를 두었다고 말하고 싶다. 그에 대적하는 사람이 나오기까지 한참이 걸렸다. 1960년대가 되자 브렌델이 빈에서 밤낮없이 녹음했고, 바렌보임이 런던의 사우스뱅크에서 전곡을 연주했으며, 빌헬름 켐프가 도이치 그라모폰에서 거침없이 음반을 쏟아냈다.

다른 이들도 가세했다. 루돌프 부흐빈더(C메이저)와 파울 바두라스코다(아르카나)는 빈의 파스텔 색조를 더한다. 키가 작고 다부진 영국인 버나드 로버츠(님버스)는 웨일스 성에서 천둥처럼 연주한다. 클라우디오 아라우(필립스)는 절제된 연주를 들려준다. 클로드 프랭크(엘비스 프레슬리의 미국 음반사 RCA)는 고상한 연주의 정점이다.

그 외에도 많다. 아니 피셔(홍가로톤), 존 릴(ASV), 헝클어진 머리의 소비에트 연주자 유디나와 그린베르크, 능수능란한 블라디미르 아시케나지(데카), 스티븐 코바체비치(EMI), 리처드 구드(논서치), 폴 루이스(아르모니아 문디), 예뉘 연도(낙소스). 마우리치오 폴리니는 1975년에 녹음을 시작하여 2014년에 도이치 그라모폰 전집을 완성했다. 21세기에 전집을 낸 피아니스트로 장에플랑 바부제(산도스), 앤절라 휴잇(하이페리온), 임현정(EMI), 조너선 비스(오키드), 안드레아 루케시니(스트라디바리우스), 이고어 레비트(소니)가 있다. 이렇게 많은 베토벤이 왜 필요할까? 이렇게 하여 때를 씻었을까? 클래식 음반사가 어째서 쪼그라들고 가라앉았는지 알고 싶다면 멀리 볼 것도 없다. 전작주의에 중독된 프로듀서들이 베토벤 박스 세트를 세상에 쏟아냈다.

이 중 하나만 고르라면 슈나벨이다. 그의 톤은 〈햄릿〉에서 로런스 올리비에가 그랬듯이 대화체다. 올리비에가 셰익스피어가 아니듯 슈나벨은 베토벤이 아니다. 둘은 위대한 거장처럼 살지 않았다. 누구도 궁핍을 참고 고생하지 않았다. 그러나 예술가가 하는 일이 작품에 생명을 불어넣고 영원히 살도록 하는 것이라면, 슈나벨이 그런 일을 했다.

공공연한 숭배자인 카더스는 말한다. "그의 존재에 베토벤의 불멸의 인간다운 특징과 친척뻘 되는 뭔가가 살고 있는 것이 분명하다. 편하게 말하자면, 슈나벨은 베토벤과 영혼이 맞닿아 있다."

어느 화창한 날, 카더스는 슈나벨을 데리고 애비 로드를 건너 로즈 경기장에 크리켓을 보러 갔다. 크리켓은 영어권 국가에서 즐기는 스포츠다. 의식의 성격도 있어서 새하얀 옷을 차려입고 경기에 임한다. 처음 보는 관중은 당연히 뭐가 뭔지 이해하지 못한다. 경기 진행은 정지된 것처럼 느릿느릿하고 불확실한 영국 날씨에도 영향을 받는다. 경기 하나가 닷새를 끌기도 하고 승부를 내지 못하는 경우도 많다. 카더스는 슈나벨 같은 독일어권의 사람은 몸부림치리라는 것을 틀림없이 알았다. 두 사람은 신성한 관람석에 자리를 잡고 앉았고, 슈나벨은 푸르른 잔디밭으로 시선을 돌려 경기에 집중했다. 잠시 후에 그가 영국 게임에 대한 명쾌한 해석을 내놓았다. "타자가 '인'이면 나가고, '아웃'이면 들어오네요. 그러고 나서 비가 오고요."

23장

때늦은 리뷰

교향곡 1번 C장조 op.21 (1800)

베토벤이 살았던 빈에서 교향곡 신곡은 호들갑 떨 일이 아니었다. 몇 곡을 작곡했는지 숫자를 헤아리기도 전에 모차르트는 이미 서른 곡을, 하이든은 예순 곡을 작곡했다. 이탈리아인들은 여섯 개 묶음으로 교향곡을 찍어냈다. 베토벤의 첫 번째 교향곡은 1800년 4월 2일 부르크 극장에서 열린 '아카데미' 음악회에서 처음 공개되었는데, 그날 공연의 대표 프로그램이 아니었다. 청중을 끌고자 모차르트의 교향곡 하나와 하이든의 〈천지창조〉에 나오는 아리아 둘을 넣었고, 베토벤이 직접 연주한 피아노 협주곡과 목관을 위한 7중주로 마무리했다. 티켓은 티퍼 그라벤 42번지에 있는 그의 하숙집에서 팔았다. 기획자도 조직적인 홍보도 없었다.

반응이 어땠는지 짐작하기 어려운 것이 한참 동안 신문에 리뷰 기사가 실리지 않았다. 여섯 달이 지나서 머나먼 라이프치히에서 유명하지 않은 필자가 "오랜만에 보는 참으로 흥미진진한 음악회였다"고 전했다. 여기서 흥미진진하다는 이유가 엉뚱했다. 그는 오케스트라에서 혼란이 있었음을 보고하는데, 두 명의 연주자가 베토벤의 박자 지시를 따르지 않았다고 했다. "교향곡 2부에서 연주가 느슨해졌다. 지휘자가 고군분투했지만 연주에서, 특히 목관에서 아무런 불꽃이 일지 않았다." 그것이 우리가 아는 전부다. 베토벤이 어떤 협주곡을 연주했는지(짐작건대 첫 번째 협주곡 같다)조차 확실치 않다. 하지만 마지막에 연주한 목관 7중주는 단번에 성공했다. 베토벤이 "자신의 7중주가 보편적인 호응을 받자 참지 〔못했고〕 갈수록 짜증을 부렸다"고 체르니가 말했을 정도다. 여기서 우리는 그의 첫 번째 교향곡이 별 소득이 없었음을 짐작할 수 있다.

솔직히 말하자면 여기에 새로움은 많지 않다. 베토벤은 모차르트의 〈주피터〉 교향곡에서 C장조의 조성을 취했고 하이든에서 25분의 연주 시간을 가져왔다. 첫 열두 마디는 목관과 현이 주고받는 '음악적 농담'으로 구성된다. 2악장은 느린 춤곡이며, 3악장은 신나게 달리고 피날레에서 마침내 빅뱅이 일어난다. 세월이 흘러 주위 사람들이 평하기를 베토벤이 첫 번째 교향곡으로 하이든, 모차르트, C. P. E. 바흐와의 관계를 청산했다고 말한다.

음반을 살펴보면 아르투로 토스카니니는 야단스럽고 신나게 연주한다. 클리블랜드의 조지 셀은 추진력에 명료함을 더한다. 시대 악기 연주로 눈을 돌리면 크리스토퍼 호그우드는 허세와 공갈로 가득하며, 로저 노링턴은 유연하고 우아하지만 결정적으로 깊이가 얕다. 데이비드 진먼은 취리히의 톤할레 오케스트라를 맞아 시대 악기 양식과 거장의 세밀한 디테일을 조율한다. 리카르도 샤이는 라이프치히 게반트하우스에 밀라노의 화려한 멋과 젤라토의 맛을 부여한다. 대다수 콘서트용 형식이 그렇듯이 교향곡 혹은 신포니아도 이탈리아에서 만들어진 것임을 기억하자.

헤르베르트 폰 카라얀이 남긴 두 장의 음반은 기대치를 한없이 높여놓았다. 오스트리아에서 태어난 카라얀은 1933년 초에 나치에 입당했고 자신의 결정을 결코 철회하지 않았다. 전쟁이 끝나고 나서 그는 베를린 필하모닉, 잘츠부르크 페스티벌, 빈 국립 오페라단을 이끌며 음악계에서 전례 없는 막강한 권력을 거머쥐었다. 총 900장의 음반을 녹음하여 그 어떤 거장보다 많은 음반을 남겼다. 상당수가 나르시시즘에 가까운 동어반복이지만, 초창기 몇몇 음반은 그의 다양한 능력을 확인시켜준다. 카라얀이 1953년에 필하모니아와, 그로부터 10년 뒤에 베를린 필하모닉과 녹음한 베토벤 교향곡 1번은 황홀하다. 숙련된 초콜릿 제조자의 솜씨로 젊은 베토벤의 조급함을 요리하여 사소한 대목에서도 반짝반짝 윤기가 흐른다. 런던 세션은 호전적이고 빠르고 약간 투박하다. 1963년 베를린에서 그는 완벽한 산물을 세상에 내놓았다. 모든 구석이 빛나고 약간 인간미가 없어서 살짝 지루하다. 그는 사반세기 동안 세상을 지배했다.

24장

마법의 숫자 '7'

7중주 E플랫장조 op.20/op.38(3중주용 편곡) (1800)

슈베르트는 최고의 5중주곡을 썼고, 브람스는 6중주에서, 멘델스존은 8중주에서 최고의 곡을 남겼다. 저마다 숱한 모방자를 양산했다. 7중주에서 베토벤에 감히 대적할 사람은 없다. 클라리넷, 바순, 호른, 바이올린, 비올라, 첼로, 더블베이스가 동원되는 이 곡은 점점 확장되는 오케스트라를 서투르게 모방한다. 여우가 울타리 뒤에서 가금류를 놀라게 하는 장면을 연상시킨다. 과연 색다른 소리를 선사한다. 귀에 충격을 준다. 이런 소리를 어디서 또 만날까? 모차르트의 〈돈 조반니〉의 12음렬, 바그너의 〈라인의 황금〉 전주곡, 스트라빈스키의 〈봄의 제전〉, 베르크의 〈보체크〉 개시부, 라벨의 〈볼레로〉, 마일스 데이비스의 앨범 〈쿨의 탄생〉의 수록곡 "문 드림스Moon Dreams" 정도다. 흔하지 않다.

베토벤은 라이프치히 출판업자 프란츠 안톤 호프마이스터에게 7중주곡이 "무척 인기가 많다"고 했고 아울러 하이든의 런던 기획자 요한 페터 살로몬에게도 출판 제안을 했다. 빈의 친구들이 개인적인 용도로 복사본을 만들어 연주했다. 그러자 그는 호프마이스터에게 서둘러 피아노 악보로도 내자고 간청했고, 세 개의 악기 버전으로도 편곡하여 작품번호 38로 냈다.

베토벤의 7중주에는 민요 선율, 거리에서 외치는 소리, 본에서 들은 뱃사람의 노래, 미래의 피아노 소나타 작품번호 49-2의 한 대목이 나온다. 가능성이 변화무쌍하게 펼쳐진다. 청중은 더 요구했지만 베토벤이 작곡한 7중주는 그것으로 끝이었다.

작품번호 20의 수익으로 그는 부유한 자들의 저택에서 나와 독립할 수 있었다. 문제는 집을 어디에 얻을지, 자신을 어떻게 돌볼지 그가 전혀 몰랐다는 것이다. 30년 동안 서른 곳 넘게 옮겨 다니면서 그가 지낸 집은 갈수록 더럽고 불쾌한 곳으로 전락했다. 이웃이 불평했다. 그는 동생과 함께 살았다. 고정된 주소가 없어서 밤에 부랑자로 체포되기도 했다. 집이 없는 것은 그에게 자연스러운 상태였다.

집은 정신분석에서 중요한 개념이다. "자아는 자신의 집에서 주인이 아니다"라는 프로이트의 주장은 정신분석의 기초 명제이며 여기서 개인이 무의식을 탐구하는 과정이 시작된다. 융은 집을 온전한 정신을 잃지 않도록 지켜주는 마음의 은유로 본다. 베토벤은 신체의 안정이 필요하지 않았다. 집이 없다는 것은 그가 마음대로 돌아다닐 수 있음을 의미한다. 더럽다는 것은 시간을 허투루 쓰지 않는다는 뜻이다. 심연의 상태로 살아간다는 것은 그가 설령 그럴 마음이 있었다 해도 아내를 들이거나 가족을 꾸릴 곳이 없다는 뜻이다. 집이 없다는 것은 그를 다른 사람들과 구별하게 해준다. 그는 친밀한 관계가 주는 안전함, 견고함, 위안을 거부한다.

　마음을 끄는 여러 녹음 가운데 빈 필하모닉(1977)과 베를린 필하모닉(1979) 단원들의 연주는 텍스처와 음색에서 뚜렷하게 대비된다. 2020년 11월, 코로나로 격리된 암스테르담 콘세르트헤바우 연주자들이 올린 동영상 연주는 역설적이게도 가장 행복한 피날레를 선사한다.

25장

몹쓸 출판업자들

6중주 E플랫장조 op.71,

6중주 E플랫장조 op.81b,

관악 8중주 E플랫장조 '파르티아' op.103 (1792~1796)

악보 출판은 직업 선택에 있어 우선적인 고려 대상이 아니다. 초창기 출판업자들은 음악가로 나섰다가 실패하거나 신물이 나서 동료들을 이용하기로 한 사람들이었다. 베토벤 시대에 출판 계약은 고정적이지 않았고 믿을 수 없었다. 그는 가장 좋은 거래를 하려고 여기저기 알아보았다. 출판업자들이 그의 불안정함을 이용하여 값을 깎으려 했기 때문이다. 저작권 보호가 없던 시절이어서 어느 측도 절대적인 권리를 갖지 못했다.

출판업자들은 가게를 열어 악보뿐만 아니라 바이올린, 현, 리드, 연필, 종이 등 고객에게 필요한 것은 뭐든 팔았다. 그런 가게였던 무지크하우스 도블링거는 지금도 빈에서 고객을 맞고 있다. 악보와 씨름하는 외로운 작곡가에게 이런 곳은 사람들과 어울리는 필수적인 편의 시설이었다. 악보 가게는 베토벤이 수시로 드나들며 잡담을 나누고, 커피를 마시고, 싸움을 걸고, 필요 없는 물품을 사는 곳이었다.

1802년에 그는 자신이 브라이트코프 운트 헤르텔에게 넘겼던 현악 5중주 악보를 냈다며 아르타리아를 고소했다. 베토벤은 아르타리아가 물러설 줄 알았지만 출판사는 명예 훼손이라며 맞고소를 했다. 변호사들만 살판났다. 소송이 이어지는 2년 동안 베토벤은 콜마르크트 거리에 있는 아르타리아의 가게에 자주 들러 연필과 종이를 사고 말동무를 만났다. 어느 날 가게에 있는 베토벤에게 블라지우스 회펠이라는 상업적인 미술가가 다가가 초상화를 그리고 싶다고 했다. 그래서 그와 가장 닮은 그림이 그려졌다. 아르타리아는 이것을 판화로 만들어 큰돈을 벌었다. 베토벤은 아무것도 얻지 못했다. 몇 년 뒤에 돈이 궁했던 베토벤은 아르타리아에게 무이자로 돈을 빌렸고, 나중에 〈하머클라비어〉 소나타로 갚았다. 여기에 원한은 없다. 영화 〈대부〉에서 말하듯이 그저 사업일 뿐이다. "세상에는 예술을 위한 시장이 있어야 해. 그래야 예술가가 자신의 작품을 주고 필요한 돈을 얻으니까. 하지만 그렇기에 예술가는 어느 정도는 사업가이기도 해야 하네." 베토벤의 말이다.

베토벤은 첫 번째 교향곡으로 100플로린을 벌었다. 여섯 달치 집세를 내기에 충분한 액수였다. 그는 다음 교향곡으로 250플로린을 요구했지만, 출판업자들은 값을 깎고 돈을 늦게 지불했고 매출을 허위로 보고했다. 게다가 악보에 실수들이 숱하게 많아서 베토벤은 도끼를 들고 찾아가겠다고 위협했다.

　악보 출판의 중심지는 라이프치히였다. J. S. 바흐가 이곳에 오기 바로 전인 1719년에 베른하르트 브라이트코프가 악보 가게를 차렸다. 페터스(1800)와 호프마이스터(1807)가 경쟁자로 들어섰다. 쇼트는 베토벤이 태어난 해에 마인츠에서 설립되었다. 빈에는 아르타리아(1778)가 있었다. 이렇듯 베토벤은 출판사를 다양하게 고를 수 있었던 최초의 작곡가였다. 그는 호프마이스터를 "가장 소중한 형제이자 친구"라고 부를 정도로 좋아했지만 오래가지 않았다. 7중주, 교향곡 1번, 피아노 협주곡 2번, 피아노 소나타 한 곡을 넘기고 나서 19년 동안 그와 거래를 하지 않았다.

　브라이트코프 운트 헤르텔이 그의 주요 거래처가 되었다. 한번은 250플로린을 받고 〈피델리오〉〈올리브산의 그리스도〉〈미사 C장조〉를 한꺼번에 넘기기도 했다. 베토벤이 받기로 한 것은 은화였다. 출판업자는 계약을 어기고 통화 가치가 낮은 방코-체텔 화폐로 지불했다. 몇 달 뒤에 그는 작품번호 74에서 86까지의 곡들을 들고 또다시 브라이트코프를 찾았다. 이번에도 250플로린을 원했다. 출판업자는 200플로린을 고수했다. 베토벤은 출판업자의 공정성에 호소하더니 그들의 계약을 비밀로 하자고 했다. 다른 출판업자와의 계약에서 피해를 입지 않기 위함이었다. 다음은 그가 쓴 편지의 일부다.

　짐작하겠지만 나는 부자가 되려고 작곡하는, 예술의 고리대금업자가 되려는 사람이 맹세코 아니오. 하지만 독립적인 삶을 살고 싶고, 그러려면 상당한 돈이 필요하오. 그러니 작곡가가 얻는 보상은 그에게 주는 영예와 그가 떠맡는 모든 것에 걸맞아야 하오. 브라이트코프 운트 헤르텔이 이런 작품들을 받고 겨우 200두카트를 내게 주었다는 말은 어디서도 하지 않을 거요. 당신은 다른 출판업자들보다 정이 많고 많이 배웠으니 하는 말인데, 예술가에게 어떻게든 돈을 적게 주려고 하지 말고 오히려 그가 가진 모든 것을, 그에게서 기대되는 모든 것을 이루도록 도와야 하오.

베토벤은 "내가 원하는 만큼 값을 주겠다고 계속 연락하는 라이프치히의 업자들"이 있지만 그를 선호한다며 브라이트코프를 안심시켰다. 그는 브라이트코프가 음악 비평지 『알게마이네 무지칼리셰 차이퉁』도 발행한다는 것을 잘 알았다. 혹평이 실리는 것은 원하지 않았다. 그는 이러지도 저러지도 못하는 처지였다. 브라이트코프 운트 헤르텔은 2021년 웹사이트에 올린 글에서 자신들이 "베토벤을 발돋움하게 만든" 회사라고 주장했다.

세 작품은 그가 브라이트코프에 묶음으로 넘긴 것이다. 작품번호 71의 6중주는 클라리넷과 바순을 앞세워 모차르트 효과를 노린다. 1950년 빈 필하모닉의 목관 앙상블이 최고 연주를 들려준다. 작품번호 81b는 영국의 멜로스 앙상블(1972)이 세련되게 연주한다. 작품번호 103의 관악 8중주는 작품번호 4의 현악 5중주를 다시 손본 것이다. 또다시 빈과 베를린 사이에서 음반의 격돌이 벌어지는데 이번에는 카라얀의 베를린 올스타들이 더 낫다.

2부

사랑에 빠지다

26장

당신이 아니라면 언니라도

안단테 파보리 WoO.57 (1803~1804)

'그대를 생각하며' WoO.74/136,

'희망에게' op.32와 op.94 (1799~1803)

빈에 온 베토벤은 청력에 문제가 있음을 받아들이기 전까지, 그러니까 신체적으로 한창 때 자주 사랑에 빠졌다. 여자들에게는 한 가지 공통점이 있었다. 그와 맺어질 수 없는 인연이라는 것이었다. 대부분이 상류층이었다. 이미 결혼한 사람도 있었고 그렇지 않더라도 사랑해서는 안 되는 사람이었다. 가족이 음악가와 결혼하도록 허락할 리도 없었고, 사회 규범에 반항하며 궁핍하게 살 사람들이 아니었다. 그는 자신의 사랑이 맺어질 수 없다는 것을 알았다. 처음 욕망이 일었을 때 직감했다. 그랬기에 위험에 조금도 휘말리지 않고 격렬한 감정을 표현하는 자유를 손에 넣었다. 사랑에 빠진 베토벤을 보호한 것은 그의 선택이었다.

어린 여자들(나이가 그의 절반밖에 안 되는 이들도 있었다)은

곧 정신을 차려 그의 마음을 아프게 했다. 매번 그는 격양된 감정
을 더 풍부하게 쏟아냈다. 그는 내심으로는 사랑이 맺어지기를 원
하지 않았다. 그의 이상은 영원히 다다를 수 없는 머나먼 연인이었
다. 훗날 영화업계는 이런 우스꽝스러운 로맨스를 신나게 떠들어
댔다. 베토벤을 주인공으로 한 영화가 숱하게 만들어졌다. 프리츠
코르트너(1927), 아리 보(1936), 알베르트 바서만(1941), 에리히
폰 슈트로하임(1955), 카를하인츠 뵘(1962), 도나타스 바니오니스
(1976), 게리 올드먼(1994), 이언 하트(2003), 에드 해리스(2006),
토비아스 모레티(2020)가 베토벤 역을 맡았지만, 딱히 빛나는 연
기를 보여준 사람은 없다.

　20년간 사랑을 갈구했으면서 베토벤은 한 번도 육체적 관계를
갖지 않았다. 그의 순결과 내숭을 가리키는 증거가 차고 넘친다.
슈판치히가 딱 한 번 술 취한 그를 사창가에 데리고 갔다는 일화
가 이를 반박할 뿐이다. 만약 그런 일이 있었다면 베토벤은 혐오감
을 느꼈을 것이다. 그는 대화를 하다가 섹스라는 말이 나오면 결혼
안 한 이모처럼 노려보았다. 세상에 만연한 성적 타락을 꾸짖었다.
본에서는 누구나 막시밀리안 대공이 수녀원장이 거둔 사생아들의
아버지이며 재무장관도 수녀원장과 놀아났다는 것을 알았다. 빈
의 상황은 더 나빴다. 하이든의 후원자 에스테르하지는 부모에게
돈을 주고 사춘기도 안 된 여자아이들을 샀다. 하이든의 악보 필
사가 엘슬러와 악장 토마시니는 어린 딸을 카우니츠 백작에게 팔
았다는 (어쩌면 부당한) 소문이 있다. 백작이 어떤 사람인가 하면,

아동 발레단의 소녀들에게 매춘을 주선하다가 발각되어 빈에서 쫓겨난 사람이다. 카우니츠를 그린 초상화가 체코 국립 미술관에서 가장 좋은 자리에 지금도 걸려 있다.

베토벤은 형제들에게 "음란한 여자들"을 조심하라고 경고했는데 호기심만 키운 꼴이 되었다. 그는 모차르트의 제자 마그달레나 호프데멜이 스승과 부적절한 관계였다는 소문을 듣고 멀리했다. 마그달레나의 남편 프란츠는 죽기 며칠 전에 모차르트를 폭행했다. 그런 다음 마그달레나를 면도칼로 공격해 피투성이로 만들고 옆방에 들어가 자살했다. 마그달레나는 평생 흉터가 져서 다시는 연주하지 못했다.

베토벤은 모차르트의 음란함을 혐오했고, 다음의 이유를 들어 〈돈 조반니〉 공연을 보지 않겠다고 했다. "예술은 성스러운 것이니 그토록 불미스러운 주제를 변명하는 구실로 전락해서는 결코 안 되네." 그는 노트에다가 이렇게 적었다. "영혼의 합일이 없는 감각적인 만족은 짐승이나 다를 바 없네. 고귀한 감정은 전혀 찾아볼 수 없고 후회의 감정만 남지." 그도 모종의 성관계를 경험한 적이 있음을 짐작하게 하는 대목이지만, 다시는 그런 일이 없었다.

그는 "그 어떤 사람보다 강렬하고 오래, 일곱 달이나 그의 마음을 사로잡은 아름다운 여인"에 대해 페르디난트 리스에게 이야기했다. 하지만 적극적으로 다가갔는지 리스가 묻자 베토벤은 힘 빠지는 말을 했다. "나의 생명력을 그런 식으로 쓰려고 했다면 더 고귀하고 나은 것에 무엇이 남아 있었겠나?" 당시의 많은 이들처럼 그도 정액을 배출하면 창의력이 고갈될 수 있다고 믿었다. 리스는 달 밝은 어느 밤에 베토벤과 함께 아름다운 여인을 저택까지 따라갔는데 알고 보니 군주의 정부였다고 한다. 베토벤은 실망한 기색이 아니었다. "그는 여자들을, 특히 아름답고 젊은 얼굴을 쳐다보는 것을 좋아했다." 리스의 말이다. "매력적인 여자가 곁을 지나가면 그는 돌아서서 안경 너머로 흘겨보았고, 내가 지켜보는 것을 알아차리면 웃었다. 그는 자주 사랑에 빠졌지만 잠깐 그럴 뿐이었다."

그가 어머니를 이상적인 여자로 여긴 것이 시작이었다. 가장 초기에 해당하는 1787년 7월 17일자 편지에 이렇게 썼다. "내게 너무도 다정한 어머니였고 사실상 내 가장 친한 친구였다. 오! 내가 어머니의 달콤한 이름을 아직도 부르고 대답을 들을 수 있다면, 세상 누구보다 행복할 텐데. 이제 누구에게 그런단 말인가?"

본의 수간호사 헬레네 폰 브로이닝이 어머니를 잃은 베토벤을 위로하고자 자신의 딸 엘레오노레를 그에게 슬쩍 떠밀었다. 뭔가가 잘못되어 "참혹한 다툼"이 일었다. 그가 엘레오노레에게 말했다. "최고로 비열한 행동을 하고 말았소. 나 자신에게 모멸감을 안겨주고 내 성향과 완전히 상반되는 이런 행동을 삶에서 지울 수 있다면 내가 주지 못할 게 뭐가 있겠소? 하지만 너무 늦었소." 그가 그녀의 손을 잡거나 키스를 했을까? 하지만 단정하지 말자. 다툼은 심각할 수가 없었다. 엘레오노레의 동생 슈테판이 베토벤이 빈에서 가장 친하게 지낸 사람이었고 바이올린 협주곡을 헌정받은 사람이기 때문이다. 엘레오노레의 남편 프란츠 베겔러는 리스가 베토벤의 첫 번째 회고록을 쓰도록 도왔다. 브로이닝 가족은 그가 가장 신임한 친구들이었다.

스무 살부터 마흔이 될 때까지 베토벤은 결혼하려는 생각 없이 사교계 여자들을 만났다. 그러고 나서 1810년부터 1812년까지 여름이면 온천에 다니면서 여러 여자에게 잇달아 청혼했다. 첫 번째인 테레제 말파티 폰 로렌바흐는 베토벤을 치료했던 의사의 친척으로 검은 곱슬머리가 매력적인 이탈리아계 미인이었다. 그는 그녀의 여동생 아나에게도 마음이 있었다. 둘 다 스무 살쯤 되었다. 테레제는 머지않아 제국의 귀족과 결혼했고, 아나는 남작부인이 되었다. 애초에 베토벤이 희망을 품을 대상은 아니었다.

1811년 여름에 그는 테플리체에서 베를린의 가수 아말리에 제발트를 따라다녔지만, 그녀는 고향으로 돌아가 법원 서기관과 결혼했다. 그는 넷째 아이를 임신했을 때 남편을 잃은 요제피네 폰 브룬스비크 백작부인과도 어울렸다. 베토벤은 오래전부터 그녀에게 피아노를 가르치고 있었다. 여름밤에 사랑이 타올랐지만 요제피네는 자신의 짝이 재력이 있는 사람이어야 한다고 알렸다. 30대 초반이던 그녀는 보다 적합한 구혼자를 만났고 베토벤에게 이렇게 심정을 알렸다. "당신의 요청을 받아들이려면 신성한 서약을 깨뜨려야 합니다. 나의 임무를 행함으로써 가장 고통받는 사람은 나입니다." 이에 베토벤은 요-제-피-네 모티브가 반복되는 구슬픈 피아노곡 〈안단테 파보리〉를 작곡했다. 다음 해 여름에 그녀를 다시 보았을 때 그녀 곁에는 새 남편인 에스토니아의 남작이 있었다.

요제피네의 언니 테레제가 다음 상대였다. 테레제는 눈에 띄는 외모와 강인한 성격의 소유자로 나중에 헝가리와 오스트리아에서 페스탈로치의 보육원을 설립했다. 베토벤이 관심을 보이고 편지를 쓴 대상은 항상 그녀였다고 보는 사람도 있지만 지나친 억측 같다. 베토벤의 피아노 소나타 24번이 테레제에게 헌정한 곡이다. 그녀는 평생 독신으로 살았다.

그해 여름에 그가 어울린 또 한 사람은 브룬스비크의 사촌인 줄리에타 '줄리' 귀차르디 백작부인으로, 〈월광〉 소나타의 주인공이기도 하다. 베토벤은 쉰들러에게 '줄리를 진심으로 사랑한다'고 말하면서 그녀가 "다른 부류"라고 했다. 빈으로 돌아간 그는 자신의 친구 프란츠 브렌타노와 결혼하여 임신한 몸인 안토니 브렌타노를 자주 찾았다. 학자들은 그녀가 '불멸의 연인'—그해 여름 작곡가가 보낸 가슴 아픈 편지 세 통의 주인공—일지 모른다고 추측한다. 이 편지들에서 그는 사랑에 마침표를 찍는다.

내 비록 몸은 침대에 있지만 생각은 불멸의 연인인 당신에게 향하고 있소. 때로는 즐거웠다 슬펐다 하면서 운명이 우리의 말을 들어줄지 아닐지 기다리고 있다오. 온전히 당신과 함께하지 못한다면 헤어질 수밖에 없소. 그래요, 당신으로부터 멀리 떨어져서 방황하기로 내 결심했소. 그러다가 마침내 당신의 품에 날아가 정말로 집에 왔다고 말하겠지요. 당신에게 감싸인 내 영혼을 정령의 땅으로 보내겠지요. 네, 불행히도 그럴 겁니다. 당신은 내가 진심임을 알기에 더 조심스러울 거요. 내 마음은 오로지 당신 것이라오. 절대로 다른 사람이 가질 수 없소. 오 신이여, 어째서 사랑하는 사람과 떨어져야 한단 말인가? (…) 진정하고 날 사랑해주시오. 오늘 어제 눈물로 당신을 그리워했소. 당신, 내 사랑, 나의 모든 것, 안녕. 계속해서 날 사랑해주시오. 당신을 사랑하는 자의 충실한 마음을 그릇되게 판단하지 마시오.

그는 (레너드 코언의 노래 가사처럼) 사랑을 마치며 춤을 추었다. 불멸의 연인은 과연 누구였을까? 발단이 된 편지를 보면 그가 오랫동안 알고 지낸 사람이라는 것이 전부다. 요제피네와 안토니가 유력한 후보지만, 둘 다 다른 사람과 결혼했고 한 명은 당시 임신한 몸이었다.

1812년 여름을 끝으로 베토벤은 사랑을 포기했다. 그가 독신을 받아들인 유일한 작곡가는 아니다. 헨델, 브람스, 브루크너, 무소륵스키, 라벨, 슈베르트, 쇼팽도 있다. 그중에서 베토벤은 본심이 아닐지언정 결혼하고 싶다는 말을 가장 자주 한 사람이다.

설명할 게 하나 남았다. 베토벤이 '불멸의 연인' 편지를 쓰고 아홉 달이 지났을 때 요제피네 폰 브룬스비크가 출산했다. 다섯째 아이였고 에스토니아 남편 사이에서는 첫 아이였다. 남편은 아이가 들어선 그 주에 자신이 집에 없었다며 딴 남자의 아이라고 그녀를 비난했다. 대가는 가혹했다. 크리스토프 폰 슈타켈베르크라고 하는 이 에스토니아인은 요제피네와의 사이에서 두 딸을 더 얻었고 나중에 세 아이를 데리고 나갔다. 요제피네는 아들의 수학 선생과 사랑에 빠져 또다시 임신했다. 1816년 여름 온천에서 베토벤을 마지막으로 만났을 수도 있다. 1821년 3월, 마흔두 살의 요제피네는 폐결핵으로 죽었다.

그 소식을 들었을 때 베토벤은 마지막 피아노 소나타 작품번호 111을 작곡하고 있었다. 그는 〈안단테 파보리〉에 나오는 요제피네의 주제를 추억의 의미로 소나타에 넣었다.

요제피네에게는 테레지아 코르넬리아라는 딸이 있었다. 가족에겐 '미노나'라는 이름으로 불렸는데, '익명'을 뜻하는 독일어 '아노님Anonim'의 철자를 뒤집은 것이다. 언니 테레제만이 미노나가 태어날 때 옆에 있었다. 혹시 베토벤이 아버지일까? 부도덕한 것을 혐오하는 그의 성격상 그가 유혹에 넘어갔을 것 같지는 않지만, 요제피네는 외로웠고 베토벤은 그녀에게 푹 빠져 있었다. 그러니 가능성은 낮아도 아예 터무니없지는 않다.

미노나는 어떻게 되었을까? 슈타켈베르크가 죽고 나서 언니 마리아 라우라와 함께 이모 샤를로테의 루마니아 집으로 가서 살았다. 마리아 라우라와 샤를로테가 둘 다 1843년에 죽자 미노나는 빈으로 돌아와 먼 친척인 반피 백작부인의 말벗으로 지냈다. 1858년에 그녀는 프란츠 리스트를 만났다. 두 곡의 피아노 소품 에코세즈를 라이프치히의 호프마이스터 운트 퀴흐넬에서 냈다. 미노나로 추정되는 사진 두 장, 젊었을 때와 나이가 들었을 때의 사진을 보면 베토벤과 어렴풋이 닮은 모습이 보인다. 1865년에 미노나는 합스부르거가세 5번지에 있는 독신녀 아파트를 얻었다. 한 번도 결혼하지 않았고, 1897년 2월 21일 여든셋의 나이로 죽었다. 자기 아버지에 관해선 이렇다 저렇다 말한 적이 없는데, 아마도 요제피네의 평판을 더럽히지 않으려는 마음 때문이었을 것이다.

요제피네에게 헌정된 〈안단테 파보리〉는 베토벤의 곡 중 가장 전염성 강한 매력을 발산한다. 음악회 피아니스트는 마지막 앙코르로 이 곡을 자주 연주한다. 이제 집으로 돌아갈 시간이라는 뜻이다. 리흐테르와 브렌델은 찡그리며 우리를 쳐다본다. 프랑스 피아니스트 안 케펠렉은 조용히 손을 흔든다.

〈그대를 생각하며〉는 요제피네가 테레제와 네 손으로 연주하도록 작곡한 소품이다. 괴테의 시에서 가져온 노랫말 "나는 당신의 것이오"는 다짐 없는 기대에 불과하다. 또 하나의 노래 〈희망에게〉는 희망 없는 갈망의 표현이다.

27장

사랑의 노래

'그대를 사랑해' WoO.123 (1795 또는 1798)

'아델라이데' op.46 (1796)

'입맞춤' op.128 (1822)

〈그대를 사랑해〉는 미숙한 사랑의 순진함과 초연함을 드러낸다. 독일의 목사 카를 프리드리히 빌헬름 헤로세의 시에서 가사를 가져왔다.

그대를 사랑해 그대가 나를 사랑하듯
저녁에도 아침에도
서로의 근심 걱정을 나누지 않고
지나는 날이 없지.

그래서 우리가 함께 있네
걱정을 나누면 한층 가벼워지니까

내가 걱정하면 그대가 위로하고
그대가 슬프면 내가 울지.

신의 축복이 함께하길
그대는 나의 삶의 기쁨
신이 그대를 내 곁에서 보호하고
우리를 함께 보호하네.

　시집 안 간 이모를 위한 곡이라 해도 좋을 만큼 건전한 내용이다. 과감함도 열기도 먼지도 없다. 베토벤의 곡조는 단조로운 길을 따라 덜컥덜컥 나아갈 뿐이다. 기교라고 할 게 없는 노래여서 이탈리아 크루너 가수 안드레아 보첼리가 2020년 여덟 살 딸의 피아노 반주로 노래한 유튜브 동영상이 화제를 끌며 250만 이상의 조회수를 기록했다(나는 피셔디스카우가 데무스와 함께 한 녹음을 더 좋아한다).
　〈아델라이데〉는 테너나 소프라노가 부르는 제대로 된 사랑 노래다. 화자는 워즈워스의 구름이 되어 외롭게 떠돌며 '아델라–이데'를 외친다. 슈베르트가 곡을 붙였다면 마지막에 눈물을 흘리겠지만, 베토벤은 터벅터벅 걷는다. 시인 프리드리히 폰 마티손은 베토벤이 자신의 작품에 음악을 붙이기에는 세심함이 턱없이 모자란다고 무시했다(그는 이 시 외에 기억되는 다른 작품이 없다). 그러나 빈의 음악 비평가 에두아르트 한슬리크는 "이 노래가 없었다면 독일인의 정서적 삶에 구멍이 났을 베토벤의 유일한 가곡"이라고 했다. 여러분의 판단에 맡긴다. 스웨덴의 테너 유시 비엘링의 1939년 음반은 이 세상 같지 않은 훌륭한 소리를 선사한다. 테너 프리츠 분더리히와 바리톤 마티아스 괴르네는 서로 대비되는 구출 작전을 편다. 모두 들을 만하다.

베토벤의 사랑과 관련하여 우리에게 해줄 말이 더 남았을까? 미국 작가 메이너드 솔로몬은 1988년 정신분석에 초점을 둔 전기에서 말하기를 젊은 베토벤이 사창가에 드나들었다는, 대다수 증거와 상반되는 주장을 폈다. 첼리스트 니콜라우스 즈메시칼에게 보낸 베토벤 편지에 "살짝 에둘러 매춘부를 가리키는 대목"이 나온다는 것이다. 솔로몬은 로브코비츠 집안의 사람들이 베토벤에게 자신의 아내와 자도록 제안했다는 주장도 한다. 이런 추측에 대해 벨기에의 얀 카이에르스는 2009년의 전기에서 "터무니없이 멀리 나아간 억측"이라며 솔로몬을 공박했다. 빈의 전문가들은 솔로몬이 자료를 잘못 해석하거나 잘못 번역한 것이라고 주장한다. 한 편지에서 베토벤이 즈메시칼에게 이런 말을 한다. "내가 축축한 곳에 들르고 싶어 하지 않는다고 자네가 생각하는 줄 알았네." 솔로몬은 이 대목을 저급한 쾌락을 청하는 것으로 해석하지만 사실은 정반대다. 1817년 12월, 베토벤은 '루스트하우스'에서 34크로이처를 지불한다. 솔로몬은 이곳을 성욕lust을 푸는 집으로 해석하지만, 루스트하우스는 프라터슈트라세에 있는 노천카페 이름이다. 젊은 가족들로 북새통을 이루는 완벽하게 건전한 곳이다. 그리고 베토벤이 지불한 돈은 커피 한 잔과 케이크 값이다. 베토벤이 매독에 걸렸다고 주장하는 책들이 있다. 하지만 "그가 매독으로 고생했다는 임상적 증거나 부검 증거는 거의 없다"는 것이 최근 학계의 공통된 의견이다.

하지만 의심의 여지가 전혀 없는 것은 아니다. 1819년에 베토벤은 '온갖 종류의 성병을 확인하고 예방하고 치료하는 기술'이라는 제목의 책을 구입한다. 자신이 성병에 걸렸는지 불안하지 않았다면 왜 그랬을까? 비슷한 무렵 〈장엄미사〉를 작곡하던 시기에 그는 〈입맞춤〉이라는 제목의 짓궂은 노래 한 곡을 썼다. 크리스티안 펠릭스 바이세가 가사를 썼는데 모차르트가 좋아한 시인이다.

> 클로에와 단둘이 있었네
> 그녀에게 너무도 입맞춤을 하고 싶었네.
> 하지만 그녀는 소리를 질러
> 일을 망치겠다고 말했지.
> 그럼에도 나는 용기를 내서 그녀의 입술을 훔쳤지
> 그녀의 저항을 물리치면서
> 그녀는 과연 소리를 질렀을까? 당연하지
> 하지만 한참 뒤에나 그랬다네.

귀가 멀고 노쇠한 베토벤은 자신을 꺼리는 클로에에게 들이댈 만큼 격렬한 성욕을 느낀다고 시인한다. 독일 테너 프리츠 분더리히는 이 곡을 숨 막힐 정도로 경이롭게 노래한다.

28장

만나지 못하는 사랑

'멀리 있는 연인에게' op.98 (1816)

베토벤은 천부적인 가곡 작곡가는 아니다. 그의 선율은 단어와 어울리려고 분투한다. 그는 음악을 맞추고자 〈입맞춤〉에서 행을 반복한다. 그의 서정성은 슈베르트는 고사하고 모차르트에도 미치지 못한다. 베토벤은 규모가 큰 작품에 매달리지 않을 때 가곡을 작곡했다.

그런 그가 연가곡이라고 하는 새로운 음악 형식을 발명한 것은 우연이었다. 세계 지도자들이 빈 회의에 모여 전쟁 이후 유럽의 분할과 신성한 군주제의 복원을 논의하고 있었다. 언짢은 분위기 속에서 베토벤은 브르노(브륀)라는 체코 마을에서 온 의학생을 소개받았다. 알로이스 이시도르 예이텔레스는 유대인 신문 『시오나』를 발행한 총명한 젊은이였다. 랍비와 의사 집안인 그는 독일 극장

에서 상연되는 바로크 연극을 번역하려고 스페인어와 이탈리아어
를 배웠다. 부르크 극장에서 극작가 그릴파르처와 작곡가 살리에
리를 만났고, 그들을 통해 베토벤을 만날 수 있었다.

그는 연애시를 썼다며 보여주었다. 베토벤은 "내가 어떻게 해도
도저히 소유할 수 없는 **딱 한 명**", 불멸의 연인이 있었다며 털어놓
았다. 예이텔레스가 쓴 시는 언덕에 앉아 다다를 수 없는 여자를
생각하는 남자에 관한 것이었다. 둘은 통하는 데가 있었다. 베토
벤은 스물네 살 어린 예이텔레스가 마음에 들었다. 의학생이어서
자신의 육체적 질병에 대해 푸념해도 들어준다는 점 또한 호감으
로 작용했다. 예이텔레스는 그의 유대인 친구였다. 1821년에 개업
의 자격을 취득하여 고향으로 돌아갈 때까지 두 사람은 연락을 주
고받았다. 합스부르크 법에 따르면 134명의 유대인만이 브르노에
살도록 허락을 받았고, 알로이스는 기독교 환자를 받으려면 특별
허가가 있어야 했다. 그는 두 차례 콜레라 유행에서 수많은 목숨을
구한 영웅이었다. 두 자선 단체에 무료 진료소도 열었는데 그중 하
나는 청각 장애자를 위한 기관이었다. 아마 베토벤에 대한 좋은 기
억이 작용했을 것이다. 알로이스는 예순셋까지 살았고 브르노의
유대인 묘지에 묻혔다. 그의 가족들이 사회에서 활약했다. 100권
의 소설을 낸 사촌이 있고, 탈무드의 용어 색인을 50권으로 정리
한 사람이 있다. (예이텔레스의 가계는 대부분 히틀러의 홀로코스트
에서 희생되었지만, 탈무드 편집자는 독일 장교가 그날 할당 인원이
열 명 초과되었다고 판단하여 용케 아우슈비츠행 열차를 모면했다.)

여섯 곡으로 된 연가곡은 아내 카롤리나를 잃고 슬픔에 잠긴 로브코비츠 공작에게 헌정되었다. 독일 가수 디트리히 피셔디스카우는 첫 번째 아내인 첼리스트 이름가르트 포펜을 셋째 아들 출산 직후에 잃은 비극적인 경험이 있었다. 나중에 그와 인터뷰할 때 이런 일이 〈멀리 있는 연인에게〉의 해석에 영향을 미쳤는지 물어보았다. 그는 "결단코 아니라고" 딱 잘라 말했다. "예술을 만드는 작업은 개인사를 초월해야 합니다."

피셔디스카우는 리트 음반 어디서든 만나게 되는 이름이다. 명료한 발음과 섬세한 표현력을 갖춘 그는 낮은 바리톤에서 중간 테너에 이르는 넓은 음역을 커버하며 바흐에서 버르토크에 이르기까지 어떤 작곡가도 소화해낸다. 그를 지배적이라고 말하는 것은 실제에 못 미치는 표현이다. "너무 많이 했어요." 그는 죽기 2년 전인 2010년에 내게 말하기를 모두가 자신을 알아보는 것이 부담될까봐 아들에게 이름을 바꾸도록 했다고 털어놓았다.

피셔디스카우가 1957년 영국인 파트너 제럴드 무어와 함께 한 〈멀리 있는 연인에게〉는 매끈한 스테인리스강이다. 모든 음, 모든 음절을 정확하게 소리 내어 완벽한 산물로 만든다. 노래가 쉽게 나오는 피셔디스카우는 베토벤에 관한 중요한 요점을 놓쳤다. 그가 노래에서 원했던 하나, 영원한 사랑을 결코 얻지 못했다는 것이다.

피셔디스카우의 해독제는 젊은 독일 테너 프리츠 분더리히다. 하인리히 슈미트를 파트너로 맞은 분더리히는 힘들이지 않고 높이, 태양 가까이 날아간다. 그는 낙천적인 연주자로 플레이보이 느낌도 있다. 그의 가창은 심장을 쿡쿡 찌르고 간다. 타고난 베토벤 해석자는 아니지만 정말이지 아름답다. 이 음반이 발매되고 오래지 않아, 그가 메트로폴리탄 오페라 극장 데뷔를 몇 주 앞두고 있을 때, 프리츠 분더리히는 시골 오두막 계단에서 굴러 떨어져 머리를 다쳐 서른다섯에 세상을 떠났다. 검시관은 신발 끈이 풀려 발을 헛디딘 사고사로 판단했다.

바리톤은 더 안전한 선택이다. 올라프 베르(1993)는 어두운 자기성찰을 보인다. 크리스티안 게르하허(2012)는 음정과 발음이 피셔디스카우를 닮았다. 마티아스 괴르네가 캐나다 피아니스트 얀 리시에츠키와 함께 한 2019년 DG 음반은 풍부한 음색과 파스텔 톤의 연주를 들려준다. 중년에 이른 그는 오래전 소식이 끊긴 짝사랑의 고통에서 되찾지 못한 모든 것을 조용히 애도한다. 시대를 초월한 해석, 완벽한 음정이다.

29장

이류 작곡가

가곡들 op.52 (1793), op.75 (1803),

op.82와 op.83 (1809~1810)

'연인에게' WoO.140 (1811)

베토벤의 가곡은 경험이 쌓여도 나아지지 않았다. 다채롭지 못하고 틀에 박힌 노래들로 그는 이류 작곡가였다. 괴테의 시를 많이 가져다 썼다. 작품번호 52에 있는 〈5월의 노래〉는 루터교 사순절이 끝난 기쁨을 담고 있다. 같은 작품번호의 〈봇짐장수〉는 맨무릎과 벌겋게 덴 어깨를 드러낸 채로 돌아다니는 시골 행상의 노래다.

작품번호 75의 첫 곡 〈미뇽〉은 납치된 소녀가 이탈리아 고향을 그리워하는 노래다. "레몬 꽃이 피는 나라를 아시나요?" 슈베르트는 같은 시를 가져다가 우리의 마음을 두 동강 내지만, 베토벤은 페이소스를 피자에 얹어 준다. 연가곡 〈멀리 있는 연인에게〉를 위한 시운전 격인 다섯 번째 곡 〈멀리 있는 연인〉은 정중함을 잃지 않는다. 작품번호 83에 수록된 〈그리움〉은 서늘해야 하는 대목에서 애절한 눈빛을 담는다. 작품번호 82의 〈아리에타〉는 공감의 우유가 빠진 비건 젤라토를 먹는 기분이다.

　작품번호가 붙지 않은 짤막한 곡 〈연인에게〉가 남았다. 비틀거리는 피아노 전주는 진지함의 결여를 드러내며 "그대 뺨의 눈물이 충절을 나타내는 증거일까요?" 하는 절정의 대목은 가슴을 쥐어짜지 않는다. 여기서 우리가 듣는 것은 베토벤이 이름을 밝히지 않은 연인에게 더 이상 절박하게 매달리지 않는다는 것이다. 작품번호 83의 곡들은 "내 멋진 친구 토니 브렌타노"에게 바치는 곡이다. 연인이라고 하지 않았음에 주목하자. 한때 그녀를 사랑했지만 이제 끝난 일이다.

　피셔디스카우는 심리를 꿰뚫는 통찰이 있다. 분더리히가 부르는 〈5월의 노래〉는 여름날의 개울처럼 흐른다. 미국 소프라노 레이철 윌리스쇠렌센은 〈미뇽〉에서, 이탈리아 메조소프라노 체칠리아 바르톨리는 〈아리에타〉에서 놀랍도록 멋진 소리를 들려준다.

30장

양면성

피아노 소나타 24번 F샤프장조 '테레제' op.78,

25번 G장조 '뻐꾸기' op.79 (1809)

에코세즈 WoO.83과 WoO.86 (1803)

하이든이 세상을 떠난 1809년 5월에 완성된 피아노 소나타 24번
은 그를 추억하는 곡이다. 하지만 여기에는 베토벤이 사뭇 다른 감
정을 느낀 또 한 사람, 테레제 폰 브룬스비크의 이름도 붙어 있다.
어느 쪽일까? 고인이 된 스승일까, 마음을 열지 않은 사랑일까? 연
주 시간이 고작 8분이어서 판단하기에 너무 짧다. 게다가 2악장 시
작 부분에 등장하는 "지배하라 브리타니아여!"는 뭐란 말인가? 베
토벤은 다층적인 의미를 시도하여 미래의 예술가들에게 수수께끼
를 남겼다.

　피아노의 위대한 지성으로 꼽히는 페루초 부소니는 "숭고의 정
점"에서 떨어진 작곡가를 구하는 것이 해석자의 임무라고 밝혔다.
부소니는 베토벤의 내적 드라마를 강조하며 그를 "심리적 비극의 대

가"라고 말한다. 하이든과 테레제가 같은 페이지에 등장한다면 그것은 그의 구석진 마음을 밝히는 단서가 틀림없다. "지배하라 브리타니아여!"도 마찬가지다. 그는 말한다. "가장 비극적인 상황에서 베토벤은 기꺼이 농담을 던졌고, 가장 우스꽝스러운 상황에서 그는 뭔가 안다는 듯 찌푸린 얼굴을 했다." 머리가 크고 늘 생각에 잠겨 있는 부소니는 거리에서 만나면 베토벤이라고 오해할 정도다. 베토벤처럼 그도 괴테를 읽었고 『파우스트』를 오페라로 만들었다. 베토벤과 다른 점이라면 부소니는 극도로 실용적인 사람이었고, 여러 언어에 능통했으며, 이탈리아인과 독일인이라는 두 가지 정체성을 가졌다는 것이다. 알프레트 브렌델은 부소니를 가리켜 "성찰이 기교보다, [지성이 손재주보다] 우위에 있음을 보여준 예"라고 말한다. 부소니는 구스타프 말러가 자신과 동등한 지성인으로 대했던 유일한 독주자였다. 유튜브에 1922년 부소니가 직접 편곡한 베토벤의 에코세즈(스코틀랜드 춤곡)를 연주한 희귀한 녹음이 있다. 발할라의 흡연실에서 열린 작곡가들의 정상회의를 몰래 엿듣는 기분이다.

　캐나다의 글렌 굴드는 바흐 연주로 가장 잘 알려져 있다. 베토벤에서 그는 풀리지 않은 수수께끼를 마음껏 즐기며 가끔 공생에 가까운 친밀감을 드러내기도 한다. 어렸을 때 그는 온타리오호에서 배를 타다 떨어져서 허리를 다치면서 베토벤처럼 자주 통증을 앓았다. 음악회 무대 경험은 음악이 마치 즐거움을 위해 존재하듯 연주하고 청중을 즐겁게 하는 데 몰두하는 '쾌락주의자' 독주자들을 그가 멸시하도록 만들었다. 서른두 살에 굴드는 음악회 무대를 떠나 음반 작업과 라디오 쇼 제작에 나섰다. 다큐멘터리 시리즈 〈북쪽 생각〉에서 굴드는 캐나다 북부의 원주민들과 어울린다. 그 와 마찬가지로 북적이는 세상에서 떨어져나온 사람들이다. 그는 베토벤의 고립감에 마음을 준다.

굴드의 베토벤 연주는 일반적인 통념과 어긋날 때가 많다. 특 히 피아노를 치면서 따라 부르는 그의 습관이 짜증을 일으키는데, 이것만 이겨내면 청자는 그의 연주에서 남다른 통찰을 얻을 수 있 다. 1967년 대담에서 굴드는 베토벤을 이렇게 말했다.

창작의 조건을 보여주는 살아 있는 은유입니다. 어떤 면에서 그 는 과거를 존중하는 사람, 예술이 전개해온 전통을 지키는 사람 입니다. 반면에 그는 자기만의 격렬한 제스처를 강렬하고 지속 적으로 표명합니다. 그의 이런 면은 구조의 날을 무디게 만들 수 있기 때문에 그는 자신의 음악 문법이 제대로 되었는지를 신경 쓰고 때로는 힘들게 노력해서 지키도록 하죠.

한편 베토벤에게는 다른 면도 있습니다. 놀랍도록 낭만적인 모 습입니다. 그에게서 당당하게 비뚤어진 제스처를 끌어내고, 거 만하고 우쭐대고 반문법적인 순간을 만들어내죠. 전통의 맥락 에서 보자면, 〔그리고〕 고전적인 구성의 매끈하고 세련된 테두 리와 견줘보면 될 대로 되라는 식의 이런 태도는 그를 독보적인 작곡가로 만든 바로 그것입니다. 하지만 이렇게 상충하는 모습 은 사실 예술가라면 누구에게나 있습니다. 창작하는 사람에게는 박물관 큐레이터의 면모와 발명가의 면모가 공존합니다.

이런 양면성은 1975년 굴드의 소나타 24번 음반에서 부각된다. 다른 어떤 연주보다 1분 빠른 그는 1악장을 비틀스 노래에 나오는 하프처럼, 2악장은 정원 바닥에 깔아놓은 고르지 못한 돌들처럼 연주한다. 베토벤 연주를 배우는 아이라면 절대로 이 음반을 들어서는 안 된다. 물론 어른이라면 결코 놓쳐서는 안 된다.

굴드를 제외하고 반드시 들어야 하는 피아니스트가 있다면 겐리흐 네이가우스다. 모스크바에서 가장 영향력 있는 피아노 교사였던 그는 리흐테르, 길렐스, 야코프 자크, 티혼 흐레니코프 등 쟁쟁한 제자들을 길러냈다. 젊었을 때 그는 명민한 아르투르 루빈스타인의 연주를 듣고 절망하여 손목을 그었다. 스탈린 치하에서 그의 삶은 지옥 같은 나날이었다. 아내 지나이다는 그를 떠나 시인 보리스 파스테르나크에게 갔고, 아들은 결핵에 걸렸고, 친구 오시프 만델시탐은 살해되었으며, 본인은 시베리아 유형지로 보내져 이를 몽땅 잃었다. 이런 고통을 겪으면서도 그는 매일 아침 온화하고 차분하게 가르쳤다. 네이가우스는 베토벤에 대해 확실한 입장이 있었지만 그럼에도 제자들의 해석을 너그럽게 받아들였다. 그의 스타 제자인 길렐스와 리흐테르는 기질과 해석에서 더 이상 다를 수 없었다. 1950년 네이가우스가 녹음한 소나타 24번은 변덕스럽고 느긋하다. 그는 베토벤을 생각만큼 진지하게 여기지 않았던 모양이다.

소나타 24번을 짧게 해치우고 나서 베토벤은 출판업자들이 '뻐꾸기'라고 이름 붙인 소나타 25번을 작곡했다. 연주 시간이 9분이며 따분하다. 하지만 극작가 조지 버나드 쇼는 1927년 3월에 쓴 글에서 베토벤은 어느 것 하나 관심을 끌지 않는 것이 없다는 견해를 취한다. 쇼가 생각하기에,

〔베토벤은〕 아무리 빈약한 주제라도 흥미롭게 엮어내므로 100번째 들어도 거기서 새로운 뭔가를 찾아낼 수 있다. (…) 그의 특징적인 면, 그를 다른 모두와 구별 짓는 것은 교란시키는 능력, 우리를 불안하게 하고 자신의 거대한 기분을 우리에게 떠넘길 줄 아는 능력이다. 베를리오즈는 한 프랑스 작곡가가 "마음을 차분하게 달래는 음악을 좋아한다"고 말해 베토벤 음악이 불편하다는 뜻을 전하자 몹시 화를 냈다. 베토벤 음악은 우리를 깨어 있게 하는 음악이다.

첫 섹션은 악절 중간에서 끝나며 두 번째 섹션은 다 떠나고 없는 무도회장의 분위기로 돌변한다. 많은 현대 피아니스트들이 수수께끼를 해결하지 않고 넘어간다. 이고어 레비트는 빛보다 빠르게 달린다. 조너선 비스(2015)는 지독하게 진지하고, 마우리치오 폴리니(1989)는 지나치게 격양되어 있다. 재치와 아이러니가 있는 1935년 슈나벨 연주는 다른 이들이 영원토록 탐구하게 될 숨겨진 심연으로 들어가는 문을 연다.

31장

중국 미인

'엘리제를 위하여' WoO.59 (1810)

미성년자 열람 불가: 이 글에는 절도, 사기, 섹스, 나치, 의도적인 기만, 부도덕한 발각이 포함된다. 증거를 수집하는 음악학의 일상적인 이야기에 스타의 자부심과 상업적 신화를 손상시킬 수도 있는 일침을 담았다. 여러분이 읽게 될 많은 내용은 이전에 알려지지 않았던 것이다.

베토벤이 죽고 한 세대가 지난 1865년 7월 어느 금요일, 젊은 음악 교수 루트비히 놀이 뮌헨의 살바토르슈트라세 15번지에 있는 은퇴한 교사 바베테 브레들의 아파트를 찾았다. 베토벤 편지의 편찬자인 놀은 브레들이 자필 악보를 갖고 있다는 이야기를 들었다. 독신녀 브레들은 서랍 속을 뒤지더니 베토벤의 '바가텔' 악보가 있다며 내놓았다. 놀은 거미줄 같은 기보를 곧바로 알아보았지만 음악은 처음 보는 것이었다. 악보 맨 위에 적힌 글은 브레들에 의하면 이러했다. "엘리제를 위하여, 루트비히 판 베토벤을 추억하며, 4월 27일."

놀은 떨리는 마음으로 거실에 놓인 피아노로 가서 〈엘리제를 위하여〉를 연주했다. 남을 잘 믿는 브레들은 그가 악보를 가져가도록 했다. 놀은 그녀에게 서류를 건네고 서명을 받았다. "나는 이 피아노 악보를 놀 교수에게 주고 그가 베토벤이 손수 적은 악보를 필사하여 자유롭게 활용하고 출판하도록 허락합니다. 1865년 7월 14일 뮌헨, 바베테 브레들."

자필 악보는 다시는 볼 수 없었다. 하지만 당장 우리가 신경 쓸 일은 아니다. 악보는 항상 분실했다 찾았다 하는 것이니까. 하지만 이 곡과 관련한 뒷이야기는 흥미진진하여 베토벤의 인식에 영원토록 영향을 미쳤다.

〈엘리제를 위하여〉는 놀이 1867년에 베토벤의 새로운 편지들을 모아 출간하면서 처음으로 공개되어 아마추어들과 교사들을 흥분시켰다. 연주하기 쉬워 보였고 엘리제가 누굴까 하는 낭만적인 재미도 있었다. 사람들의 관심이 나날이 높아졌다. 〈엘리제를 위하여〉는 로만 폴란스키의 〈악마의 씨〉(1968)에서 라스 폰 트리에의 〈님포매니악〉(2013)에 이르기까지 스무 편이 넘는 영화에 삽입되었다. 카테리나 발렌테가 팝송으로 바꿔 불렀으며 칙 코리아의 오케스트라는 재즈로 연주했다. 공항 라운지, 전화 벨소리, 치과 의자의 헤드폰 등 세상 온갖 곳에 침투했다. 그리고 21세기 중국에서 단연코 가장 인기 있는 서양 클래식 곡이다.

하지만 모든 정보가 온라인에 올라와 있는 시대에 진짜 엘리제를 찾아내는 일은 번번이 좌절되었다. 전문가들이 내게 경고하기를 평판이 좋지 않은 자들이 곳곳에 있고, 돈벌이가 잘 되는 전설을 괜히 건드려 망치지 말라는 클래식 음악업계의 압박도 있다고 했다.

두 가지 사실은 쉽게 확인된다. 베토벤의 곡이라는 것, 그리고 작곡 연도가 1810년이라는 것이다. 본의 베토벤 박물관에는 그해 봄에 작성된 거의 똑같은 스케치가 있다. 그리고 베토벤은 이 주제를 〈템페스트〉 소나타(작품번호 31-2)의 피날레에 활용하기도 했다. 그러니 전성기 베토벤의 음악임에는 의심의 여지가 없다. 하지만 엘리제는 누굴까? 그리고 어째서 그의 불멸의 연인들 중에 그녀가 없었을까? 이것은 더 은밀한 비밀일까?

베토벤이 매일 대화를 적은 노트를 보면 '엘리제' 혹은 '엘리자베트'라는 이름의 여성은 여섯 명이다. 하지만 1810년이나 그 전에 나오는 사람은 두 명뿐이다. 그중 한 명인 엘리제 바렌스펠트는 레겐스부르크 출신의 소프라노로 열세 살이었고, 메트로놈의 발명가 요한 네포무크 멜첼 집에서 하숙을 했다. 베토벤은 미성년자에게 관심이 없었다. 멜첼은 끔찍하게도 관심이 많았다. 1813년 그가 미성년자와 성관계를 가졌다는 혐의로 경찰 조사를 받자 엘리제는 곧바로 그의 집을 나와 바덴의 대공 집으로 옮겼다. 그녀의 소식은 2012년에야 다시 들렸다. '음악학의 미스 마플'이라고 자처한 캐나다 학자 리타 스테블린이 경찰 기록을 언급하며 레겐스부르크의 엘리제 바렌스펠트가 베토벤의 바로 그 엘리제일 "가능성이 높다"는 취지의 주장을 한 것이다. 전 세계에서 이 소식을 받아 적었다.

스테블린의 유명세는 반짝 소동에 그쳤다. 빈 대학의 모차르트 연구자 미하엘 로렌츠가 그녀의 주장에 제동을 걸었기 때문이다. 로렌츠 박사는 음악가의 출생, 세례, 사망, 유언과 관련한 기록들을 찾고 판독하는 일로 유명한 전문가다. 로렌츠 박사에게 '가능성이 크다'는 표현은 몽구스 앞의 쥐나 마찬가지다. 그는 발톱을 바짝 세우고 미스 마플에게 덤벼들었다. "스테블린이 논문에서 제시한 스캔과 (…) 흐릿한 경찰 문서 그 어느 것도 베토벤의 '엘리제'와 하등 관계가 없다. 그저 독자를 현혹시켜 논문이 그녀의 신원을 확인하지 못한다는 사실을 흐리려는 것이다. 스테블린은 엘리제 바렌스펠트가 베토벤의 '엘리제'라는 어떤 증거도 확실히 주지 않는다." 그러니 그만해.

여러분은 모를 수도 있겠지만 음악학은 정기적으로 인간 제물을 바쳐야 하는 이교도 신이다. 평소 정중하고 상냥한 동료인 로렌츠는 이런 가짜 엘리제에 격분하여 이렇게 덧붙였다. "스테블린은 가설에 지나지 않는 것을 수수께끼의 해답이라며 제시하여 유명세를 탔다. (…) 그런 선정적인 행동은 당혹스러울 뿐만 아니라 음악 역사학 전체의 명성을 실추시킨다." 스테블린은 아무런 반박도 못하고 2019년에 죽었다. 그녀의 유일한 업적이라면 베토벤의 악보 속 인물일 수 있다며 옛 도시 레겐스부르크에 엘리제 바렌스펠트의 이름을 딴 거리를 만들도록 했다는 것이다.

또 다른 엘리제 후보는 열일곱 살의 소프라노 엘리자베트 뢰켈이다. 그녀는 1810년 밤베르크에서 모차르트의 〈돈 조반니〉의 돈나 안나 역을 맡았다가 젊은 작곡가 요한 네포무크 훔멜을 만났고, 1813년 그와 결혼했다. 훔멜 부부는 베토벤과 죽을 때까지 친구로 지냈다. 엘리자베트는 베토벤 임종 당시 그의 머리카락을 한 타래 자르고 그가 쓰던 펜을 슬쩍 가져갔다. 언젠가 베토벤이 애정을 보이며 자신의 팔을 꼬집은 적이 있다고 나중에 주장하기도 했다. 2009년 6월, 독일 작곡가 클라우스 마르틴 코피츠가 훔멜 부인을 진짜 엘리제로 확인했다는 기사가 독일의 잡지 『슈피겔』과 런던의 『데일리 텔레그래프』에 요란하게 보도되었다. 코피츠는 베토벤이 밤베르크에서 노래하는 엘리자베트 뢰켈을 그리워하며 〈엘리제를 위하여〉를 썼다고 주장했다.

코피츠는 스테블린만큼 유명세를 타지도 못했다. 곧바로 미하엘 로렌츠가 사실을 조목조목 반박하며 찬물을 끼얹었다. "훔멜 부인이 자신을 '엘리제'라고 부른 자료가 하나도 없다. 베티 혹은 마리아 에바라고 불렀다. 엘리제는 그녀의 어머니가 썼던 이름이다." 그것으로 모자랐는지 로렌츠는 베토벤이 숨을 거둘 때 그의 펜과 머리카락을 손에 꼭 쥐고 나와 자손에게 물려줬던 기념품 사냥꾼 엘리자베트 훔멜이 악보를 남에게 내줄 리가 있겠느냐고 일침을 가했다(자손 중 한 명인 마이크 훔멜이 캘리포니아 산호세 대학

에 기증했다). 베티 훔멜은 사랑스러운 엘리제가 결단코 아니다. 그
렇다면 누구일까?

한참 전에 이런 가설이 있었다. 1925년에 베토벤 하우스의 성
깔 있는 학자 막스 웅거는 루트비히 놀이 "작곡가의 필적과 관련하
여 믿어도 될 만한 해설자가 결코 아니며 〈〈엘리제를 위하여〉〉 악
보에 적힌 글을 아마도 잘못 판독했을 것"이라고 주장하여 그의
신빙성을 공격했다. 그렇다면 어떻게 읽어야 했을까? 엘리제가 아
니라 테레제라는 것이다. "오래전 소실된 자필 악보에 독일어로 쓰
인 테레제는 엘리제로 오인하기 쉬웠을 것이다." 호전적인 막스 웅
거의 말이다.

웅거의 전문성에는 의심의 여지가 없다. 베토벤 하우스뿐만 아
니라 나치 지도자들도 그의 능력을 인정했다. 점령지에서 물품을
약탈하고 다닌 그들은 어떤 것이 훔칠 가치가 있는지 알아야 했다.
웅거는 스위스 자택에서 가장 추악한 나치 이론가 중 한 사람인 국
가지휘자Reichsleiter | 나치당에서 두 번째로 높은 직위—옮긴이 | 알프레트 로
젠베르크에게 음악 조언자 역할을 했다. 저명한 폴란드 유대인 하
프시코드 연주자 완다 란도프스카의 파리 아파트를 약탈하라고
그에게 알려준 이가 웅거였다. 로젠베르크는 뉘른베르크 재판에
서 유죄 판결을 받고 처형되었다. 웅거는 지금도 베토벤 하우스
웹사이트에서 "20세기 전반부의 가장 유명한 베토벤 학자"로 거
론된다.

웅거가 인종차별을 일삼은 추악한 인간이라고 해서 엘리제에

대해 잘못 짚었다고 무시할 일은 아니다. 1810년 베토벤이 사랑의 여름에 테레제 폰 말파티를 위해 작곡한 곡이라는 그의 주장은 "존경하는 테레제, 내가 약속한 것을 여기 보내오"로 끝나는, 베토벤이 테레제에게 보낸 작별의 말이 뒷받침한다. 그가 약속했다는 것이 〈엘리제를 위하여〉 악보였을까? 놀은 그렇게 생각하는 것 같다. "매력적인 이 피아노 소품은 테레제 폰 드로스딕, 결혼 전 성姓 말파티의 집에서 나왔다. (…) 〔그녀가 이 악보를〕 뮌헨의 바베테 브레들에게 주었다." 놀이 한 말이다. 하지만 그들은 어떤 관계이며, 대체 왜 그것을 주었을까? 놀은 그 곡이 "테레제 〔말파티〕를 위해 작곡한 곡이 **아니었**"다고 말해 내게 좌절감을 안겨주었다. 그렇다면 엘리제는 누구란 말인가?

테레제의 행적을 따라가보자. 베토벤과 헤어지고 나서 그녀는 오스트리아 황제 직속 전쟁 부서 의원인 요한 빌헬름 폰 드로스딕 남작과 결혼했다. 둘은 자녀가 없었고 각자 살았다. 테레제는 케른트너슈트라세에 있는 자신의 아파트에 친구들을 초대하여 베토벤, 슈베르트와 어울렸던 영광스러운 나날을 이야기했다. 베토벤 소나타를 "비할 데 없는 기교"로 연주했던 그녀는 기교파 피아니스트 아돌프 폰 헨젤트에게 방을 내주며 "가정의 친구"로 대했다. 헨젤트가 공연을 나가고 없으면 루돌프 샤흐너라고 하는 잘생기고 계급이 낮은 스무 살의 피아니스트가 그를 대신했다. 사람들이 수군거렸다. 테레제는 1851년 4월에 죽으면서 모든 것을 남편에게 넘겼다. 다만 "피아노와 수중에 있는 모든 악보"는 "친애하는 친구이자 작곡가, 피아니스트 요제프 루돌프 샤흐너"에게 넘어갔다. (유 언장의 내용과 관련하여 로렌츠 박사가 도움을 주었다.)

샤흐너가 그녀에게 어떤 의미였는지를 떠나 테레제는 자신의 베토벤 유물이 음악가 손에 계속 남아 있기를 원했다. 샤흐너가 뮌헨 출신임을 알아낸 로렌츠 박사는 바이에른주의 문서 보관소를 뒤져 마침내 바베테 브레들의 마지막 유언장에서 그녀가 모든 것을 "나의 혼외 아들 요제프 루돌프 샤흐너"에게 남겼다는 사실을 확인했다.

이제 거의 다 왔다. 미혼의 바베테는 1815년에 빈의 공예가 야코프 샤흐너의 아들을 낳았던 것으로 밝혀졌다. 그녀는 뮌헨에서 혼자 아들을 키우면서 궁정 오르가니스트에게 음악 교습을 시켰고, 1835년에 아들을 빈으로 보냈다. 테레제가 살아 있을 때 그는 테레제의 헌신적인 "가정의 친구"였다. 그녀가 죽고 1년 뒤에 샤흐너는 엘리자베트 벤들링과 결혼했다. 모차르트가 〈이도메네오〉에서 역할을 주었던 소프라노의 손녀다. 샤흐너의 아내는 집에서 엘리제로 불렸다. 아울러 두 사람에게 딸이 있었는데 세례명이 엘리제였다.

바베테는 손녀를 얻어 기뻤지만, 아들 부부가 음악 관련 일을 찾아 런던으로 이사를 가자 상심했다. 1865년 7월 루트비히 놀이 자료를 찾으려고 들렀을 때 바베테는 사랑하는 가족을 생각하고 있었다. 그녀가 악보 제목을 〈엘리제를 위하여〉라고 읽은 것은 손녀를 생각하다 나온 말실수였거나 런던에 있는 어린 엘리제가 이 곡을 좋아할 거라는 확신에서 한 말이었다. 바이에른의 음악학자 위르겐 마이가 밝혀낸 사실도 있다. 바베테가 놀에게 〈엘리제를 위하여〉라는 제목으로 곡을 출판하도록 당부했다는 것이다. 아들과 테레제의 불편한 관계를 가리려는 생각이었든 아니면 손녀에게 손쉬운 명성을 안겨주려는 마음이었든 그녀는 성공했다. 놀은 나중에 악보를 바베테에게 돌려주었다. 그녀는 1880년 크리스마스를 사흘 앞두고 여든여덟 살에 뮌헨에서 숨을 거두었다. "잘츠부르크의 카펠마이스터"로 확인된 아들이 유일한 상속자였다. 그가 1896년에 죽었을 때 베토벤 악보는 그의 유품 가운데 없었다. 샤흐너가 〈엘리제를 위하여〉 악보를 잘츠부르크의 무덤까지 가져갔다는 소문이 있다. 나치의 악당 막스 웅거도 무덤을 파헤치지는 못했다.

현재 확인할 수 있는 것은 베토벤이 엘리제라는 이름을 가진 주목할 만한 인물을 전혀 몰랐다는 것이다. 그럼에도 그 이름은 그의 명성에 새겨져 있다. 수백만 명의 중국인들이 오로지 시시하고 변덕스러운 이 곡으로 베토벤을 알고 있다. 유심히 한번 들어보자. A단조로 시작하여 열 마디 뒤에 C장조로 바뀐다. 8분의 3박자로 어정쩡한 왈츠다. 베토벤과 처음 춤을 추는 사람은 그가 유명하고 위험하고 춤에는 어울리지 않는 사람이라는 것을 안다. 그들이 수작을 걸면 그는 아이러니하게 몸을 틀며 윙크를 날린다. 엘리제의 주제를 휘감고 도는 윙크다. 키치에, 혹은 키스에 이르지 않은 그저 오므린 두 입술이다. 여자들은 혹시 자신들이 그의 마음을 아프게 했을까 생각하겠지만, 그는 그녀들을 향해 웃는다. "루트비히 판 베토벤을 추억하며." 파도처럼 일렁일 뿐 물속에 잠기지 않는다. 우리가 이 곡을 어떻게 이해하든 '핫브레이크 호텔'은 아니다.

〈엘리제를 위하여〉는 연주하기 쉽다. 프로 연주자들에게는 일도 아니다. 아르투어 슈나벨(1938)은 툴툴거리며 2분 43초에 해치운다. 한 유튜버는 1분 15초에 연주를 끝내며 세계 기록이라고 주장한다. 반면 도발적인 러시아 망명자 아나톨 우고르스키(2014)는 4분 넘게 질질 끈다. 이외에도 온라인에서 여러분은 리처드 클레이더만의 오케스트라 버전을, 베토벤이 괴물들에게 잡아먹히는 덥스텝|영국의 하우스 리듬에 자메이카의 덥을 결합한 일렉트로닉 음악—옮긴이| 만화를, 헤비메탈 트랙을, 승객들이 공항에 놓인 피아노를 치는 모습을, 중국의 슈퍼스타 랑랑이 단계별로 지도하는 것을 찾을 수 있다.

두 가지 숭배 현상이 여기서 합쳐진다. 귓전에 계속 맴도는 〈엘리제를 위하여〉의 매력과 브랜드 홍보 대사의 전 세계적인 야심이 그것이다. 아홉 살에 베이징 오디션에 떨어졌을 때 농사꾼 아버지로부터 죽으라는 말을 들었던 랑랑은 마침내 필라델피아의 커티스 음악원에 합격하여 카네기 홀 무대에 설 준비를 했다. 그는 곧 다른 유혹들에 직면했다. 20대 초반에 랑랑은 미국 콘서트홀의 떠오르는 스타이자 상하이 50층 빌딩에 포스터가 붙는 아이콘이 되었다. 중국에서 이 정도 유명인이라면 공산당의 승인이 있어야 한다. 랑랑은 당이 요구하는 대로 했다.

랑랑 효과에 힘입어 5000만 명으로 추정되는 중국 아이들이 부모가 아끼고 아껴 겨우 마련한 중국제 업라이트피아노를 치며 피아노를 배우고 있다. 나는 늦은 오후에 상하이를 걸으며 발코니에서 피아노 연습 소리가 끊이지 않는 것을 들었다.

랑랑이 이런 중국 혁명에 유일하게 기여한 사람은 아니었다. 2000년 10월, 열여덟 살의 윤디 리가 5년마다 열리는 쇼팽 국제 피아노 콩쿠르에서 최연소 우승자가 되었다. 바르샤바에서 거둔 승리로 그는 세계적 명성과 랑랑보다 우위를 차지할 기회를 얻었다. 윤디는 중국을 도는 순회공연에서 베토벤만 연주했다. 랑랑은 클래식도 연주하고 팝도 연주했다.

윤디는 결국 당국의 눈 밖에 났지만, 랑랑은 전폭적인 지원을 얻었다. 그의 삶은 화려한 연예인의 삶이었다. 흰색 정장을 입고 자신의 이름을 딴 피아노를 연주했고, 올림픽에서 시축을 했다. 부가티를 몰고 롤렉스를 찼다. 그가 한국계 독일 피아니스트 지나 앨리스 레드링거와 결혼했을 때는 베르사유궁에서 만찬이 열렸다. 랑랑은 클래식 상품화에서 태양왕에 오를 만했다. 상하이 디즈니 리조트에서 〈라이온 킹〉이 거대한 스크린에 처음 상영될 때 그는 오케스트라 반주에 맞춰 "캔 유 필 더 러브 투나잇"을 연주했다.

화려한 행보임에도 랑랑의 연주는 진지하다. 무지막지하게 달리는 속도는 그를 라흐마니노프에서 인상적으로, 차이콥스키에서 매력적으로 만든다. 다만 그의 솜씨는 고전주의 시대의 보다 미묘한 억양을 만나면 과해진다. 베토벤에서 그는 머리를 과하게 흔들고 요란한 팔짓으로 감정을 드러낸다. 악보에서 팔 길이만큼 떨어진 곳에서 연주하는 것 같다. 2019년 그는 세계 순회공연에 나서면서 〈엘리제를 위하여〉를 프로그램에 넣었다. "내게 이 곡은 대단히 낭만적이고 깃털처럼 가벼운 곡입니다." 그가 비디오 교재에서 한 말이다. "어떤 패시지에서는 사람들을 감동시켜야 합니다. (…) 아무튼 이 곡은 진짜 예술 작품이므로 진정한 걸작으로 해석해야 합니다." 당연히 아니다. 랑랑의 연주는 음반에서 가장 긴 연주에 10초 모자란다. 지워지지 않는 연주라기보다 끝나지 않는 연주이며 놀랍도록 피상적이다. 그의 공연이 끝나고 타이완의 수도 타이베이에서 쓰레기 수거 트럭이 밤에 쓰레기를 치우며 몹시 느린 〈엘리제를 위하여〉 녹음을 틀기 시작했다. 쓰레기를 밖에 내다놓으면 엘리제가 골목으로 나와 가져간다.

상하이를 출발한 고속열차에서 한 가족이 통로에 서 있는 것을 보았다. 아버지는 농부의 손이었고 어머니는 세련된 도시 스타일이었다. 아이는 대여섯 살로 보였다. 우리는 이야기를 나누었다. 러시아 국경 근처 북부 출신이라고 했다. 이렇게 먼 곳까지 무엇을 하러 왔을까? 피아노 콩쿠르에 왔다고 했다. 무슨 곡을 연주해? 아이는 두 단어를 중얼거렸다. 서너 번 반복한 뒤에야 나는 〈엘리제를 위하여〉임을 알아차렸다. 나는 첫 소절을 흥얼거렸다. "그만해요!" 아이가 소리쳤다. "음이 틀렸잖아요." 중국의 아이들은 〈엘리제를 위하여〉를 학교에서 배운다.

이 곡의 배후에 얽힌 이야기는 결코 배우지 않는다.

32장

부서진 중국

피아노 소나타 26번 E플랫장조 '고별' op.81a (1809)

1977년 3월 홍콩에서 열린 아시아-태평양 텔레비전 보도국장 회의에 참석했다. 나는 가장 어린 대표로서 일본과 오스트레일리아의 미디어 거물들을 데리고 밤에 술집을 돌아다니는 임무를 맡았다. 악명 높은 가우룽 지역 술집들은 베트남 전쟁 이후에 정화되었지만, 여자들은 여전히 가슴을 드러내고 다녔고 대단히 부지런했다. 방에 돌아와 사람들이 다 있는지 세면, 여자들이 낄낄거리며 복도로 와서 임원들 명함을 흔들어 보이며 보상을 요구했다.

하루는 핑계를 대고 저녁에 내 방에서 텔레비전을 보며 빈둥거렸다. 홍콩 채널이 두 개 있었고, 수신 상태가 좋으면 심한 전파 방해를 뚫고 중화인민공화국 방송을 볼 수도 있었다. 베이징 버튼을 눌렀는데 믿기지 않는 장면이 화면에 나왔다. 오케스트라가 무대에 있었다. 지휘자가 나와 박을 지시했다. 베토벤의 교향곡 5번을 연주했다.

귀가 번쩍 뜨였다. 마오쩌둥의 문화혁명 시기에 서양 음악은 중국에서 금지 대상이었다. 여섯 달 전에 그가 죽으면서 상황이 불확실해졌지만 정책 변화는 없었다. 그렇다면 중국 텔레비전에서 베토벤이 나오는 것은 어떻게 된 것일까? 날짜를 확인했다. 1977년 3월 26일, 베토벤 서거 150주년이었다. 중국은 특별히 그날을 골라 문화 제재의 종식을 알린 것이다. 나는 밖으로 뛰쳐나가 세계의 뉴스 담당자들의 방문을 두들기며 엄청난 속보가 있다고 알렸다. "진정해, 친구." 그들이 측은하게 말했다. "중국에서는 어떤 것도 그렇게 빨리 바뀌지 않아." 하지만 아니었다.

세월이 흐르고 나서 나는 그날 밤에 벌어진 일이 어떻게 된 사정인지 짐작할 수 있었다. 2015년 차이진둥과 실라 멜빈이 발표한 논문 『중국의 베토벤』이 큰 도움이 되었다. 서양 음악은 사인방에 의해 완전히 위축되지는 않았던 것 같다. 마오쩌둥의 아내 장칭이 문화 대학살을 일으키는 동안, 당의 거물들에 의해 보호를 받은 음악가들이 있었다. 1972년 2월 역사적인 중국 방문을 마친 리처드 닉슨 대통령은 자신이 좋아하는 필라델피아 오케스트라를 친선의 의미로 중국에 보냈다. 저우언라이 중국 총리는 옛 친구인 지휘자 리더룬李德倫을 불러 미국 국무장관을 위해 음악회를 열도록 지시했다. "키신저는 독일 사람이니 베토벤을 연주해야 하네." 저우언라이가 말했다. 리더룬은 할 수 있는 최선을 다했지만, 음악가들은 악기를 몇 년 만에 처음 잡아보는 것이었다. 키신저는 이렇게 회고했다. "무슨 곡이 연주되고 있는지 알쏭달쏭한 순간들이 있었다."

키신저가 가고 나서 리더룬은 이런 일에 대비하여 더 많은 교향곡들을 준비해도 좋은지 물었다. 저우언라이와 마오쩌둥은 1976년에 죽었다. 사인방은 그해 10월 6일 체포되었다. 1977년 1월, 리더룬은 석 달 뒤에 있을 베토벤 서거일에 공공 음악회를 열도록 허락을 구했다. 당은 머뭇거렸고, 3월 23일에야 늦은 결정을 내렸다. 이틀 뒤 『인민일보』에 음악회를 알리는 기사가 나갔다. 하지만 민감한 내용이어서 베토벤 이름은 밝히지 않았다. 리더룬은 교향곡 5번의 두 악장을 리허설할 시간밖에 없었다. 텔레비전으로 음악회를 본 우리 같은 사람은 막후에 어떤 공포가 있었는지 몰랐다. 유명한 피아니스트가 다른 음악가들, 그러니까 그의 "동료-범죄자들"의 이름을 실토하지 않았다는 이유로 손가락이 차례로 부러졌다는 이야기를 나중에 들었다.

리더룬은 중국중앙교향악단을 창설했고 아이작 스턴과 미국 순회공연에 나섰다. 이 공연은 〈마오에서 모차르트까지〉라는 다큐멘터리로 만들어졌다. 2001년 10월에 세상을 떠난 그는 이름 없는 영웅이었다. 중국에서 서양 음악은 폭발적으로 성장했다. 오늘날 전 세계 피아노의 80퍼센트가 중국에서 만들어지며, 매년 다섯 개의 새로운 오케스트라가 생겨난다. 나는 중국에 자주 가는데 갈 때마다 폭발적인 문화 성장에 놀란다. 내 옆에 앉은 청중들은 카네기 홀의 청중보다 지식이 못하지 않고, 음악가들은 솜씨가 떨어지지 않는다. 상하이 음악원에서 내가 가르치는 학생들은 유럽의 어느 학생 못지않게 날카롭고 호기심이 많다. 특히 베토벤에 대한 중국의 갈망과 열의는 압도적이다.

여기서 대화를 나눌 때 자주 거론되는 기악곡이 세 곡 있다. 도저히 피할 수 없는 〈엘리제를 위하여〉, 이곳 사람들이 8세기 당나라 시인 이백의 시에 나오는 달빛 이미지와 연관시키는 〈월광〉 소나타, 그리고 많은 중국인이 아는 또 한 곡이 있으니 '고별'이라는 제목의 소나타 26번이다. 베토벤은 고별, 부재, 재회의 세 악장으로 곡을 구성한다. 구스타프 말러가 〈대지의 노래〉에 끌어들인 이백의 시에도 이런 주제들이 나타난다.

나는 상하이의 프랑스 조계지를 걷다가 열린 창문 너머로 〈고별〉이 연주되는 것을 들었다. 파리의 대로변처럼 플라타너스가 늘어선 멋진 구역이다. 프랑스와 상하이는 인연이 깊다. 조제프 코스마가 작곡한 가을의 애가 "고엽"은 영원한 히트곡이다. 프랑스 조계지에서 라디오로 〈고별〉을 들으며 일어나 크로와상 냄새를 맡는다. 무슨 이유인지 중국 피아니스트 누구도 〈고별〉을 녹음하지 않았다. 이 곡에 관한 한 러시아의 길렐스와 아시케나지가 최고다.

33장

인생은 짧다

피아노 소나타 14번 C샤프단조 '월광' op.27-2 (1801)

〈월광〉 소나타를 윤디 리처럼 연주하는 사람은 내가 들어본 적이 없다. 좋은 피아니스트는 연주할 때 시간을 장악한다. 윤디는 확신에 찬 어떤 것도 하지 않는다. 그는 삶과 연결된 끈을 느슨하게 푼다. 그래서 현실감이 희미해지고 여러분은 12세기 중국 화가처럼 거대한 산을 만나게 된다. 저 아래 자그마한 형상이 보이는데 어쩌면 여러분일 수도 있다. 나는 윤디가 이렇게 하는 것을 음악회에서 보고 사적인 자리에서 보았다. 심지어 그가 아코디언으로 연주하는 것도 보았다. 내 경험상 그는 누구와도 다르게 시간과 공간에 접근한다.

〈월광〉 소나타는 그의 특징이 가장 잘 드러나는 대표 레퍼토리다. 런던의 한 패션 매장에서 홍보성 음악회를 열었을 때 그가 첫 번째 건반을 치자 수다를 떨던 아시아 10대들이 조용해졌다. 검은 머리카락에 예의 바른 윤디 리는 튀지 않은 갈색 정장에 셔츠 단추를 풀고 자리에 앉았다. 그는 거창한 발언을 하지 않았다. 그저 연주하기를 원했을 뿐이다.

20년간 랑랑과 라이벌 관계를 벌이면서 두 사람은 서로를 피하려고 음반사도 바꿨다. 중국 소셜 미디어에서 후발 주자였던 윤디는 외국 공연을 접고 자국에서 추종자들을 모았다.

2021년 10월 21일, 윤디 리가 성매매 여성과 접촉하다가 순찰에 나선 베이징 경찰에 체포되었다는 소식을 접했다. 혐의는 길어 봤자 14일 구류에 해당하는 사소한 위반이었지만, 국영 매체에서 대대적인 비방에 나섰다. 당의 통제에 있는 『환구시보环球时报』의 편집장이 실제 사건에 비해 지나친 반응이라고 사설을 썼다가 곧바로 일자리를 잃었다. 윤디는 공식적으로 굴욕을 당했다.

실제로 무슨 일이 있었을까? 중국 정부는 그해에 지나치게 부유하거나 유명해진 시민들을 단속하고 있었다. 윤디는 운이 나쁘게 걸렸거나, 아니면 어떤 예술가도 국가의 손아귀에서 벗어나지 못한다는 것을 경고하고자 베이징 관리들에게 본보기로 걸렸거나 둘 중 하나였다. 쇼팽 콩쿠르 우승자가 바르샤바에서 결정되는 날에 그의 체포가 이루어졌다는 사실은 중국을 주시하는 사람에게 의미심장해 보였다. 베토벤의 서거일에 맞춰 서양 문화를 개방했듯이 쇼팽의 날에 윤디 리를 체포한 것은 반대 방향을 알리는, 즉 중국이 문을 잠근다는 것을 나타내는 신호였다. 체포되고 나서 그에 관한 어떤 소식도 들리지 않는다. 유튜브로 〈월광〉을 들으며 세계가 어떤 인재를 잃었는지 느낀다.

⚬

원래 제목이 '환상곡풍의 소나타'인 〈월광〉 소나타는 시인 루트비히 렐슈타프가 듣고 루체른 호수에 어른거리는 달빛을 떠올렸다. 그러자 출판업자가 표지에 달빛을 그려 넣었고 판매가 치솟았다. 첫 악장의 선율은 레슨을 몇 번 받으면 아이도 칠 수 있다. 존 레넌이 오노 요코로부터 이 곡을 거꾸로 치는 법을 배워 비틀스의 발라드 곡 "비코즈Because"에 넣었다. 미국의 팝 스타 얼리샤 키스는 스타디움 공연에서 이 곡을 연주한다. 이 곡보다 형편없이 연주하기가 더 쉬운 베토벤 곡은 없다. 잊을 수 없게 연주하는 사람은 드물다. 러시아의 명인 겐리흐 네이가우스는 심오하면서 병적인 연주다. 그의 하늘은 온통 어두운 조짐으로 가득하다. 길렐스는 침울하고 비관적이다. 아시케나지는 세련되게 시적이다.

　이 소나타를 말하면서 폴란드 초대 수상 이그나치 얀 파데레프스키를 빼놓을 수는 없다. 사자 같은 머리카락을 휘날렸던 그는 1906년에 〈월광〉을 대단히 느리게 녹음했다. 20년 뒤에 세계적인 인물이 된 그는 이 곡에 다시 도전하여 더 세련되고 빠르게 연주했다. 1937년 그의 세 번째 녹음은 영화에 출연하면서 연주한 것이다. 마리 템페스트와 찰스 패럴이 주연을 맡은 영화 〈월광 소나타〉

로, 줄거리는 이렇다. 젊은이가 상당한 재산을 물려받게 되는 여자에게 구애하는데 부모가 반대한다. 파데레프스키가 탄 비행기가 근처의 들판에 불시착한다. 부모는 이것을 하늘에서 내려온 신호로 여긴다. 파데레프스키가 연주하는 〈월광〉을 들으면서 두 사람이 처음 사랑에 빠졌기 때문이다. 파데레프스키가 추락한 잔해에서 걸어 나온다. 연인이 포옹한다. 영화보다 그의 연주가 생명력이 더 길다.

34장

어느 곡이 첫 곡?

피아노 협주곡 1번 C장조 op.15 (1795)

피아노 협주곡 0번 E플랫장조 WoO.4 (1784)

피아노와 오케스트라를 위한 론도 B플랫장조 WoO.6 (1793)

베토벤의 1번으로 알려진 피아노 협주곡은 2번을 쓰고 나서 작곡한 곡이다. 두 곡보다 먼저인 다른 협주곡들도 있다. 그냥 단순하게 작품번호대로 작곡한 것이 아니다. 차근차근 알아보자.

빈에 온 베토벤은 작품번호 15를 빠르게 써내려갔다. "연주를 이틀 앞두고 필사가 네 명이 복도에 앉아 그가 한 번에 하나씩 넘겨준 악보를 베꼈다." 체코 음악가 바츨라프 얀 토마셰크가 그를 시샘하며 말한다. "선율을 이리저리 바꾸면서 그는 유기적이고 꾸준한 악상의 전개를 피한다. (…) 그런 해악은 과하게 의욕적인 개념에서 비롯된 것으로 그의 곡들을 약화시킨다. 청자는 자주 깜짝깜짝 놀란다."

베토벤은 프라하에서 페이지를 추가하고 악기―클라리넷,

트럼펫, 팀파니—를 더해 수정판을 만들었으며, 그런 다음에도 더 많은 것을 바꾸었다. "나의 최고 곡이라고 주장하지는 않겠지만, 이 곡을 출판하는 것이 당신에게 치욕스럽지는 않을 겁니다." 1801년 그가 출판업자에게 한 말이다.

이 협주곡의 진가를 마음껏 펼쳐 보인 두 명의 예술가가 있다. 블라디미르 골슈만이 지휘를 맡은 1958년 컬럼비아 녹음에서 글렌 굴드는 도주 차량의 운전자가 되어 빙판길에서 눈을 가린 채로 코너를 돈다. 피날레 6분 15초에서 그는 격렬한 무조성의 음들을 쏟아낸 다음, 조성에서 이탈한 채 도로변을 서성거리며 죽을 뻔했던 자신의 무모함에 싱긋 웃는다. 굴드는 세상에 둘도 없는 사람이다. 혼자만의 방식으로 음악에 생명력을 불어넣은 예술가다. 그가 제멋대로 군다고 화를 내는 사람은 오래전에 잊힌 토마셰크와 비슷한 부류일 수 있다.

마르타 아르헤리치는 여덟 살 때 부에노스아이레스에서 금요일 밤에 파티가 벌어지면 피아노 밑으로 들어가 다니엘 바렌보임과 함께 뷔페 음식을 나눠 먹었다. 2014년에 아르헤리치는 바렌보임이 이끄는 서동시집 오케스트라와 투어를 돌며 이 협주곡을 연주했다. 아르헤리치는 꼬박 1년 동안 다른 어떤 협주곡도 연주하지 않았다. 유튜브 동영상에 보면 바렌보임을 거의 쳐다보지도 않는다. 그만큼 서로를 잘 알아 마음껏 날아다닌다.

베토벤은 1784년 본에 있을 때 '0번'이라는 번호가 매겨진 E플랫장조 협주곡을 남겼다. 중학생 과제물처럼 들리는 대목이 많다.

2악장에서 번뜩이는 악상이 있다. 마리 코다마(2019)는 남편인 켄트 나가노와 함께 한 음반에서 훌륭한 해석을 들려준다. 사람들이 더 모르는 곡인 론도 WoO.6에는 미래의 〈황제〉 협주곡을 암시하는 대목이 있다. 일본계 독일 피아니스트 조피 마유코 페터가 2019년에 처음으로 이 곡을 녹음했다.

35장

추락한 별

피아노 협주곡 2번 B플랫장조 op.19 (1795)

B플랫장조 협주곡은 모차르트의 마지막 피아노 협주곡 27번과 조성이 같다. 베토벤은 이 곡을 팔러 다니며 값을 깎아주겠다고 했고 한 출판업자에게 "이 협주곡은 10두카트만 받겠다"고 했다. 클라리넷, 트럼펫, 팀파니가 빠져 있는 이 곡의 론도-피날레에서 베토벤은 가장 장난기 많은 모습이다.

미국이 길러낸 최초의 피아노 스타 윌리엄 카펠은 스물네 살이던 1946년에 이 협주곡을 녹음했다. 카펠은 레오폴드 스토코프스키의 전처인 텍사스 출신의 교사 올가 사마로프로부터 배우며 미국 문화가 열등하다는 인식을 주입받았다. 그는 슈나벨에게 레슨을 받았고, 존경하는 블라디미르 호로비츠의 집을 찾아가 문을 두드렸다(그는 열어주지 않았다). 하지만 카펠은 굴하지 않았고 언젠가 호로비츠에게 안 좋은 리뷰 기사를 썼던 『뉴욕 타임스』의 비평가에게 주먹을 날렸다. 아내의 말에 따르면 카펠은 "고전 레퍼토리에 약점이 있다는 비평가들의 지적에 상심했다"고 한다. 1953년 10월, 오스트레일리아에서 미국으로 돌아오던 중 그가 탄 비행기가 샌프란시스코 외곽에서 추락해 전원이 사망했다. 이 베토벤 협주곡은 카펠이 녹음한 비문이다. 중간 악장에서 투정을 부리고 피날레에서 신나게 달린다. 슈나벨은 라디오로 듣고 자신의 연주인 줄 알았다고 했다. 레온 플라이셔는 이렇게 말했다. "어쩌면 그는 역사상 가장 위대한 미국 피아니스트였다."

4년 뒤에 글렌 굴드가 소련에 건너가서 청중들을 매료시켰다. 레닌그라드 필하모닉의 수석 지휘자 예브게니 므라빈스키는 굴드가 금지된 무조성의 음들을 연주할까 두려워 음악회에서 발을 뺐다. 체코의 라디슬라프 슬로바크가 베토벤 협주곡을 넘겨받아 현대적인 해석을 했다. 템포와 셈여림이 난폭하게 바뀌고 난데없는 흥분을 안겨주는, 아수라장에 가까운 연주다.

빼어난 다른 연주로 직접 지휘까지 하며 피아노를 연주한(음반으로는 유일한 경우다) 마르타 아르헤리치(1983), 쿠르트 잔덜링(1998)과 할 때는 주도권을 넘겨주고 사이먼 래틀(2018)과 할 때는 본인이 주도적으로 이끈 우치다 미쓰코, DG의 프로듀서 크리스티안 간츠에게 지휘를 맡긴 미하일 플레트뇨프(2007)가 있다. 캐나다의 얀 리시에츠키(2019)는 서정적이고 정통적인 해석으로 굴드의 대척점에 있다.

36장

어떻게 연주할 것인가

피아노 소나타 4번 E플랫장조 op.7 (1796)

베토벤이 홀로서기를 한 첫 번째 피아노 소나타로 연주 시간이 거의 30분에 이르는 이 곡에는 지시 사항이 많다. 모차르트가 '알레그로'라고 적어 생동감 있는 연주를 나타낸다면, 베토벤은 '알레그로 몰토 에 콘 브리오'라고 적어 극도로 생동감 있고 활기차게 연주하도록 한다. 하이든이 '라르고'(광대하고 느린)라고 적는다면, 베토벤은 '라르고 콘 그란 에스프레시오네'(장중하고 표정이 풍부하게)라고 적는다. 그는 자신의 곡이 어떻게 소리 나야 하는지를 통제하고 있는 것이다. 그의 제자 체르니와 모셸레스는 나중에 새 판본의 악보를 내면서 그의 표기에 까다롭게 집착했다. 베토벤이 여기서 신경을 쓰는 것은 일반적인 분위기다.

　'대★ 소나타'라는 제목이 붙어 있는 이 곡은 쾌활함과 차분함

을 오가며 진행한다. 옆걸음질을 치며 B샤프에서 B플랫으로 넘어
가는 금지된 해결을 감행하는가 하면 리듬이 건방지게 확 바뀌는
대목이 있다. 이 곡을 처음 연주한 사람은 열여섯 살의 제자 아나
루이제 바르바라 (바베테) 케글레비츠 백작부인이다. 베토벤이 워
낙에 가까운 곳에 살아서 거실 슬리퍼를 신고 교습을 나갔다. 대
부분의 피아니스트들은 20대 중반에 쓴 이 곡을 위대함의 문턱에
다다른 베토벤으로 다룬다. 이탈리아의 아르투로 베네데티 미켈란
젤리는 단연코 완성된 작품으로 다룬다.

키가 크고 가늘고 긴 콧수염에 꼿꼿한 자세를 한 미켈란젤리
는 세간의 관심과 사회를 피했고 조국도 피해 스위스에서 10년을
망명객으로 살았다. 그는 언젠가 음악회를 마치고 이런 말을 했다.
"아무리 많은 박수를 받고, 많은 청중이 들어도 30분이 지나고 나
면 전보다 더 외로움을 느낀다."

열네 살에 밀라노 음악원을 졸업한 그는 부친을 기쁘게 하려고
약학을 공부했고, 전쟁이 일어나자 공군에 입대했다. 두 차례 결
혼한 그의 사생활은 거의 알려진 바가 없다. 교사로서 존경받는 인
물이지만 때로는 제자를 10분 만에 내보내기도 했고 네 시간 넘게
레슨을 하기도 했다.

이 소나타의 풍요로움을 1982년의 미켈란젤리만큼 잘 포착한
연주는 없다. 그는 슈베르트 노래의 이야기로 시작하여 후기 베토
벤의 불가해한 멈춤에 이르는 서사를 만들어낸다. 이것은 아예 다
른 차원의 해석이다. 미켈란젤리의 천재성의 일부는 그의 제자 마

우리치오 폴리니에게로 흘러 들어갔다. 2013년 그의 녹음에서 확인할 수 있다.

37장

베토벤의 식습관

피아노 소나타 22번 F장조 op.54 (1804)

정돈되지 않은 집과 불규칙한 생활을 감안하면 베토벤이 건강한 식단을 이어갔다는 것은 놀라운 일이다. 근처 숲에 버섯과 장과류가, 밭에는 뿌리채소가 많았다. 다뉴브강에서 잡은 신선한 생선도 있었다. 베토벤은 대구와 민물농어를 좋아했다. 고기를 아주 좋아하진 않아서 갑자기 생각날 때를 대비하여 솥에 고기를 넣고 끓인 스튜를 준비했고, 살라미 소시지를 식료품 저장실에 두었다. 탄수화물의 경우 그는 파스타, 특히 마카로니를 치즈와 곁들여 먹는 것을 좋아했다. 목요일이면 채소와 빵을 넣은 수프에 완숙 달걀 열개(잘못 적은 게 아니다)를 먹었다.

그는 아침에 일어나면 가장 먼저 "유리 기계에 준비된" 커피를 마셨다. "커피는 그에게 없어서는 안 되는 가장 중요한 음식으로

보였다. 그는 튀르키예 사람처럼 꼼꼼하게 준비했다. 한 잔에 정확
히 예순 알의 원두를 넣었고, 특히 손님이 있을 때는 일일이 다 셌
다." 쉰들러의 말이다. 베토벤은 저녁이 되면 노이에 마르크트의
바이센 슈반에서 식사하며 "역한 레드와인"을 마셨다. 그는 사람
들이 마을 술집에서 벌컥벌컥 마시는 속이 느글거리도록 달콤한
늦수확 와인|늦게 수확하여 당도가 높아진 포도로 만드는 독일 와인─옮긴이|
은 피했다. 아버지는 술꾼이었겠지만, 베토벤 자신은 몸을 못 가누
는 모습을 딱 한 번 보였다. 여러모로 무절제한 그였어도 술은 과
도하게 마시지 않았다.

　나머지 삶은 엉망진창이었다. 베토벤을 찾아 프랑스에서 건너
온 루이 드 트레몽 남작이 1809년에 쓴 글을 보자.

　그의 아파트는 방이 두 개였다. 첫 번째 방의 벽 한쪽에 움푹 들
　어간 공간에 침대가 있었다. 좁고 어두워서 그는 거실에서 옷을
　갈아입었다. 지저분하고 어수선하기가 이루 말할 수 없었다. 바
　닥에 물이 고여 있었고, 다소 낡은 그랜드피아노에는 악보들 말
　고도 먼지가 두텁게 쌓여 있었다. 그 아래에 (과장해서 하는 말
　이 아니다) 비우지 않은 요강이 그대로 있었다. 피아노 옆의 작은
　호두나무 탁자에는 문구들이 어지럽게 널려 있었고 잉크가 묻
　은 온갖 종류의 펜들이 보였다. (…) 의자는 고리버들로 만든 안
　락의자가 많았다. 의자 위에 지난밤에 먹고 남은 접시들이 그대
　로 놓여 있었고, 벗어놓은 옷들이 걸려 있었다.

베티나 브렌타노에 따르면 그가 잠자는 공간에는 "밀짚 매트리스와 얇은 덮개가 있었고, 세숫대야가 소나무 탁자 위에, 잠옷이 바닥에 놓여 있었다." 피아노 제작자 토머스 브로드우드가 1817년 8월에 그를 방문했다.

친구인 빈의 은행가 〔요제프 안톤〕 브리디 씨를 통해 그를 소개받았다. 당시 베토벤은 건강이 좋지 못했다. 탁자에 놓인 수많은 약병과 사발로 알아볼 수 있었다. 악보와 옷들이 방에 어지럽게 널린 모습이 아픈 사람의 전형이었다. 그래서 약속을 잡고 프라터슈트라세에 식사를 하러 나가려고 그를 찾았을 때 그가 마차에 오르려다 말고는 몸이 좋지 않아서 나가기가 어렵겠다며 다시 위층으로 올라갔어도 나는 놀라지 않았다.

작곡가 조아키노 로시니는 1822년에 그를 방문했다.

위인이 사는 불결한 아파트 계단을 오르면서 감정을 다스리느라 애를 먹었다. 문이 열렸을 때 지저분하고 끔찍하게 어질러진 모습을 보고 어두운 구멍 속에 들어간 기분이 들었다. 무엇보다 천장이 생각난다. 지붕 바로 아래에 있었는데 곳곳에 커다란 금이 가 있어 비가 들이칠 수 있었다.

안락함을 누릴 여유가 있었는데, 어째서 그는 불결하게 살았을

까? 그리고 왜 일하는 사람들을 몇 주 또는 몇 달 이상 곁에 두지
못했을까? 그가 디오게네스 증후군이라고 하는 희귀한 신경정신
질환에 시달렸다고 믿는 사람들이 있다. 노인성 불결증후군이라
고도 하는 이 질환은 자기 방치, 불결한 집, 사회적 고립, 온갖 종류
의 쓰레기를 강박적으로 모으는 습관으로 나타난다. 개인의 공간
을 보호하고 친밀함을 피하려고 공세적으로 구는 것이다. 오로지
한 사람만이 해결할 수 있는 혼란을 만들려는 것도 그런 행동의
이유가 될 수 있다. 작곡가가 하는 일이 바로 그것이다.

　이 질환은 1975년에야 확인되었다(2020년 코로나 대유행 때
친구 한 명이 이 병에 걸렸다). 베토벤의 경우에는 청력 상실에 대한
극단적인 반응일 수도 있다. 그는 신에게 물었다. '내가 고립되기를
원하십니까?' 나라면 고립되느니 차라리 모든 사람을 내 곁에서
쫓아낼 것이다.

　연주 시간이 12분인 피아노 소나타 22번은 이웃하는 〈발트슈
타인〉과 〈열정〉의 유명세에 짓눌려 있다. 자필 악보에 적힌 날짜가
교향곡 5번과 같지만 동시에 작곡했다고 생각하는 사람은 없다.
기발하고 재밌고 생각이 많은 소나타다. 유머가 살짝 초보적이다.
오스트리아 출신의 피아니스트 안톤 쿠에르티는 이렇게 말한다.
"첫 악장이 변비에 걸렸다면, 둘째 악장에 가서는 정반대 병으로
고생한다."

　파울 바두라스코다는 베토벤 시대 에라르로 녹음했는데 서툰
배관 공사를 하듯 소리가 투박하다. 해머가 현을 퍽퍽하게 때리며

음들 사이에 물 흐르듯 편안한 느낌이 없다. 바두라스코다의 친구 외르크 데무스도 나을 게 없다. 현대 그랜드피아노로 연주한 음반 중에는 2018년에 녹음한 조너선 비스와 이고어 레비트가 이례적으로 훌륭하다. 보리스 길트버그(2021)는 폭포처럼 이어지는 음들을 신나게 해치우는 모습이 독보적이다. 베토벤이 어째서 피아노 소나타를 작곡하기 위해 흘러넘치는 요강을 밑에 둬야 했는지 우리는 결코 알지 못할 것이다.

38장

좋은 실패자

피아노 소나타 21번 C장조 '발트슈타인' op.53 (1805)

베토벤의 가장 충성스러운 후원자인 페르디난트 에른스트 요제
프 가브리엘 폰 발트슈타인 운트 바르텐베르크 백작은 잇단 실패
로 왕가에서 웃음거리였다. 그는 초기에 본에서 선제후의 수행원
으로 있을 때 프랑스군과 싸우려고 연대를 창설하여 영국군과 함
께 서인도 제도에 파견했다가, 그곳에서 병사들이 병에 걸려 죽었
다. 발트슈타인은 런던에 머물면서 아마추어 연극을 무대에 올렸
다. 폴란드의 백작부인과 결혼하여 그녀의 재산을 써버렸고, 빈 회
의에 참석하려고 지원했다. 거절당하자 그는 궁핍한 귀족들을 위
한 외진 시설에 들어가 살았다. 그가 죽은 날에 그가 가산을 물려
받게 되었다는 소식이 전해졌다.

　이런 방탕아였던 발트슈타인이지만, 그는 어떤 후원자보다도

베토벤을 위해 많은 일을 했다. 베토벤이 하이든에게 레슨을 받는 비용을 댔고 그에게 용돈도 주었는데 "쉽게 마음 상하지 않도록 선제후가 내리는 소소한 수당으로 베토벤이 생각하도록 했다." 베토벤은 '오로라'(새벽)라는 제목으로도 불리는 〈발트슈타인〉 소나타로 그에게 보답했다. 교향곡을 기대했던 발트슈타인은 몹시 화가 나서 그를 무시했다. 몇 년 뒤 거리에서 남루한 차림의 발트슈타인을 본 베토벤은 고개를 빳빳이 들고 가던 길을 갔다.

이 소나타는 거대한 약진이자 기교의 신기원을 이룬 곡이다. 독일의 전기 작가 빌헬름 렌츠는 "피아노를 위한 〈영웅〉 교향곡"이라고 했다. 세 악장(빠른 악장-느린 악장-춤곡 악장) 모두 조용하게 시작한다. "첫 악장과 마지막 악장은 이 거장의 가장 빛나고 독창적인 곡에 속하지만, 묘하고 충동적인 구석이 많아서 연주하기가 몹시 어렵다." 초창기 리뷰 기사의 평이다. 음들이 폭포처럼 쏟아지는 가운데 선율의 라인이 투명하게 드러난다. 베토벤이 주요 교향곡에서 하려고 하는 모든 것을 여기서 미리 볼 수 있다. 그가 건반에서 끌어내는 색채가 한없이 다채롭다.

헝가리 피아니스트 언드라시 시프는 이 곡에서부터 베토벤이 피아노곡을 관현악곡처럼 작곡하기 시작했다고 팟캐스트에서 말한다. 베토벤은 중간 악장을 폐기하고 두 번이나 다시 고쳐 썼다 (원래의 곡은 〈안단테 파보리〉다). 그는 지금 혈기왕성하여 그 무엇도 그를 말리지 못한다. 그의 기세에 짓눌린 해석자들은 소나타의 핵심으로 들어가는 조용한 길을 찾는다.

1956년 뉴욕 자택 아파트에서 녹음한 블라디미르 호로비츠의 연주는 중간 악장에서 식사를 끝내고 사랑을 나누는 것을 연상시킨다. 프리드리히 굴다(1958)도 비슷한 생각을 불러일으킨다. 영국 피아니스트 솔로몬(1952)은 피날레에서 속죄의 모티브를 찾는다. 에밀 길렐스(1972)는 프레이즈를 만드는 솜씨가 탁월하여 핀란드 비평가 베사 시렌이 이렇게 말했을 정도다. "다른 위대한 피아니스트들이 연주하는 〈발트슈타인〉을 들을 때마다 길렐스가 아쉬울 때가 적어도 한 순간은 있다."

발트슈타인 가문과 관련하여 말하자면, 코로나로 전 세계가 격리되었던 2020년 크리스마스 직전에 스톡홀름의 오스트리아 대사가 스웨덴의 성당 오르가니스트가 연주하는 〈발트슈타인〉 소나타를 유튜브로 내보냈다. 오르가니스트 이름은? 엘리자베트 발트슈타인, 피헌정자의 후손이다.

39장

불을 전해준 자

프로메테우스의 창조물 op.43 (1801)

콩트르당스 WoO.14 (1791~1800)

베토벤의 발레곡 〈프로메테우스의 창조물〉은 빈의 부르크 극장에서 28일간 상연되었고 처음으로 미국에서도 공연된(1808년 6월 14일 뉴욕 파크 극장) 대작이다. 이 작품은 극적이지도, 대단히 음악적이지도 않다. 작곡가 루이지 보케리니의 조카인 이탈리아 발레의 대가 살바토르 비가노의 부추김을 받아 작곡을 맡았다. 비가노의 아내 마리아 메디나가 주역을 맡았다가 너무 늦게 포기하는 바람에 다른 사람이 미처 준비할 시간이 없었다. 결국 공연은 시종일관 매끄럽지 못했다. 베토벤은 자신의 스승인 하이든으로부터 칭찬을 듣고 안도했다. "어제 자네의 발레곡을 듣고 마음이 흡족했네." 베토벤은 이렇게 답했다. "오, 아버지, 말씀은 참으로 고맙지만 〈천지창조〉〔하이든의 오라토리오〕에 비하면 멀었습니다." 하이든

은 자신의 칭찬을 거둬들였다. "그건 사실이네. 아직 〈천지창조〉에
못 미치며 앞으로도 그렇겠지." 그날 공연을 구한 것은 피날레에 나
오는 〈영웅〉의 선율이었다. 원래 베토벤의 콩트르당스 WoO.14에
사용되었던 것이다.

　비가노는 밀라노 라 스칼라 극장의 발레단장이 되었고 그곳에
서 "춤의 셰익스피어"로 이름을 떨쳤다. 퍼시 비시 셸리는 그를 위
해 또 하나의 프로메테우스 이야기인 『사슬에서 풀려난 프로메테
우스』를 썼다. 스탕달도 그의 숭배자였다. 발레를 지적인 체계를
갖춘 예술로 보기 시작한 것이 이 무렵이다. 〈프로메테우스의 창조
물〉은 오늘날에는 발레로 공연되는 경우가 드물다. 1970년 프레더
릭 애슈턴이 안무를 맡은 공연이 마지막 런던 무대였는데, 그의 실
패작 중 하나다. 음반을 살펴보면 아르투로 토스카니니(1939)는
간결하고 함축적이며, 리카르도 샤이(2009)는 팽팽하게 초점이
잡힌 연주다.

3부

몰입의 순간

40장

영웅은 없다

교향곡 3번 E플랫장조 '영웅' op.55 (1805)

이 곡은 음악의 역사에서 가장 거대한 분기점일지도 모른다. 알베르트 아인슈타인은 이렇게 말했다. "베토벤 이전에는 음악이 바로 지금을 위한 것이었다. 베토벤이 등장하면서 음악은 영원을 위해 작곡되기 시작했다."

〈영웅〉은 보이지 않는 가까운 숲에서 누군가가 처형되는 소리로 시작한다. 두 발의 총성이 탕, 탕 하고 울린다. 베토벤은 음악을 전에 한 번도 사용되지 않았던 방식으로 사용하고 있다. 현재의 사건을 반영하는 거울이자 더 나쁜 상황이 오리라는 것을 경고하는 목소리다. 교향곡은 프랑스군의 점령을 예고한다.

총성에 이어 첼로가 등장한다. 비올라가 활을 짧게 잡고 나풀거리며 거든다. 저음의 현이 맥박을 정상으로 돌려놓는다. 그러다가 두 차례 해머로 내려치는 소리가 다가올 공포를 경고한다. 2악장은 장송행진곡이다. 쇼팽에서 말러, 새뮤얼 바버, 아르보 패르트에 이르는 모든 장송행진곡의 어머니다. 3악장은 부산스럽고 초조하며 때로는 시끌벅적하다. 다른 악장보다 먼저 작곡되었을 피날레는 〈프로메테우스의 창조물〉에 나오며 피아노 변주곡으로 활용되기도 했던 선율을 다시 가져다가 쓴다. 프로메테우스는 신이다. 베토벤은 초인적인 능력을 손에 쥐려고 한다. 빈 출신의 철학자 루트비히 비트겐슈타인은 〈영웅〉이 "믿기지 않는" 곡이라고 했다. 현실적이면서 동시에 현실 너머에 있는 곡이다.

〈영웅〉은 이전의 교향곡보다 두 배로 길고 두 배로 시끄럽다. 하지만 베토벤은 일반적인 악기 편성에 하나의 악기, 세 번째 호른을 추가했을 뿐이다. 그러니 〈영웅〉의 장대함은 그렇게 느끼는 것일 뿐이다. 작품은 오해의 측면도 있고 실제 역사의 측면도 있다. 이 곡은 프랑스와 사이가 좋았을 때 작곡을 시작하여 나폴레옹 군대가 빈의 성문에 다다랐을 때 완성되었다. 베토벤은 보도기자이자 해석자, 겁에 질린 증인이자 얼음처럼 차가운 분석가, 성실한 기록자이자 창의적인 예술가였다.

그는 교향곡 제목을 다시 정해야 했다. 페르디난트 리스에 따르면 베토벤은 처음에는 자신처럼 지방 출신 젊은이인 나폴레옹이 모든 상관들을 뛰어넘어 막강한 제1집정관이 되고 프랑스 혁명을 옹호하는 모습에 매료되었다. 베토벤은 "그를 누구보다 높게 평가했고 최고 로마 집정관에 비교했다. 이 교향곡 총보가 탁자 위에 놓여 있는 것을 나와 가까운 많은 친구들이 보았는데, 제목 페이지를 펼치자 맨 위에는 '보나파르트', 맨 아래에는 '루이지 판 베토벤'이라고 적혀 있었다. 그게 다였다."

그러고 나서 리스는 나폴레옹이 스스로 황제 자리에 올랐다는 소식을 베토벤에게 알렸다. "베토벤은 불같이 화를 내며 소리쳤다. '그 또한 평범한 사람에 지나지 않아. (⋯) 자신을 다른 모든 사람 위에 두고 폭군이 되겠지!' 베토벤은 탁자로 가서 악보를 펴고는 제목 페이지를 찢어 바닥에 던졌다. 첫 페이지를 다시 써서 (⋯) 교향곡은 신포니아 에로이카로 명명되었다." 인쇄된 악보에는 "신포니아 에로이카, 위대한 사람의 추억을 기리며 작곡"이라고 적혀 있다. 이것은 그가 이상화한 나폴레옹의 추억일까, 아니면 순수했던 자신의 예전을 생각하며 겸허해진 베토벤 자신을 추억하는 것일까? 런던으로 떠난 리스는 결코 알지 못했다.

해결되지 않은 또 하나의 질문은 영웅주의를 찬양하는 교향곡을 구상했던 베토벤이 어떻게 음악적 개념을 그대로 둔 채로 도중에 반영웅주의로 돌아섰느냐는 것이다. 그는 음악이 자기모순에 취약하다는 것을 이 순간 깨달았을 것이다. 말과 속뜻이 다른 것은 위대한 지성의 특징이다. 덕분에 그들이 남긴 걸작은 다양한 해석이 가능하다.

공개 초연은 1805년 4월 7일 안 데어 빈 극장에서 있었다. 나폴레옹이 스스로 이탈리아의 왕임을 선언하고 두 주가 지났을 때다. 그해 11월에 프랑스 황제는 빈을 점령했다. 12월에 그는 아우스터리츠에서 합스부르크의 나머지 병력을 진압했다. 베토벤의 예언이 실현된 것이다.

{

지휘자가 서두의 총성을 지시하는 방식은 저마다 다르다. 유튜브에 올라 있는 1922년(오스카어 프리트)부터 2011년(리카르도 샤이)까지의 연주들로 커다란 인식의 차이를 확인할 수 있다. 아르투로 토스카니니와 프리츠 라이너는 곤봉으로 사람을 패 죽이며 시작한다. 헤르베르트 폰 카라얀은 장거리 대포를 발사한다. 가라테 손날치기로 서두의 박을 지시하는 지휘자가 있고, 갱스터처럼 칼로 찌르는 지휘자가 있다. 클라우디오 아바도는 넓게 원을 그리는 동작을 취해 빳빳한 정확성을 포기하는 대신 신비한 영성을 추구한다. 그는 의식적으로 가장 영묘한 교향곡의 해석자를 따라간다. 이 교향곡에 강하게 공감한 나머지 스스로 반영웅이 된 지휘자다.

빌헬름 푸르트벵글러는 박을 주기를 꺼렸다. "너무 지루하다"는 것이 그가 밝힌 이유다. 베를린 필하모닉의 연주자들은 그가 언제 시작하려는지 추측해야 했다. 한 명은 내게 이렇게 말했다. "우리는 더 이상 기다릴 수 없을 때까지 기다리고 나서 시작했습니다." 어떤 사람은 "지휘봉이 그가 입은 조끼의 세 번째 단추에 다다랐을 때"가 연주를 시작할 때라고 했다. 고집스럽게 모호하고 각이 진 동작은 그런 동작에서 흘러나오는 음악에 우발적인 자발성을 부여했다. 다른 지휘자들이 그저 부러워할 뿐인 순간에 몰입하는 특징 말이다.

키가 크고 이례적으로 길쭉한 얼굴과 팔다리를 가져 마치 공장에서 주문하여 직접 조립한 것 같은 인상을 주는 푸르트벵글러는 헐렁한 외양과 다르게 실은 몸놀림이 좋고 정력이 넘쳤다. 연주회장 밖에서 그는 낡은 모자를 쓰고 구겨진 외투를 입어 혼란스러운 인상을 가중시켰다. 우리는 이것이 일부러 꾸민 이미지라는 것을 안다. 그는 필요하다면 정확한 박을 주고 중대한 일에 결단력 있게 행동할 수 있었다. 최면적인 매력의 헝가리 거장 아르투어 니키슈가 죽고 나서 푸르트벵글러는 라이프치히와 베를린에 있는 유럽 최고 악단 둘을 잽싸게 장악했다. 30대 중반에 그는 독일 콘서트홀의 대사제로 군림했다. 세계적인 명성을 지닌 고고학자의 아들로 태어난 그는 엄청난 다독가였고 철학적 비관주의를 체득했다. 천성적으로 보수적인 그는 강압에 못 이겨 쇤베르크를 연주했지만 말러는 피했다. 힌데미트가 그에게 모범이 되는 모더니스트였다. 푸르트벵글러는 자신의 음악을 많이 작곡했지만 독창성은 없었다.

나치 치하에서 푸르트벵글러는 승승장구했다. 히틀러의 총애를 받은 그는 라이벌들을 무찔렀고 자신의 몸값을 부풀렸다. 총통이 그에게 4000만 마르크의 국가 연금을 수여했다. 그가 하켄크로이츠 아래에서 포즈를 취하고 히틀러에게 거수경례를 하는 모습이 필름으로 남아 있다. 요제프 괴벨스는 푸르트벵글러가 살짝 위험을 무릅쓰고 유대인들을 구하는 일에 계속 나섰다며 투덜거렸다. 1942년에 쓴 베토벤 에세이에서 푸르트벵글러는 아리안 우월주의 나치의 용어를 사용한다.

유럽 음악을 통틀어 순수하게 선율적이고 순수하게 구조적인 것이, 온화한 것과 엄격한 것이 그토록 완벽하게 결합하여 하나의 유기체를 이루고 있는 [베토벤과 같은] 작곡가는 또 없다. 인간의 몸으로 은유를 들자면, 살과 뼈와 피가 그토록 유기적으로 융합된 음악은 또 없다. 이 음악에서 몰아치는 힘을 추동하는 것은 생명의 법칙에 순종하려는 신성하고 이성적인 의지의 냉혹한 기세다.

그가 쓴 이런 추악한 단어들—순수, 냉혹한, 피, 순종—은 모두 히틀러의 어휘에서 가져온 것이다. 푸르트벵글러는 자신의 시대와 장소의 정신을, 악독한 이데올로기를 받아들였다.

1945년 1월, 푸르트벵글러는 군수장관 알베르트 슈페어의 귀띔을 받아 베를린의 음악가들을 두고 자산과 부유한 친구들이 있는 스위스로 몰래 빠져나갔다. 로널드 하우드의 연극 〈어느 지휘자를 위한 변명Taking Sides〉이 극적으로 담아낸 탈나치화 청문회에서 푸르트벵글러는 인종 학살에 대해 몰랐다고 했다. 그는 아르투어 슈나벨에게 말하기를 나치를 만난 적이 없다고 했다. 누구보다 독일 음악이 절실히 필요했던 독일인들을 위해 나치즘에서 독일 음악을 구하는 것이 자신의 임무였다는 것이다. 1946년 베를린 필하모닉에 다시 합류한 그는 1954년 11월 숨을 거둘 때까지 8년 동안 음반 작업에 온 힘을 쏟았다.

푸르트벵글러는 베토벤의 〈영웅〉을 자그마치 열한 번이나 녹음했다. 저마다 다르며 하나같이 순간에 몰입한 연주다. 1944년 12월, 빈 필하모닉과 연주한 것을 보면 그는 화산 언저리에서 춤을 춘다. 1952년 베를린 필하모닉과의 연주에서 그는 폐허가 된 도시 경관에 빛을 칠한다. 순간적인 분위기를 포착하여 교향곡에 불어넣는 그의 소름끼치는 재주는 이 두 〈영웅〉 연주에서 최고로 빛난다. 타의 추종을 불허하는 음반이다.

베를린 필을 넘겨받은 후계자 헤르베르트 폰 카라얀은 지휘자를 영웅화하는 일에 착수했다. 우아하고 정확하고 고결하고 군림하는 지휘자. 카라얀은 자신의 음악회를 여러 각도에서 촬영한 다음 잘츠부르크 근처에 있는 지하 창고에서 편집했다. 모든 것에 통달한 지휘자라는 인상을 주려는 것이다. 카라얀은 전쟁 후 독일 사회의 이상인 '기술을 통한 진보Vorsprung durch Technik'와 완벽함을 몸소 보여준 인물이다. 그는 1982년 4월 베를린 필하모닉 100주년 기념 무대에서 〈영웅〉을 골라 연주했다. 지휘자를 미화하는 영상을 보고 있노라면 여러 차례 구역질이 올라오는 것을 참을 수 없다.

독학으로 배웠고 지휘봉을 쓰지 않은 독일 지휘자 헤르만 셰르헨은 1958년 5월 빈 필하모닉의 음악가들을 데리고 당시로서는 가장 빠른 44분 만에 〈영웅〉을 해치웠다. 빠르기만 한 연주가 아니다. 금관에서 적나라한 공격성을, 현에서 익숙지 않은 신랄함을 억지로 끌어내 싸움을 건다. 빈 필이 그토록 흐트러진 모습을 보이는 것은 드문 일인데 결코 불쾌한 경험이 아니다. 셰르헨은 1악장에서 노골적인 진실을, 장송행진곡에서 불편한 감정을 찾는다. 피날레는 그야말로 걷잡을 수 없으며 플루트가 피를 토해낸다. 이것은 베토벤 회의론자를 위한 〈영웅〉이자 고집불통에 제멋대로에 소모적인 핵무기 시대에 어울리는 반〈영웅〉이다. 셰르헨은 언젠가 말하기를 "비활성화할 수 있는 공간을 갖고 싶다"고 했다. 그는 프랑스인 피에르 불레즈의 중요한 스승이었다. 불레즈는 그를 가리켜 "사이클론 같다"고 했다. 천성적으로 베토벤 지휘자가 전혀 아니었던 불레즈는 〈영웅〉을 녹음하지 않았다.

다른 음반을 살펴보면 에리히 클라이버가 1950년 암스테르담에서 녹음한 〈영웅〉은 설득력이 있다. 페렌츠 프리차이(베를린, 1961)는 스케르초가 흠잡을 데 없다. 샤이(라이프치히, 2011)는 토스카니니는 저리 가라 할 정도의 속도로 내달려 셰르헨의 음반보다 50초 짧다. 파시스트를 피해 이탈리아를 떠난 토스카니니는 〈영웅〉을 정치적으로 해석하는 것에 반대했다. 1937년 BBC 녹음에서 그가 음악가들에게 이렇게 당부하는 것을 들을 수 있다. "이건 나폴레옹도, 에이틀러도, 무솔리니도 아니오! 이건 알레그로 콘 브리오요!"

41장

훔친 선율

에로이카 변주곡 E플랫장조 op.35 (1802)

〈영웅〉 교향곡의 피날레를 시작하는 유명한 주제는 베토벤의 것이 아니다. 예일 대학의 음악학자 리언 플랜팅가는 이탈리아 출신 영국 작곡가이자 피아니스트, 출판업자인 무치오 클레멘티가 1784년에 발표한 피아노 소나타 F단조 작품번호 13-6에서 이 주제를 찾아냈다. 명백히 같은 악상이며 베토벤 곡보다 18년 먼저 작곡되었다. 흥미롭게도 두 작곡가 모두 여기에 대해 아무런 말을 하지 않았다.

클레멘티는 모차르트보다 베토벤을 좋아했다. 모차르트는 "이탈리아인이 그렇듯 사기꾼"이라며 그를 무시했고 클레멘티의 B플랫장조 소나타에 나오는 주제를 훔쳐 〈마술피리〉 서곡에 썼다. 클레멘티는 런던으로 가서 롱맨 앤드 브로드립이라는 출판사를 사들였다. 그는 영국인 엠마와 결혼하여 영국의 명문가를 이루었다 (훗날 클레멘티 가문에서 영국 공군 소장과 잉글랜드 은행 부총재가 나왔다). 런던은 클레멘티에게 좋은 곳이었지만 그는 사업을 위해 정기적으로 빈을 찾았다. 1807년 4월에 베토벤을 우연히 만난 클레멘티는 영국에서 그의 모든 작품을 출판하는 권리를 얻었다. 베토벤은 "참으로 만족스러운 계약"이라고 했고, 클레멘티 소나타를 "사랑스럽고 즐겁고 독창적인 선율"이라며 칭찬했다. 쉰들러는 이렇게 말했다. "피아노곡을 작곡한 모든 거장 중에서 베토벤은 클레멘티를 최고로 높게 쳤다. 그의 작품이 피아노를 연습하고 순수한 취향을 기르기에 그만이라고 보았으며, 주제가 아름다워 연주용으로도 좋다고 했다."

베토벤은 클레멘티의 〈영웅〉 선율을 좋아해서 네 작품에 활용했고 〈에로이카 변주곡〉은 이 선율을 바탕으로 열다섯 개의 변주곡을 만든 것이다. 열네 번째 변주는 애틋하고 신비롭고 의미가 풍부하다. 나는 굴드(1960)와 길렐스(1980)의 음반에 푹 빠져 있었다. 그러다가 이탈리아 친구 발레리오 투라가 잊힌 천재를 내게 소개했다. 그의 말이다.

10대 시절에 볼로냐의 테아트로 코뮤날레 극장에 자주 드나들며 공연을 보았습니다. 1970년에 베토벤 피아노 소나타 전곡 연주회가 그곳에서 열린 적이 있습니다. (…) 거의 모든 공연을 '로지오네'(학생들이 살 수 있는 가장 싼 좌석)에서 보거나 서서 보았습니다. 내가 결코 잊지 못하는 공연은 당시 서른 살도 되지 않은 빼어난 이탈리아 피아니스트 디노 치아니의 리사이틀이었습니다. 그가 만만치 않은 프로그램(내 기억이 옳다면 〈비창〉과 〈전원〉 소나타, 그리고 2부에 〈디아벨리 변주곡〉)을 소화하고 나자 앙코르 요청이 요란하고 집요하게 쏟아졌습니다. (…) 계속해서 무대로, 열 차례 이상 불려나온 그는 결국 피아노 앞에 앉아 〈디아벨리 변주곡〉 전곡을 다시 한 번 멋지게 연주했습니다.

치아니가 1973년에 녹음한 〈에로이카 변주곡〉은 과연 새로운 깨달음을 주는 연주다. 음들 사이의 공간을 꺼내서 급속 냉동을 하는 것도 가능할 것 같다. 몇 달 뒤에 치아니는 시카고에서 카를로 마리아 줄리니와 베토벤 협주곡을 연주하고 나서 로마에서 자동차 사고로 죽었다. 서른 두 살이었다. 돌이킬 수 없는 손실이다.

42장

반대편 세상

피아노 소나타 12번 A플랫장조 '장송행진곡' op.26 (1801),

레오노레 프로하스카 WoO.96 (1815)

프레데리크 쇼팽은 베토벤을 싫어했다. 그는 화가 외젠 들라크루아에게 이렇게 말했다. "베토벤은 모호하고 통일성이 결여되어 보이는데, 몇몇 사람이 주장하듯 (그들이 숭상하는 특징인) 과격한 독창성 때문에 그런 것이 아니라 그가 영원한 원칙을 외면하기 때문입니다. 모차르트는 결코 이러지 않아요." 그는 베토벤을 "대단히 저속하다"고 했다.

소심한 쇼팽은 모차르트의 미리 정해진 패턴에서 편안함을 느꼈다. 베토벤의 자유, 지칠 줄 모르는 활동성을 두려워했다. 베토벤을 학생들에게 가르칠 때 그는 소나타 12번을 길들여진 음악의 예로 들었다. 그리고 나서 쇼팽은 이 곡의 3악장 '영웅의 죽음을 애도하는 장송행진곡'에서 착안하여 B플랫단조 소나타의 유명한 장송행진곡을 작곡했다.

　혹한의 국가 장례식에서 쇼팽의 행진곡이 연주되는 것을 지겹도록 들은 러시아인들은 이 소나타가 피부나 마찬가지다. 스탈린이 내린 상금을 거부했다고 하는 가공할 마리야 유디나(1958)는 이 소나타를 누구도 따라할 수 없게 묘지처럼 연주한다. 유디나는 자신의 연주를 가리켜 "그저 끝없이 울부짖는 절망의 몸짓"이라고 했다.

　그녀에 비하면 다른 이들은 그냥 우울하다. 마리야 그린베르크는 침울하게 해석한다. 스뱌토슬라프 리흐테르는 내향적이고, 에밀 길렐스는 어둡게 물러난다. 여기서 궁금증이 든다. 베토벤을 다루는 러시아인들만의 방식이 있을까? 확실히 이런 예술가들 누구도 서양의 연주자와 헷갈리지 않는다. 심지어는 호로비츠나 아시케나지 같은 노련한 이민자들과도 다르다. 스탈린 치하의 삶이 그들의 인식에 영향을 미친 것이 틀림없다. 공동의 특징은 소비에트 러시아에서 함께 겪은 경험에서 기인했다고 볼 수 있다.

　공동의 특징을 갖는 것은 언어에서 시작한다. 러시아어에는 'h'라는 문자가 없다. 별것 아닌 것처럼 보이겠지만, 'kh'로 표기하는 베토벤은 영어나 프랑스어, 독일어로 접하는 베토벤과 다르다. 그리고 우선권 문제도 있다. 스탈린은 베토벤을 우러러보았고 그의 '혁명적' 성격을 강조했다. 피아니스트들은 베토벤 소나타를 연주하면서 긍정적인 소비에트 스타일을 드러내도록 했다. 그러려고 애쓴 이들이 있었다. 대부분은 국가 선전을 수용하되 음악에

서 개인적인 친연성을 찾았다. 서양의 연주를 접하지 못했기에 그
들만의 독특한 연주가 나왔다. 그들은 거친 소리를 내는 스튜디오
의 한계를 테크닉으로 돌파하는 방법을 찾았다. 1950년대 러시아
에서 나온 모든 피아노 음반은 형편없는 기계를 의지로 넘어선 위
업이다. 독실한 기독교도 유디나는 빵과 포도주를 살과 피로 바
꾸었다. 모더니스트인 그린베르크는 소리의 스펙트럼을 줄여 골
격만 남겼다. 리흐테르와 길렐스는 정반대 접근을 취했다. 한 명은
화강암 같은 연주, 다른 한 명은 유순한 연주다. 두 사람 모두 똑같
은 암울한 상황에 반응한 것이다. 집단적인 반항이 일어났다. 러시
아 예술가들은 영하 30도에서 싸구려 장비로 아름다움을 만들어
냈다. 베토벤의 피아니즘이 그토록 집중적이거나 연속적으로 나
타난 것은 유례가 없다. 네 명의 거인 말고도 우리에게는 네이가우
스, 니콜라예바, 바시키로프, 긴즈부르크, 오보린, 소프로니츠키,
알렉세예프, 가브릴로프, 나우모프, 플레트뇨프, 키신, 소콜로프,
베레좁스키, 베르만, 옵치니코프, 셰르바코프, 루간스키, 질베르시
테인, 레온스카야, 포스트니코바, 네이가우스의 아들 스타니슬라
프, 아파나시예프, 데미덴코, 류비모프, 마츠예프, 우고르스키, 게
르시테인, 트리포노프, 구닌, 레비트가 있다. 이 명단은 시베리아
강제수용소에서 노역하느라 녹음을 하지 못하고 죽은 예술가들
은 제외한 것이다. 러시아는 고생하면서 어렵게 베토벤을 배웠다.
나머지 세계는 들으면서 경외해야 한다.

∿

베토벤은 이 소나타를 런던 출판업자 요한 밥티스트 크라머에게
팔았다. 만하임 출신인 크라머는 클레멘티의 라이벌로 리젠트 스
트리트에 가게가 있었고, 그가 작곡한 여든네 곡의 연습곡은 당
시 피아노를 치는 학생이라면 누구든 배워야 하는 곡이었다. 베토
벤은 크라머와 계약하기 위해 소나타를 살짝 쉽게 만들었다. 아울
러 3악장을 오케스트라용으로 편곡해 무대극 〈레오노레 프로하
스카〉에 사용하도록 허가했다. 요한 프리드리히 둥커의 〈레오노레
프로하스카〉는 나폴레옹과 싸우려고 남장을 하고 군에 들어간 포
츠담 여성의 이야기다. 1813년 괴르데 전투에서 부상을 당해 야전
수술을 받다가 여자라는 것이 밝혀졌다. 몇 주 동안 고통에 몸부
림치다가 스물여덟 살에 죽었다. 베토벤이 음악을 작곡했음에도
극은 빈에서 상연되지 못했다.

43장

머리냐 마음이냐

피아노 소나타 27번 E단조 op.90 (1814)

젊었을 때 스뱌토슬라프 리흐테르는 오데사 오페라하우스에 드나들며 가수들의 반주를 했고 성악곡 레퍼토리를 익혔다. 1941년 그의 아버지가 독일 첩자 혐의를 받아 사살되었다. 그는 어머니가 밀고했다고 의심하여 평생 용서하지 않았다. 동성애자인 리흐테르는 1943년부터 소프라노 니나 도를리아크와 함께 살았다. 오이스트라흐와 길렐스는 스탈린이 죽고 나서 해외로 연주를 나갈 수 있었지만, 리흐테르는 1960년 10월이 되어서야 여행의 자유를 얻었다. 행여 그가 망명하거나 소비에트 정권을 불신하게 될까 두려웠던 것이다.

오데사 출신의 유대인인 길렐스는 1937년 바르샤바 쇼팽 콩쿠르에서 2등을 차지한 피아니스트 로자 타마르키나와 결혼했다. 그는 이듬해 브뤼셀에서 열린 퀸엘리자베스 콩쿠르에서 우승을 했다. 그의 여동생 엘리자베타는 같은 콩쿠르의 바이올린 부문에서 3등을 차지했다(우승은 오이스트라흐). 엘리자베타 길렐스는 바이올리니스트 레오니트 코간과 결혼했다. 에밀은 KGB 대령에게 보고했던 코간을 파트너로 맞아 자주 음악회를 열었는데, 그가 비밀 조직과 관계가 있는 것을 인도적 목적으로 종종 활용하면서도 두려워했다. 1944년 겐리흐 네이가우스가 루뱐카 감옥에서 나오도록 손을 쓴 사람이 길렐스라는 말이 있다. 나중에 그는 코간과 사이가 틀어져서 남편의 죽음을 슬퍼하는 동생을 조문하러 가지도 않았다. 외양은 소심해 보이지만 화가 나면 폭발하는 성격이었다.

로자가 서른 살에 죽고 나서 길렐스는 전시에 레닌그라드 간호사 보냐 히르시버그를 만났다. 다부진 성격인 보냐는 성질부리는 그를 참지 못하고 떠났다. 1947년에 길렐스는 시인 파리제트 알마흐시토브나 후치스토바와 결혼했다. 부부 사이가 좋았던 것으로 보인다. 다음은 파리제트가 길렐스에 관해 남긴 글이다.

그는 가볍고 편한 신발을 좋아했다. 자리에 앉아 허리를 숙이고 특별한 '매듭'으로 빠르고 보기 좋게 끈을 묶었다. 털 달린 노란색 '받침대'로 신발을 쓱쓱 닦았다. 그는 특허를 받은 '진지한' 가죽 구두만큼이나 여름에 신기 좋은 말쑥한 이탈리아제 신발을 좋아했다. 거리를 다닐 때는 방수가 되는 스웨이드로 만든 영국 구두를 신었다. 그가 신발을 고를 때 보면 단호하고 재빨랐

다. 하나씩 신어보며 발이 조금이라도 불편하지 않은지 확인했
다. (…) 발자국 소리로 그의 기분을 알 수 있었다.

리흐테르와 길렐스는 삶과 일 모든 면에서 경쟁 관계였다. 리흐
테르가 세르게이 프로코피예프의 피아노 소나타 7번의 세계 초연
을 하자 길렐스는 8번을 맡았다. 리흐테르의 소리 울림은 단색조
에 간소하다고 할 수 있다. 길렐스는 색채의 팔레트가 넓기로 유명
하다. 1960년 차이콥스키 콩쿠르에서 리흐테르는 미국의 밴 클라
이번에게 최고 점수를 주었다. 길렐스는 마음을 졸이며 소비에트
통치자 니키타 흐루쇼프에게 가서 외국인에게 우승을 줘도 괜찮
은지 물었다. (흐루쇼프는 이렇게 말했다. "그가 최고라면 주시오!")
　　저마다 베토벤에 맥락을 부여하는 개인적인 방법이 있었다. 리
흐테르는 베토벤 소나타를 음렬주의자 베베른의 곡과 함께 연주
했고, 길렐스는 스탈린 시대 프로코피예프의 곡과 맞추었다. 피아
니스트 야코프 자크는 길렐스가 "거리를 두고 연민"을 보였다고 했
다. 동료 발레리 아파나시예프는 길렐스가 "그 어떤 사람과도 다르
게 침묵을 만들고 다루는 법을 알았다"고 했다.
　　두 사람 다 육중한 소나타 27번을 독주회의 첫 곡으로 연주했
다. 그리고 둘 다 이 곡을 두 차례 녹음했다. 1951년 1월 소리가 엉
망인 피아노로 녹음한 리흐테르는 점차 넓어지는 표현의 폭을 드
러냈다. "나는 나 자신과 작곡가를 위해 연주합니다." 그의 말이다.
1957년 4월 런던 공연에서 길렐스는 짐승처럼 잔혹하게 달려드는

서두의 진술이 위안을 주는 멋진 해결로 서서히 녹아들게 연주한다. 1974년 DG에서 나온 레퍼런스 음반에서 그는 세심하고 아름다운 소리를 들려준다. 그토록 기질이 다른 두 예술가가 전체주의 정권에서 활발하게 활동했다는 사실은 철의 장막에 난 균열을 돌파하는 위대한 예술가의 능력을 보여주는 증거다.

쉰들러는 이 소나타의 1악장을 "머리와 마음의 대결", 2악장을 "연인과 나누는 대화"라고 했다. 베토벤이 소송으로 정신이 없을 때 작곡한 곡이다. 하지만 스트레스를 받던 기색을 전혀 내보이지 않는다.

44장

붉은 광장

피아노 소나타 23번 F단조 '열정' op.57 (1804~1806)

블라디미르 일리치 레닌은 이 소나타의 열렬한 팬이다. 그는 작가 막심 고리키에게 이렇게 말했다. "〈열정〉보다 위대한 것을 알지 못합니다. 마음 같아서는 매일 듣고 싶습니다. 경이로우며 초인적인 음악이죠. 들을 때마다 인간이 얼마나 놀라운 것을 해낼 수 있는지 생각하면, 아마도 순진해서겠지만, 뿌듯한 마음이 듭니다."

레닌은 자신이 이데올로기에서 한 발 물러나 유한한 인간의 천재성에 경탄할 수 있는 지도자임을 보여주었다. 그는 고리키에게 쿨투르니kulturny(문화적 감수성이 있는 사람)와 추트키chutkiy(인간의 감정에 공감할 줄 아는 사람)로 보이고 싶었다. 하지만 그런 자질이 정치적 고려보다 우선해서는 안 되었다. 계속해서 레닌의 말이다.

음악을 너무 자주 들을 수는 없습니다. 신경에 영향을 미치니까요. 달콤하고 어리석은 말들을 하게 만듭니다. 추악한 지옥에 살면서 그토록 아름다운 것을 만들어내는 사람의 머리를 쓰다듬고 싶게 합니다. 그런데 요즘은 누구의 머리도 쓰다듬을 수 없습니다. 그랬다가는 손을 물릴 수도 있습니다. 그러면 사람들의 머리를 때려야 합니다. 무지막지하게 말입니다. 이상적으로야 사람들에게 어떤 폭력도 행사하지 않는 게 좋겠지요. (…) 지독하게 어려운 일입니다!

레닌의 베토벤 인용—"계속해서 듣다가는 혁명을 완수하지 못할 겁니다"라는 코다까지 종종 곁들여서—은 소비에트 문화 정책의 기초가 되었다. 예술은 호모 소비에티쿠스의 정신을 고양시키기 위해 존재하지만, 그로 인해 세상을 정화하는 혁명의 폭력에 제동이 걸려서는 안 된다. 문화는 인류애와 같은 것이 결코 아니다. 공산주의에서 문화는 계급 투쟁의 유용한 무기다.

소비에트 선전은 베토벤을 혁명의 동반자로 여겼다. 스탈린은 교향곡 9번이 "민중을 위한 올바른 음악"이라고 선언했고, "자주 연주될수록 좋으며 자그마한 마을에서도 들을 수 있어야 한다"고 말했다. 베토벤의 "서로 끌어안아라, 수백만의 사람들이여!"는 스탈린이 자행한 수백만 명의 학살을 덮는 핑계가 되었다.

문화는 어떻게 국가 정책의 도구가 되었을까? 런던 대학에서 러시아 고전을 가르치는 이레네 폴린스카야 교수는 이런 분석을 내놓았다.

쿨투르니가 되는 것은 사회 계급의 선택 사항이 아니라 갖추어야 하는 조건이었다. 레닌과 스탈린은 라즈노치치raznochintzy(귀족과 농민 사이에 있는 중간 계급) 집안에서 자랐다. 그런 사람들에게 문화는 더 높은 지위를 나타내는 동경의 대상이었다. 러시아 귀족은 유럽 귀족을 본받아 자녀들에게 언어, 음악, 문학, 기타 세련된 감성을 가르쳤다. 라즈노치치가 이런 귀족과 어울리려면 예술 교육을 받아야 했다. 그리고 그런 교육을 받으면 예술의 가치를 알아보는 눈이 생겼다. 그러므로 문화는 레닌이 택하거나 거부할 수 있는 것이 아니었다. 그의 일부이며 그래서 내적 갈등의 원인이었다. 핵심은 레닌이나 스탈린이 '문화적 소양'이 있는 사람으로 보이도록 신경을 썼다는 것이 아니다. 문화가 피할 수 없는 현실임을 그들이 받아들여야 했다는 사실이다. (…) 이렇듯 제거하거나 무시할 수 없었기에 **혁명에 도움이 되도록 만들어야 했다.** (…) 만약에 레닌이나 스탈린이 농민 집안이었다면, 베토벤을 들어볼 일이 없었으므로 그에 대해 할 말도 없었을 것이고, 〈열정〉으로 마음이 물러지는 것을 걱정할 일도 없었을 것이다. 볼셰비키가 '옛' 문화를 금지시키지 못하면서 아름다움과 부드러움의 씨앗이, 궁극적으로는 인류애의 씨앗이 싹틀 수 있었다. (…) 러시아와 러시아인들이 소비에트 실험을 버틸 수 있었던 것은 그 덕분이다. 학교에서 톨스토이, 체호프, 도스토옙스키를 읽고 매달 오케스트라 공연을 보러 가는 것이 일상이었다. 오늘날에는 팝 문화와 소셜 미디어가 그 자리를 차지했다. 고유한 문화를 다시 키워낼 수 있는 것이 현대 러시아에는 아무것도 없다.

∿

'열정'이라는 제목은 베토벤이 죽고 10년 뒤에 함부르크 출판업자 아우구스트 크란츠가 붙인 것이다. 감정이 열정적이라기보다 결단력이 열정적인 음악이다. 체르니는 이 곡을 가리켜 "막강하고 거창한 계획을 가장 완벽하게 수행한 것"이라고 했다. 첫 페이지에 아직 작곡되지 않은 교향곡 5번의 '운명' 모티브가 슬쩍슬쩍 모습을 보인다.

　베토벤의 제자 리스는 빈의 숲에서 여름을 지내며 곡이 작곡되는 과정을 지켜보았다.

　우리는 숲속 멀리까지 들어가 거의 8시가 되어서야 되블링으로 돌아왔다. 그는 계속해서 뭔가를 흥얼거렸고 울부짖다시피 할 때도 많았다. 명확한 음은 내지 않고 위로 아래로 이어졌다. 그게 뭔지 묻자 그가 대답했다. "소나타 마지막 악장의 주제가 방금 떠올랐네." 그는 방으로 들어가자 모자도 벗지 않고 피아노포르테로 달려갔다. 나는 모퉁이에 앉았고, 그는 곧 나에 대해서는 잊었다. 소나타의 아름다운 피날레를 한 시간 넘게 폭풍처럼 쏟아냈다. 마침내 자리에서 일어난 그는 내가 아직도 거기 있는 것을 보더니 놀랐다. "오늘은 내가 레슨을 못할 것 같네. 해야 할 일이 있어."

베토벤은 평소 사용하는 모든 피아노포르테로 25분짜리 소나타를 연주하며 저음에서 쏟아지는 음들을 악기가 견뎌내는지 알아보았다. "피아노 앞에 앉는 순간 그는 다른 어떤 것도 의식하지 않는 듯했다." 겁에 질린 한 청자의 말이다.

이 소나타에서 아르투어 슈나벨은 저돌적이고 무모하고 불가항력적이다. 에밀 길렐스는 베를린의 예수 그리스도 교회에서 음악을 유기적으로 풀어놓는다. 스뱌토슬라프 리흐테르는 그때그때 마음 가는 대로 템포를 설정한다. 러시아 작곡가 니콜라이 메트네르가 1947년 애비 로드에서 녹음한 연주가 있는데, 고집스럽고 적막한 것이 그의 친구 라흐마니노프가 연주했을 법하다. 내가 제쳐두는 음반 목록 상단에 들어가는 것은 블라디미르 호로비츠(변덕이 심하다), 밴 클라이번(상상력이 부족하다), 글렌 굴드(상상력이 과하다), 예브게니 키신(몰아붙이기만 한다), 랑랑(감정이 느껴지지 않는다)이다. 최근의 해석자들 중에 나를 매료시킨 것은 아르헨티나의 잉그리드 플리테르와 러시아계 독일인 이고어 레비트의 연주다. 하지만 누가 뭐래도 기준이 되는 것은 리흐테르와 길렐스다. 그들이 의도한 바는 아니겠지만 레닌의 거창한 언명을 생각나게 하는 연주다.

45장
역사적 사실에 바탕을 둔 연주

교향곡 4번 B플랫장조 op.60 (1808)

네빌 매리너와는 어느 6월 해질녘에 켄싱턴에서 보르도 와인을 마시면서 친해지게 되었다. 나는 고전주의 음악을 연주하는 방법이 하나 이상이라는 것을 어떻게 알게 되었는지 매리너로부터 들으려고 했다. "디데이 무렵이었지요." 그가 회상했다.

"노르망디 상륙 작전에 당신이 있었군요?" 내가 끼어들었다.

"아뇨, 바로 전이었어요."

해군 특수부대에 자원했던 매리너는 야간에 프랑스 해변에서 모래를 채취해오는 작전에 투입되었다. 지질학자들이 모래를 분석해서 착륙 가능성을 평가하도록 하기 위함이었다. 살아 돌아오는 사람이 많지 않으리라 보았던 위험천만한 임무였다. "모래를 채취하여 돌아오려는데 독일 소총수들이 우리를 발견하고 배를 향해 사격을 가했습니다." 그의 말이다.

신장에 총알 파편이 박힌 채 영국으로 돌아온 매리너는 병원에서 깨어나보니 옆에 전쟁이 끝나면 벨기에로 가서 음악 공부를 할 예정이라는 박식한 수학자 서스턴 다트가 있었다. 다트는 음악이 모차르트 시대에는 아마 다르게 들렸을 거라고 설명했다. 그의 말은 열여섯 살부터 런던 심포니 오케스트라에서 바이올린을 즐겁게 연주하며 자신이 모차르트가 의도했던 소리를 낸다고 상상했던 매리너에게 충격으로 와닿았다. 다트는 모차르트가 지금보다 단순한 악기를 위해, 그리고 명백히 더 낮은 음높이로 음악을 썼다고 그에게 말했다. 현대 오케스트라는 핵심을 놓치고 있다는 것이었다.

"서스턴은 상당히 야심 찬 사람이었지만, 그가 찾고 있는 스타일이 내 연주 방식에 맞았습니다." 네빌의 말이다. "그래서 전쟁이 끝나고 만났습니다. 몇 명이서 일주일에 두 차례 만나 다른 방식으로 연주해봤죠." 그의 단체는 트래펄가 광장에 있는 세인트 마틴 인 더 필즈 교회에서 리허설을 했다. 바로크 시대 비발디로 시작하여 고전주의 음악을 거쳐 마침내 베토벤에 이르렀다. 거의 모든 리허설에서 심한 말다툼이 벌어졌다. 피아니스트 크리스토퍼 호그우드는 다른 사람들이 더 낮은 음높이로 연주하기를 거부하자 화를 내며 나갔다. 네빌은 중재자가 되어 과격하고 귀에 거슬리는 소리와 용인할 만한 현대적인 아름다움 사이에서 타협점을 찾았다. 바이올린을 연주하며 이끌었던 그는 자신에게 지휘자 자질이 있다는 것을 나중에 깨달았다.

　"피에르 몽퇴가 언젠가〔런던 심포니에 있을 때〕내게 그러더군요. 과감하게 바이올린을 내려놓고 지휘를 해보라고요." 그렇게 해서 네빌은 〈봄의 제전〉을 초연했던 사람에게서 레슨을 받으며 새로움의 충격을 베토벤 시대에도 적용하기 시작했다.

　운 좋게도 시기가 좋았다. 스테레오가 막 개발되어 음반사들이 어떻게 하면 익숙한 곡들을 다시 팔지 고민하고 있었다. 네빌의 단체는 오스트레일리아의 상속녀로부터 후원금을 받아 첫 번째 음반을 발매했다. 비발디의 〈사계〉는 당시로서는 신선한 선곡이었고, 가장 많이 팔리며 그들의 자격을 증명했다. 네빌은 300장의 음반을 발매하게 되는데 카라얀을 제외하면 그 어떤 지휘자보다 많은 음반이다. 1960년대가 되면서 초기 음악 운동은 세계 각지로 확산되고 있었다. 네빌은 런던 심포니의 수석 제2바이올리니스트 자리를 한동안 계속 지켰다.

　빈에서는 귀족 출신의 니콜라우스 아르농쿠르가 비슷한 역사를 만들고 있었다. 합스부르크 왕가 후손이며 카라얀의 수석 첼리스트로 활동하던 아르농쿠르는 시간이 날 때 골동품 가게를 돌아다니며 중세 악기들을 손에 넣었고 독학으로 연주법을 익혔다. 그는 마음이 맞는 친구들과 콘첸투스 무지쿠스 빈을 결성했다. 카라얀의 우람한 소리에 맞서 홀쭉한 소리를 지향하는 단체였다. 콘첸투스의 음반이 화제를 불러모으자 카라얀은 아르농쿠르를 잘츠부르크 페스티벌에 서지 못하게 막았고 그와 말도 하지 않았다.

'역사적 사실에 바탕을 둔 연주Historically Informed Performance'가 홍역처럼 확산되고 있었다. 암스테르담에서 구스타프 레온하르트는 초기 건반악기로 바흐를 연주하는 법을 가르쳤다. 헤이그의 프란스 브뤼헨은 나무로 된 플루트를 선호했다. 파리의 미국인 윌리엄 크리스티는 샤르팡티에와 라모를 다시 유행시켰다. 쾰른에서 활동하는 라인하르트 괴벨은 '아야톨라'|시아파 무슬림의 고위 성직자 —옮긴이|라는 별명을 얻었다. 이들 모두가 곧 베토벤에 달려들었다.

베토벤 교향곡을 시대 악기로 맨 처음 녹음한 것은 브라이턴에 본거지를 둔 지휘자 없는 연주 단체 하노버 밴드다. 바다 공기처럼 상쾌한 그들의 소리는 전적으로 만족스럽지는 않아도 확실히 남다른 면이 있었다. 다음 주자는 빼어난 데카 사운드로 무장한 호그우드다. 그의 해석은 두 번째로 들으면 타성적으로 느껴진다. 문화철학자 로저 스크루턴은 역사적 사실에 바탕을 둔 연주가 "음악보다 음악학을 떠받든다"며 불만을 드러냈는데, 완전히 터무니없는 말은 아니다. 존 엘리엇 가디너는 섣부르게 이런저런 이론들을 쏟아냈고, 피녁과 패럿, 카위컨과 클레멘치치, 헤레베허와 아임은 옆에서 계속 저격했다.

위협을 느낀 주류 지휘자들은 시대 양식을 자신들이 해오던 방식에 흡수하는 것으로 반응했다. 클라우디오 아바도는 젊은 악단인 오케스트라 모차르트를 지휘할 때 옛 악기와 현대 악기 모두를 활용했다. 사이먼 래틀과 블라디미르 유롭스키는 계몽 시대 오케스트라의 시대 양식으로 경험을 쌓았다. 프랑수아그자비에 로트와 테오도르 쿠렌치스는 중간에서 양쪽에 싸움을 붙였지만, 네빌 매리너는 반세기 동안 옛 소리와 현대 소리가 합리적으로 소통하는 장의 역할을 훌륭히 해냈다.

교향곡 4번은 시대 악기로 연주한 베토벤을 판별하는 훌륭한 리트머스 시험지가 되었다. 색다른 접근들로 가득하다. 절제되고 아주 느린 도입부는 슈만과 말러를 예고한다. 엑토르 베를리오즈는 여기서 "천국의 평온함"을 보았다. 레너드 번스타인은 이 곡을 가리켜 "베토벤이 우리에게 선사한 최고의 깜짝 패키지"라고 했다. 마술과도 같이 매혹적이면서 고집스러운 1982년 뮌헨 녹음을 남긴 카를로스 클라이버는 2악장에서 반복되는 비올라 모티브가 베토벤이 "테레제, 테레제" 하고 애처롭게 부르는 것이라고 주장했다. 마르크스주의 사회철학자 테오도어 W. 아도르노는 예리하게도 이 곡을 "유예된 시간"이라고 부른다. 〈영웅〉보다 길이가 짧은 4번은 교향곡 5번, 바이올린 협주곡과 같은 시기에 작곡되었다. 느린 두 악장과 빠른 두 악장으로 이루어져 있다.

시대 연주자들부터 살펴보면 호그우드는 살짝 가르치려 든다. 노링턴과 아르농쿠르는 프로메테우스가 일으킨 대형 화재에 소화기를 들이댄다. 가디너는 깊이가 얕고, 브뤼헨은 귀에 거슬린다. 벨기에의 요스 판 이메르세일(2006)은 번지르르하고 자신만만하다. 이들에 비하면 네빌 매리너의 1976년 음반은 평온하게 항해한다. 세심하고 유연하고 윤기가 있고, 느리고 빠르고 느리게 넘어가면서 한 순간도 의심이 없다. 피날레에서 매리너는 베토벤의 풀린 끈을 동여매는 것이 누구와도 다르다.

나는 예브게니 므라빈스키와 레닌그라드 필하모닉의 1955년 연주에도 매료되었다. 10년 전에 레닌그라드 포위전을 겪은 이들은 베토벤과 마찬가지로 포격이 퍼붓는 가운데 산다는 것이 어떤 건지 알았다. 므라빈스키의 제자 마리스 얀손스(2012)는 암울한 기억을 가을날의 몽상으로 바꾸었다. 체코의 라파엘 쿠벨리크는 1974년 이스라엘 필하모닉과의 연주에서 집을 잃고 낙원을 잃은 슬픔을 동료 망명자들과 나누었다. 1943년 6월에 방송된 푸르트벵글러 공연은 청중의 기침 소리와 공습경보 소리로 얼룩진, 공포로 가득한 연주다. 카라얀의 최고작은 1963년 베를린 필과 함께한 것이다. 아바도, 래틀, 샤이, 이반 피셔 모두 분위기가 있다. 보스턴에서 자라면서 누구보다 이 교향곡을 많이 접했던 번스타인은 1978년 빈 필하모닉과 녹음하면서 하이든풍의 가벼움과 재치를 한가득 담았다. 하지만 이 모든 것보다 나는 매리너를 선호한다.

네빌은 멋진 지휘자이면서 배려심이 많았다. 아흔 살이 넘어서도 공연을 계속 다니는 이유를 묻자 그는 피곤한 미소를 짓더니 그와 함께 일하는 음악가들 중에는 네빌 자신의 유명세에 의지하여 일을 구해야 먹고살 수 있는 사람들이 있다고 설명했다. 네빌 매리너 경이 2016년 10월 토요일 밤 자택에서 숨을 거두었을 때, 그는 또다시 유럽으로 공연을 떠나기 몇 시간 전이었다.

46장

일찍 일어나는 새

5중주 E플랫장조 op.16 (1797)

목관 3중주 C장조 op.87 (1794)

현대 악기와 시대 악기의 소리 차이를 실감하려면 교향곡보다는 선율 라인이 앙상한 실내악곡이 더 낫다. 영국의 경이로운 호른 연주자 데니스 브레인이 이끄는 팀이 1950년대에 활기차고 낡은 스타일로 연주한 오보에, 클라리넷, 호른, 바순, 피아노를 위한 5중주 음반이 있다. 보풀 있는 비단처럼 부드러운 연주다. 이것을 벨기에의 시대 악기 연주 단체 옥토포로스의 2006년 음반과 비교해서 들어보면 브레인 팀의 소리는 바람에 막힌 것처럼 들린다. 시대 악기에서는 음역, 음높이, 템포, 여린 건반악기, 떫은 호른, 모든 것이 자유롭게 느껴진다. 이제 이 두 연주를 아카데미 오브 세인트 마틴 인 더 필즈 연주자들의 음반과 비교해보자. 완벽한 중심이라는 느낌이 들 것이다.

베토벤의 매력적인 목관 3중주곡에 보스턴의 시대 악기 오보에 연주자 라니 슈파르가 관심을 보였다. 예일 대학 도서관에서 발견한 오보에와 리스본에 있는 국립 박물관에서 본 잉글리시 호른을 복원한 악기로 연주했는데, 강점은 미미하다. 차라리 명연주자 하인츠 홀리거와 프랑수아 를뢰가 현대 악기로 연주한 소리가 훨씬 더 낫다.

47장

포스트 호른

호른 소나타 F장조 op.17 (1800)

모차르트는 하프, 글라스 하모니카, 바순을 위한 곡을 썼고 저녁 값을 지불하면 누구에게라도 곡을 써주었지만, 베토벤은 대체로 피아노, 바이올린, 첼로에 집중했다. 체코의 호른 연주자 조반니 푼토(본명은 요한 벤첼 스티치)와 공연을 하기 위해 작곡한 이 소나타는 예외다. 푼토는 핸드스토핑hand-stopping 주법을 발명하여 호른의 톤을 세심하게 통제했다.

그가 연주한 호른은 금속관이 원형으로 말려 있고 끝이 넓어지면서 벨 모양을 이루고 있는 형태다. 푼토는 입술의 압력을 바꾸고 손을 벨 속에 집어넣어 음의 높이를 조정했다. 베토벤은 빈의 부르크 극장에서 그와 공연을 하기 전날 밤에 이 소나타를 썼다. 중간 악장은 겨우 1분밖에 되지 않아 베토벤의 무신경함을 보여준다. 푼토는 둘째 날 공연을 취소했다.

벤저민 브리튼이 그의 차분한 연주에서 영감을 받아 〈테너, 호른, 현을 위한 세레나데〉를 작곡하기도 했던 데니스 브레인은 살짝 윤기가 부족한 데니스 매슈스를 파트너로 맞아 이 곡 하면 바로 떠오르는 대표 음반을 녹음했다. 힌데미트, 맬컴 아널드, 고든 제이컵이 브레인을 위해 협주곡을 작곡했다. 브레인은 푸르트벵글러가 런던에서 직접 지명해 부탁한 연주자였다. 카라얀은 모차르트를 연주하려고 그와 약속을 잡았다. 지나치게 진지한 것을 싫어했던 그는 정원에 물을 주는 호스로 레오폴트 모차르트의 협주곡을 연주하기도 했다.

1957년 9월 데니스 브레인은 에든버러 페스티벌을 마치고 밤에 트라이엄프 TR2 스포츠카를 몰고 집으로 돌아오던 중에 런던 북쪽 A1 국도에서 나무를 들이받았다. 현장에서 즉사했다. 서른 여섯 살이었다. 프랑스 작곡가 프랑시스 풀랑크는 슬픔을 가눌 길 없는 무조無調의 〈호른과 피아노를 위한 애가〉로 그를 애도했다.

많은 호른 연주자가 기교면에서는 브레인에 뒤지지 않지만, 그처럼 태평하게 연주하는 사람은 없다. 베토벤에서 그에 맞먹게 귀를 어리둥절하게 만드는 멋진 솜씨를 발휘하는 연주자는 잘 알려져 있지 않은 소비에트의 야코프 샤피로가 유일하다. 1951년에 에밀 길렐스와 이 소나타를 녹음했다. 샤피로에 대해 내가 알아낸 것은 1908년 민스크에서 태어났고, 1943년부터 1952년까지 소비에트 라디오와 볼쇼이 극장에서 호른 독주자로 활동했다는 것이 전부다. 사망 날짜는 확인되지 않는다. 이 베토벤 음반에서 샤피로는 길렐스 주위로 몽글몽글한 소리를 날린다. 그냥 하고 싶은 대로 연주하며 피날레에서 살짝 즉흥적으로 색채가 바뀐다. 두 사람은 연주에 앞서 리허설을 하기는 했을까? 그 정도로 자발적인 연주다.

48장

텅 빈 악보

피아노 협주곡 3번 C단조 op.37 (1801)

청중을 가지고 놀았던 베토벤은 세 번째 피아노 협주곡을 모차르트의 24번(K.491)과 같은 조성으로 썼고 묘하게 비슷한 주제로 시작했다. 그가 처음으로 곡을 연주했을 때 40분에 달하는 곡의 대부분이 그의 머릿속에 여전히 있었다. 안 데어 빈 극장의 악장 이그나츠 자이프리트의 설명을 들어보자.

"협주곡을 연주하면서 그는 내게 악보 넘기는 일을 부탁했다. 그런데 맙소사, 그게 쉽지가 않았다. 악보에 거의 아무것도 쓰여 있지 않았기 때문이다. 한두 페이지에 내가 전혀 알아볼 수 없게 휘갈겨 쓴 이집트 상형 문자 몇 개가 있는 것이 고작이었다. 자신만 알아보는 단서로 써놓은 것이다. 그는 거의 모든 독주 파트를 외워서 연주했다. 자주 그러하듯 시간이 없어서 종이에 다 적지 못했다. 그는 보이지 않는 악절의 끝에 다다르면 내게 눈짓을 주었다.
내가 중요한 대목을 놓치지 않으려고 안절부절못하는 모습이 웃
겼던 모양이다. 우리가 나중에 기분 좋게 식사할 때 그는 그 얘기
를 하며 실컷 웃었다."

　실패에 그가 반응한 것을 보라. 대부분의 우리들이 슬그머니
집으로 돌아가는 것과 달리 그는 식사를 하러 가서 보란 듯이 '실
컷' 웃었다. 그는 사람들이 어떻게 생각하든 상관하지 않았을까?
아니면 그게 바로 그가 주려고 했던 메시지였을까?

　협주곡은 돈 많은 사람들이 공연을 재차 요청할 정도로 인상
적이었다. 베토벤은 이를 경멸하며 제자 리스에게 연주를 넘겼고,
공연 전에 대기실로 찾아가 그에게 카덴차를 알아서 연주하라며
악보를 찢었다. 이렇게 방해를 했음에도 공연은 무사히 끝났고 베
토벤은 가장 먼저 일어나 박수를 쳤다. 그는 완벽주의자, 프로페셔
널, 너그럽고 도저히 예측할 수 없는 사람이었다. 이 협주곡은 그
에게 아주 중요했다. 얼마 뒤에 그는 교향곡 5번에서 C단조 조성
으로 다시 돌아간다.

　협주곡의 핵심인 느린 라르고에서 피아니스트는 페달을 밟아
아련한 만족의 분위기를 만든다. 곡은 분위기를 바꿔 론도로 끝난
다. 불같이 타오르면서 아울러 조바심을 내는 악장이다. 위대한 피
아니스트들이 이 곡을 아꼈다. 클라우디오 아라우는 여덟 번, 아
르투르 루빈스타인은 여섯 번, 에밀 길렐스는 다섯 번 녹음했다.
글렌 굴드가 1957년 베를린에 데뷔하면서 이 곡을 연주했을 때,

극단적인 모더니즘 비평가 한스 하인츠 슈투켄슈미트는 '부소니 이후 가장 흥미로운 피아니스트'라고 했는데 전적으로 과장은 아니다. 굴드는 이 음악에서 주도권을 쥔 인물이다.

아라우는 1957년 오토 클렘퍼러와 함께 한 음반이 최고다. 길렐스는 1966년 조지 셀의 클리블랜드 오케스트라와 호흡을 맞춰 최고 연주를 들려준다. 라두 루푸는 1981년 주빈 메타가 이끄는 이스라엘 필하모닉과의 연주에서 숨 막히는 아름다움을 보인다. 그 밖에 견줄 만한 연주로 미켈란젤리(1987), 깃털처럼 가벼운 손가락 놀림을 보이는 루돌프 피르쿠시니의 1963년 잘츠부르크 실황, 곰 같은 예핌 브론프만이 2005년 데이비드 진먼의 취리히 톤할레 오케스트라와 함께 한 음반이 있다. 2021년 러시아의 미하일 플레트뇨프가 제네바에서 연주한 음반은 티 하나 없이 투명한 소리로 숨을 멎게 한다. 음들이 아무도 모르는 곳에서 내려오는 것 같다. 시간의 새벽에서 한 방울씩 떨어지는 소리다. 1978년 차이콥스키 콩쿠르 우승자인 플레트뇨프는 러시아 국립 오케스트라를 지휘하느라 너무도 많은 시간을 보내 그가 얼마나 독창적이고 압도적인 피아니스트일 수 있는지 사람들이 쉽게 잊는다. 클라베스에서 나온 이 음반은 21세기의 가장 기분 좋은 C단조 협주곡 해석이다.

여성들이 연주하는 C단조는 다르다. 1957년 베를린에서 페렌츠 프리차이와 함께 한 아니 피셔는 헝가리인의 박식함을 담금질하여 폭발시키며 담배 연기 속에서 허리를 굽혀 청중에게 절했다.

"그녀가 입술에 담배를 물고 있지 않을 때는 무대에 있거나 잠잘 때가 유일했다." 바이올리니스트 파우크 죄르지의 말이다.

스페인계 유대인 부모를 둔 루마니아인 클라라 하스킬은 1941년 독일이 점령한 파리에서 종양 제거 수술을 받고 난 뒤로 고통 속에서 살았다. "하스킬은 선천적으로 피아노 연주하는 것을 두려워했고, 여기에 자신의 죽음에 대한 두려움이 더해졌습니다. 그녀의 연주에서 우리는 시간이 무서우리만치 빠른 속도로 줄어들고 있다는 것을 실감하게 됩니다." 그녀의 제자 페터 포이히트방거의 말이다. 하스킬이 1960년 11월 파리에서 이고르 마르케비치와 녹음한 C단조 피아노 협주곡은 자신의 허약한 심장박동을 메트로놈 삼아 연주하는 것 같다. 아인슈타인처럼 우리의 시간 개념을 재정의하는 연주다. 몇 주 뒤에 그녀는 브뤼셀의 기차역 계단에서 미끄러져 예순다섯 살에 죽었다. 찰리 채플린은 이렇게 말했다. "내 평생 세 명의 천재를 만났다. 아인슈타인 교수, 윈스턴 처칠 그리고 클라라 하스킬이다."

마르타 아르헤리치는 이 협주곡을 예순세 살에 녹음했다. 절묘한 소통을 이룬 음반이다. 피날레에서 그녀는 마치 사랑을 나누면서 자신의 요구를 앞세우는 연인처럼 지휘자 클라우디오 아바도를 무시하고 달린다. 우치다 미쓰코(1986), 마리아 조앙 피레스(2014), 알리스 자라 오트(2018)는 각자의 방법으로 인상적인 해석을 들려주며 여성의 맥을 이어나간다.

새벽이 되기 전에 나를 깨워 가장 듣고 싶은 베토벤 C단조 협주곡이 뭐냐고 묻는다면 아르투르 루빈스타인이라고 하겠다. 누구도 못 말리는 엔터테이너 루빈스타인은 토스카니니, 크립스, 라인스도르프, 오르먼디 등과 C단조 협주곡을 녹음했는데, 너그러움과 연속성이라는 그의 자질이 가장 돋보이는 것은 1976년 젊은 다니엘 바렌보임이 이끄는 런던 필하모닉과 함께 한 삼촌의 연주다. 지금 들으면 바렌보임이 피아노를 연주한다고 생각할 것이다. 그 정도로 음악을 전달하는 힘이 신비롭다.

49장

단 하나의 곡

바이올린 협주곡 D장조 op.61 (1806)

음악가들이 '베토벤 협주곡'이라고 할 때는 이 곡을 말하는 것이다. 베토벤은 피아노와 오케스트라를 위한 곡을 다섯 곡 이상 썼지만, 베토벤 협주곡은 바이올린과 오케스트라를 위해 쓴 이 작품이다. 비발디, 바흐, 하이든, 모차르트가 계속해서 발전시킨 독주자와 오케스트라의 대화를 취하면서 베토벤은 곡 길이를 두 배로 늘렸고, 서로 대치하는 것을 추가했고, 오케스트라 힘을 구조가 견딜 수 있는 한 최대로 늘렸다. 귀스타브 에펠이 만든 "아찔하고 우스꽝스러운" 탑처럼 그가 고집을 피워 높이 세운 협주곡은 지금까지 온갖 내구성 시험을 견뎌냈다.

베토벤이 바이올린 협주곡을 작곡한 것은 현악 4중주 세 곡, 교향곡 4번, G장조 피아노 협주곡과 같은 무렵인 1806년 늦가을

이다. 프랑스 장교들이 그의 집을 임시 숙소로 쓰고 있어서 그의 기분이 좋지 않았다. 집중력이 흐트러지고 불편하고 짜증이 났다. 자주 그렇듯 그는 악보를 제때 완성하지 못했다. 초연으로 예정된 크리스마스이브 전날을 하루 앞두고야 악보를 넘겼다. 독주자를 맡은 프란츠 클레멘트는 노련한 악장이었고 어엿한 작곡가이기도 했다. 하지만 리허설은 고사하고 곡을 익힐 시간조차 없었다. 클레멘트는 "섬세함, 깔끔함, 우아함"으로 유명했으니 베토벤과는 상극이었다. 한번은 그가 리허설을 하다가 항의의 뜻으로 바이올린을 거꾸로 잡고 연주했다.

초연은 대실패였다. 『비너 차이퉁』의 필자는 불연속성과 단절을 언급하며 베토벤이 차후에는 "다들 대단하다고 인정하는 재능을 더 잘 활용하기" 바란다고 썼다. 곡은 시작부터 케틀드럼을 조용하게 다섯 번 두들겨 불안을 자아낸다. 독주자는 처음 등장할 때 사과하면서 끼어든다. 마치 "정말 내 차례 맞아요?" 하고 묻는 듯하다. 피날레의 마지막 패시지는 너무 길어서 베토벤이 횡설수설하며 어떻게 마무리할까 두리번거린다고 생각하게 만든다.

누가 승자일까? 이 협주곡을 두고 베토벤이 바이올리니스트 아버지를 공격한 것이라고 주장하는 독주자들이 있지만, 음악이나 자료로 확인된 바가 없는 낭설이다. 작곡가가 갈등을 염두에 두었다면, 그것은 시민과 사회, 자신과 외세 점령, 힘없는 사람과 권력자 간의 갈등이다. 못마땅한 세상의 모습을 그대로 받아들였다는 점에서 이것은 정점을 찍은 작품이다.

　베토벤은 이 곡을 끝내고 다시는 바이올린 협주곡을 작곡하지 않았다. 실패작임을 본인도 납득한 것 같다. 이후 30년 동안 이 곡에 도전한 독주자들은 손에 꼽을 정도이며 성과도 미미했다. 하이든의 악장 루이지 토마시니가 베를린에서, 벨기에의 앙리 비외탕이 파리에서 연주했다. 그 외에 바이요(1828), 빌레(1829), 바른베크(1834), 울리히(1836), 굴로뮈(1841)가 있었다. 런던의 필하모닉 소사이어티는 바이올리니스트들이 "악기의 힘을 제대로 효과적으로 발전시킨 곡이 아니"라고 하자 공연을 접었다.

　이 곡을 어떻게 연주해야 하는지 보여준 것은 짧은 바지를 입은 아이였다. 펠릭스 멘델스존이 유대교 성인식을 한 달 앞둔 요제프 요아힘을 런던으로 데리고 갔을 때 그는 베토벤 협주곡을 연주하겠다고 하여 스승을 놀라게 했다. 1844년 5월 27일, "광란의 박수"가 그의 연주에 쏟아졌고 오케스트라는 "마음에서 우러나온 환호"를 했다. 멘델스존의 뺨에 눈물이 흘렀고 "놀라움의 표정"이 오케스트라 악장의 얼굴을 스치고 지나갔다. 요아힘이 어떤 연주를 했기에 이런 반응일까? 한 비평가에 따르면 그는 "협주곡의 정신과 성격에 빠져들어" 곡을 독보적인 대상으로, 이전의 어떤 곡과도 다르고, 형식과 내용에서 다른 모든 곡을 능가하는 것으로 다루었다. 무엇보다 경탄해야 하는 것은 토실토실한 얼굴의 아이가 과감하게 나서서 이 정도로 길고 복잡한 협주곡에 도전하여 권위 있는 해석으로 이해와 즐거움을 안겨주었다는 사실이다.

　이때부터 베토벤 협주곡은 모두가 연주하는 레퍼토리가 되었고 중요한 문화유산이 되었다. 한편 요아힘은 바이올리니스트가 명예를 얻을 수 있는 새로운 모델을 찾았다. 파가니니처럼 미친 연주력을 과시하고 끊임없이 공연을 다니는 대신 그는 바이마르에서 리스트의 오케스트라 악장을 지냈고, 나중에는 개신교도가 되어 하노버 궁정 오케스트라에서 악장 자리에 올랐다. (개종하지 않은 한 유대인 음악가가 오케스트라에서 승진을 못하게 되자 요아힘은 악장을 그만두고 베를린으로 가서 왕의 명령으로 세계적인 음악원을 창설했다.)

요아힘은 위대한 작곡가들을 친구로 두었다. 슈만과 브람스, 나중엔 드보르자크와 브루흐도 그와 친해져서 협주곡을 작곡하면서 그의 조언을 구했다. 긴 턱수염에 고집이 센 요아힘은 낭만주의 시대 바이올린 작품에서 독보적인 지위를 누렸으며 이전에 어떤 독주자도 가져보지 못한 사회적 존경을 받았다. 어렵게 얻은 그의 이런 지위가 손상되는 일이 1880년대에 벌어졌다. 요아힘이 자신과의 사이에서 여섯 자녀를 둔 아내 아말리에를 출판업자 프리츠 짐로크와 불륜 관계라고 여겨 이혼 소송을 제기한 것이다. 브람스는 부당하게 몰린 아말리에 편을 들었고, 그로 인해 요아힘과의 관계는 영영 회복되지 못했다.

평생에 걸쳐 베토벤 협주곡은 멘델스존, 브람스 곡과 더불어 요아힘의 대표작이었다. 그는 1852년과 1894년에 베토벤 곡을 위해 두 개의 카덴차를 썼고, 그의 카덴차는 이 곡을 실패작에서 구했다는 그의 명성에 힘입어 업계의 표준이 되었다. 카덴차는 협주곡에서 독주자가 원하는 것을 마음껏 펼치는 자유의 패시지인데, 이것이 베토벤 협주곡에서 요아힘의 지시에 따라 악보로 구체화되었다.

요아힘의 카덴차는 반세기 동안 널리 연주되다가 반짝이는 눈망울과 무성한 콧수염을 가진 엔터테이너가 빈에서 등장하면서 밀려났다. 프리츠 크라이슬러의 카덴차는 현란하고 몹시 낭만적이어서 대놓고 청중을 즐겁게 했다. 바람둥이에 도박꾼인 크라이슬러는 요아힘과 정반대되는 인물이었다. 가짜 바로크 곡을 앙코르로 연주해 비평가들을 속이는가 하면 브로드웨이 오페레타와 영화 음악을 작곡했다. 제1차 세계대전 때 독일군 참호에서 부상을 당한 크라이슬러는 상류 사회 독주자로 이름을 날렸다. 그런 그도 나치가 1933년에 집권하자 미국으로 이주했고, 그의 이름은 독일 역사에서 지워지고 그의 작품은 금지되었다.

갑자기 문제가 생겼다. 모든 연주자가 베토벤 협주곡에서 연주하는 카덴차가 둘인데 이것이 두 명의 유대인 요아힘과 크라이슬러가 쓴 것임을 독일인들이 깨달은 것이다. 당혹스러운 분위기 속에서 두 곡 모두 묵묵히 계속 독일 전역의 콘서트홀과 라디오에서 연주되었다. 폭격으로 부서지기 직전인 1944년 1월 필하모니에서 열린 마지막 음악회에서 크라이슬러 카덴차가 연주되는 것이 방송되었다. 독주자는 베를린 필하모닉의 악장 에리히 뢴, 지휘자는 빌헬름 푸르트벵글러였다. 녹음된 소리는 베토벤의 그 어떤 곡보다 바그너의 〈신들의 황혼〉에 나오는 제물 장면에 더 가깝게 들린다. 클래식 음반 역사에서 이 연주는 기념비적인 일탈이다. 정치적 진정성과 음악적 도착성으로 청자를 얼어붙게 한다.

1907년에 세상을 떠난 요아힘은 들어줄 만한 협주곡 음반을 전혀 남기지 않았다. 크라이슬러는 두 개의 음반을 녹음했다. 1926년 12월 레오 블레히가 지휘하는 베를린의 한 오케스트라와 연주한 음반, 1936년 6월 존 바비롤리의 런던 필하모닉과 연주한 음반이다. 둘 다 최고 연주이며 반복해서 들어도 즐거움이 줄지 않는다. 이 둘을 빼놓고는 추천 목록을 말할 수 없으며 독주자가 악보에 지분이 있다는 의미로 보면 다른 어떤 음반도 이를 능가할 수 없다.

도이치 그라모폰 역사상 가장 많이 팔린 베토벤 협주곡은 1979년 10대의 아네조피 무터가 카라얀과 내놓은 음반과 10대 아이돌이던 다비트 가레트의 2011년 음반이다. 무터는 단정한 모범생 소녀, 가레트는 찢어진 청바지의 불량소년이다. 영국의 나이절 케네디가 악동 이미지로 가레트와 어깨를 나란히 한다.

요란하게 달리는 기차의 조용한 객실에서 목소리를 낸 사람이 있다. 암스테르담 콘세르트헤바우 오케스트라에서 오랫동안 악장을 지낸 헤르만 크레베르스는 협주곡에서 음악이 우선이고 연주자의 개성은 나중임을 보여주는 모범적인 음반을 냈다. 베르나르트 하이팅크는 공감을 잘하는 지휘자다. 예후디 메뉴인이 1947년 빌헬름 푸르트뱅글러와 함께 한 연주는 양쪽 모두 말하지 못하는 긴장으로 삐걱거린다. 그들이 속에 있는 말을 할 수 있었다면 오래도록 남는 연주가 되었을 것이다.

200장의 음반에서 최종 후보자들을 어떻게 추려낼까? 물량에 압도된 나는 라트비아의 바이올리니스트 기돈 크레머에게 조언을 구했다. 확고하고 때로는 기발한 견해를 보이는 이지적인 독주자다. 그는 이상적인 베토벤 협주곡 음반을 찾으려 했던 자신의 경험을 이메일로 이렇게 설명했다.

시간이 흐를수록 나는 필사적이 되어갔습니다. 반복해서 듣는데 혼란만 가중되더군요. 하루는 나의 선택이 지노 프란체스카티였다가 다음 날에는 조지프 시게티가, 특히 그의 권위와 카덴차가 내 마음을 사로잡았습니다. 얼마 뒤에는 하이페츠와 밀스타인의 흠결 없는 연주로 다시 마음이 기울었습니다. 그들의 완벽함은 무시할 수 없는 요소였습니다. 시게티와 밀스타인의 카덴차, 여기에 후베르만까지 더해서 '이상적인 음반' 목록의 보너스로 소개해도 좋겠다는 생각도 했습니다.

그러다가 (…) 예기치 못했던 일이 벌어졌습니다. 그것은 '난데없이' 내게 왔습니다. 유튜브를 돌아다니다가 어떤 음반을 찾았는데 서서히 흥미를 돋우더니 결국에는 나를 압도하고 말았습니다. 내가 몇 주 동안 찾아 들었던 모든 음반들보다 내 마음에 들었을 뿐 아니라 명백히 나의 선택이 되었습니다. 기분이 최고였습니다! 나의 가치 체계를 깨닫게 되자 마음이 홀가분해졌습니다. 내가 받아들이는 협주곡의 틀에만 갇혀서 다른 해석자의 연주는 나를 설득하지 못한다는 생각을 벗어던질 수 있었습니다. 그토록 많은 위대한 해석들을 두고 그 진가는 알지만 사랑하지 못했던 나는 나의 청취 능력이 대단히 제한적이라는, 제대로 구분해서 듣지 못한다는 생각까지 했었으니까요. 내가 확실한 전문적인 설명을 내놓지 못했다고 느꼈습니다. 어째서 나는 그토록 많은 보석 가운데 가장 좋아하는 것을 고르지 못했을까요? 속물적이어서? 지나치게 까다로워서? 편협해서?

맑은 날 어두운 구름이 걷히듯 이런 모든 좌절감이 갑자기 사라졌습니다. 내가 알게 된 하나의 연주가 서서히 내 마음속에, 내 '영혼'이라 부를 법한 공간에 들어왔습니다. 다른 일도 벌어졌습니다. 그것은 발견 자체보다 더 흥미로운 것입니다. '이상적인' 해석으로 보기에는 지나치게 불안하다고 내가 여겨왔던 많은 것들이 갑자기 부차적인 고려 사항이 되었다는 겁니다. (…) 내 발견의 가장 놀라운 점이라면 내가 '우연히' 접하게 된 해석이 그동안 내가 '이상적'이라 생각했던 해석과 완전히 달랐다는 사실입니다. 내가 이해하고 사랑하고 흠모한 것은, 그리고 앞서 언급한 결점들에도 불구하고 영원히 그러할 것은, 이 연주가 가장 개인적인 연주였다는 겁니다. 자아도취에 빠지지 않고 최고로 높은 수준에서 악기 능력을 내보였을 뿐만 아니라 창작자에 대한 최고로 높은 수준의 헌신을 보여준 진정한, 대단히 인간적인 연주였습니다. 쉽게 말해 '영감'이라는 개념에 가장 잘 부합하는 것이었습니다.

그렇다면 나의 망설임을 몰아내고 최고의 날을 만들어준 음반은 무엇이었을까요? 내게 가장 따뜻하고 최고로 인간적이고 가장 개인적인 연주, 그리고 누구보다 음악에 헌신한 연주, 그러니 모두가 들어야 하는 연주는 지네트 느뵈가 한스 로스바우트의 남서독 방송 교향악단과 함께 한 실황 음반입니다. 1949년 9월 연주로 그녀가 피아니스트 오빠와 미국에 공연하러 가던 중 비행기 추락 사고로 서른 살에 죽기 한 달 전입니다. 무엇보다 이 연주는 감정이 풍부하고(감정만 앞세우는 연주는 아닙니다) 명료하고 개성이 넘칩니다. 인간 영혼이 (음악적 의미뿐만 아니라 말 그대로의 의미에서도) '숨 쉬는' 소리를 독보적으로 담아낸 이 음반은 듣고 있으면 많은 것이 동시에 떠오릅니다. 삶의 비극성, 천재의 예술혼이 갖는 영원한 힘, 걸작에 접근하는 방법이 여럿이라는 깨달음(『디아파종』에서 선정한 베토벤 협주곡 음반은 다비드 오이스트라흐의 음반입니다. 오이스트라흐는 비에니아프스키 콩쿠르에서 지네트 느뵈에 밀려 우승을 놓친 사람이죠!). 두 사람이 같은 카덴차를 연주하는 것을 들으면 우열을 가리는 것이 아니라 하나의 작품에 접근하는 방법이 다양하다는 것을 알게 됩니다. 내게 지네트 느뵈가 연주하는 카덴차는 (…) 작곡가 루트비히와 가장 가까운 관계를 보여줍니다. 이 음반이 다른 음반들을 제치고 나의 선택인 또 하나의 이유죠.

크레머는 워낙에 겸손한 사람이어서 자신이 이 협주곡의 진화에 기여한 것을 차마 말하지 못했다. 1981년 소비에트 관료들과 미국 음반사 간부들의 보수적 행태에 화가 난 크레머는 필립스와 이 협주곡을 녹음하면서 사악하게 독창적이고 확실하게 도발적인 러시아 작곡가 알프레트 시닛케의 카덴차를 사용했다. 자신의 악보에 모차르트처럼 보이는 패시지를 넣어 인민위원들을 속였던 모더니스트 작곡가 시닛케는 바흐에서 알반 베르크까지 모든 메이저 바이올린 협주곡에 나오는 대목들을 엮어 베토벤 카덴차를 만들었다. "작곡의 공간에 열려 있는 창문"(크레머의 표현) 덕분에 이 작품은 협주곡 역사의 연대기이면서 그 자체로 예술 작품이며 궁극적으로 콜라주 음악, 다양식주의 음악의 미래로 가는 관문 역할을 한다. 나는 처음 듣고 마음에 들어 『선데이 타임스』에 곧바로 칭찬의 글을 썼다.

하지만 그것은 외로운 목소리였다. 소비에트 보수파와 서양 보수파 모두 베토벤의 걸작을 악용했다고 나무랐다. 『그라모폰』 잡지는 독특한 어투로 불평을 쏟아냈고, 필립스 음반사 간부는 공세가 더 이어지는 것을 피하고자 음반을 절판시켰다(현재 유튜브에서 들을 수 있다). 나는 지금도 시닛케의 카덴차를 좋아하며 더 많은 바이올리니스트들이 그저 멍한 앵무새처럼 크라이슬러와 요아힘만 반복하는 대신 여기에 도전하기를 바란다. 마침내 2020년 여름, 기다리던 시닛케 카덴차의 새 음반이 스웨덴의 BIS 레이블에서 나왔다. 러시아에서 망명한 바딤 글루즈만의 연주는 크레머 못지않게 신선하다.

가장 돋보이는 연주로 충분하다면 다음 음반 열두 장 가운데서 고르면 된다. 크라이슬러(1926), 요제프 볼프슈탈(1929), 메뉴인(1947), 느뵈(1949), 오이스트라흐(1959), 밀스타인(1971), 무터(1979), 펄먼(1981), 크레머(1982), 자닌 얀선(2009), 파트리샤 코파친스카야(2009), 글루즈만(2020).

50장

부스러기

피아노포르테와 오케스트라를 위한

협주곡 D장조 op.61a (1807)

로망스 G장조 op.40,

로망스 F장조 op.50 (1798~1803)

런던 출판업자 무치오 클레멘티가 아이디어를 냈다. 그는 베토벤을 찾아가 바이올린 협주곡을 피아노 버전으로 만들면 출판 기회를 주겠다고 했다.

〔현악〕 4중주 세 곡, 교향곡〔4번〕, 서곡〔《코리올란》〕, 바이올린 협주곡, 피아노포르테 협주곡〔4번〕 악보를 받고 100파운드를 주기로 그와 합의했다. 아름다운 바이올린 협주곡은 내 요청으로 피아노포르테를 위한 곡으로 바꾸기로 했다. 아주 괜찮은 거래를 했다고 생각한다.

베토벤은 타악기를 보강하고 리프를 추가하여 바이올린 협주곡을 개정하면서 1악장을 위한 카덴차를 다시 썼다. 아울러 클레멘티의 피아노 악보도 대거 교정했다. 하지만 아무도 연주하려고 하지 않았다. 그의 전작을 통틀어 상당한 규모의 오케스트라가 가동되는 작품 중에서 영락없는 실패작은 이 곡밖에 없다.

음반을 살펴보면 1954년 빈에서 헬렌 슈나벨(아르투어의 며느리)이 독주자를 맡은 음반이 있다. 해석은 몰입도가 좋으며 느린 악장에서 황홀에 빠지는 순간들이 있다. 다니엘 바렌보임이 피아노를 치면서 지휘한 음반은 설득력이 떨어지는 연주다. 피터 제르킨(루돌프의 아들)은 히피 시절에 오자와 세이지가 지휘하는 뉴 필하모니아와 이 곡을 연주하며 전복적으로 뒤튼다. 마치 이런 밋밋한 곡을 왜 연주해야 하는지 잘 모르겠다는 듯이 어슬렁거리다가 저도 모르게 좋아하게 된 사람의 연주다. 색다른 묘미가 있는 음반이며 그럭저럭 괜찮다.

베토벤이 바이올린과 오케스트라를 위해 쓴 두 곡의 로망스는 캐치한 선율과 개략적인 스케치가 교차하는 식이다. 다비드 오이스트라흐와 이고르 오이스트라흐의 음반은 세대 간의 대조와 관련하여 흥미로운 연구거리를 제공한다. 나는 하이페츠(1951), 메뉴인/푸르트벵글러(1953), 크리스티앙 페라스/레오폴트 루트비히(1955)의 음반을 좋아한다. 페라스와 같은 귀족적인 연주는 아마 다시는 듣기 어려울 것이다. 나탄 밀스타인(1975)은 우아함의 정점이다. 기교가 부족하고 외모는 출중한 조콘다 데 비토는 EMI 프로듀서 데이비드 빅널과 결혼하고 난 직후에 로망스를 녹음했다. 여러분이 생각하는 것보다 기품 있는 연주다. 아네조피 무터 (쿠르트 마주어의 뉴욕 필하모닉과 함께 한)는 로망스를 수준 낮고 시시껄렁한 커피 수다로 만들었다.

51장

검은 음들

바이올린 소나타 9번 A장조 '크로이처' op.47 (1803)

1803년 4월 16일 아침, 베토벤은 거리에서 평소 알던 귀족과 주치의를 만나 슈판치히 집에서 열리는 리허설에 오도록 그들을 초대했다. 의사의 말이다. "최고 음악가들이 거기 다 모여 있었다. 바이올리니스트 크룸프홀츠, 〔베를린의〕 뫼저, 그리고 런던에 있을 때 웨일스 공 밑에서 일했던 물라토 브리지타워."

조지 오거스터스 폴그린 브리지타워는 빈에서 화제의 인물이었다. 에스테르하지 집안 시종이던 아프리카인의 아들로 태어난 그는 하이든의 인정을 받아 아홉 살에 모차르트처럼 연주 여행을 다녔다. 하이든의 런던 기획자 요한 페터 살로몬이 그의 공연을 주선했다. 브리지타워는 1791년 헨델을 기리는 왕가 행사에서 연주했고 브라이턴과 바스를 방문했다. 미래의 국왕 조지 4세가 그의

수업료를 댔고 그를 악장으로 채용했다. 그는 응접실과 온천 도시
에서 사람들이 알아보는 친숙한 인물이 되었다. 나는 넷플릭스 시
대극 〈브리저튼〉의 프로듀서가 섭정 시대 전성기에 활약한 혼혈
기교파 바이올리니스트 브리지타워에서 저도 모르게 시리즈 제
목을 가져오지 않았을까 생각한다.

　스무 살에 브리지타워는 유럽을 돌아다니기 시작했다. 빈에 돌
아온 그는 이제 꽃을 피운 나무였다. 모두가 베토벤의 〈봄〉 소나타
를 휘파람으로 불고 있었다. 베토벤은 브리지타워가 마음에 들어
그를 곁에 두었다. 브리지타워는 잘생기고 화려하고 매력이 넘쳤
다. 베토벤은 그에게 새로운 소나타를 함께 연주하고 싶은지 물
었다. 브리지타워는 준비가 되어 있었다. 베토벤은 5월 24일 오전
8시에 아우가르텐 극장에서 야외 공연을 잡았다. 그 시간밖에 되
지 않았다. 그날 새벽 4시 반에 베토벤은 페르디난트 리스에게 바
이올린 파트의 말끔한 악보가 준비되었다고 말했다. 피아노 파트
는 여전히 "여기저기 스케치만 되어 있었다." 브리지타워는 베토벤
이 어떤 것을 연주하기로 되어 있는지 보려고 그의 어깨 너머로 흘
겨보아야 했다.

　소나타는 짧지도 쉽지도 않았다. 성격이 강한 세 악장으로 이
루어진 45분의 대곡이었다. 애매한 시간이었지만 에스테르하지
공, 라주모프스키 백작, 영국 대사 등 모닝코트를 걸친 고관들이
대거 음악회에 참석했다.

　연주가 열여덟 마디에 접어들었을 때 전날 한숨도 자지 못한

베토벤이 의자에서 벌떡 일어나 "한 번 더 하지, 어린 친구!" 하고 외쳤다. 브리지타워가 변주를 반복하는 동안 베토벤은 페달을 계속 밟았다. 느린 악장은 어찌나 좋았던지 다시 연주해야 했다. 커튼콜 때 베토벤은 자신이 쓰던 소리굽쇠를 브리지타워에게 주었으며(현재 영국 국립도서관에 있다), 새 악보 맨 위에 그의 이름을 써넣었다. '대단한 바보 물라토 작곡가 브리슈다우어가 작곡한 소나타 물라티카.' 다른 악보에는 '미친 물라토를 위한 소나타'라고 적었다. 비록 그의 언어가 거칠고 인종적일 수도 있겠지만, 첫 무대를 함께한 파트너를 그가 좋아했다는 것은 틀림없다.

우리는 다음에 무슨 일이 왜 벌어졌는지 모른다. 그로부터 50년 뒤에 J. W. 셜웰이라고 하는 영국 바이올리니스트의 글이 『뮤지컬 월드』에 실렸다.

소나타와 관련하여 (…) 브리지타워가 내게 말해준 것인데, 작곡 당시 베토벤과 그는 늘 붙어 다니는 사이였고 첫 악보에 그의 친구 브리지타워에 바치는 헌사가 적혀 있었지만, 처음 출판될 때 그들은 한 여자를 두고 멍청한 다툼을 벌였다. 마음이 상한 베토벤은 브리지타워의 이름을 찢고 그가 만나본 적도 없는 크로이처의 이름을 적었다.

한 가지 시기의 오류(다툼은 소나타가 출판되기 몇 년 전에 벌어졌다)를 제외하면, 이 이야기는 진실을 담고 있다. 그것은 브리지타워의 이름이 인쇄된 악보에서 빠졌다는 것이다. 베토벤은 왜 그랬을까? "베토벤이 여자들에게 인기가 없었는데 브리지타워가 아픈 곳을 찔렀을 수도 있다." 2020년 BBC 다큐멘터리에서 바이올리니스트 리처드 토그네티가 한 말이다. 성적 질투심이 불화를 일으킨 원인이었다는 뜻이다. 브리지타워가 자신의 능력을 과시했을까? 베토벤이 자기 연인을 욕되게 하는 말을 들었을까? 브리지타워를 내친 베토벤은 인종차별주의자일까? 이 문제는 200년 동안 그 누구도 불편하게 하지 않았다.

2020년 5월 25일, 아프리카계 미국인 조지 플로이드가 미네소타 경찰의 무릎에 목이 눌려 질식사하는 모습이 카메라에 담겼다. 항의가 빗발쳤다. 미국 전역에서 1만 400건의 시위가 일어났다. 대학 커리큘럼에 '탈식민화' 바람이 불었고, 공공건물의 이름이 바뀌었으며, 런던 의회 광장에 있는 윈스턴 처칠 동상 얼굴이 훼손되었다. 조지 플로이드의 죽음은 인종적, 사회적 부당함을 논의하고 바로잡는 기폭제가 되었다.

급기야 베토벤을 내몰자는 목소리도 나왔다. "베토벤을 취소한 것은 클래식 음악계에서 가장 최근에 벌어진 광기다." 『뉴욕 포스트』의 보도다. 베토벤이 "배제와 엘리트주의의 상징"이라고 말한 팟캐스트 진행자가 있었다. 케임브리지 대학의 음악학자 애나 불은 "클래식 음악에 배제의 정책이 필요하다"고 촉구했다. 옛날 작곡가들을 젊고 다양한 이들로 바꾸는 조치를 자의적으로 행해야 한다는 말이다. 시카고의 음악학자 앤드리아 무어는 베토벤을 "일

년간 활동 중단"에 두자고 요구했다. 뉴욕 시립대학 헌터 칼리지의
필립 이웰은 누구보다 멀리 나아갔다.

〔베토벤은〕 미국 역사에서 백인의 속성이 남성의 속성과 결합할
때 자주 벌어지는 유독한 결합의 표본이다. 종종, 특히 힘과 영
향력이라는 점에서 보자면 항상 둘의 결합은 권력과 거의 동의
어라고 해도 무방하다. 그리고 그런 권력이 도전을 받으면 끔찍
한 방법으로 날뛸 수 있다. 폭력, 강간, 살인도 저지를 수 있다.

이웰의 논리에 따르면 베토벤은 조지 플로이드의 죽음과 결코
무관하지 않다. 난감한 상자가 열렸다. 베토벤이 브리지타워를 '물
라토'라고 부른 것은 혼혈을 지적한 모욕이었을까? 그리고 그의 교
향곡 9번은 어째서 "모든 남성men은 형제가 되리라"라고 선언하
면서 여성은 빼먹었을까? 독일 문화위원회 회장 올라프 치머만은
"예술 작품의 패턴 깊은 곳까지 스며들어 있는 (…) 가부장적 구조"
에 대해 공개 사과문을 냈다. 이제 베토벤은 아웃이다.
  이미 세상을 떠난 죄 없는 사람을 옹호하기는 쉽지 않다. 하지
만 해보자. 우리는 베토벤에게 편견이 없었음을 입증할 수 있다. 흑
인, 백인, 유대인, 모두가 그에게 똑같은 존재였다. 그는 심지어 아
웃사이더를 선호했다. 블라지우스 회펠이 그린 믿을 만한 초상화
를 보면 베토벤은 안색이 거무스름하고 머리카락이 곱슬곱슬하
다. 각진 턱, 두꺼운 입술, 납작한 코, 어두운 눈을 하고 있다. 전형

적인 네덜란드인이나 독일인의 모습은 확실히 아니다. 혹시 흑인일
까? 위스콘신의 학자 도미니크-르네 데 레르마가 이런 생각을 처
음으로 했다. 그는 베토벤의 외할머니 마리아 요제파 폴을 추적해
1710년 무렵 네덜란드로 넘어온 스페인 가족임을 알아냈다. 스페
인인들 중에는 모로코-이슬람 혈통이 많다. 베토벤의 어머니는 검
은 눈, 지중해의 이목구비를 가졌다. 베토벤의 눈도 검은색이다. 빈
에서 어떤 사람들은 베토벤을 '스페인인'이라고 불렀다. 그의 오페
라 〈피델리오〉는 세비야가 배경이다. 남아프리카 공화국 소설가
네이딘 고디머는 단편집 하나의 제목을 생뚱맞게 '베토벤은 16분
의 1이 흑인이었다'라고 붙였다. 그 말이 옳을 것이다. 증조할아버
지가 흑인 노예였던 러시아 시인 알렉산드르 푸시킨처럼 베토벤도
상류 사회에서 쉽게 넘어갔다. 고전주의 시대에 혼혈은 아무것도
아니었다. 문제 삼게 된 것은 최근 일이다.

    2021년 6월, REMA(유럽 초기 음악 대표 네트워크)가 주최한
'베토벤은 흑인이다'라는 제목의 학술대회가 암스테르담에서 열렸
다. 참가자들은 이렇게 물었다. "클래식 음악은 보편적인 문화 가치
일까, 아니면 서양 제국주의와 백인 우월주의를 대표할까? 우리는
클래식 음악을 탈식민화할 수 있을까?" 기조연설을 맡은 사람은
시대 악기 오케스트라에서 더블베이스를 연주하는 치치 은와노쿠
였다. 은와노쿠는 BBC 다큐멘터리 제목이 말해주듯 "브리지타워
소나타 되찾기"에 몰두하고 있다. 나이지리아인과 아일랜드인 사
이에서 태어난 은와노쿠는 신조 있고 매력적이고 똑똑하다. 전투

력 있는 활동가로 유럽 최초의 소수 인종 오케스트라 '치네케!'를 창설했다. 다음은 은와노쿠의 말이다.

> 내가 어렸을 때는 클래식 음악계에 나처럼 생긴 롤모델이, 유색인, 아프리카 혈통의 사람이 없었어요. 나는 유색인이 클래식 음악을 작곡했다는 것조차 알지 못했습니다. 그래서 베토벤과 함께 연주했던 기교파 바이올리니스트가 있었고 베토벤이 그를 염두에 두고 작곡한 곡이라는 말을 듣자 갑자기 새로운 세상이 열렸습니다. 그동안 나는 내가 속한 업계에는 나 같은 사람이 들어설 자리가 없다는 말을 숱하게 들었으니까요.

은와노쿠는 "브리지타워를 역사적으로 재조명하는 일"에 뛰어들어 그를 소수 집단 음악가들의 롤모델로 만들고자 했다. 무엇보다 그녀가 원했던 것은 크로이처 소나타의 악보 표지에 브리지타워의 이름을 올리는 것이었다. 지지자들을 찾는 건 어렵지 않았다. 본의 베토벤 하우스에서 문서 보관소 소장을 맡고 있는 크리스티네 지게르트 교수는 이렇게 말했다. "이 소나타에 브리지타워가 중요한 기여를 했음을 강조하는 악보가 나온다면 참으로 기쁠 것입니다. 베토벤은 그의 음악적 기량을 위해 이 곡을 썼으니까요." 독일의 바이올리니스트 아네조피 무터가 지지를 보탰다. "이 작품은 오래전에 크로이처가 아니라 브리지타워로 불렸어야 합니다." 페터스 출판사는 다음 인쇄에 두 사람의 이름을 함께 올리기로 했다. 은와노쿠는 "마침내 메이저에서 인정한 것에 크나큰 자부심을 느꼈고 (···) 상상할 수 있는 최고의 결과를 얻었다"고 했다. 그녀의 운동의 출발점이 된 BBC 라디오3은 당연하게도 흥분을 감추지 못했다.

이 과정에서 잃어버린 것은 균형적 관점이다. 음악 작품은 초연자의 이름을 따서 불리는 경우가 거의 없다. 브람스 바이올린 협주곡을 '요아힘'이라고, 엘가 협주곡을 '크라이슬러'라고 부르지는 않지 않은가? 베토벤의 작품번호 47을 브리지타워라고 개명하는 것은 논리적이지 않고 역사적 선례도 없다.

"브리지타워를 역사적으로 재조명하는 일"은 사회적으로 정당하지도 않다. 현재 증거들을 보면 그는 오히려 그 작품을 피하려고 최선을 다했다. 브리지타워는 1805년에 런던으로 돌아가서 음악회를 열었고, 왕립 음악가 협회 멤버가 되었으며, 케임브리지 대학에서 학위를 받았다. 필하모닉 소사이어티의 창립 멤버이기도 한 그가 마지막으로 모습을 보인 것은 1819년 영국 상속녀인 "브리지타워 부인"과 함께 한 음악회였다. 두 사람은 파리, 로마, 빈을 돌며 대대적으로 공연을 했다. 부인의 돈이 바닥나자 브리지타워는 런던 남쪽의 가난한 동네에서 지냈다. 1860년 2월 그가 여든한 살에 페컴에서 죽었다는 기록이 남아 있다. 그는 켄살그린 묘지에 묻혔다.

브리지타워는 명성에 흥미를 잃었다. 베토벤과 정점을 찍고 나서 그는 떠들썩하지 않은 삶을 택했고 '자신의' 소나타에 더 이상

관심을 보이지 않았다. 빈에서 벌어진 일은 빈의 일일 뿐이다. 조지 오거스터스 폴그린 브리지타워는 음악의 각주이지 표지가 아니다. 그러니 BBC 다큐멘터리는 그가 바랐던 바에 대해 우리가 아는 것과 배치된다. 이 운동의 유일한 목적이라면 백인 일색인 클래식 음악계에 다른 얼굴을 하나 끼워넣어 치부를 가리는 것이다.

저마다 베토벤에 대해 한마디씩 했다. BBC 라디오3의 진행자 코리 음왐바의 말이다. "'베토벤은 흑인이다'라는 진술은 대단히 정통적인 사고방식을 무너뜨린다. 우리로 하여금 그의 음악을 그토록 각광받게 했던 문화에 대해 다시 생각하게 만든다. 베토벤이 흑인이었다면 그래도 그는 정통적인 작곡가로 떠받들어졌을까?" 뭐라고? 세상이 베토벤을 흑인이라고 여겼다면, 푸시킨에게 그랬던 것 이상으로 그를 수용하는 양상이 달라지기라도 했다는 말인가?

2020년 베토벤 탄생 250주년은 이런 식의 공격으로 얼룩졌다. 우리가 인정하고 축하해야 하는 것은 베토벤의 혼혈 혈통이다. 유럽 문화가 아리안 백인 위주라는 나치 신화를 본질적으로 반박하는 사실이다. 예술가들의 삶의 면면들을 보면 서양 문명은 결코 동질적이지 않다는 것을 알게 된다. 베토벤은 혼혈이고, 세르반테스는 유대인 피가 섞여 있다. 피카소의 추상화와 중세 무슬림 구상화가 놀라운 친연성을 보인다는 연구도 있다. 베토벤 시대의 유럽은 다양한 민족들이 뒤섞인 용광로였다. 그것이 천재성의 날을 번뜩이게 했고 다양한 인재들을 끌어들이는 자석이 되었다. 예술은 결코 흑인도 백인도 아니며, 음악은 모든 예술의 혼합물이다. 베토벤은 자신의 시대보다 훨씬 앞서서 이런 진실을 몸소 보여주었다.

⟨

브리지타워가 떠나자 베토벤은 자신의 소나타에 올릴 새로운 이름이 필요했다. 그가 생각해낸 사람은 파리 음악원 교수이자 파리 국립 오페라단 악장인 최고의 바이올리니스트 로돌프 크로이처였다. 베르사유궁에서 일했던 독일인을 아버지로 둔 크로이처는 파리 귀족들의 총애를 받았다. 베토벤은 그를 1798년에 한 번 만났는데, "빈에 머무는 동안 많은 즐거움을 내게 주었던 친절한 동료"로 생각했다. 그래서 그에게 소나타를 보냈지만 고맙다는 말은커녕 답장도 받지 못했다. 베를리오즈에 따르면 크로이처는 "도저히 이해할 수 없는" 곡이라고 여겼다고 한다. 나폴레옹 시대 대부분의 시민들이 그랬듯이 그는 독일 예술을 전혀 존중하지 않았다. 파리 음악원에서 베토벤 교향곡 2번이 연주되었을 때 크로이처는 손으로 귀를 틀어막고 자리에서 뛰쳐나갔다. 그 정도로 독선적이고 반동적이고 옹졸했다. 그는 베토벤의 소나타를 연주는 고사하고 헐뜯고 다녔다.

그러는 동안 크로이처는 모두가 바라는 불멸을 얻었다. 세기의 끝에 다다른 1889년 레프 톨스토이가 『크로이처 소나타』라는 소설을 써서 러시아와 미국에서 출판 금지 처분을 받았다. 톨스토이는 베토벤 곡을 성적 욕망—"추잡한 성교"—의 본보기로 여기고 애정 어린 결혼생활을 망가뜨릴 잠재력이 있는 것으로 활용한다. 소설의 화자는 아내가 바이올리니스트와 베토벤의 〈크로이처 소나타〉를 함께 연주하는 모습을 보고 남자로서 실패했다는 감정에 휩싸인다.

> 내가 괴로웠던 것은 확신하건대 아내가 습관적인 관능성을 종종 뒤섞어가며 계속해서 짜증을 내는 것 외에 다른 감정을 내게 전혀 내보이지 않았기 때문이다. 그런데 이 남자는, 외적으로 우아하고 참신한 외모 덕분에, 무엇보다 의심의 여지가 없는 탁월한 재능과 음악의 영향 아래에서 발휘되는 매력과 음악이 신경의 작용에 미치는 인상 덕분에, 그는 아내를 기쁘게 했을 뿐만 아니라 필연적으로 어려움 없이 그녀를 정복하고 자신이 원하는 대로 그녀를 요리했다.

아내가 바이올리니스트와 저녁을 먹는 장면을 목격한 그는 칼을 꺼내 그녀를 죽이고 음악가는 도망치게 둔다. "양말을 신은 채 아내의 연인을 뒤쫓아가는 것은 우스꽝스럽기" 때문이다. 가정생활이 무미건조했던 톨스토이는 부부가 성욕을 절제해야 한다고 호소하며 소설을 마무리한다.

30년 뒤에 체코 작곡가 레오시 야나체크는 정숙한 유부녀 카밀라 스퇴슬로바와 사랑에 빠져 현악 4중주곡에 '크로이처 소나타'라는 제목을 붙였다. 60대의 야나체크는 결혼생활이 비참했다.

반면 카밀라는 남편과 사이가 좋았고, 교육을 제대로 받지 못했고, 나이가 그의 절반밖에 되지 않았다. 요부妖婦와는 거리가 먼 통통하고 촌스럽고 호기심 없는 여자였다. "당신은 사랑스러운 성격과 외양이오." 야나체크가 그렇게 말하자 카밀라는 자신의 옷차림을 걱정했다. 그는 톨스토이의 소설에 대해 설명했다. "학대당해 쇠약해진, 죽도록 매 맞은 불쌍한 여자를 생각하고 있소. 톨스토이가 묘사한 것 같은 여자요." 야나체크는 그녀에게 완전히 빠졌고, 카밀라가 소극적으로 나오자 오히려 달아올랐다. 두 사람은 11년 동안 편지를 주고받으며 정신적인 관계를 이어갔다.

야나체크의 〈크로이처 소나타〉는 베토벤의 파편들을 날리며 폭발하는 수류탄이다. 두 번째로 작곡한 현악 4중주곡 〈비밀 편지〉에 대해 그는 카밀라에게 이렇게 물었다.

내가 그 곡을 썼단 말이오? 저 기쁨의 울음소리, 하지만 참으로 묘한 것이 자장가 뒤에 들리는 공포의 울음소리이기도 하오. 날아갈 듯한 행복, 차분한 사랑의 선언, 애원, 길들여지지 않은 갈망, (…) 혼란, 소리 높여 부르는 승리의 노래, "드디어 운명의 여인을 만났어." 그저 나 혼자 말하고 당신은 근사하게 침묵만 지키고 있군요. 오, 마치 생살을 깎아서 만든 작품 같소.

야나체크는 그해 여름에 폐렴으로 죽었다. 카밀라는 7년을 더 살다가 암으로 죽었다. 야나체크는 톨스토이의 말을 인용한다. "음

악은 대체로 두려운 것이오. (…) 예를 들어 이 〈크로이처 소나타〉
에 나오는 첫 번째 프레스토를 보시오. 이런 프레스토가 어떻게 낮
게 파인 드레스를 입은 여자들이 모인 거실에서 연주될 수 있소?”
야나체크의 4중주곡은 유혹과 공포를 뒤섞는다. 그는 유대인인
카밀라를 가리켜 “나의 검은 집시, 나의 니그로 여인”이라고 불렀
다. 그녀는 브리지타워가 베토벤에게 그랬듯이 그의 어두운 면, 도
저히 넘볼 수 없는 순수였다.

베토벤의 소나타에서 바이올린은 첫 마디부터 전투태세로 나선
다. 피날레 앞부분이 되면 음들이 바닥난다. 중간의 ‘주제와 변주’
악장은 가능성들로 둑이 무너지고 홍수가 난다. 베토벤은 천사와
씨름하는 야곱처럼 동이 틀 때까지 싸움을 벌인다.

　　100장의 음반 가운데 10장이 돋보인다. 야샤 하이페츠와 브룩
스 스미스(1961)는 기록적인 속도로 내달린다. 자크 티보와 알프레
드 코르토의 1929년 5월 연주는 사색적이다. 예후디 메뉴인과 여
동생 헤프시바 메뉴인(1943)의 연주는 요란하고 삐걱대고 재미가
없다. 두 명의 헝가리 망명자가 1940년 4월 13일 워싱턴 D. C.의
의회도서관에서 리사이틀을 열어 버르토크 벨러의 1922년 소나
타와 드뷔시의 1917년 소나타, 그리고 베토벤의 〈크로이처〉를 연
주했다. 무대에 오른 사람은 바이올리니스트 조지프 시게티였고 버

르토크 본인이 피아노를 맡았다. 〈크로이처〉의 1악장 마지막 30초에 외로움과 소외로 숙연해지는 대목이 있다. 망명자의 고통이 통렬하게 전해져서 누구도 두려움에 감히 움직일 수 없다.

다른 훌륭한 연주로 슈나이더한-켐프, 오이스트라흐-오보린, 그뤼미오-하스킬, 셰링-루빈스타인, 펄먼-아시케나지(1974)가 있다. 기돈 크레머와 마르타 아르헤리치(1994)는 격렬함과 자비로움에서 대적할 상대가 없다.

역사적인 공연 영상이 있다. 1986년 7월, 나탄 밀스타인이 생애 마지막 리사이틀을 했다. 그는 당시 여든두 살이었고 70년째 무대에 서고 있었다. 그에게 비결을 묻자 한 해에 30회로 공연을 제한하고 나머지 시간에는 새로운 경험을 자주 갖는 것이라고 했다. 언젠가 그가 텔레비전으로 아이스댄서 토빌과 딘의 무대를 보고 있었다. "그들로부터도 뭔가를 배울 수 있어요." 그가 활짝 웃으며 말했다. 남들은 손가락을 떨고 기억력 저하로 고생하는 나이에 밀스타인은 스트라디바리우스를 경쾌하게 흔들며 무결점의 연주력을 선보였고, 한 명이라도 박수를 치면 앙코르를 하러 나왔다. 이 영상을 촬영하기 몇 주 전에 스위스에서 그의 연주를 들었는데 생동감 넘치는 그의 모습에 반했다. 그는 음악으로 자신을 놀라게 하는 것을 좋아한다고 했다.

조르주 플뤼데마셰와 호흡을 맞추고 영국의 다큐멘터리 감독 크리스토퍼 누펜이 스톡홀름에서 촬영한 그의 〈크로이처 소나타〉 연주는 평온한 음악의 진수를 보여주는 세계 문화유산이다.

밀스타인은 피아노와 살짝 거리를 두고 서서 조명을 받으며 바이올린과 교감한다. 오래되고 충실한 관계에서 나오는 달콤함을 바이올린에서 끌어내고, 매력을 끝까지 이어나간다. 몇 주 뒤에 그는 낙상 사고로 왼손을 다쳐 무대 경력을 마감했다.

52장

로드도 있었네

바이올린 소나타 10번 G장조 op.96 (1812)

아직 크로이처 이야기가 끝나지 않았다. 베토벤은 자신의 다음 바이올린 소나타를 크로이처의 최대 적수인 피에르 로드를 위해 작곡했다. 로드는 악장으로 있던 나폴레옹의 오케스트라를 그만두고 러시아로 건너가 차르로부터 연봉 5000루블의 은화를 받고 그곳의 바이올린 수준을 끌어올리는 일에 나섰다. 크로이처는 로드의 연주를 "지나치게 쿨하다"며 비난했다.

1812년 12월에 로드가 빈에 왔고, 베토벤은 소나타를 그의 '쿨한' 스타일에 맞춰 작곡했다. 로드는 테크닉에 한계가 있어서 베토벤이 하고 싶은 대로 따라갈 수 없다고 루돌프 대공이 옆에서 조언을 했다. 베토벤도 인정했다. "마지막 악장 작곡에 지나치게 서두르지 않았소. 로드가 연주하는 것을 보며 이 악장을 구성해야 했기 때문이오. 피날레에서 우리는 시끌벅적한 패시지를 넣고 싶었지만 로드는 이런 것을 좋아하지 않더군요. 그래서 작곡에 지장을 받았소." 로브코비츠 공작의 궁정에서 열린 사적 초연과 1813년 1월 7일의 공개 초연 모두 루돌프가 피아노를 연주했다. 반응은 미지근했다. 출판은 3년 뒤에 이루어졌다. 파리로 돌아간 로드는 크로이처의 방해에 부딪혀 베토벤 곡을 제대로 홍보하지 못했다.

　소나타 10번은 베토벤의 바이올린 곡을 통틀어 가장 화창하다. 이 곡을 쓰는 동안 베토벤은 흉통과 복통에 시달려 집 밖으로 거의 나가지 못했다. 재정적으로 곤란에 처했고, 동생 카를 카스파르가 아팠다. 그럼에도 25분 내내 환한 웃음을 잃지 않는다. 메뉴인, 하이페츠, 오이스트라흐가 음반에서 기대치를 높여놓았다. 이츠하크 펄먼과 블라디미르 아시케나지(1977)는 냉철한 정확성을 보이면서 앙증맞은 톤을 구사한다. 기돈 크레머와 마르타 아르헤리치(1994)는 주거니 받거니 하는 모습이 마치 윔블던에서 맞붙은 두 챔피언 로저 페더러와 노바크 조코비치의 경기를 보는 것 같다.

53장

예술은 길다

피아노 소나타 13번 E플랫장조 '환상곡풍' op.27-1 (1801)

19세기의 첫 두 해에 베토벤은 자신의 피아노 소나타의 4분의 1을 작곡했다. 출판업자를 설득하고자 그는 두세 곡씩 묶어서 악보를 넘겼다. 작품번호 27의 두 곡 모두 '환상곡풍'이라는 작곡가의 설명이 붙어 있다. 서로 더 이상 다를 수 없는 곡이다(두 번째 곡은 〈월광〉이다).

베토벤이 말한 환상곡은 무슨 뜻일까? 첫 번째 소나타는 E플랫장조를 들락날락하며 15분간 중단 없는 내러티브가 펼쳐진다. 스위스 피아니스트 에트빈 피셔는 이 곡을 아이들의 놀이라고 했다. 캐나다의 앤절라 휴잇은 베토벤이 숨바꼭질을 하는 것 같다고 말한다.

슈나벨은 이 곡을 농담으로 취급한다. 글렌 굴드는 서두의 주제를 너무 크게 노래해서 피아노 소리가 제대로 들리지 않을 정도다. 굴드의 열혈팬들조차 밉살맞다고 여긴다. 피터 제르킨은 젊은 굴드와 노련한 길렐스의 태평함을 효과적으로 조합한 연주다. 바이올리니스트 미리암 프리드의 아들 조너선 비스(2016)는 첫 프레스토에 진입할 때 안전 속도를 한참 넘어선다.

나는 다니엘 바렌보임이 이 소나타를 연주하는 것을 얼마나 많이 들었는지 모른다. 1967년 런던의 퀸엘리자베스 홀이 개관했을 때 스물네 살의 바렌보임은 서른 두 곡의 소나타 전곡을 연주했고 EMI에서 녹음했다. 그해 여름에 그는 '6일 전쟁'이 끝난 이스라엘에서 재클린 듀프레이와 결혼했고, 지휘를 하기 시작했다. 이 전집에서 소나타 13번은 보행자의 발걸음으로 시작하여 자동차 추격전에 돌입한다. 바렌보임의 현란한 솜씨에 청자는 입을 떡 벌리게 된다.

40년 뒤에 베를린 국립 오페라단 음악감독이자 중동의 평화 중재자 바렌보임은 런던으로 돌아와 로열 페스티벌 홀에서 8일에 걸쳐 베토벤 소나타 전곡을 다시 연주했다. 보조 좌석까지 꽉 들어찼다. 베토벤을 한 번도 들어본 적이 없는 젊은 여성 둘이 언론의 대대적인 보도에 이끌려 내 양쪽에 앉았다. 바렌보임은 슈나벨처럼 임의적으로 순서를 정해 소나타들을 연주했다. 그는 BBC 방송을 거절했다. 슈나벨처럼 비평가들에게 손가락 실수를 지적당하는 것이 싫었던 것이다. 그가 스튜디오에서 녹음한 환상곡은 많은 점에서 탁월하다. 무엇보다 예술가가 길고 투쟁적이고 대단히 공적인 삶을 사는 동안 터득하게 되는 것들을 보여주는 증거물이다.

54장

농담의 순간

피아노 소나타 16번 G장조 op.31-1,

17번 D단조 '템페스트' op.31-2,

18번 E플랫장조 op.31-3 (1801~1802)

이 곡과 관련해서는 재치 있는 말이 많다. 알프레트 브렌델은 "오로지 웃기려는 의향"이 소나타 16번에 "타당성"을 부여한다고 했다. 제러미 덴크는 "농담이 섞인 진지한 작품이 아니라 (…) 곡 전체가 웃음바다이며 웃음이 곡의 핵심"이라고 느꼈다. 직업적으로 베토벤을 연주한 최고 저술가 찰스 로젠의 말을 들어보자. "작품번호 31 G장조 소나타의 희극성은 첫 마디에서 시작한다. 실은 첫 마디도 나오기 전에 시작한다. 오른손이 마디줄보다 아주 살짝 먼저 들어오기 때문이다. 오른손이 왼손보다 앞서는 변칙적인 구성이다." 여러분이 떠올리는 베토벤 이미지가 거대한 두개골 속에 거인 같은 생각들을 꾹꾹 담아두고 있는 모습이라면, 그가 자신의 음악을 연주하는 사람들에게 장난을 걸 가능성도 있음을 결코 무시하지 말자.

　로젠은 작품번호 31-1을 일종의 부정맥 환자처럼 연주한다. 장애를 잔인하다기보다 무뚝뚝하게 묘사하면서 음악으로 이를 극복할 수 있다는 언외의 뜻을 전한다. 로젠은 어떤 연주자보다 베토벤에 깊게 파고들었다. 예일 대학에서 2002년에 나온 그의 베토벤 소나타 안내서는 독창적인 논평과 설득력 있는 통찰력으로 빛난다. 뉴욕에서 리스트의 제자에게 배운 로젠은 한계를 모르는 박식가였다. 프랑스와 이탈리아 요리를 좋아한 미식가였지만, 음악은 피에르 불레즈와 엘리엇 카터의 엄격한 피아노곡을 좋아했다. 그는 건축, 미술, 문학, 과학에 두루 밝았다. 다 떠나서 그는 연주를 잘했다.

　그러나 그는 피아노만으로는 성이 차지 않았다. 카네기 홀 데뷔를 앞두고 리허설을 하면서 그는 프린스턴에서 프랑스 문학으로 박사학위를 받았고, 그곳에서 수학과 철학도 공부했다. 연구서『고전적 양식』으로 교수직을 제안받았지만, 로젠은 파리로 갔고 한동안 음악을 포기했다. 2012년 12월 세상을 떠날 때 그는 영국의 극작가 윌리엄 콩그리브에 관한 에세이를 쓰고 있었다. 그는 기분 좋은 자화자찬의 재주가 있었다. 언젠가 BBC 스튜디오에서 줄어드는 음악회 청중에 대해 나와 이야기를 나누면서 그가 이렇게 말했다. "가끔 나도 열다섯 명밖에 안 되는 사람들 앞에서 연주하기도 합니다. 물론 그중 열두 명은 노벨상 수상자였지요."

　베토벤에서 그는 귀가 들리지 않아 괴로워하는 작곡가의 이미지를 몰아내고 창의적 활력의 원천으로 바꿔놓았다. 모든 음, 모든 페이지, 모든 호흡으로 역경을 이겨내는 작곡가로 말이다. 후기 소나타 음반은 살짝 지나친 감이 있지만, 작품번호 31에서 찰스 웰스 로젠은 독보적이다. 유머와 삶의 고난이 물결치는 연주다. 그가 열변을 토하며 몸서리쳤던 묘비의 얼굴을 한 카네기 홀 독주자들과는 완전히 다르다.

♪

작품번호 31-2의 〈템페스트〉 소나타에서 겐리흐 네이가우스는 마치 수업 시간에 가르치는 병리학자처럼 음악의 힘줄을 드러낸다. 마리야 유디나는 폭풍인 동시에 배이며 주체인 동시에 객체다. 1960년 12월 카네기 홀에서 연주한 리흐테르는 날씨 예측을 엉터리로 하는 예보관이다. 다들 맑은 하늘을 보고 있는데 폭풍이 몰려온다고 한다. 길렐스는 든든한 쉼터를 제공한다. 하나같이 빼어난 연주들이다.

반드시 들어야 하는 또 한 명의 피아니스트는 스웨덴 영화감독 잉마르 베리만의 네 번째 아내 케비 라레테이다. 에스토니아 망명자로 베리만의 영화 〈가을 소나타〉에 영감을 준 뮤즈이기도 한 라레테이는 얼음처럼 차갑고 진지하게 〈템페스트〉를 연주한다. 유튜브 동영상 7분 30초에 베토벤의 교향곡 9번 피날레의 한 대목이 흘러나온다. 어디서 온 거지? 어떻게 다른 피아니스트들은 이

것을 알아보지 못했을까? 해석이 익숙한 음악에 숨겨져 있는 단서를 드러내 영감이 되는 순간이다. 라레테이는 1969년에 베리만과 헤어졌고, 베리만의 다섯 번째 아내가 죽자 그의 곁으로 돌아갔다. 베리만은 2007년, 라레테이는 2014년 세상을 떠났다. 라레테이는 흔치 않은 흥미로운 음악의 탐험가로 힌데미트, 스트라빈스키와 이름을 부르는 가까운 사이였다.

$$\text{⌇}$$

작품번호 31-3의 2악장이 3분에 접어들 때 마리야 그린베르크는 베토벤의 악절을 파도에 쓸려 허물어지는 모래성처럼 연주한다. 오데사에서 자랐고 아버지와 남편이 스탈린의 손에 살해된 그린베르크는 목숨을 부지하려고 발레 수업에서 피아노를 연주했다. 소련 밖으로 나가지 못했던 (딱 한 번 네덜란드에 간 것을 제외하면) 그녀는 60대에 베토벤을 녹음했다. 거의 앞을 보지 못해 암보로 연주하면서 서른두 곡의 소나타를 소비에트 공포의 밀실로 풀어냈다. 역사가 보내는 경고다. 마리야 그린베르크는 1978년 예순아홉 살에 세상을 떠났다.

　내가 처음으로 작품번호 31-3을 들은 피아니스트는 아르투르 루빈스타인이었다. 폴란드 출신의 유대인으로 발레리나를 좋아하고 화려한 삶을 즐긴 루빈스타인은 드뷔시, 라벨, 데 파야, 시마노프스키, 스트라빈스키, 프로코피예프 등 작곡가들과 어울려 다녔

다. 그의 연주는 베토벤에서 설득력을 갖기엔 살짝 경박해 보이지
만, 이 소나타에서는 내향적으로 돌아서서 음들 사이의 공간에 음
악만큼 신경을 쓴다. 그는 작품번호 31-3을 네 차례 녹음했는데
템포가 거의 변함이 없다. 그를 대표하는 베토벤 곡이다.

55장

시시한 졸작

피아노 소나타 19번 G단조 op.49-1,

20번 G장조 op.49-2 (1805)

두 개의 론도 op.51,

변주곡 WoO.80 (1806)

각각 연주 시간이 8분에 불과한 이 두 소나타는 베토벤 동생이 서랍에서 발견해 출판업자에게 넘긴 것이다. 첫 번째 소나타에는 말쑥한 구석이 있지만 두 번째 곡은 시시하다. 7중주 선율이 나오는 것이 그나마 위안이랄까. 라두 루푸는 1977년 런던 지하철 소리가 벽 너머로 울리는 가운데 데카의 킹스웨이 홀에서 두 곡을 녹음했다. 턱수염을 기른 내성적인 루마니아인 루푸는 스무 장 남짓한 음반을 냈는데 그중 이 소나타들은 경이로운 표현주의자의 면모를 보인다. 베토벤의 단단한 발걸음보다는 슈베르트의 물 흐르는 노래에 더 가깝다. 루푸 주위에 감도는 침묵은 제법 초현실적이다. 알려진 유일한 인터뷰에서 그는 말한다. "모든 사람은 저마다 다르게 이야기를 전합니다. 이야기는 매력적이고 자발적으로 와닿아야 합니다. 사람의 마음을 끌고 설득하지 못하면 가치가 없습니다." 두 곡의 론도와 C단조의 변주곡은 베토벤이 걸은 숲길을 따라 어슬렁거린다.

56장

크리켓 음악

현악 4중주 7번 F장조 op.59-1,

8번 E단조 op.59-2,

9번 C장조 op.59-3 (1806)

베토벤은 작품번호 18의 첫 번째 현악 4중주곡 세트를 작곡하고 8년 뒤에 새로운 4중주곡들을 작곡했다. 그 사이에 모든 것이 바뀌었다. 심지어 그가 사용하는 노트도 크기가 작아졌다.

〔그는 노트를〕 항상 팔에 끼고 다니거나 주머니에 넣고 다녔다. (…) 밑줄이 그어진 종이 뭉치를 들고 다니지 않은 그의 모습을 본 적이 없다. 산책하거나 누군가를 방문할 때 영감이 떠오르면 곧바로 악상을 적기 위함이었다. 그리고 노트의 크기가 바뀌면서 스케치의 성격도 달라졌다. (…) 해가 갈수록 준비 단계의 초안과 임시적인 스케치가 늘어났다. 발전부는 더 이상 완전한 형태로 그에게 떠오르지 않았다. 그는 끊임없이 디테일을 고쳤다.

이것이 한창 전성기에 베토벤이 작곡한 방식이다. 그는 자신이 쓰는 곡이 누구를 위한 것인지 알았다. 그의 네 친구—슈판치히, 루이스 지나, 프란츠 바이스, 요제프 링케—가 빈의 러시아 대사 안드레이 라주모프스키 백작에게 고용되었다. 슈판치히가 리더로서 자부심이 강하다는 것을 알고 베토벤은 작품번호 59-1의 개시부 주제를 첼로에 맡겼다. 농담을 알아들은 청중은 질투하는 뚱보를 보고 웃었다. 베토벤은 조정도 했다. 라주모프스키가 지나 대신 제2바이올린을 맡고 싶어 한다는 말을 듣고는 제2바이올린 파트를 백작도 연주할 수 있도록 쉽게 만들었다.

라주모프스키는 평범한 외교관이 아니었다. 빈의 문화생활 최상층에 몸담고 있었다. 그는 리히노프스키의 처형과 결혼했고, 란트슈트라세에 있는 자신의 궁전을 라파엘로, 루벤스, 반다이크, 앙겔리카 카우프만의 그림들로 채웠다. 안토니오 카노바의 조각품들을 놓은 그의 정원은 원예의 기적이었다. 그는 나폴레옹 전쟁이 벌어지는 동안 손님들을 초대해 후하게 대접했고 그 덕분에 빈 회의에서 주빈 대접을 받았다. 차르에게 해고되자 라주모프스키는 로마 가톨릭으로 개종했고, 재혼하여 빈에서 남은 삶을 살았다.

그는 베토벤에게 한 가지 요청을 했다. 러시아 민요를 각각의 4중주에 넣어달라고 했다. 베토벤은 작품번호 59-1의 피날레와 작품번호 59-2의 스케르초에 민요 선율을 넣어 호의를 보였지만—'슬라바' 선율은 무소릅스키의 오페라 〈보리스 고두노프〉의 대관식 장면과 스트라빈스키의 발레곡 〈불새〉에도 나온다—작품번호 59-3에는 넣지 않았다. 잊었거나 어쩌면 거역했을 수도 있다.

　그가 쓴 노트에 심란한 심경이 드러나 있다. "내 동생 무덤가에 흩날리는 수양버들"이라는 문구가 있는데, 당시에는 두 동생 모두 멀쩡하게 살아 있었다. 작품번호 59-3은 장례식을 연상시키는 도입부로 시작한다. 그의 불안 수준이 높았던 것이다.

　각각의 곡은 연주 시간이 30분이다. 첫 번째 리뷰 기사는 "대단히 길고 대단히 어렵다"고 했다. 해명을 요구하자 베토벤은 이렇게 답했다. "오, 〔그것은〕 당신들을 위한 것이 아니라 미래 세대를 위한 곡이오."

　빈의 현악 4중주단, 특히 바릴리 4중주단(1955)과 알반 베르크 4중주단(1980)이 기준을 세웠다. 쇼스타코비치가 사랑한 앙상블인 모스크바의 베토벤 4중주단은 거칠고 무뚝뚝하고 강압적이다. 최근에 나온 압도적인 두 음반이 있다. 희미하게 빛나는 스페인의 카살스 4중주단(2018), 그리고 차분한 기예를 보여주는 프랑스의 에벤 4중주단(2019)이다.

　〈라주모프스키〉 4중주는 스포츠와도 인연이 있다. 잉글랜드 팀이 1981년 오스트레일리아와 벌인 첫 번째 테스트 크리켓 경기에서 패하자 정신과 전문의를 팀의 주장으로 들였다. 마이크 브리얼리는 괜찮은 타자였고 세계 정상급에는 살짝 모자랐다. 무시무시한 상대편이 20미터 거리에서 빨간색 공을 시속 90마일의 속도로 그에게 던질 때 그는 버티기 위해 할 수 있는 것을 했다. 바로 베토벤을 노래하는 것. 투수가 공을 던지는 동작을 취할 때 브리얼리는 첫 번째 〈라주모프스키〉 4중주를 시작하는 첼로 주제를 흥얼거렸다. 기상천외한 그의 태연함은 모든 것을 집어삼킬 것 같았던 오스트레일리아 선수들의 기세를 꺾어놓았다. 베토벤을 경기장에 끌어들인 잉글랜드는 결국 시리즈를 3 대 1로 이겼다.

57장

삶은 계속된다

현악 4중주 10번 E플랫장조 '하프' op.74 (1809)

그의 다음 4중주곡은 〈황제〉 협주곡, 〈고별〉 소나타와 같은 조성이다. 베토벤이 프랑스군이 폭격하는 와중에 작곡한 곡임을 여러분은 알아채지 못할 것이다. 어떤 예술가들은 실존적 두려움과 마주치면 얼어붙는다. 베토벤은 그냥 하던 일을 계속했다. 잠깐 쉴 때 노트에 "요한 제바스티안 바흐를 추억하며"라고 적었고 그 뒤에 "하인들 월급날이 4일이다"라고 적었다. 총격이 너무 가까이서 벌어지자 그는 빈 교외에 있는 골든크로스 여관에 방을 빌려 다른 4중주곡을 작곡했다.

〈하프〉는 '소토 보체'(작은 소리로)라고 표기된 패시지를 다 함께 연주하며 시작한다. 2악장은 미소 짓는 선율이 나온다. 3악장은 교향곡 5번과 같은 공격성이 있으며 피날레에서 멋진 카타르

시스를 선사한다. 펠릭스 멘델스존이 태어난 해에 작곡되었고 그의
가족이 자필 악보를 가져갔다. 멘델스존에게 결정적인 영향을 끼친
작품이다. 그는 베토벤이 죽은 이듬해, 그러니까 10대 시절에 작곡
한 E플랫장조 4중주의 첫머리에 베토벤의 이 곡을 인용한다.

　헝가리인들이 두각을 드러낸다. 레너 4중주단(1932)과 부다페
스트 4중주단(1936)은 사나운 격정으로, 그리고 살짝 우울함에
방점을 두고 연주한다. 베그 4중주단(1952)은 훨씬 급진적이어서
이 곡이 어떻게 끝날지 안다고 생각하는 사람들을 곤혹스럽게 만
든다. 에드워드 듀슨베리, 카로이 슈란츠, 로저 태핑, 안드라스 페
예르로 이뤄진 타카치 4중주단(2002)의 데카 녹음은 통찰력, 환
상, 재치, 완벽한 노이즈까지 뭐 하나 빠지는 것이 없다. 버르토크
4중주단(2014)도 훌륭하다. 어째서 헝가리인들이 다른 이들보다
이 곡에 조예가 더 깊은지 타당한 이유는 없지만, 음반은 거짓말을
하지 않는다. 타카치가 그 증거다.

58장

고난의 삶

현악 4중주 11번 F단조 '세리오소' op.95 (1810)

내가 아마데우스 4중주단을 처음 만났을 때 그들은 한창 중년이었고 농담 같은 것은 전혀 모르는 사람들이었다. 사진 촬영을 하는데 한 명이 재킷 소매가 스튜디오 조명에 탔다며 고소하겠다고 했다. 다른 세 명은 투덜거리기만 했다. 나는 잡지 기사를 쓰면서 "진지한 4중주단"이라고 했는데 모든 현악 4중주단이 시무룩한 표정이라는 것을 아직 모르고 한 말이었다. 4중주단이 웃고 있다면 그 팀은 오래 못 간다. 세월이 흘러 나는 그들과 가까워져서 그들의 아내를 만나고 그들의 이야기를 들었다. 빈 출신 유대인 세 사람, 즉 페터 시들로프, 지그문트 니셀, 노베르트 브라이닌은 1940년 맨 섬Isle of Man에서 적성 외국인으로 억류된 상황에서 만났다. 풀려난 그들은 런던에서 첼로를 배우는 마틴 로벳을 만났다. 그들의 데뷔

는 1948년 1월 10일 위그모어 홀이었다. 영국에 좋은 현악 4중주
단이 없었고 외국의 악단을 부를 여력이 없었을 때다.

데카에서 사람들이 잘 모르는 두 장의 음반을 내고 나서 아마
데우스 4중주단은 도이치 그라모폰과 계약했다. 1952년 그들이
첫 세션에서 연주한 곡들 중에 베토벤의 〈세리오소〉 4중주가 있었
다. 무표정한 독일 스튜디오 직원들 앞에서 최근 난민이 된 사람의
공격성을 고스란히 드러내며 연주했다. 1960년에 스테레오로 다
시 녹음한, 한층 박력 넘치는 그들의 연주는 완고한 고집스러움을
강조한다. 과거의 죄과를 용서하지 않고 싸구려 기쁨을 주지 않는
다. 그들은 베를린과 빈에서 크나큰 존경을 받았고 〈세리오소〉는
그들의 대표 레퍼토리가 되었다. (이 곡과 관련하여 탁월한 음반을
남긴 다른 이들로 미국의 에머슨 4중주단과 프라하의 스메타나 4중
주단이 있다.)

1987년 8월, 아마데우스 4중주단은 베토벤의 4중주 전곡을
디지털 사운드로 다시 녹음하기로 합의한 직후에 활동을 접었다.
페터 시들로프—"좀처럼 만족할 줄 몰랐던 사람"—가 영국 레이크
디스트릭트에서 일요일 오후에 심장마비로 사망했기 때문이다. 다
른 세 명은 그 없이 활동을 이어갈 수 없었다. 4중주단은 평생을
함께하는 관계다.

현악 4중주 11번은 연주 시간이 20분으로 베토벤의 4중주곡
가운데 가장 짧다. 누가 세느냐에 따라 세 악장 혹은 일곱 악장으
로 되어 있다. 베토벤은 "빈에서 가장 오래된 친구에게 보내는 (…)

계속적인 나의 사랑의 증거"라며 이 곡을 첼리스트 니콜라우스 즈메시칼에게 헌정했지만, 음악에서 애정이나 따뜻함은 거의 느껴지지 않는다. 메트로놈과 같은 박으로 돌진한다. 삶의 시계가 째깍째깍 줄어드는 것에 저항하는 것 같다. 베토벤은 영국인 조지 스마트에게 이 작품은 진지한 사람들을 위한 곡이므로 "대중 앞에서 절대로 연주하지 말라고" 했다.

현악 4중주 11번 F단조 op.95 (구스타프 말러 편곡)

1897년 4월, 구스타프 말러가 빈 국립 오페라단에 입성한 그 주에 구스타프 클림트는 반항적인 예술가들을 모아 분리파 운동을 시작했다. 5년 뒤에 클림트는 황금 지붕을 얹은 분리파 건물을 지어 전시회를 열었다. 막스 클링거의 베토벤 조각상(영웅적이고 옷을 거의 다 벗은 모습)이 중앙 홀에 놓였고, 벽 위쪽에 그려진 벽화에는 황금 갑옷을 입은 기사가 보이는데 용모가 영락없는 말러다. 전시회에 6만 명이 몰려든 가운데 프란츠 요제프 황제는 베토벤을 무례하게 다룬 것에 충격을 받았다.

　명성을 존중하는 자가 아니었던 말러는 베토벤의 '진지한' 4중주곡에 살을 붙여 현악 오케스트라 버전으로 만듦으로써 빈을 한층 격분시켰다. 청중은 야유를 보냈고 악보는 1986년까지 문서 보관소에 묻혀 있었다. 크리스토프 폰 도흐나니가 지휘를 맡아 빈 필

하모닉이 처음으로 이 곡을 녹음했지만, 베토벤이나 말러의 이해
에 기여한 바는 거의 없다.

현악 5중주 E플랫장조 op.4, C장조 op.29, C단조 op.104

베토벤은 현악 4중주에 비올라가 추가된 편성으로 세 곡을 남겼
다. 작품번호 4(1795)는 모차르트풍이며 거품처럼 가볍고 실속 없
다. 엔델리온 4중주단에 비올리스트 데이비드 애덤스가 가세하여
멋진 음반을 남겼다. 작품번호 29(1801)는 첫 번째 〈라주모프스
키〉 4중주를 연상시킨다. 아마데우스 4중주단이 세실 아로노비츠
와 함께 멋지게 연주했다. 작품번호 104는 초기 피아노 3중주곡
을 다시 손본 것이다. 파인 아츠 4중주단과 길 샤론의 음반이 좋다.

59장

틱톡

'안경 2중주' WoO.32 (1796~1797)

자동시계를 위한 세 곡 WoO.33a (1797)

세레나데 op.25 (1801)

사창가에 드나들었던 아마추어 첼리스트 즈메시칼 남작은 공직자 신분을 이용하여 베토벤이 작곡에 사용하도록 비품 창고에서 종이를 몰래 빼돌려 그에게 주었다. 〈안경 오블리가토가 있는 비올라와 첼로를 위한 2중주 E플랫장조〉는 베토벤의 장난기가 발휘된 곡이다. 그는 국가 재산인 종이를 아끼고자 즈메시칼의 파트를 아주 자그마하게 기보했다.

독일 작곡가 파울 힌데미트가 첼리스트 동생 루돌프와 함께 이 곡의 첫 악장을 녹음했다. 실력이 더 뛰어난 형제가 상대를 배려하며 연주하는 가족 연주의 모범적 사례다. 힌데미트는 누구나 집에서 연주할 수 있는 '사용자 중심user-friendly' 음악인 '실용 음악Gebrauchsmusik'의 창시자다.

　음악이 흘러나오는 자동시계는 빈의 많은 가정 벽난로 선반에 있었던 신물품이다(모차르트도 갖고 있었다). 장피에르 랑팔과 마리엘 노르드만의 플루트-하프 연주, 그리고 아네조피 무터와 램버트 오키스의 바이올린-피아노 연주가 음반으로 나와 있다. 플루트, 바이올린, 비올라를 위한 세레나데는 예쁘고 시시덕거리고 팔랑거린다. 제임스 골웨이와 런던 비르투오지가 황홀한 해석을 들려준다.

4부

막다른 골목에서

60장

듣지 못하다

올리브산의 그리스도 op.85 (1802)

비가 op.118 (1814)

1802년 10월, 베토벤은 자신이 더 이상 듣지 못한다는 사실을 받아들였다. 제자인 리스와 들판을 걷고 있을 때였다. 양치기가 나무 피리를 불고 있는 것이 보였다. 입술을 오므린 채 손가락을 바삐 움직이는 모습은 보이는데, 삑삑거리는 소리는 전혀 귀에 들리지 않았다. 지난 4~5년간 청력이 나빠지고 있다는 건 알았지만 이제 진짜 끝이었다. 그는 이런저런 엉터리 요법을 시도해보다가 포기했다. 앞에는 침묵이 기다리고 있었다. 베토벤의 나이 서른한 살이었다.

베토벤은 빈 교외 하일리겐슈타트의 포도밭에서 6개월간 쉬는 시간을 가졌다. 10월이 되어 늦은 포도를 수확할 때였다. 그는 새로 담근 와인의 자극적인 향기 속에서 저녁의 불안을 달래려고 했

다. 사람들이 나무 벤치에 모여 앉아 술잔을 부딪치는데 아무 소
리도 들리지 않았다. 그는 혼자 있다가 방으로 돌아와 자신의 곤경
을 가장 가까운 혈육, 그러니까 두 동생에게 알리기로 했다.

　형제들은 사이가 결코 원만하지 않았다. 국가 공무원으로 일
한 카를 카스파르는 재무국 서한용지를 이용하여 베토벤 대리인
행세를 하며 출판업자들을 상대했다. 출판업자들은 절차를 무시
한 무례한 일로 보아 좋아하지 않았다. 그들은 카를 카스파르가
베토벤 모르게 이 일을 하고 있다고 이해했다. 루트비히는 강력하
게 반박했다. "사악한 자들이 동생이 나를 욕되게 한다는 소문을
퍼뜨리고 있지만, 이것은 사실이 아니며 그는 항상 나의 이익을 진
실하게 챙겨주었다고 확실히 말하는 바이오." 사적인 면에서 그는
동생이 헤픈 여자와 어울리는 것을 걱정했다. 카를 카스파르가 요
하나 라이스를 약혼녀라고 소개했을 때 베토벤은 그녀가 임신 6개
월 차임을 알아보았지만, 가족의 화합을 위해 어쩔 수 없이 결혼을
승낙했다. 요하나는 씀씀이가 무분별했고 끊임없이 갈등을 불러
왔다. 그러나 나폴레옹이 빈을 폭격했을 때 베토벤은 그들의 지하
실로 몸을 피할 수 있었고, 카를 카스파르가 병으로 앓아눕자 루
트비히가 동생 가족의 생활비를 모두 대기로 했다.

　그 아래 동생 니콜라우스 요한은 약제사 밑에서 배우고 나중
에 자신의 약국을 차렸다. 베토벤의 질병들에 대해 처방전을 제조
했는데 본인은 몰랐겠지만 해로운 것도 있었다. 요한은 꽤 부자가
되었고 루트비히가 말년에 병을 앓을 때 그를 돌보았다. 좋지 못한

어린 시절을 보낸 것이 족쇄가 되어 베토벤에게는 자신보다 자신을 더 잘 이해하는 사람이 아무도 없었다.

들을 수 없게 된 그는 '하일리겐슈타트의 유서'라고 알려진 고백문을 동생들에게 썼다. 확연한 두 가지 실수가 그의 고통을 여실히 보여준다. 맨 위에 보면 그는 요한의 이름을 기억하지 못했고, 맨 아래에 그는 자신이 머물고 있는 곳의 철자를 잘못 썼다. 그는 어디서부터 어떻게 시작해야 할지 몰랐다. 차분하게 소식을 전하고 사랑과 이해를 바라는 대신에, 그는 공감과 지지를 보여주지 않은 동생들을 나무라는 것으로 시작했다. 자신과 남들을 전혀 배려하지 않는 거친 글이다. 이렇게 시작한다.

내 동생 카를과 〔 〕 베토벤에게

오, 너희들이 나를 악독하고 고집스럽고 사람을 싫어한다고 생각한다면 단단히 오해하는 것이야. 너희들이 그렇게 보도록 만든 남모르는 이유가 있다네. 어려서부터 나의 마음과 영혼은 좋은 뜻의 다정한 감정들로 채워져 있었네.〔그런 감정으로〕훌륭한 일들을 하려고 했지. 하지만 지난 6년 동안 나는 처참하게 고통을 겪었어. 분별없는 의사들 때문에 내 병은 악화되었고, 나아지리라는 희망은 해가 갈수록 기만당해 마침내 평생 안고 가는 병이라는 상황에 처하고 말았네(회복에는 오랜 시간이 걸릴 수도 있고 어쩌면 불가능할 수도 있네).

삶은 엉망진창이 되었고, 작업은 위험에 처했다.

어쩔 수 없이 나는 사람들과 거리를 두고 혼자 살게 되었네. (⋯)
"더 큰 소리로 말하시오, 나는 귀가 멀었단 말이오" 하고 사람
들에게 말할 수는 없었네. 내가 다른 이들보다 더 완벽해야 마땅
한 감각에, 한때 최고로 완벽한 상태로 소유했던 감각에, 나와
같은 직업을 가진 사람들도 거의 누리지 못하는 정도로 완벽했
던 감각에 병이 있다는 것을 어떻게 알린단 말인가. 오, 그럴 수
는 없네. 그러니 내가 너희들과 어울리고 싶어도 이렇게 서로 떨
어져서 볼 수밖에 없는 것을 이해하게. (⋯) 나에게 동료들과 편
안하게 어울리거나 교양 있는 대화를 나누거나 생각을 주고받
는 일은 있을 수 없네. 나는 추방당한 사람처럼 거의 혼자서 살
아야 하네.

바닥까지 내려간 그는 자살을 생각한다. "그런 일은 나를 절망
으로 내몰았네. 계속 그랬다가는 삶을 끝장냈겠지만, 오로지 나의
예술이 나를 붙잡아주었네. 내 안에 있다고 느끼는 모든 것을 꺼
내놓기 전에는 세상을 떠날 수 없네."

소리 없는 미래를 내다보며 그는 아무런 희망도 보지 못한다.
사랑과 영광의 꿈이 끝났다. 그는 자신의 죽음을 준비해야 할 필요
를 느낀다.

내 동생 카를과 〔그는 아직도 요한의 이름을 기억하지 못한다〕
이여, 내가 죽고 나서 그때도 슈미트 박사가 살아 있다면, 내가
어떤 병을 앓았는지 알아봐달라고 내 이름으로 부탁해주게. 그
리고 그의 기록과 이 글을 첨부해서 (…) 내가 죽고 나서 세상이
나와 화해하도록 해주게. 너희 둘을 얼마 안 되는 내 재산의 상
속인으로 두겠네. 공평하게 나눠 갖게. 서로 사이좋게 도우며 살
게. (…) 내 모든 친구, 특히 리히노프스키 공작과 슈미트 박사에
게 감사하네. 리히노프스키 공작이 준 악기는 둘 중 하나가 갖
고 있되 그 때문에 갈등이 생겨서는 안 될 것이네. (…) 나는 기
쁜 마음으로 서둘러 죽음을 맞이하겠네. (…) 오고 싶으면 언제
든 와라, 내 용감하게 맞아줄 것이다 (…)

> 1802년 10월 6일 하이글린슈타트에서
> 루트비히 판 베토벤

형제들은 이 편지를 보지 못했을 수도 있다. 그가 죽고 나서 책
상에서 발견되어 1828년 쉰들러가 공개했다. 원본은 유명한 스웨
덴 소프라노 제니 린드의 손에 들어갔고, 그녀가 함부르크 대학에
기증하여 지금도 사람들이 볼 수 있다. 베토벤의 필체는 살짝 위로
기울어져 있는데 또렷하여 알아보는 데 문제가 없다. 실수를 제외
하면 그는 자신의 감정과 자신의 운명을 통제하고 있다.

하일리겐슈타트의 유서처럼 작곡가가 자신의 고통을 드러내며
자기 분석을 실행한 음악은 없다. 이 유서가 놀라운 점은 너무도

노골적이고 솔직하고 모범적이라는 것이다. 베토벤은 후대가 자신의 고통을 알아봐주고, 어쩌면 그로부터 교훈을 얻기를 바랐다. 하지만 그것은 그가 죽고 난 다음이었다. 그가 살아 있는 동안에는 누구도 읽지 않도록 했다.

유서로 마음의 짐을 덜어낸 베토벤은 짐을 챙겨 빈으로 돌아가 다음 곡을 작곡하기 시작했다. 그리스도가 경비병들에게 체포되어 재판을 받고 십자가형에 처해지기 전날 밤을 다룬 오라토리오였다. 정신분석학에서 말하는 전이transference라 부를 수도 있는 것으로, 베토벤은 그리스도의 고통에서 자신의 고통을 그리고 그 반대를 상상했다. 죽음이 목전에 와 있지만 음악은 영원하다.

곧 내가 겪는 고통이 끝나고
속죄의 역사가 완료된다.
곧 지옥의 기세가 완전하게
꺾이고 패배한다.

작곡가의 정황으로 볼 때 걸작 예감이 든다. 베토벤이 종교적 주제에 도전한 첫 번째 주요 작품임을 생각하면 더더욱 그렇다. 하지만 오라토리오 형식과 속죄의 믿음은 베토벤에게 어울리지 않았다. 어정쩡한 심정이었던 그는 1803년 4월 5일 안 데어 빈 극장에서 열리는 성주간 음악회에 맞춰 곡을 늦게 제출했다. 그날 교향곡 1번과 2번, 피아노 협주곡 3번, 몇 곡의 아리아도 같이 연주될 예정이었다. 공연 당일 아침 5시에 베토벤은 리스를 불러 악보 필사를 시켰다. "그는 침대에 앉아 **별도의** 종이에 뭔가를 적고 있었다. 그게 뭐냐고 묻자 그는 **트롬본**이라고 대답했다." 리허설은 8시에 시작했다. 오후에 리허설이 한 차례 더 있었고, 음악회는 저녁 6시에 시작했다.

오라토리오에서 예수 역은 테너가 맡는다. 다음으로 비중이 큰 배역은 소프라노가 맡는 세라핌인데, 그리스도에 맞먹는 극적인 힘이 없다. 평이 좋지 않았다. 19세기 말 미국에서 유행이었던 때를 제외하면 거의 공연되지 않았다. 2020년 1월에 런던 심포니 오케스트라가 이 곡을 무대에 다시 올릴 때 사이먼 래틀은 "완전한 천국, 아침에 일어나서 봐야 할 것"이라며 추켜세웠다. 한 신문 기사는 "비극적이라기보다 배짱 두둑한" 연주라고 했다. LSO 실황 음반은 엘사 드레이지의 솟구치는 가창이 들을 만하다. 마지막에 작곡한 트롬본 음형이 그녀의 노래에 나온다.

헤르만 셰르헨이 지휘를 맡은 음반에서 얀 피어스와 마리아 슈타더는 1955년 빈을 환하게 밝힌다. 켄트 나가노가 지휘한 음반에서 플라시도 도밍고는 색채가 부족하다. 최고의 경지는 턱수염을 풍성하게 기른 핀란드인 레이프 세게르스탐이 보여준다. 세게르스탐은 퇴행적인 견해와 기행으로 유명하여 어느 소프라노 가수를 "고환이 없다"며 내보내는가 하면 자신의 교향곡 하나에 '고양이가 왔을 때'라는 제목을 붙였다. 세게르스탐이 투르쿠 필하모닉과 함께 연주한 것보다 뛰어난 〈올리브산의 그리스도〉는 들어보지 못했을 것이다. 낙소스에서 나온 같은 음반에 세게르스탐이 발굴한 베토벤의 〈비가〉가 실려 있다. 〈피델리오〉에 수록해도 어울릴 법한 합창곡이다.

♪

베토벤이 어떻게 청력을 잃었을까 하는 문제는 수많은 추측을 불러왔다. 그의 어머니가 폐결핵으로 죽었는데 이것은 청력을 손상시킬 수도 있는 병이다. 어머니의 죽음을 지켜보다가 그 병에 옮았을까? 20대 중반에 그는 티푸스를 앓았다. 티푸스의 일종인 쯔쯔가무시병은 세 명에 한 명꼴로 청력 상실을 일으킨다. 그는 복통으로 "무능한 의사들과 멍청한 의료인들"을 찾았는데 어쩌면 크론병일 수도 있다. 그는 민간 약초 치료를 받았다. 사후 부검 결과 그의 혈액에서 납과 철이 위험한 수준으로 다량 검출되었다. 그의 청력은 1805년에 그가 폭풍 속에서 비를 맞고 난 뒤로 더욱 악화되었다. 면역계가 약해지면서 발과 턱에 종기가 났다. 이런 것들이 단독으로 그리고 합쳐져서 청력 상실을 일으켰을 수 있다. 보다 가능성이 큰 요인은 귓속에 넣은 더러운 손가락으로 인한 직접적인 감염이다. 부검에서 중이重耳의 뼈를 살펴보았는데 이경화증이 의심되었다. 뼈가 자라 안쪽 고막에 박혀 진동하지 못하는 것이다. 정확한 원인은 결코 알 수 없다.

　베토벤 이전에 어떤 주요 작곡가도 귓병을 앓은 적이 없으며 그 이후에도 극히 드물다. 프랑스의 가브리엘 포레, 체코의 베드르지흐 스메타나, 영국의 레이프 본 윌리엄스는 말년에 이르러 귀가 서서히 들리지 않게 되었다. 수십 년간 침묵을 견뎌낸 사람은 아무도 없다.

베토벤은 대화록을 통해 사람들과 소통하는 체계를 마련했다. 각자 필요한 말을 종이에 적는 식이었다. 속에 담고 있는 감정을 드러내기에는 부적합한 방식이었다. 우리는 그가 어떤 심정이었는지 알 수 없다.

나는 베토벤의 청력 상실에 대해 알아보다가 빈의 작곡가 알빈 프리스가 귀가 들리지 않아 작곡을 접는다는 글을 소셜 미디어에 올린 것을 보게 되었다. 나는 그의 상황을 베토벤의 관점에서 설명해달라고 그에게 부탁했다. 인생이 바뀌는 결정이 다 그렇듯이 이것도 간단하지가 않았다.

알빈은 어렸을 때 디프테리아를 앓으면서 청력이 심하게 나빠졌다. 장애에도 불구하고 그는 전문 음악가가 되어 빈 국립 오페라단에서 피아니스트와 가수 연습 코치로 일했다. 음악계에서 가장 압박이 심한 일자리 중 하나다. 그가 맡은 일은 가수들이 역할을 익히고 지휘자들이 아이디어를 전하도록 돕는 것이었다. "학생 때도 나는 내가 말을 잘 알아듣지 못한다는 것을 다른 사람들이 알아차리지 못하도록 하려고 다양한 요령을 터득했습니다. 오페라단에 있을 때 매일같이 지휘자와 감독이 내린 지시 사항을 이해하지 못하면 어쩌나 하는 두려움이 일었습니다. 리허설이 중단될 때

마다 아드레날린이 치솟았다가 연주를 재개하면 두려움이 곧바로
사라졌습니다." 그의 말이다.

그는 최고로 유명한 지휘자들을 위해 피아노를 연주했다. "아
바도와 클라이버는 쉬웠어요. 그들은 내가 알아서 시작하도록 했
고 나를 완전히 믿어주었습니다. 가수들과 개별적으로 하는 리허
설도 괜찮았습니다. 비록 〔〈마술피리〉에 나오는〕 밤의 여왕 아리
아에서 가장 높은 음은 더 이상 듣지 못했지만 말입니다."

집에서 그는 가곡들을 작곡했고 오페라 가수들이 음악회에서
그 곡을 노래했다. 그가 쓴 피아노 소나타를 레너드 번스타인이 칭
찬했다. 빈 국립 오페라단에서 아동용 오페라 〈페르시네테〉의 작
곡을 의뢰했다. 모든 것이 잘 풀리나 싶더니 운 나쁜 해에 청각이
악화되고, 결혼생활이 파경에 이르고, 영국인이 블로그에 올린 혹
독한 리뷰까지 겹치면서 그는 무너지고 말았다.

"자살 생각이 머리에서 떠나지 않았습니다. 이혼했고, 귀가 멀
었고, 영국의 모더니스트 비평가가 빈 콘체르트하우스에서 엘리
자베트 쿨만이 노래한 나의 세 가곡을 블로그에서 대차게 까면서
자살 생각이 점점 강해졌습니다. 겨울이 오기를 기다렸습니다. 난
폭하게 죽고 싶지는 않았으니까요. 자연에 나를 맡기려고 했습니
다. 내가 삶을 끝장내려 했던 이유는 귀가 들리지 않으면서 사람들
과의 연결이 끊어졌고, 삶의 열의를 잃었고, 작곡가로서 성공하지
못했기 때문입니다."

알빈의 다짐은 하일리겐슈타트의 유서에서 베토벤이 표명했던

심정과 연결된다. "그런 일은 나를 절망으로 내몰았네. 계속 그랬
다가는 삶을 끝장냈겠지." 삶의 목적을 잃은 작곡가는 앞날이 보
이지 않는다. 베토벤은 용케 반항의 행위로 이겨냈다. 알빈은 새로
운 관계에서 위안을 찾았다. 오페라단은 일찍 은퇴하고 작곡을 접
었다. "나는 작곡가로서 물러나기로 했습니다. 조율이 틀어진 피아
노를 처분했고, 가지고 있던 음반을 거의 다 내다버렸습니다. 내가
쓴 수천 페이지의 악보를 버렸습니다." 귀가 들리지 않는다는 것은
작곡가에게는 끝이나 마찬가지다. 오로지 베토벤만이 이를 이겨
냈다.

61장

봄날

바이올린 소나타 4번 A단조 op.23,

5번 F장조 '봄' op.24,

6번 A장조 op.30-1,

7번 C단조 op.30-2,

8번 G장조 op.30-3 (1801~1802)

베토벤은 1798년에 처음으로 의사를 찾아가서 자신의 상태를 확인했다. "나의 가장 고귀한 능력인 청력이 크게 악화되었다는 것을 알겠소. 부탁이니 내 귀에 문제가 있다는 것을 비밀로 깊이 묻어두면 좋겠소. 누구에게도 말하지 마시오." 귓속이 울리는 이명으로 의심되었다. 어쩌면 내이염일 수도 있었다.

　찬물 목욕을 하라는 처방이 내려졌다. 1801년 7월까지 그는 청력의 60퍼센트를 잃었다. 나머지 청력은 1년이 지나자 대부분 사라졌다. 이 기간에 그는 다섯 곡의 바이올린 소나타(4번부터 8번까지)를 작곡했다. "베토벤의 바이올린 소나타 가운데 다루기 힘든 의붓자식"으로 알려져 있는 4번은 연못에 뛰어들지 않고 맴돌기만 한다. 베토벤이 소매를 걷어붙일 때는 이미 피날레가 반은 지났다. 주목할 음반으로 조지프 시게티와 클라우디오 아라우의 반짝반짝 빛나는 1944년 실황 음반, 야샤 하이페츠와 엠마누엘 베이의 냉정한 1952년 음반, 볼프강 슈나이더한과 빌헬름 켐프의 근엄한 1952년 음반이 있다. 이츠하크 펄먼과 블라디미르 아시케나지(1977)는 따분한 대목을 천연덕스러운 재치로 이겨낸다. 패멀라 프랭크(2011)는 미국인은 할 수 있다는 태도로 바이올린을 연주하여 아버지 클로드 프랭크의 엄격한 유럽 피아니즘을 보완한다.

'봄'이라는 제목이 붙은 소나타 5번은 햇빛이 화창하고 꽃들이 만발한 초원의 젊은 커플로 시작한다. 그들이 내심 무슨 생각인지 우리는 알지만, 그들은 서두르지 않고 은밀한 곳으로 간다. 〈전원〉 교향곡을 떠올리게 하는 선율이 작곡가가 생각하는 낭만적인 순수함과 어울린다. 자연스러운 기쁨이 우러나는 곡이다. 2악장 아다지오는 전폭적인 사랑, 서로를 완전히 믿는 사랑의 맹세다. 마지막 두 악장은 미래에 어떤 일이 닥쳐도 흔들리지 않겠다는 신념에 차 있다.

오스트리아 유대인 바이올리니스트 에리카 모리니가 스물세 살이던 1927년 베를린에서 녹음한 음반은 감각을 일깨우는 묘미가 있다. 피아니스트 'N. 슈발프'는 존재감이 거의 없다. 모리니는 아이였을 때 프란츠 요제프 황제 앞에서 음악회를 연 것이 데뷔 무대였다. 그녀가 1921년 1월 카네기 홀 무대에 처음 섰을 때 흥분한 야샤 하이페츠는 그녀에게 스타카토의 비결을 알려달라고 청했다. 그녀의 연주료는 곧 하이페츠를 넘어섰다.

공연을 다니던 중 이탈리아 사업가 펠리체 시라쿠사노를 만나 결혼하면서 뉴욕에 정착했다. 1961년 모리니는 체코의 피아니스트 루돌프 피르쿠시니를 파트너로 맞아 〈봄〉 소나타를 다시 녹음했다. 어른이 사랑과 마음의 상처에 관해 나누는 대화다. 모리니의 마지막 삶은 비참했다. 1991년 10월 그녀가 병원에서 죽어가고 있을 때 그녀의 아파트에 도둑이 들어 귀중품을 모두 털어 갔다. 그녀의 아버지가 선물로 준 1727년산 스트라디바리우스는 아직까지도 행방이 묘연하다.

〈봄〉 소나타 연주에서 모리니의 대척점에 있는 이는 루돌프 콜리슈다. 아르놀트 쇤베르크의 처남인 콜리슈는 일흔 살에 이 소나타를 자신만이 해결할 수 있는 구조적 문제가 있는 곡으로 재해석한다. 들어볼 만한 가치가 충분한 매혹적인 시도다.

바이올린 소나타 6번은 귀를 잡아채는 매력이 없는 개시부 주제를 중심으로 돌아간다. 참을성 있게 기다리면 중간 악장에서 〈영웅〉 교향곡의 움직임으로 접어든다. 펄먼과 아시케나지는 푸딩에서 건포도만 골라 먹는다. 제임스 에네스와 앤드루 암스트롱(2017)은 균형 잡힌 식단을 취한다.

소나타 7번은 드라마를 노린다. 장대함, 분노, 갈등이 셰익스피어 역사극 수준이다. 여기에 없는 것은 영웅이다. 아르튀르 그뤼미오와 클라라 하스킬(1956)은 불행한 결말을 제시한다. 아네조피 무터(2002)가 램버트 오키스와 함께 한 파리 실황 음반은 확실히 환상이 안겨주는 재미가 없다. 프랑스 바이올리니스트 르노 카퓌송과 젊은 영국인 킷 암스트롱의 2020년 페스티벌 연주는 긴장감이 좋다.

소나타 8번은 숙성이 덜 된 와인을 산딸기, 버섯, 토끼 고기와 곁들여 내놓는다. 카퓌송(유튜브, 2019)은 마르타 아르헤리치의 피아니즘에 힘입어 날아오른다. 오귀스탱 뒤메이와 그의 아내 마리아 조앙 피레스는 벽으로 둘러싸인 정원으로 소풍을 간다. 헨리크 셰링과 잉그리드 헤블러는 전쟁 이전의 관광 포스터를 떠올리게 한다.

역사적인 듀오를 능가할 수는 없다. 프리츠 크라이슬러와 세르게이 라흐마니노프가 순회공연을 돌며 베토벤의 소나타를 연주했다. 크라이슬러는 쾌활한 사람, 라흐마니노프는 시무룩한 사람이다. 어느 날 음악회에서 크라이슬러가 소나타를 연주하다가 박자를 놓쳤다. 그는 필사적으로 얼버무리며 조용히 물었다. "우리가 어디 있지?" 박자를 제대로 따라가던 라흐마니노프가 으르렁댔다. "카네기 홀." 그들의 연주는 즐겁고 장난기가 넘친다. 누가 이끌고 누가 따라가는지 분간할 수 없을 만큼 하나가 되어 연주한다. 이것은 역사상 손꼽을 만큼 훌륭한 베토벤의 바이올린-피아노 연주일 뿐만 아니라 음악적 직감과 전이가 최고로 빛나는 순간이다. 두 사람은 음이 연주되기도 전에 상대방의 의향을 알았다.

62장

2의 다섯제곱

자작 주제에 의한 여섯 개의 변주곡 F장조 op.34 (1802)

자작 주제에 의한 서른두 개의 변주곡 C단조 WoO.80 (1806)

하일리겐슈타트의 유서를 쓰고 2주가 지나자 베토벤은 활력을 되찾았다. 그는 변주곡 두 곡을 써서 브라이트코프 운트 헤르텔에 보내면서 이렇게 말했다. "평소라면 내가 새로운 아이디어를 냈을 때 다른 사람이 내게 말해주기를 기다려야 했지만, 이번에는 두 곡의 양식이 내게 꽤 새로운 것임을 나도 확실히 알아보겠소." 카를 체르니에게는 작품번호 34에 대해 "유연하고 섬세하게 감정을 담아 연주"해야 한다고 했다. 따분한 교사의 길로 들어선 체르니는 아이들에게 이 곡을 가르치며 운지법을 향상하도록 했다. 이 곡은 피아노 레슨에서 골칫거리가 되었다. 주요 주제는 루터교의 진지한 분위기인데 조성을 바꿔 춤추는 아라베스크가 되더니 장송행진곡으로 넘어간다. 베토벤은 이것이 어디로 이어질지 우리만큼이나

호기심 있게 지켜본다. 과연 피아니스트는 자신의 장송행진곡을
연주하고 나서 무엇을 해야 할까?

빌헬름 켐프(1972)는 경멸을 굳이 숨기지 않으며 서둘러 해치
운다. 젊은 클라우디오 아라우(1942)는 절대적인 서정성을 드러
낸다. 웨일스의 릴라이어 윌리엄스(2015)는 기도회에서 사람들이
웅성대는 것처럼 연주한다. 앤절라 휴잇(2020)은 천국으로 가는
길을 깡충깡충 뛰어간다.

4년 뒤에 베토벤은 교향곡 4번을 작곡하던 중에 자신이 여덟
마디의 주제에서 얼마나 많은 변주를 끌어낼 수 있는지 알아보았
다. 숫자 32는 대칭적인 의미가 있었다. 2의 다섯제곱이 그가 관심
을 잃지 않고 해낼 수 있는 최대치였다. 아스퍼거 증후군의 행동을
보이는 글렌 굴드는 이 곡에서 사실상 베토벤이 된다. 영화 제작자
프랑수아 지라르는 〈글렌 굴드에 관한 32개의 이야기〉(1993)에서
이 곡을 굴드의 예술에 대한 은유로 상정한다. 영화에서 굴드의 활
력은 보는 사람을 지치게 만들면서 본인은 지칠 줄 모른다.

굴드는 무례함을 보이기도 한다. "베토벤의 명성은 전적으로
소문에 기초하고 있다. 중기 베토벤은 제멋대로 구는 작곡가가 도
달할 수 있는 최고의 예다." 굴드는 이런 자기모순적인 말도 했다.
"베토벤의 위대함은 그가 종종 성취하는 초월에 있다기보다 투쟁
에 있다." 항상 분투했던 글렌 굴드에게도 비슷한 말을 할 수 있다.
그는 뛰어난 통찰력을 보여준 베토벤 해석자이면서 그에 상응하
는 존중을 한 번도 받아본 적이 없다.

63장

벌써 끝낸다고?

피아노 3중주 8번 B플랫장조 WoO.39,

9번 E플랫장조 WoO.38,

10번 E플랫장조 op.44,

3중 협주곡 C장조 op.56 (1803~1804)

피아노 3중주는 베토벤의 첫 번째 성공작이다. 8번과 9번은 그가 1790년대에 쓴 곡이며 10번은 카를 디터스 폰 디터스도르프의 아리아 "그래, 그녀를 떠나야 해"를 주제로 한 열네 개의 변주로 이루어져 있다. 보자르 3중주단의 음반이 모범적이다.

베토벤은 이제 피아노 3중주를 오케스트라와 더해 3중 협주곡으로 만들었다. 무대에서 균형이 맞지 않아 야외 연주용으로나 적합하다. 그는 급하게 작곡하다가 2악장에서 플루트, 오보에, 트럼펫, 팀파니를 빠뜨렸다. 피날레는 허둥대는 폴라카(폴란드풍의 노래)로 유원지에 어울리는 팝 음악이다. 베토벤 생전에 딱 한 번 연주되었으며 1911년까지 '잃어버린 작품'으로 분류되었다. 지금도 그의 곡 중에서 비주류에 속한다.

들어줄 만한 음반이 상대적으로 드물다. 브루노 발터가 뉴욕 필하모닉의 수석 연주자들인 존 코릴리아노와 레너드 로즈를 피아니스트 월터 헨들과 함께 기용하여 녹음한 음반도 그중 하나다. 페렌츠 프리차이의 매혹적인 1961년 음반은 게자 안다, 볼프강 슈나이더한, 피에르 푸르니에가 협연자로 나선다. 데이비드 진먼의 2004년 취리히 팀에는 예핌 브론프만, 길 샤함, 트룰스 뫼르크가 가세한다. 보자르 3중주단(1977)은 베르나르트 하이팅크가 지휘하는 런던 필하모닉과 완벽한 호흡을 보여준다. 마르타 아르헤리치(2019)가 이온 마린, 함부르크 심포니 오케스트라, 테디 파파브라미(바이올린), 미샤 마이스키(첼로)와 함께 한 음반은 불가항력적인 매력이 있다.

　하지만 여러분이 놓쳐서는 안 될 음반은 최고 몸값을 자랑하는 지휘자 헤르베르트 폰 카라얀과 세 명의 소비에트 거물—다비드 오이스트라흐(바이올린), 스뱌토슬라프 리흐테르(피아노), 므스티슬라프 로스트로포비치(첼로)—이 한자리에 모인 EMI의 1969년 야심작이다. 이 녹음과 관련하여 리흐테르는 영화 제작자 브뤼노 몽생종에게 이렇게 말했다.

　끔찍한 녹음이었습니다. 그냥 물리고 싶을 정도로요. 카라얀과 로스트로포비치가 한 편이 되고 오이스트라흐와 내가 반대편에 서서 벌인 전쟁이었습니다. 로스트로포비치는 카라얀이 원하는 것은 무엇이든 해주려고 안간힘을 썼지만, 카라얀은 피상적이고 잘못된 견해를 갖고 있었어요. (…) 무엇보다 2악장 템포가 너무 느렸습니다. 카라얀은 음악의 자연스러운 흐름을 막았습니다. 그는 허세를 부렸고, 오이스트라흐와 나는 이것이 영 못마땅했지요. (…) 갑자기 카라얀이 말하기를 모든 것이 잘 되었다며 녹음을 마무리하자고 했습니다. 나는 한 번 더 가자고 했습니다. "아니에요." 그가 말했습니다. "시간이 없어요. 이제 사진을 찍어야 해요." 그에게는 사진이 녹음보다 중요했던 겁니다. 카라얀이 멋지게 포즈를 취하고 있고 나머지 우리들은 바보처럼 히죽거리는 사진이라니. 정말 역겹습니다.

결과물은 끔찍함과는 거리가 멀지만 냉전 시대의 핵 정상회담처럼 긴장감이 넘친다. 공산주의자만 아니라면 모두와 잘 어울리는 로스트로포비치는 살짝 의기소침한 모습이며 리흐테르와 오이스트라흐는 밋밋하다. 3년 뒤에 세 사람은 모스크바에서 다시 모여 과소평가된 러시아 거장 키릴 콘드라신과 이 곡을 다시 연주했다. 거친 입자의 필름으로 이들의 연주 모습을 볼 수 있는데 그야말로 자유분방하다. 저마다 열정적으로 각자의 장기를 살려 연주에 몰입한다. 이보다 나은 연주는 없을 것이다.

64장

유령 같은

피아노 3중주 5번 D장조 '유령' op.70-1,

6번 E플랫장조 op.70-2 (1808)

1954년 NBC 오케스트라의 악장은 토스카니니의 장악력이 예전만 못하자 자신이 떠날 때가 되었다고 판단했다. 레닌과 히틀러를 피해서 미국으로 온 망명자 다니엘 길레는 탱글우드 페스티벌에서 모차르트의 3중주곡을 연주하기로 약속을 잡았고, 함께 연주할 피아니스트와 첼리스트를 찾았다. 이렇게 결성된 보자르 3중주단은 53년 동안 실내악단으로 활동했다. 2008년 마지막까지 남아 있던 사람은 피아니스트 메나헴 프레슬러였다.

나는 오타와에서 메나헴을 처음 만났다. 그날 밤 우리는 술집에서 에머슨 4중주단과 브람스에 대해 이야기했다. 메나헴이 아침을 먹으면서 자신의 인생 이야기를 들려주었다. 1923년 동독에서 태어난 그는 교회 오르가니스트로부터 피아노를 배웠다. '수정

의 밤'|1938년 11월 9일 독일 전역에서 유대인 가게와 예배당이 습격을 받은 사건—옮긴이|에 가족의 가게가 파괴되었고, 나치 돌격대 제복을 입은 10대 이웃을 통해 겨우 목숨을 건졌다. 1939년 7월 그들은 기차를 타고 이탈리아로 갔고 배로 팔레스타인에 갔다. 독일에 남아 있던 친척들은 모두 강제수용소에서 살해되었다.

프레슬러 가족은 텔아비브에서 식료품 가게를 열었다. 점심시간에 메나헴은 샌드위치를 사무실에 배달하는 일을 했다. 점심을 먹지 못하면서 체중이 줄었다. 의사의 권고로 요양원에 갔지만 아무 소용이 없었다. 그러다가 프로이센에서 음악 부서를 지휘했던 레오 케스텐베르크를 만나 베토벤과 부소니의 피아노 음악에 대해 이야기했다. 러시아 망명자가 그에게 라흐마니노프와 드뷔시를 가르쳤다. 메나헴은 샌프란시스코에서 열린 피아노 콩쿠르에서 우승했고, 길레의 제안을 받아 피아노 3중주단에 합류했다.

연주료가 많지 않았기에 보자르 3중주단은 밤에 공연을 끝내고 500마일을 달려 다음 공연장으로 이동했고 잠은 돌아가면서 잤다. 그들은 음반에서 피아노 3중주단은 이런 것임을 보여주었다. 시계처럼 정확하면서 더 활기찬 연주를 남겼다. 슈베르트, 모차르트, 드보르자크가 그들의 전매특허였고 베토벤도 상당히 잘했다. 단원이 여러 차례 바뀌었지만 음색은 신비하게도 그대로 유지되었다.

작품번호 70의 첫 곡 D장조는 〈맥베스〉에 나오는 마녀들의 장면을 연상시키는 으스스한 중간 악장 때문에 〈유령〉이라는 이름으로 불린다. 두 번째 3중주곡 E플랫장조는 서두의 선율이 원한으로 와해되면서 시작한다. 다른 추천 음반으로 글렌 굴드, 바이올리니스트 오스카 슘스키, 첼리스트 레너드 로즈(1960)의 음반, 바렌보임-주커만-듀프레이의 1970년 텔레비전 방송, 정 패밀리—정명훈(피아노), 정경화(바이올린), 정명화(첼로)—의 말쑥한 연주, 네덜란드의 젊은 판 베를레 3중주단(2019)이 있다.

65장

막내아들

피아노 3중주 7번 B플랫장조 '대공' op.97 (1811)

구시대 명문가에서는 장남이 작위와 토지를 물려받았다. 둘째는 군에 갔고, 셋째는 성직자, 넷째는 모험가가 되었으며, 막내는 예술에 기여했다. 신성로마제국의 통치자 집안에서 1788년에 태어난 루돌프 요한 요제프 라이너 대공은 레오폴트 2세 황제와 스페인의 마리아 루이사 사이에서 난 막내아들이자 쓸모가 가장 없는 아들이었다. 어릴 때 간질을 앓았던 그는 한 보병 연대의 지휘를 맡았지만 베토벤과 어울리며 공부하는 것을 더 좋아했다. 그는 피아노를 연주하고 작곡을 했다. 베토벤이 그를 곁에 두고 아꼈다. 루돌프가 1819년 체코의 마을 올뮈츠의 대주교로 서임되어 빈을 떠나게 되자 베토벤은 그를 몹시 그리워했다(그의 걱정대로 두 사람은 다시 만나지 못했다). 베토벤은 루돌프에게 두 곡의 피아노 협주곡과 〈하

머클라비어〉 소나타, 작품번호 111의 소나타를 헌정했다. 두 소나
타 모두 류머티즘으로 뻣뻣해진 루돌프의 손가락이 감당하기에는
벅찬 곡이었다.

　루돌프의 이름을 따서 '대공'이라고 불리는 3중주 역시 그에게
는 역부족이었다. 1814년 4월에 슈판치히가 바이올린, 링케가 첼
로를 맡아 초연했을 때 베토벤이 루돌프 대신 피아노를 연주했다.
재공연을 하고 나서 베토벤은 피아노 연주를 영원히 접었다. "귀가
들리지 않아 그에게 기교라고 할 만한 것이 거의 남아 있지 않았
다. 포르테 악절에서 그는 건반을 요란하게 두들겨서 현이 신경을
곤두서게 했고 피아노 악절에서는 워낙 조용하게 연주해서 음들
이 통째로 들리지 않았다. 음악을 도저히 알아볼 수 없는 수준이
었다." 루이스 슈포어의 말이다.

　〈대공〉 3중주는 가장 붙임성 좋은 베토벤의 곡 중 하나다. 앞
부분에서 힘차게 긋는 첼로 패시지를 피아노가 찻잔이 달그락거
리는 소리를 내며 반주한다. 베토벤은 3주 만에 이 곡을 작곡했다.
일본의 소설가 무라카미 하루키는 『해변의 카프카』(2002)에서 이
곡을 자유의 알레고리로 삼았다.

　알프레드 코르토, 자크 티보, 파블로 카살스(1928)는 쾌활함
의 기준을 제시한다. 바렌보임, 듀프레이, 주커만(1970)은 흥겹다.
보자르 3중주단은 위엄이 있다. 하가이 샤함, 라파엘 월피시, 아논
에레즈(2019)는 천천히 끓어오르는 튀르키예 커피의 과하지 않은
단맛이 느껴지는 연주다.

66장

카이사르의 것은 카이사르에게

요제프 2세 장송 칸타타 WoO.87,

레오폴트 2세 대관식 칸타타 WoO.88 (1790)

루돌프 대공을 제외하면 베토벤은 권력자를 가까이 하지 않았다. 궁정에서 굴욕을 당한 모차르트도, 궁정의 총애를 받은 살리에리도 되고 싶지 않았던 것이다. 그가 본에 있었던 1790년 2월, 선제후의 형인 신성로마제국 황제 요제프 2세가 승하하자 베토벤은 예를 표해야 했다. 그는 하이든에게 허락을 구하고 두 곡의 칸타타를 작곡했다. 서둘러 잡힌 초연은 관악 연주자들이 미덥지 못해서 취소되고 말았다. 두 곡 다 서랍 속에 있다가 1884년에야 발견되었다.

요제프 칸타타는 공공의 애도를 흉내 낼 뿐 개인의 색은 없다. 소득이라면 아리아 한 곡이 자유를 찬양한 베토벤의 오페라 〈피델리오〉에서 "오, 신이시여, 얼마나 기다렸던 순간인가"로 이어진다는 것이다. 레오폴트 칸타타는 서두에서 요제프의 죽음을 반복하는가 싶더니 왕위 계승자에 대한 환호로 넘어간다. 합창곡 "엎드려라, 수백만의 사람들이여"는 훗날 교향곡 9번에서 합창이 등장하는 대목을 예고한다.

　　클레멘스 크라우스(1950)는 빈 심포니 오케스트라의 관악 독주, 그리고 일로나 슈타인그루버와 알프레트 포엘의 가창이 발군이다. 핀란드 지휘자 레이프 세게르스탐의 2020년 음반은 힘이 넘치고 떠들썩하여 신성해야 하는 이 곡의 스타일에 어울리지 않는다.

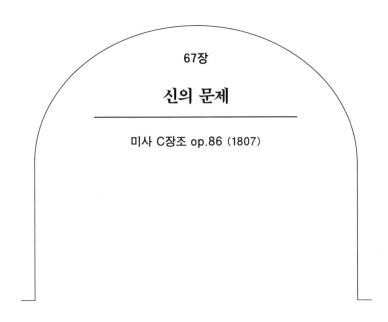

67장

신의 문제

미사 C장조 op.86 (1807)

간단한 질문을 해보자. 베토벤은 신을 믿었을까? 그가 남긴 대화록으로 판단하자면 간단한 대답은 '그렇다'는 것이다. "나의 예술에서 신이 다른 작곡가보다 내게 더 가까이 있다는 것을 안다. 그러니 두려움 없이 신과 함께 나아갈 것이다." 〈월광〉 소나타를 작곡했을 무렵에 쓴 글이다. 그는 『자연에서 신의 작업』이라는 제목의 책을 읽었다. 하일리겐슈타트의 유서에 보면 이런 구절이 나온다. "전능하신 신이시여, 당신은 나의 가장 내밀한 영혼과 마음을 꿰뚫어보아 인류에 대한 사랑과 선을 행하려는 욕망으로 가득하다는 것을 알 것이오." 그는 이런 글을 쓰기도 했다. "저 위에 계신 분, 그분이 없다면 세상에 아무것도 없다." 스코틀랜드의 가톨릭 작곡가 제임스 맥밀런이 보기에 베토벤은 "자신의 삶과 작업을 소명으로 여겼다."

　하지만 불가지론자의 입장에서 보자면 그는 한 번도 교회에 가지 않았고, 영성체를 받지도 않았고, 교회와 국가의 결탁을 비난했고, 성직자의 권력 남용에 격분했으며, 교향곡 9번에서 신의 무한한 자비가 아니라 보편적인 형제애에 기댔다. 교회로부터 작곡 의뢰를 받지 않았고, 헌금을 하지 않았다. 하이든은 베토벤을 신앙이 없는 비신자로 여겼다.

　신에 대한 믿음과 종교의 불신이 반드시 모순되지는 않는다. 베토벤이 인정한 신은 그에게 있어 개인적인 신으로 자연과 마음에 존재했다. 그는 고해성사 방에서 신을 찾지 않았다. 그가 교회에 나오지 않는다는 것을 사람들이 알아차렸을까? 빈 대학의 미하엘 로렌츠는 예술가는 교회에 참석하지 않아도 된다고 주장한다. "빈에서 아무도 신경 쓰지 않았다. 그는 외국인이자 예술가였고 확고한 공동체의 일원이 아니었기 때문이다. 내가 볼 때 베토벤이 초월적인 존재를 믿었다는 것은 너무도 확실하다."

　베토벤이 작곡한 두 곡의 미사곡에서 이 문제가 불거진다. 두 곡은 독실한 곡일까, 초탈한 곡일까? 베르디, 야나체크, 브리튼 모두 공공연한 무신론자였지만 미사곡을 작곡하는 데 아무런 거리낌이 없었다. 그들에게 미사곡이라는 형식은 교회의 것인 만큼 민속 전통에 속하는 것이기도 했다.

　니콜라우스 에스테르하지 대공의 의뢰로 작곡한 〈미사 C장조〉는 전통적인 미사곡 형식을 따르되 바티칸이 질색하게도 여자가수들을 넣었다. 키리에는 흥겹고, 글로리아는 차분하고, 크레도는 연설조이고, 상투스와 아뉴스 데이는 천국을 공격한다. "베토벤이여, 그대는 또다시 무엇을 한 거요?" 에스테르하지는 하이든과 같은 경건함이 없는 것에 실망하여 이렇게 탄식했다. 그의 말이다. "베토벤의 미사곡은 참을 수 없이 우스꽝스럽고 역겹소. 제대로 공연할 수 있을지조차 모르겠소. 분노와 모멸감을 느끼오." 어떤 사람들은 이 곡에서 치료적 요소를 보았다. E. T. A. 호프만의 말에 따르면 "깊은 상처를 입었다는 느낌이 마음을 찢는 것이 아니라 마음을 회복시킨다." 만약 그렇다면, 베토벤은 프로이트보다 100년 먼저 빈 사람들의 마음을 치유하고 있었다.

최고의 음반 대부분은 비신자들 손에서 나왔다. 신과 로마에 무례하게 구는 토머스 비첨은 빼어난 영국 독창자들—제니퍼 비비안, 모니카 싱클레어, 리처드 루이스—에 폴란드 베이스 마리안 노바코프스키를 붙여놓는다. 콜린 데이비스는 불가지론자 노선을 이끈다. 리처드 히콕스는 크레도를 연주하기에는 영국 국교회 느낌이 너무 강하다. 존 엘리엇 가디너는 이교도의 에너지를 가동한다. 조지 게스트는 아카데미 오브 세인트 마틴 인 더 필즈와 케임브리지의 세인트존스 칼리지 합창단, 그리고 독창자 펄리시티 파머, 헬렌 와츠, 로버트 티어, 크리스토퍼 키트를 데리고 길 중앙으로 달린다. 최고의 〈미사 C장조〉(1971)는 카를로 마리아 줄리니가 독창자 엘리 아멜링, 재닛 베이커, 마리우스 린츨러, 테오 알트마이어를 데리고 런던에서 지휘한 음반이다. 편안하게 템포와 세

기를 바꾸며 이 세계에서 다른 세계로 넘어간다. 곡의 신념에 가깝
게 다가가는 것은 독일 가톨릭 중심지인 쾰른의 지휘자 귄터 반트
의 음반이 유일하다.

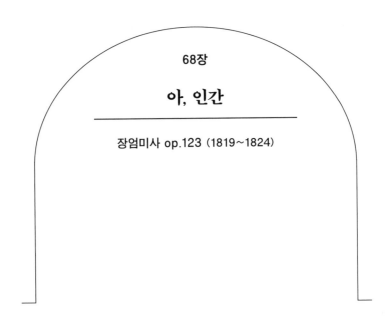

68장

아, 인간

장엄미사 op.123 (1819~1824)

교향곡 9번과 동시에 작곡된 D장조 〈장엄미사〉는 대곡—"지금까지 내가 작곡한 곡 가운데 최고작"—이다. 여기서 그는 처음부터 독창자들을 사용한다. 교향곡에서는 절정의 대목을 위해 독창자들을 아껴둔다. 미사곡은 신의 영광을 위한 것이고, 교향곡은 인간의 속죄를 위한 것이다.

　"그가 심적으로 흥분했던 모습이 생각난다." 쉰들러의 말이다. "세상과 유리된 그런 모습은 전에도 이후에도 보지 못했다." 그는 더 높은 힘에 붙들려 있었다. "응접실 문이 닫힌 가운데 그 너머로 그가 크레도의 푸가를 작업하면서 노래하고 소리치고 발을 구르는 소리가 들렸다. (…) 문이 열리고 베토벤이 우리 앞에 섰는데, 공포를 자아낼 정도로 그의 얼굴이 일그러져 있었다."

베토벤은 루돌프 대공이 대주교가 된 1819년 여름에 작곡에 착수했다. 아홉 달이면 곡을 끝내리라 장담했다. "저의 대미사곡이 전하의 취임식에 연주되는 날은 제 인생에서 가장 아름다운 날이 될 것입니다. 신이 내게 영감을 주어 나의 미약한 능력으로 엄숙한 그날의 영광을 드높일 수 있기를 바랍니다." 그러나 취임식 날이 되었는데도 악보를 넘기지 못했다. 3년이 더 걸렸다. 이렇게 미적거린 것은 그답지 못했다. 베토벤은 공연 당일 아침에 대략적인 스케치를 갖고 늦게 올지언정 악보는 항상 넘겼다. 마감일을 완전히 넘긴 것, 그것도 그렇게 오래 넘긴 것을 보면 루돌프를 대하는 그의 마음이 고통스러웠다는 것을 알 수 있다. 그는 사랑했고 믿을 수 있는 사람이 얼마 없는 상황에서 몹시 필요했던 친구를 떠나보낸 슬픔으로 몸이 굳었다.

베토벤은 사무적인 일을 유대인 은행 오펜하이머 운트 헤르츠에서 일하는 비서 프란츠 올리파에게 맡겼다. 올리파는 주제넘게 괴테를 저녁 식사에 초대했다. 그는 루돌프를 못마땅하게 여겼다. 대공이 대주교 자리에 오르자 그는 베토벤에게 대공의 성당에서 봉급이 나오는 일자리를 요구하라고 조언했다. 아무런 제안도 오지 않자 올리파는 모함을 했다. 1819년 12월 그는 베토벤의 대화록에 이렇게 썼다. "애쓴 보상도 없는데 그래도 대공을 다시 찾을 겁니까? 당신에게 빚진 것을 달라고 요구해요." 그는 루돌프가 동성애자임을 "모든 사람이 귀담아듣고 있다"고 귀띔했다. 루돌프가 베토벤 대신 젊은 남자들과 어울린다는 것을 암시한 것이다. 그는

대주교가 의뢰비를 주지 않을 거라고 베토벤에게 경고했다. "미사
곡 작곡을 그만둬요." 그가 촉구했다.

　　올리파는 상트페테르부르크로 갔다. 그곳에서 독일 문학을 가
르치는 비상근 교수로 채용되었고, 러시아 여자와 결혼하여 딸을
두었다. 오스트리아 경찰이 여권 불법 행위와 관련하여 영장을 발
부받아 그의 체포에 나섰다. 올리파는 베토벤과 계속 접촉하며 미
사곡 악보를 여러 출판업자에게 팔도록 하여 악보 거래와 관련한
베토벤의 평판을 망가뜨렸다. 〈장엄미사〉는 1824년 4월 7일 상트
페테르부르크에서 초연되었다. 루돌프는 곡을 듣지 못했다. 베토
벤은 그에게 보내는 악보에 괴테의 『파우스트』에 나오는 "마음에
서 나와 마음으로 돌아간다"는 인용구를 적어 자신의 상심을 전하
면서 이제 두 사람 사이가 영영 멀어진 것을 후회했다.

　　루돌프를 자신의 삶에서 빼앗아갔다며 로마 가톨릭교회를 원
망했던 베토벤은 〈장엄미사〉에서 이에 반항하여 개신교 음악으로
눈을 돌렸다. 바흐의 〈B단조 미사〉와 헨델의 〈메시아〉를 영감의 출
처로 삼았고 피날레에서 헨델의 오라토리오에 나오는 "그분이 영
원히 다스릴 것이다"라는 대목을 맹렬하게 인용한다. 〈장엄미사〉
는 교회의 권위에 한 방 먹인 것이며 개인적인 신앙 고백이다. 우리
가 알아보는 모든 규범의 바깥에 있다. 아도르노의 허를 찌르는 표
현에 따르면 "소외 받은 걸작"이다. 20세기 음악학계에서 가장 유
연한 지성이었던 아도르노마저 "도저히 이해할 수 없는 불가사의
한" 작품이라며 포기했고, 그러면서 "전통적인 음악 어법의 한계

를 넘어서는 것은 거의 담고 있지 않다"고 인정했다. 베토벤은 익숙하다 못해 지겨운 전례 음악에서 불가해한 미스터리를 만들어낸 것이다. 그는 '도나 노비스 파쳄'ㅣ아뉴스 데이에 나오는 '우리에게 평화를 주소서'라는 뜻의 가사—옮긴이ㅣ이 "내적 외적 평화를 바라는 기도"라고 말하여 세계정세와도 발을 맞추었다. 베토벤은 악보를 계속 다듬어 죽을 때까지 소소한 수정을 해나갔다.

빈의 청중은 미사곡의 전곡이 아닌 일부를 교향곡 9번에 앞서 처음으로 들었다. 베토벤이 두 곡의 대작을 한 몸으로 여겼음을 보여주는 대목이다. 그는 두 명의 여자 독창자를 세심하게 준비시켰는데 그중 한 명은 아직 10대였다. "예테 존타크와 내가 마치 교회에 들어가듯 리허설 방으로 들어가 사랑하는 거장을 위해 노래하려고 (애석하게도 헛되이) 애썼습니다." 카롤리네 웅거의 말이다. "내가 무례하게도 그가 성악곡을 어떻게 쓰는지 모른다고 말했던 기억이 납니다. 내 파트에서 음 하나가 (…) 지나치게 높았던 겁니다. 그는 '그냥 익히게, 음이 나올 거네' 하고 말했습니다." 베토벤은 자신이 용인되는 규범을 넘어서고 있다는 것을 알았다. 때가 되면 세상이 알아줄 거라고 여겼다.

반세기가 지나서도 『뮤지컬 타임스』는 여전히 항변했다. "이 곡은 말이 안 된다. 어떤 인간의 폐도 작품의 요구를 견뎌내지 못한다." 오토 클렘퍼러는 이런 말을 했다. "현실을 고려하지 않는 작품을 어떻게 현실로 살려낸단 말이오?" 이 곡은 종교 음악도 오페라도 아니다. 제단과 무대 사이에 놓이는 작품이므로 급진적인 면

을 풀어내면서 명백한 신념을 담아낼 줄 아는 특출한 지휘자가 필
요하다.

토스카니니는 1940년에 빼어난 독창자들인 진카 밀라노프,
브루나 카스타냐, 유시 비엘링, 알렉산더 키프니스를 불러 모았다.
카라얀은 엘리자베트 슈바르츠코프, 크리스타 루트비히, 니콜라
이 게다, 니콜라 자카리아로 이어지는 출연진을 구축했다. 게오르
그 솔티는 시카고에서 천사 같은 음성의 루치아 포프, 이본 민턴
과 함께 했다. 베르나르트 하이팅크는 암스테르담(1978)과 뮌헨
(2015)에서 최고의 오케스트라와 합창단을 과시했고, 베네딕투스
에서 잊을 수 없는 악장의 독주를 선사했다. 하나같이 눈부신 연
주들이지만 꼭 집어 말할 수 없는 미진함이 남아 있다.

나는 1991년 8월 잘츠부르크에서 열린 헤르베르트 폰 카라얀
추모 음악회에 갔다. 빈 필하모닉, 스톡홀름과 라이프치히의 합창
단, 몸값이 비싼 독창자들—제시 노먼, 셰릴 스튜더, 플라시도 도
밍고, 쿠르트 몰—이 무대에 섰고, 제임스 러바인이 지휘를 맡았
다. 겸손함이 없는 미사곡은 주저앉고 말았다.

진정성을 찾고자 나는 루돌프 대공과 혈연관계에 있는 지휘자
니콜라우스 아르농쿠르에게 조언을 구했다. 아르농쿠르는 음악을
그 시대의 정신과 악기로 연주하는 것을 자신의 사명으로 여겼다.
초기 음악 운동에 몸담은 다른 이들과 달리 이론이나 이데올로기
에 얽매이지 않았다. 그는 내게 이렇게 말했다. "모든 음악가는 악
보를 읽고 시대를 공부하고 옳다고 주장할 수 있습니다. 하지만 내

가 갖는 질문은 작곡가가 어째서 특정한 방식으로 곡을 썼느냐는 겁니다. 그것이 계속해서 나의 관심을 끄는 대목입니다. 내용이지 형식이 아닙니다.”

독실한 가톨릭교도이며 형제가 그라츠에서 사제로 있는 아르농쿠르는 〈장엄미사〉를 자신의 모든 기량을 총동원해야 하는, 실질적으로 분석적으로 음악적으로 파고들어야 하는 신비로운 작품으로 접근했다. 그는 베토벤이 “실패를 악보에 집어넣은 것”이라는 입장이다. 지휘자의 임무는 작곡가를 급진적인 입장에서 구해내는 것이다. 보수적 시야를 견지하는 아르농쿠르는 기돈 크레머, 랑랑, 토마스 크바스트호프, 체칠리아 바르톨리 같은 진취적인 독주자들을 곁에 두었다. 음악적 진실을 찾는 작업은 당파적인 노선에 따라 행해져서는 안 된다.

동영상을 보면 그가 박자를 따라가려고 팔을 허우적거리고 얼굴이 스트레스로 벌게진 모습을 볼 수 있다. 그러나 연주자들은 그와 감정을 나누며 본질을 찾는다. “리허설은 작품의 내용을 파악하는 것으로 시작합니다. 곡이 어떤 의미인지, 청자를 어떻게 바꿀지 논의하는 자리지요. 나는 17년 동안 오케스트라 음악가로 지냈습니다. 그때 내가 놓친 것은 ‘왜?’라는 질문이었습니다.” 그가 〈장엄미사〉에 처음으로 도전한 음반과 두 번째 음반은 대답을 찾는 여정이었다. 2015년에 다시 녹음하면서 그는 마지막이라고 했다. 최종적인 진실이라기보다 그것을 파악하려는 마지막 시도라는 것이다.

고집스럽게 정직한 아르농쿠르는 지휘자가 반드시 우아하거나 동작이 역동적이거나 카리스마가 있지 않아도 됨을 보여주었다. "첼리스트로 활동하면 음악에 관심 있는 지휘자가 얼마나 드문지 깨닫게 됩니다. 대부분의 지휘자에게 콘서트홀은 말을 다루는 조련사의 능수능란한 솜씨를 과시하는 경기장일 뿐입니다." 그는 음악적 지도력의 숭고한 모델이었다. 비판적이고, 동료애가 있고, 박식하고, 몰입하고, 그러면서도 지나치리만큼 겸손한 지휘자였다.

69장

지휘자의 협주곡

코리올란 서곡 op.62 (1807)

어린 시절 본에 있을 때 베토벤은 극장에 가서 〈햄릿〉〈리어왕〉
〈맥베스〉〈리처드 3세〉〈윈저의 즐거운 아낙네들〉을 보았다. 10대
시절에 그는 독일어로 번역된 셰익스피어 책을 구입했고 평생 곁
에 두고 읽었다. 첫 번째 현악 4중주곡의 느린 악장은 〈로미오와
줄리엣〉에서 영감을 받은 곡이며, 작품번호 70-1의 〈유령〉 3중주
는 〈햄릿〉이나 〈맥베스〉와 연관된다. 〈템페스트〉라는 이름의 소나
타가 있고, 〈겨울 이야기〉와 연관되는 후기 4중주곡이 있다. 그는
슈판치히를 '팔스타프'라는 별명으로 불렀다. 두 친구를 〈햄릿〉에
나오는 무덤지기에 빗대기도 했다. 혹시 베토벤은 자신을 햄릿이
라고 여겼을까? 외롭고, 오해받고, 충동적이고, 나쁜 농담을 즐기
고, 죽지 못해 사는 사람이니 말이다. 그는 한 프랑스인에게 말하

기를 셰익스피어가 "자신의 우상"이라고 했다. 언젠가 그는 〈맥베스〉를 오페라로 작곡하려고 생각했다.

그가 작곡한 코리올란 서곡은 셰익스피어 극을 위한 것이 아니라 공직자 하인리히 폰 콜린이 만든 연극을 보고 쓴 것이다. 셰익스피어 작품에서 오만한 코리올라누스 장군은 자기 백성인 로마인들의 반감을 사서 쫓겨나 그들의 적인 볼스키족을 이끌게 된다. 고향인 로마를 포위한 코리올라누스는 어머니의 만류하는 목소리를 듣는다. 셰익스피어의 글을 보면 그는 볼스키족에게 "나를 산산조각으로 베어달라고" 부탁한다. 콜린의 글에서 그는 자신의 검에 몸을 던진다.

콜린의 연극은 로브코비츠 공작의 궁정에서 딱 하루만 공연되었다. 베토벤은 세 차례 채찍을 휘두르며 곡을 시작하여 청중이 자리에서 뛰어오르게 만든다. 거장의 솜씨를 보여주는 대표작이다.

아르투로 토스카니니(1947)는 7분 이내로 연주를 끝낸다. 헤르베르트 폰 카라얀(베를린, 1965)은 연주 시간이 2분 더 길다. 칼날이 들어오는 서두와 아름다운 라인으로 인해 자살이 사랑의 행위처럼 들린다. 가장 느린 연주는 9분 30초의 클라우스 텐슈테트(1992)다. 모든 초마다 사연이 느껴지는 연주다. 언젠가 리하르트 바그너는 코리올란 서곡이 베토벤이 작곡한 유일한 곡이었어도 천재성의 증거로 길이 남았을 거라고 말했다. 세 연주를 들어보면 그의 말에 수긍하게 된다.

70장

승리의 사인

교향곡 5번 C단조 op.67 (1804~1808)

네 손을 위한 소나타 D장조 op.6 (1796)

음악사에서 최고로 유명한 네 개 음은 하룻밤에 만들어지지 않았다. 베토벤이 20대에 쓴 네 손을 위한 피아노곡에 처음으로 등장한다. 아는 사람만 아는 희귀한 곡이고 녹음이 거의 없다(네덜란드의 유센 형제 연주가 유튜브에 올라와 있다). 네 음은 다른 소나타에서도 여기저기 나타나는데 가장 확실하게 알아볼 수 있는 것은 〈열정〉 소나타의 첫 악장이다. 여기서 우리는 아직 세상에 태어날 준비가 되지 않은 교향곡의 악절을 베토벤이 잉태하고 있음을 듣는다.

네 음이 마침내 교향곡 5번의 첫 다섯 마디에 '라-타-타 탄, 라-타-타 탄' 하고 두 차례 등장하면, 강력한 동시에 모호한 의미를 발생시킨다. 우리는 곧 중대한 일이 벌어지리라는 것을 알지만 그것이 뭔지 모른다. 베토벤의 믿을 수 없는 조수 쉰들러는 작곡가가 했다는 말을 전한다. "이렇게 운명이 문을 두드린다!" 울림이 큰 이미지다. 이른바 운명의 모티브. 하지만 그것이 베토벤이 마음속에 담고 있었던 것일까?

다른 설명도 있다. 빈 숲에 사는 노랑멧새의 울음소리라는 설명, 케루비니의 〈판테온 찬가〉에서 가져왔다는 의견(존 엘리엇 가디너가 제기했다), 집주인이 집세를 받으러 오는 소리라는 의견이다. 하지만 어떤 것도 베토벤의 우렁찬 이 도입부가 불러일으키는 기대감과 걸맞지 않는다. 우리가 확실히 아는 것은 이 주제가 베토벤의 마음속에 오랫동안 있었고, 마침내 그가 충격적인 효과로 전달했다는 것이다. 교향곡 5번은 하이든, 모차르트의 우아한 고전주의 교향곡과 훨씬 더 중대한 뭔가를 나누는 경계선이다.

운명의 모티브는 정치적 차원을 얻었다. 1848년 혁명에서 운명의 소리로, 1940년 BBC에서 승리를 나타내는 모스 부호로 사용되었고, 중국에서는 이것으로 문화혁명의 종식을 알렸다. 베토벤 덕분에 음악의 확장성이 무한정 넓어졌다.

베토벤의 이 교향곡이 갖는 파급력을 처음으로 알아차린 사람은 고딕 소설가 E. T. A. 호프만이다. 오펜바흐의 〈호프만의 이야기〉, 슈만의 〈크라이슬레리아나〉, 차이콥스키의 발레곡 〈호두까기 인형〉의 원작자로 영원히 기억되는 인물이다. 호프만은 교향곡 5번에서 낭만주의 시대의 탄생을 보았다.

음악을 독자적인 예술로 이야기하자면 (…) 그것은 모든 예술을 통틀어 가장 낭만적이며, 혹자는 진정으로 낭만적인 유일한 예술이라고 말할 수도 있다. 음악의 유일한 주제가 무한한 것이기 때문이다. 오르페우스의 리라는 저승의 문을 열었다. 음악은 인간에게 미지의 영역을 열어 보인다. 그것은 인간을 둘러싸고 있는 외적 감각의 세계와 사뭇 다른 세계, 형언할 수 없는 갈망을 껴안고자 한다면 엄밀한 감정들을 모두 내려놓아야 하는 세계다. (…)

현대 기악 음악의 창시자인 모차르트와 하이든은 음악 예술의 가장 영광스러운 모습을 우리에게 처음으로 보여주었다. 하지만 절대적 헌신으로 음악을 대하고 그 내밀한 본질을 꿰뚫어본 자는 베토벤이다. (…) 베토벤의 음악은 경외, 공포, 두려움, 고통의 엔진을 가동하며, 낭만주의의 정수인 무한한 갈망을 일깨운다. (…) 베토벤의 어떤 기악곡이 심오한 C단조 교향곡〔5번〕보다 이것을 더 잘 드러낼까. 말할 수 없이 인상적인 작품이다. 점차 절정을 향해 나아가면서 청자를 영적인 무한의 세계로 데려가는 것이 가히 압도적이다. 유니즌으로 시작하는 첫 알레그로의 두 마디 주제는 이보다 단순할 수 있을까 싶을 정도다. 심지어 청자에게 조성을 밝히지도 않는다. 이 악장에서 억눌려 있는 불안하고 쉼 없이 몰아치는 갈망은 선율적인 제2주제가 등장하면서 더 명확해진다.

　호프만은 "청자에게 조성을 밝히지도 않으면서" 마치 신경 치료를 기다리는 치아처럼 멀뚱히 있는 개시부 주제가 긴장을 유발한다고 본다. 베를리오즈는 이 교향곡이 "베토벤이 외부에 있는 영감에 기대지 않고 자신의 광대한 상상력을 마음껏 펼친 최초의 곡"이라고 주장한다. 다르게 말하면 그 어떤 사안도 없는 순수한 음악의 결정체라는 것이다.

　저돌적인 알레그로 콘 브리오에 이어 2악장은 위안을 주고, 3악장은 훈계하고, 피날레는 재촉한다. 학자들이 두 세기 동안 매달렸는데도 각 악장이 어떻게 그토록 매혹적이면서 일관된 전체로 합쳐지는지 비결을 설명하지 못한다. C단조로 시작한 조성은 마지막에 C장조로 마무리된다. 우리를 웃으며 집으로 돌려보내야 마땅하지만, 베토벤은 혹시 우리가 서두의 음을 놓쳤을까 싶어서 그 리듬 패턴을 악보에 네 차례 더 써넣어 반복하고 반복한다. 이것은 운명이 문을 두드리는 것이 아니라 작곡가가 드릴을 치아에 들이대는 것이다. 그는 다른 어디서도 자신의 목소리를 들리게 하려고 그토록 애쓴 적이 없다.

　교향곡 5번은 1808년 12월 22일, 네 시간을 꽉 채운 음악회 후반부에 처음으로 소개되었다. 피아노 협주곡 4번과 교향곡 6번도 이날 초연되었고, 아리아 〈아, 못 믿을 사람이여〉와 〈미사 C장조〉의 두 악장, 재앙으로 끝난 〈합창 환상곡〉이 무대에 같이 올랐다. 심하게 긴장한 베토벤은 피아노 위에 놓인 촛대 두 개를 떨어뜨려 하마터면 화재가 날 뻔했다. 그는 천재였지만 남들 앞에 자신을 드러내는 데는 서툴렀다.

　교향곡은 라이프치히에서 펠릭스 멘델스존, 바이마르에서 프란츠 리스트, 빈에서 구스타프 말러, 런던에서 아르투어 니키슈가 애쓴 덕분에 음악회 레퍼토리의 핵심이 되었다. 1840년대가 되면 보스턴에서 베토벤의 교향곡 5번과 6번은 다른 어떤 관현악곡보다 자주 음악회에서 연주되었다. 마법사 니키슈는 역사상 최초로 녹음할 교향곡으로 베토벤 5번을 골랐다. 40명의 베를린 필하모닉 현악 주자와 관악 주자들이 나팔 모양의 관 주위에 모여 지휘자가 빠르게 주는 박을 놓치지 않으려고 애썼다. 니키슈의 음반은 지금까지도 베토벤 교향곡의 템포와 관련하여 교과서적인 모범으로 남아 있다.

　라 스칼라의 아르투로 토스카니니(1920)는 활기차고 빠른 걸음으로 내딛는다. 브루노 발터와 오토 클렘퍼러는 질감을 대대적으로 바꾼다. 발터는 개시부의 기세를 한풀 꺾어서 긴장을 서서히 끌어올린다. 클렘퍼러의 경우 2악장 마지막에서 필하모니아의 바이올린이 피치카토로 연주하게 하고 피날레에서 제시부를 한 번 더 연주시켜 곡의 느낌을 순하게 만든다. 슈타츠카펠레 베를린의 1928년 음반을 들어보면, 지휘자 리하르트 슈트라우스가 현의 속도를 늦춰 현악 주자들의 손가락이 따로 노는 지경에 이른다. 빌헬름 푸르트벵글러는 도덕적으로 완전히 상반되는 모습을 보인다. 1943년 6월 연주는 승리에 도취해 있고, 1954년 연주는 패배주의자의 모습이다. 헤르베르트 폰 카라얀은 10여 장의 음반을 냈는

데, 영국 참전 군인들로 꾸린 오케스트라 | 필하모니아 오케스트라를 말
한다—옮긴이 | 와 맞붙은 1954년 음반은 서로에 대한 적의로 요동친
다. 카라얀의 마우저 기관총 같은 서두의 음은 20년 뒤에 그보다
덜 권위적인 도전자가 등장하기 전까지 대다수 비평가들에 의해
번뜩이는 연주로 찬사를 받았다.

1975년 6월 도이치 그라모폰에서 카를로스 클라이버와 빈 필
하모닉의 교향곡 5번 음반이 나왔다. 마흔다섯 살의 클라이버는
아직까지 메이저 오케스트라에서 이름을 얻지 못한 상태였다. 그
의 아버지 에리히 클라이버는 나치를 피해 아르헨티나로 건너갔
고, 그 후로 유럽에서 제대로 된 경력을 펴지 못했다. 에리히는 카
를로스가 지휘봉을 잡는 것을 어떻게든 막으려고 했다. 카를로스
는 어머니의 부추김을 받아 에리히가 명성을 얻었던 작품만 지휘
하려고 했다. 가족 간의 긴장이 극에 달했을 것이다. 에리히는 카
를로스가 빈 오페라 극장에서 도제 교육을 받도록 손을 쓴 다음
1956년 1월 스위스의 한 호텔에서 생을 마감했다. 그의 미국인 아
내 루스 굿리치 클라이버 역시 1967년에 스스로 목숨을 끊었다.

아버지의 불운을 목격한 카를로스는 경력을 차근차근 밟아서
출세하려는 생각이 없었다. 슈투트가르트와 취리히에서 부지휘자
로 일하고 나서는 다른 직책을 맡지 않고 프리랜서로 활동했다. 카
라얀은 카를로스가 냉장고가 비었을 때만 지휘를 하고 최고 개런
티를 요구한다고 농담했다. 그는 독일에서 음악회를 한 차례 지휘
하는 대가로 10만 마르크의 개런티와 최고급 아우디 승용차를 요

구했다. 공연을 자주 취소하기도 했는데 언젠가 일본 공연을 앞두고 빈 필하모닉에 "먼 곳으로 간다"는 말을 남기고 떠났다. 그럼에도 몇 달 뒤에 그들은 다시 돌아오라고 애원했다. "그 정도로 높은 수준을 보여주는 지휘자는 없었습니다." 비올리스트 만프레드 호네크의 말이다. 카를로스 클라이버는 진짜배기였다.

잘생기고 영어, 스페인어, 독일어, 이탈리아어에 능통했던 클라이버는 디바와 유명 영화배우들과 사랑을 나누었지만, 그러면서도 경쟁적인 음악계로부터 멀찍이 떨어져 있는 슬로베니아 산악 마을에 사는 부인 스탄카와 다정한 관계를 유지했다. 그는 선별한 음악가들과 우정을 나누되 자신이 지휘했던 사람들과는 세심하게 거리를 두었다. 리허설에서 그는 큰 소리로 잘못을 지적하기보다 휴식 시간에 악보에 쪽지를 남겼다. 유명한 지휘자들이 그의 리허설에 슬쩍 들어와 무슨 비결이 있는지 알아보려고 했다. 사이먼 래틀은 베르나르트 하이팅크와 함께 코번트 가든의 지휘대가 보이는 박스석에 앉아 카를로스가 〈오텔로〉를 지휘하는 모습을 보았다고 했다. 1막에서 하이팅크가 고개를 숙이고 이렇게 말했다. "자네는 어떤지 모르겠지만 나의 공부는 이제 막 시작이네!"

60대 중반에 이르러 거장의 거장으로 인정받은 그는 갑자기 명확한 이유도 없이 지휘를 그만두었다. 스탄카가 2003년에 죽었고, 그해 그는 치료 가능한 전립선암이라는 진단을 받았다. 이듬해 여름 카를로스 클라이버는 슬로베니아 산악 마을에서 홀로 지내다 자살했다. 일흔네 살이었다.

그가 남긴 음반은 많진 않지만 하나같이 본질을 꿰뚫는 명연이다. 베르크의 〈보체크〉, 요한 슈트라우스의 〈박쥐〉, 브람스의 교향곡 4번, '빈 신년 음악회' 왈츠, 바그너의 〈트리스탄과 이졸데〉 바이로이트 실황. 그중 최고 위업은 그가 빈에서 녹음한 베토벤의 교향곡 5번이다. 순진한 음악적 마음에 집속탄을 날리는 폭발적인 연주다. "내가 즐겁게 들은 교향곡 5번 가운데 가장 훌륭한 해석"이라는 것이 『그라모폰』에 올라온 첫 의견이었다. 그로부터 50년이 지나서 『뉴요커』는 이렇게 주장했다.

〔클라이버의〕 5번은 현대에 녹음된 이 곡의 최고 음반이라는 것이 거의 합의된 견해다. 20세기 초에 말러가 뉴욕 필하모닉을 지휘했을 때 그는 오케스트라가 첫 화음을 적절한 무게감을 갖고 연주하게 하려고 애썼다. 클라이버의 연주에서 확실히 이것을 들을 수 있다. 그냥 무게감만 있는 것이 아니라 악장이 진행되면서 속도, 우아한 프레이징, 완벽한 호흡, 근사한 힘까지 보여준다.

클라이버의 5번을 다시 들으면서 나는 서두의 '라-타-타 탄'하는 분노가 실린 운명의 소리에 넋을 잃었다. 안단테는 심문을 받다가 중간에 커피를 마시듯 숨을 잠깐 돌리게 한다. 현과 호른이 주도하는 3악장은 개시부 주제를 피치카토로 다시 반복한다. 피날레는 마침내 절정에 도달한다. 이 해석의 모든 것이 말로 표현하기 어려우면서 음악을 들은 거의 모든 사람의 고개를 끄덕이게 할 정도로 설득력이 있다. 이렇게 딱 맞아떨어진다는 느낌은 음반에서 대단히 드물다. 라두 루푸가 연주하는 슈베르트 소나타, 길렐스가 연주하는 베토벤의 G장조 협주곡, 플라그스타가 노래하는 슈트라우스의 〈네 개의 마지막 노래〉, 호로비츠가 연주하는 쇼팽 정도다.

그렇다면 이것은 대다수 비평가들이 생각하듯 역사상 최고의 교향곡 음반일까? 결론을 내리기에 앞서 부자간의 관계라는 문제가 있다. 핵심은 지휘가 물려줄 수 있는 솜씨인가, 아니면 선천적인 재능인가 하는 점이다. 아버지와 아들이 지휘자로 나란히 성공한 예가 있다. 라트비아의 아르비드 얀손스와 마리스 얀손스, 에스토니아의 네메 예르비와 파보 예르비, 이탈리아의 마르첼로 비오티와 로렌초 비오티, 미국의 레오폴트 담로슈와 월터 담로슈, 그 외에 잔덜링 부자, 마주어 부자가 있다. 하지만 그 어디서도 클라이버 부자가 공연(나는 카를로스 공연을 두 번 보았다)과 음반에서 획득한 높은 음악성을 서로 물려준 예는 없다.

나는 카를로스 클라이버의 5번을 '더 이상 좋을 수 없는 최고 ne plus ultra' 음반으로 확정하기 전에 에리히 클라이버가 1953년에 콘세르트헤바우와 연주한 것을 다시 한 번 들어보았다. 에리히는 서두의 템포를 팽팽하고 강인하게 잡고, 안단테는 신중한 모습, 스케르초는 절제된 모습을 보여, 모든 힘을 파괴적이고 도저히 어쩔 수 없는 흉포함이 번개처럼 내리치는 피날레를 위해 아껴두었다. 교향곡을 면밀하게 따져보자 카를로스는 시종일관 매혹적인 반면, 에리히는 마지막이 압도적이라고 느꼈다. 카를로스는 모든 전투에서 다 이긴다면, 에리히는 오로지 최종적인 전쟁에서 승리를 거둔다. 우리로서는 유일무이하고 서로 다른 교향곡 해석의 기적에 경탄하는 수밖에 없다.

내가 고려하는 다른 음반은 많지 않다. 시카고의 솔티(1975)는 가장 시끄러운 오케스트라를 데리고 박력과 활기를 전한다. 가디너와 항상 붙어 다니는 혁명과 낭만 오케스트라(2016)는 현악 주자들이 한시도 가만있지 않고 발을 구른다. 데이비드 진먼과 취리히 톤할레(1997)는 시대 연주 관행과 현대적 관행을 융합한다. 마리스 얀손스과 바이에른 방송 교향악단의 2012년 일본 공연은 독일의 가장 유연한 오케스트라에서 명료함과 일관성, 그리고 인간적인 따스함을 끌어낸다. 하지만 결국에는 클라이버로 돌아가게 된다. 아들의 연주든 아버지의 연주든.

≀

영국 소설가 E. M. 포스터는 1927년 케임브리지 트리니티 칼리지 강연(나중에 『소설의 이해』라는 책으로 출간)에서 리듬이야말로 이야기를 쓰려는 사람이 갖춰야 하는 전제 조건이라고 했다. 그는 리듬을 두 가지 유형으로 나누는데, 베토벤 교향곡 5번의 개시부 같은 일반적인 리듬과 도달하기 어려운 리듬이다. 그의 말을 인용하자.

문학가로서 말하고 싶은 것은 첫 번째 종류의 리듬—디디디 덤
—은 몇몇 소설에서 발견되며 소설에 아름다움을 줄 수 있다는
것입니다. 그리고 다른 리듬은 교향곡 5번 전체의 리듬으로 어
려운 리듬입니다. 소설에서 여기에 해당하는 것은 여러분에게
인용할 수 없지만, 그래도 존재할 수 있습니다.

　이 말은 미스터리의 핵심에 거의 다다라 있는 말이다. 피아노
솜씨가 뛰어났고 한결같은 애호가로서 "베토벤의 교향곡 5번은
인류의 귀에 들어간 가장 숭고한 소음"이라고 말하기도 했던 포스
터는 베토벤이 이 교향곡 첫머리에서 창작의 비밀 하나를 풀었다
고 이해한다. 이것은 유레카의 순간이다. 교향곡은 존재한다. 나머
지 우리들은 그 곡을 지휘하거나 연주하거나 들을 수는 있겠지만,
베토벤이 밝혀낸 것을 반복하지는 못한다. 그러니까 베토벤이 이
세상의 음악 문화에 기여한 중간 지점의 작품 아래에서 고동치고
있는 리듬과 같은, 적절하고 올바르고 꼭 필요한 리듬을 우리는 찾
을 수 없다. 맞서 싸우든 실패하든 지휘자나 작가가 바랄 수 있는
것은 기껏해야 저 깊은 비밀의 모조품을 전하는 것이다. 안달하든
즐기든 청자가 엿볼 수 있는 것이라고는 수수께끼의 희미한 그림
자가 전부다.
　그러니 우리는 계속 시도할 수밖에 없다.

71장

무정한 사람

'아, 못 믿을 사람이여!' op.65 (1796/1808)

정신없는 1808년 12월 음악회의 첫 곡이었던 아리아는 예기치 않게 논란에 휩싸였다. 모차르트가 아꼈던 소프라노 요제파 두셰크를 위해 작곡된 곡이고 인기 대본 작가 피에트로 메타스타시오가 가사를 썼지만 이 아리아는 몰이해의 벽에 부딪혀 거의 찬밥 신세였다. 베토벤은 자신의 역작이라고 믿었지만, 가수들은 그보다는 고난이도의 높은 음과 이미지 손상을 두려워했다. 주인공이 연인을 매섭게 몰아붙이는 것을 보면 남성 혐오를 방불케 한다.

가시오, 사악한 사람! 내게서 도망치시오.

허나 신들의 분노를 피하지 못할 것이오.

하늘에 정의나 자비가 있다면

당신을 응징할 것이오!

당신이 나의 앙갚음을 받는 장면은

생각만 해도 기뻐요.

번갯불이 당신에게 떨어지는 것이 보여요.

아니에요, 그만해요, 복수의 신이여!

그의 마음 대신에 내 마음을 치세요!

그는 달라졌고, 나는 예전의 나 그대로이니

그를 견디며 살아온 내가 이제 그를 위해 죽겠어요!

프리다 라이더(1924), 시르스텐 플라그스타(1937), 비르기트 닐슨(1958)의 음반은 바그너의 격정이 있다. 잉게 보르크(1956)는 우리를 리하르트 슈트라우스의 세계로 데려간다. 결말에 반전이 있는 심리적 스릴러를 선사한다. 재닛 베이커(1977)는 금관악기처럼 어슴푸레 빛나는 목소리로 주인공이 확실히 제정신이라며 우리를 안심시킨다.

놓쳐서는 안 되는 음반이 있다. 이 곡은 현재까지 알려지기로 마리아 칼라스가 남긴 유일한 베토벤 녹음이다. 칼라스의 무대 데뷔는 1944년 8월, 독일 점령군 장교들이 꽉 들어찬 아테네의 원형극장에서 〈피델리오〉의 레오노레 역을 그리스어로 부른 것이었다. 그녀는 다시는 〈피델리오〉를 부르지 않겠다고 맹세했고 그 약속을 지켰지만, 1963년 12월 40대에 막 접어든 그녀는 이제 목소리도 삶도 망가졌다. 연인인 선박왕 오나시스로부터 매몰찬 대접을 받았고, 메트로폴리탄 오페라 극장 무대에 서지 못하게 되었으며, 유럽 비평가들은 그녀의 우렁찬 소리에 어울리지 않게 고음이 날카롭다고 잔소리를 했다. 앞으로 그녀는 코번트 가든에서 〈토스카〉를 마지막으로 노래하고 파리에서 〈노르마〉를 부르고 나면 다시는 오페라 무대에 서지 못하게 된다. 그전에 그녀는 딱 한 번 베토벤을 녹음하기로 했다.

칼라스는 니콜라 레시뇨와 무색무취의 파리 음악원 오케스트라와 함께 스튜디오에 들어가 〈아, 못 믿을 사람이여〉를 영원히 자기 것으로 만들었다. 무정한 남자에게 내지르는 서두의 비명 소리는 피를 얼어붙게 만든다. 〈노르마〉나 〈안나 볼레나〉에 나오는 살벌한 복수의 독백이라고 해도 믿을 정도다. 그녀는 죽기로 결심했지만 사악한 사람을 함께 끌고 갈 기세다. 불길에서 벨벳으로 바뀔 때 그녀의 목소리가 흔들리지만 문제될 일은 아니다. 자신의 베토벤이 어떠해야 하는지 아는 칼라스는 감정을 조절한다. 이것은 칼라스의 최고작이며 마지막 불꽃이다. 그녀는 1977년 9월, 쉰세 살에 파리의 자택에서 생을 마감했다.

72장

탈주 기관차

합창 환상곡, op.80 (1808)

베토벤은 네 시간 음악회를 앞두고 피아노와 합창단, 오케스트라를 위한 20분짜리 곡을 작곡했다. 최종적으로 교향곡 9번을 위한 스케치이며 필요나 기쁨을 위해 만든 것이 아니다. 그는 "오케스트라가 점차적으로 가세하고 마지막에 합창이 들어가 피날레로 마무리되는 피아노 즉흥곡"이라고 했다.

그날 연주에 대해 쉰들러는 "그냥 무너져내렸다"고 했다. 체르니는 베토벤이 잘못되었다고 소리를 지르며 다시 연주하도록 했다고 한다. 자이프리트는 이렇게 전한다. "처음에 그는 자신이 어떤 의미로 보면 음악가들을 욕되게 했다는 것을 알아차리지 못했다. 실수를 바로잡는 게 자기 일이라 여겼고, 청중은 돈을 냈으니 처음부터 끝까지 제대로 된 연주를 들을 자격이 있다고 생각했던 모양이다. 하지만 그는 진심으로 오케스트라에게 용서를 구했다. (…) 솔직하게 나서서 오해를 바로잡고, 자신이 방심한 탓이라며 책임을 졌다." 모셸레스는 이렇게 말한다. "피날레에 이르자 내리막으로 달리는 탈주 기관차가 되어 전복을 피할 수 없으리라는 걸 알았다."

독주 피아노 도입부는 〈황제〉 협주곡 피날레와 닮았지만, 오케스트라가 가세하고 합창이 들어오면 곡을 어떻게 이끌어야 하는지 작곡가에게 아무 생각이 없는 듯 느껴진다. 교향곡 9번에서 합창이 등장하는 대목을 예시하는 음악이 6분에 나온다. 리스는 이렇게 전한다. "우리는 누구든지 좋은 것을, 특히 효과적인 것을 많이 집어넣으려는 과한 욕심에 빠질 수 있음을 경험했다." 가사는 말할 것도 없이 진부하다.

(…) 그러니 아름다운 영혼이여,
예술이 주는 선물을 기쁘게 받으라.
사랑과 힘이 하나가 되고
인류는 신의 은총을 입으리.

다니엘 바렌보임(1968)은 도입부를 근엄하게 연주하는 것이 마치 십계명을 올리브산의 설교와 뒤섞은 듯하다. 알리시아 데라로차는 리카르도 샤이와 베를린 방송 교향악단(1986)의 해석에 진지함을 더한다. 메나헴 프레슬러는 쿠르트 마주어와 라이프치

히 게반트하우스(1994)에 존중을 표한다. 알프레트 브렌델과 베르
나르트 하이팅크(1977)는 온건하고 안정적이다. 젊은 프랑스 피아
니스트 베르트랑 샤메유는 2019년 음악회에서 반짝반짝 빛난다.
그중 최고는 마르타 아르헤리치와 오자와 세이지(베를린, 2018)다.
그 어디에도 얽매이지 않은 자유분방한 연주다.

73장

신의 꽃

피아노 소나타 15번 D장조 '전원' op.28 (1801)

런던의 한 출판업자가 제목을 붙인 베토벤의 피아노 소나타 15번
은 왼손이 낮은 D음을 스물네 마디에 걸쳐 계속 두드리며 시작한
다. 비발디를 비롯한 후기 바로크 작곡가들이 '전원곡pastorale' 양식
에서 사용한 기초 저음(베이스에서 계속 울려대는 음)을 생각나게
한다. '전원곡'은 바로크 시대 의미로 보면 마음을 차분하고 편안하
게 하는 분위기의 곡이다. 출판업자는 이 소나타를 연주하기 쉬운
곡으로 아마추어에게 팔려고 했다.

　발군의 음반은 머리 퍼라이아의 음반이다. 그는 그리스 테살로
니키에서 미국으로 건너온 스페인계 유대인 부모 밑에서 태어난
뉴욕 태생의 피아니스트다. '신의 꽃'을 뜻하는 퍼라이아라는 부드
러운 이름답게 속삭이듯 작은 소리로 연주하여 1972년 리즈 콩

쿠르에서 우승을 했다. 퍼라이아의 베토벤은 수줍으면서도 견고하고 소박하면서도 철저하다. 2008년 음반에서는 왼손의 덜거덕거림을 북유럽 스릴러 소설 플롯으로 바꾼다. 안단테 악장은 쇼팽의 장송행진곡을 예고하며, 나머지 악장들은 가능성으로 흥분시킨다. 퍼라이아는 환갑을 맞아 이 음반을 녹음했고, 앞으로 더 많은 베토벤을 녹음할 생각이었다. 아쉽게도 고질적인 엄지 부상으로 그 계획이 틀어지면서 이후엔 베토벤을 자주 연주하지 못했다.

다른 음반을 살펴보자면 마우리치오 폴리니는 사려 깊은 연주가 트레이드마크인데, 여기서는 온통 자기 생각밖에 없다. 알프레트 브렌델은 학교 교장 같다. 빌헬름 바크하우스는 교조적이다. 디노 치아니는 피아노 소리가 엉망이다. 마리야 그린베르크는 나무망치로 저음의 음을 두들기는 것 같다.

에밀 길렐스는 마지막 DG 세션에서 초현실적인 아름다움으로 혼을 쏙 빼놓는다. 길렐스는 평생 KGB 경호원을 두려워하며 살았다. 그가 이스라엘의 한 지휘자에게 말했다. "여기 내 손이 부들부들 떨리는 게 보이죠. 이러면서 저들은 어떻게 내가 음악회를 하길 원하는 거죠?" 1985년 10월에 모스크바 병원에서 정기 건강검진을 받던 그는 예순여덟의 나이로 갑작스럽게 죽었다. 의료진의 과실이 의심됐으나 기소되진 않았다. 길렐스가 연주하는 〈전원〉 소나타는 이 세상 것 같지 않다. 세 곡만 더 녹음했더라면 베토벤 소나타 전곡이 그의 음반으로 남았을 텐데.

74장

지상의 지옥

교향곡 6번 F장조 '전원' op.68 (1808)

열 살 때만 해도 〈전원〉 교향곡은 내가 아는 유일한 교향곡이었다. 의붓어머니가 거실에서 모노 전축으로 이 곡을 틀었다. 브루노 발터가 컬럼비아 심포니 오케스트라를 지휘한 음반이었다. LP가 빙글빙글 돌아갈 때 라벨에 적혀 있던 이름들이 보였다.

나는 이 음반을 미워했고, 감히 밝히지 못한 이유가 있었다. 의붓어머니는 히틀러를 피해 망명한 신경불안인 사람으로 돈 때문에 아버지와 결혼했다. 40대 후반의 그녀는 유아 교사로 일했으며, 볼품없는 옷을 걸친 키 작은 여자로 성격이 고약했다. 음악을 사랑한 것—주로 베토벤의 교향곡 6번, 모차르트의 〈아이네 클라이네 나흐트무지크〉, 바그너의 〈방황하는 네덜란드인〉을 들었다—을 제외하면 높이 살 만한 장점이 거의 없었다. 목소리는 뻑뻑한 문을 여닫는 소리를 냈다. 음식 솜씨는 끔찍했고, 외양은 흉했으며, 가끔 짓는 미소는 위협적이었다. 그녀는 나에게 피아노 교습을 시켰고 연습을 빼먹으면 나를 때렸다. 그 밖에도 수많은 이유로, 그리고 아무 이유 없이 나를 때렸다. 친어머니를 여읜 나는 교외 연립주택에서 살며 집에 거의 붙어 있지 않는 아버지, 자기를 '어머니'라 부르게 하는 여자와 함께 지냈다. 그 호칭을 거부하면 얻어맞았다. 불평해도 소용없었다. 나라는 아이는 적응하는 법을 배우고 하루하루 버티며 살았다.

사람들이 내 의붓어머니를 피해 길을 건너는 모습을 보면서는 그녀가 정신적으로 불안정하거나 나쁜 친구인가보다 싶었다. 몸이 편치 않은 아버지와 나 스스로를 그녀의 역정으로부터 보호해야겠다고 생각했다. 그런 방법 중 하나가 나란히 앉아서 〈전원〉 교향곡을 함께 듣는 것이었다. 교향곡은 그녀에게 뮌헨에서 보낸 어린 시절의 행복한 기억을 떠올려주었다. 뮌헨은 음악감독 브루노 발터가 최고 수준의 클래식 공연을 선보인 문화의 중심지였다. 누군가 '브루노 발터'라는 이름을 언급할 때마다 의붓어머니의 표정이 경건해졌다. 그녀는 발터의 〈전원〉 교향곡 음반을 질릴 줄 모르고 들었다. 그녀가 목가적인 추억에 기분 좋게 젖어 있을 때 전화를 걸어 방해하는 자는 화를 면치 못했다.

나는 침실 문을 닫아걸고 그녀를, 그녀의 음악을, 그녀의 빌어먹을 거장을, 전축을, 거실을, 그녀가 나에게 잔디를 깎으라고 했던 안뜰을 욕했다. 무엇보다 그녀에게 화해의 생일 선물로 이 음반을 사준 나 자신을 저주했다. 그건 비겁한 위선 행위였다.

그녀는 나를 로열 페스티벌 홀에서 열리는 음악회에 데려가기 시작했다. 나는 맨 윗줄에서 공연을 보면서 음악에 눈뜬 즐거움과 옆에 앉은 그녀에 대한 참을 수 없는 혐오 사이에서 갈팡질팡했다. 음악은 좋았고 옆 사람은 싫었다. 음악회 나들이는 정신적인 고문이었다. 내가 절대음감의 소유자임을 알게 된 그녀는 나의 음악성을 음치인 아버지와 싸우는 무기로 활용했다. 내가 그녀와 어울릴 때마다, 뇌졸중을 두 차례 겪으면서 갈수록 쇠약해진 가엾은 아버지와는 점차 멀어졌다. 여기에 대해 죄책감을 느낀다.

나는 클렘퍼러, 루빈스타인, 볼트, 토르틀리에, 켐프 같은 전설들을 무대에서 봤지만, 고통을 참을 수 없는 지경이 되자 2년 뒤에는 더 이상 음악회에 가지 않았고 클래식 음악을 듣는 것도 그만두었다. 20대에 신경쇠약을 겪고서야 평정심을 찾았다. 분노에 휩싸이지 않은 채로 음악을 듣고, 여성이 의붓어머니처럼 변할 수 있다는 두려움에서 벗어나 사랑에 빠질 수 있게 되었다.

학대받은 아이가 대체로 그렇듯 나도 나만 이런 경험을 했을 거라고 생각했다. 열 살에서 열여섯 살 사이의 그 끔찍했던 시기에 나는 혼자 지내고, 의심 많고, 자신을 믿지 않고, 자기방어적인 아이가 되었다. 집을 떠나 혼자 살게 되면서 의붓어머니와 더는 연락하지 않았다. 그녀를 우리 삶에 들였다고 해서 아버지를 원망한 적은 없었다. 가엾은 아버지는 자기 딴에는 자식을 위해 최선을 다했다고 생각했다. 섭섭한 마음이 남아 있다면 그건 무슨 일이 벌어졌는지 알면서도 모른 척했던 다른 가족과 지인들을 향한 것이었다. 음악도 그랬지만, 내가 어른으로서 가족이나 지인들과 다시 어울리기까지는 오랜 시간이 필요했다. 그나저나 베토벤에 관한 책에서 왜 이런 추억을 늘어놓고 있는 걸까? 나는 동네 도서관에서 짤막한 베토벤 전기를 읽자마자, 냉담한 환경에서 잔혹한 부모를 겪었던 그의 경험에 공감했다. 그러니 어떻게 참을 수 있겠는가?

2019년 나는 영국의 방송인 스티븐 존슨이 쓴 쇼스타코비치 연구서의 리뷰 기사를 쓰게 되었다. 몇 쪽을 넘겨보니 (나와 일면식도 없는) 존슨이 자신의 경험을 털어놓았다. 폭력적이고 양극성 장애가 있는 어머니에게서 자란 그는 광포한 이 교향곡에서 어울릴 법하지 않은 안전한 장소를 찾았다. 쇼스타코비치는 스탈린 치하에서 밖으로는 순응하고 안으로는 비명을 지르는 이중의 삶을 살았다. 존슨도 비슷하게 이중생활을 했다. "나는 방 안에 혼자 틀어박혀 정신이 불안정한 어머니를 피했고, 그러지 않았다면 틀림없이 닥쳤을 말로 표현할 수 없는 재앙을 미리 방지했다. 그 당시 내가 무의식적으로 스스로에게 되뇌었던 계명은 이랬다. '느끼지 말자, 느끼지 말자.' 음악은 예외였다."

나는 이 구절을 읽으며 목이 메었다. 어린 존슨과 어린 나를 불쌍히 여겼고, 우리가 살아남은 것에 안도했다. 다시 존슨의 말이다. "격렬한 반전이 언제 들이닥칠지 몰랐다. 언젠가 내가 말썽을 부리자 그녀가 갑자기 돌아서서 가위를 칼처럼 휘두르며 '이걸 네 등에 꽂지 않았으니 운 좋은 줄 알아!' 하고 씩씩거렸던 것이 기억난다."

　동네 도서관에서 빌려온 쇼스타코비치 교향곡들은 존슨에게 안도감을 안겨주었다. 쇼스타코비치는 스탈린 시대를 살면서 누구도 감히 입 밖에 내지 못했던 것을 음악으로 표현함으로써 피난처를 찾았다. 어머니가 마침내 정신병원으로 실려 가자 존슨은 마치 자신의 스탈린이 죽은 것만 같았다. 그의 아내가 말했다. "당신 어머니와 사는 게 이 교향곡과 같았겠구나."

　열여섯 살에 집을 나와 독립하면서 내가 사는 세상이 달라졌다. 언어도 공기도 빛도 달랐고, 내 목을 조이는 위협도 없었다. 내 삶이 다시 시작되었다. 나는 사는 법과 서서히 사랑하는 법을 배웠다. 하지만 나의 일부는 심하게 망가져서 라디오에서 〈전원〉 교향곡이 들려오면 구역질이 났다. 이 음악은 내게 단순한 음악이 아니었다. 여러 겹의 깊은 의미를 담고 있는 것이었다.

　반더포겔Wandervogel│산악 도보여행으로 자연과 조국을 사랑하고 심신을 단련하자는 20세기 초 독일의 청소년 운동─옮긴이이 유행하던 시기에 자란 의붓어머니는 일요일 아침이면 샌드위치와 지도를 챙겨 나를 끌고 런던 인근으로 10마일에 달하는 하이킹을 갔다. 내 의사는 물어보지도 않았다. 나는 그저 그녀가 숭배하는 것을 따라야 했다. 초지를 걸을 때마다 비가 쏟아졌다. 나는 신에게 허리케인을 보내달라고 기도했다. 억지로 하는 행진을 끝낼 수만 있다면 핵전쟁이 벌어져도 좋았다. 의붓어머니가 황소에 들이받히거나 독사에 물려 죽어가는 상상을 했다. 농부가 '내 땅에 무단침입을 했다'

며 그녀를 총으로 쏘았으면 했다. 나는 신발 끈을 풀고 발목을 빼려 했다. 부츠 바닥에 물이 고여 철썩철썩 소리가 났다. 그 순간 잿빛 하늘 너머로 빅토리아식 교회 첨탑이 보였다. 교회 두 곳만 더 지나면 기차역에 도착하여 집으로 돌아갈 수 있었다. 그래서 나는 영국의 자연과 상냥함을 혐오했다. 학교에서 일부러 지리 과목 시험을 망쳤다. 지도를 들여다보고 싶지 않았기 때문이다.

시골길을 걸을 때마다 〈전원〉 교향곡이 사운드트랙으로 들렸다. 무거운 발걸음과 교향곡이 하나로 합쳐져 공포 영화가 되었다. 베토벤이 집필한 대본으로 말이다. **전원 교향곡, 회화보다는 느낌의 표현에 가깝게. 1악장 시골에 도착해서 깨닫게 되는 즐거운 감정. 2악장 시냇가 풍경. 3악장 농부들의 즐거운 모임. 4악장 천둥과 폭풍. 5악장 행복한 감정과 신에게 올리는 감사.**

그래서 나는 이 곡을 외면했다. 수십 년 뒤에 교향곡의 경이에 익숙해지면서 베토벤의 6번이 슈만, 브람스, 브루크너, 엘가, 본 윌리엄스, 루셀, 시벨리우스, 말러가 쓴 경이로운 전원풍 곡들의 효시임을 깨닫게 되었다. 그중에서도 말러의 첫 번째 교향곡은 쇼스타코비치의 8번이 스티븐 존슨에게 그랬듯이 내게 일순위 곡이 되었다. 말러는 어렸을 때 가정 폭력을 피해 숲으로 달아났다. 그의 삶을 되짚어보며 나는 그가 숨었던 숲을 걸었고, 동쪽 바람으로 우듬지에서 그의 교향곡의 첫 A음이 울리는 것을 들었다. 말러는 나와 비슷한 나이에 집을 나왔다. 그는 "결코 받아들여지지 않는 아웃사이더"로 세상에 나가 이름을 얻었다. 빈 국립 오페라단 단

장으로 있으면서 극락의 연주를 선보인 말러는 다른 이들에게 음
악을 유연한 예술로 다루도록 격려했으며 악보를, 자신의 악보도
포함해서, 자유롭게 고치도록 했다. 그는 젊은 클렘퍼러에게 이렇
게 말했다. "곡을 띄우게. 안 되면 악보를 바꿔. 그건 자네의 권리,
아니지 의무네."

말러의 가장 믿음직한 해석자는 그가 열여덟 살 때부터 지휘
자로 훈련시킨 브루노 발터였다. 이것이 내가 처음에 말러를 듣는
데 걸림돌이 되었다. 발터를 들으면 그가 내 의붓어머니가 숭상하
던 신이었다는 사실이 생각났기 때문이다. 하지만 그는 말러 권위
자였다. 내가 말러의 작품을 공정하고 타당하게 설명할 수 있으려
면, 비단결처럼 부드러운 브루노 발터를 혐오하는 내 마음을 극복
해야 했다.

나는 발터가 쓴 자서전을 통해 그가 겉보기와 꽤 달랐다는 것
을 알게 됐다. 일단 '발터'는 그의 본래 성姓이 아니었다. 그는 '슐레
징거'라는 성이 너무 유대인 느낌이라서 '발터'로 바꿨고, 출세에
걸림돌이 될까봐 세례를 받고 가톨릭으로 개종했다. 그의 딸은 제
아버지가 "대단히 훌륭한 기독교도"였다고 했다. 발터는 뮌헨 대주
교와 친해졌는데, 그는 훗날 교황 비오 12세가 되어 히틀러의 독일
과 협약을 맺었던 인물이다. 파면 팔수록 발터의 부르주아식 예의
범절에 감추어진 새로운 면이 드러났다. 발터는 가수 델리아 라인
하르트와 바람을 피웠고, 이웃에 살았던 작가 토마스 만의 10대
딸을 유혹했다. 이 정도면 내 의붓어머니가 상상했던 귀감이 되는

인물은 아니라고 판단하기에 충분했다. 발터는 아내의 죽음에도, 질투 많은 남편에게 살해된 딸의 죽음에도 눈물 한 방울 흘리지 않은 냉혈한이었다. 그가 유일하게 내보인 감정이란 히틀러에게 개인 재산을 몰수당하고 망명길로 내몰렸을 때 일었던 자기 연민의 쓰나미였다.

살해된 딸의 이름은 그레텔이었다. 내 의붓어머니와 똑같은 이름이다. 이 사실을 알게 되자 프로이트의 자유연상으로 자기 분석을 행하여 그에 대한 편견으로부터 자유로워지게 됐다. 나는 발터가 모범을 보인 말러와 베토벤의 〈전원〉 연주를 마침내 비판적인 객관성을 갖고 평가할 수 있게 되었다. 아마도 그는 정신적으로 말러의 해석에 가장 가깝게 다가간 사람이었을 것이다. 브루노 발터가 지휘하는 〈전원〉 교향곡을 들을 수 있다는 건 마침내 내가 트라우마를 대부분 씻어냈음을 보여주는 증거였다.

1936년 빈 필하모닉과 녹음한 발터의 첫 번째 음반은 힘 있고 날렵하고 품격 있고 모나지 않은 모범적인 연주다. 말러의 매제 아르놀트 로제가 여전히 악장으로 있었다. 나이팅게일 노래는 말러의 교향곡 1번에 나오는 새소리를 생각나게 한다. 말러가 〈전원〉을 녹음했다면 이와 비슷하게 기억에 남는 연주가 되지 않았을까 싶다.

발터는 1946년 미국 최고의 필라델피아 오케스트라와 두 번째로 〈전원〉을 녹음했다. 아메리카 대륙을 연결하는 고속도로를 달리면서 바라본 시골 풍경을 그린 디즈니 애니메이션 같은 연주다. 1958년 할리우드에서 녹음한 그의 세 번째 음반은 키치의 벼랑 끝에 아슬아슬하게 매달려 벨베데레 궁전 정원의 웅장함을 조망한다. 『스펙테이터』의 비평가 리처드 브랫비는 이 음반에 대해 말하기를 "사랑하지 않기가 불가능한 지휘자에게서 나오는 깊은 온기와 연민으로 채워진 스타일"이라고 했다. 나는 차마 발터를 사랑할 수야 없지만, 그가 모두를 만족시키는 거장임은, 인간사에 조금도 흔들리지 않고 흠잡을 데 없는 기교와 경험의 깊이를 전달하는 거장임은 인정한다. 음악은 도덕철학의 영역이 아니다. 물과 마찬가지로 인간이 외부 물질로 오염시키지 않는다면 그냥 음악일 뿐이다. 발터는 인간적인, 너무도 인간적인 존재였다.

클렘퍼러(1957)는 〈전원〉의 1악장 연주 시간이 남들보다 3분은 길다. 인계철선처럼 팽팽한 긴장감이 느껴진다. 그의 시냇물은 졸졸거리지 않고, 농부들은 감상적이지 않다. 그의 폭풍은 셰익스피어의 극처럼 위협적이며, 그의 나이팅게일은 왕관의 보석을 훔쳐간다. 그의 시골은 도시 거주자가 돌아다니기에는 확실히 위험하다. 이것은 말러를 거꾸로 뒤집은 연주다. 훈계조에 불길함이 어른거린다.

다른 음반을 살펴보면, 헤르베르트 폰 카라얀은 1963년 베를린 필과의 전집에서 〈전원〉이 드물게도 크게 비틀거린다. 베토벤의 풍경을 관광객들로 득실대는 명소로 만들었다. 에리히 클라이버는 부서질 듯한 연약함을 발견한다. 티롤 알프스 지역에서 자란 카를로 마리아 줄리니는 해발 3000미터에서 산소 부족으로 헐떡거린다. 리카르도 샤이는 〈오텔로〉 같은 폭풍을 이끈다. 클라우스 텐슈테트는 시냇가에서 아이처럼 순수한 경이를 드러낸다. 나는 그들의 다양한 해석을 들으며 경탄한다. 이 곡과 얽힌 나의 과거는 이제 옛말이 되었다.

ξ

이 책에서 내 삶을 소개한 데 대해 '비평가는 상황에서 물러나 있어야 한다'고, '음악은 그 자체의 가치로만 평가해야 한다'고 주장하는 순수주의자들의 따가운 눈초리를 느낀다. 내가 일탈한 것과 관련하여 사과할 생각은 없다. 나는 〈전원〉 교향곡에 대해 쓰면서 개인적인 이해관계를 밝히지 않을 수 없다. 경제 담당 기자가 자신이 주식을 갖고 있는 회사에 대해 보도할 때 그렇듯이 말이다. 그런 정보를 보류하는 것은 고통스럽기도 하거니와 편협하고 부정직한 것이다. 아울러 음악이 우리에게, 우리의 내적 자아에 미치는 충격을 축소하는 것이다.

이 장을 서른다섯 번째로 고쳐 쓰던 어느 날 밤, 나와 비슷한 딜레마에 처했던 위대한 말러 학자가 생각났다. 법학을 공부한 쿠르트 블라우코프는 1939년에 빈을 떠났다. 그는 예루살렘에서 10년을 보냈고 1950년대에 음악사회학 교수가 되어 마침내 빈으로 돌아갔다. 전후 유럽에 공신력 있는 구스타프 말러 전기가 없다는 것을 알고 그는 자신이 쓰기로 했다. 정보를 얻거나 평가하는 것이 결코 쉽지 않았다. 다음은 블라우코프의 말이다.

> 내가 말러를 꾸준하게 사랑한 것은 아니다. 그의 음악을 외면했
> 던 시절이 있었다. 말러를 오해한 것도 있고 내 성향이 바뀌기도
> 했는데, 결과적으로는 그렇게 거리를 둔 것이 도움이 되었다. 덕
> 분에 대중의 선호가 변덕스럽다는 것을, (…) 예술가와 사회가
> 주고받는 상호작용을, (…) 사회적 맥락에서 예술 작품의 지위가
> 바뀌는 것을 이해하게 되었다.

1968년에 쓰인 이 고백조의 글은 유명인에 대한 무분별한 숭
배가 지배하는 분야에서 솔직한 의견을 드러낸 것으로 내 마음속
에 영원히 각인되었다. 전기 작가는 사랑과 존경의 마음으로 해당
인물에 접근한다. 그런데 이야기를 전하다가 감정이 바뀌어 인물
이 더는 매력적으로 보이지 않고 심지어 혐오스럽게 보이기까지
한다면 끔찍한 일이 아닐 수 없다. 대부분의 작가는 이런 감정을
꾹꾹 숨긴다. 블라우코프의 솔직함은 드물다. 특히 클래식 음악 분
야는 소개하는 사람이 소개되는 사람의 천재성에 찬탄하는 것으
로 생계를 꾸려가므로 이런 솔직함을 보기가 더 어렵다. 쿠르트 블
라우코프는 말러를 싫어한 시절이 있었다고 털어놓음으로써 우리
에게 잠시 돌아서서 음악에 너무 몰입하지 않았는지 수시로 확인
해도 괜찮다고 허락한다. 이것은 비단 비평가와 전기 작가에만 국
한되는 이야기가 아니다.

작곡가들 역시 상반된 감정을 느낄 수 있다. 말러는 오케스트라에게 자신의 교향곡을 "하루는 이런 식으로, 다음 날은 다르게" 연주하도록 지시했다. 여기서 해석이 시작되는 것이다. 말러에 한창 빠져 있을 때 나는 블라우코프의 조언을 받아들여 나 자신의 애매한 태도를 직시했다. "틀림없이 나는 자질구레한 것들로 독자를 피곤하게 만들기 시작했을 것이다." 블라우코프의 말이다. "이것은 의도적으로 한 것이다. 왜냐하면 이 작업을 하면서 가끔 나를 덮쳤던 허탈감에 독자들이 공감해주기를 원했기 때문이다. 내가 완전히 공인된 사실로 받아들일 수 있는 것은 정말 몇 개 안 된다. 내가 취한 거의 모든 자료가 의구심을 일으켰다. 특히 여러 출판물에서 거의 토씨 하나까지도 똑같이 반복되는 문장들을 읽으며 과연 정말일까 의심했다." 자르고 붙이는 오늘날 음악 전기 관행에 보내는 역사의 경고장이다.

블라우코프는 우리를 말러의 핵심으로 데려간다. 자기반성, 이따금씩 드는 자기혐오, 그의 음악의 유동성, 그리고 타당성으로 이끈다. 나는 말러가 자신의 음악에서 그랬듯이, 그리고 베토벤도 어느 정도는 그랬듯이 전기 작가가 글을 통해 자신의 삶과 감정, 결점을 내보여도 괜찮다는 것을 블라우코프에게서 배웠다. 그렇게 드러냄으로써 작곡가와 그의 작품의 이해에 더 가까이 다가간다면 얼마든지 환영이다. 전기와 관련한 진실을 깨우쳐준 영웅인 쿠르트 블라우코프는 말러의 세기가 끝나가던 1999년 6월 빈에서 생을 마감했다.

75장

롤라의 전성기

에그몬트 서곡과 부수 음악 op.84 (1804)

1839년 여름, 절정의 인기를 누리던 헝가리 피아니스트 프란츠 리스트는 베토벤 기념비를 세우겠다는 본의 계획이 지지부진하자 본인이 앞장서기로 했다. 그는 피사에서 휴가를 보내면서 피렌체 조각가 로렌초 바르톨리니에게 대리석 조각을 의뢰했다. 본의 시민들은 청동상을 선호하여 드레스덴의 교수에게 일을 맡겼고, 리스트가 돈을 댈 것이라고 그에게 말했다. 리스트는 베토벤 기념사업에 1만 프랑을 내놓았다. 나머지 비용은 순회공연을 하여 모으기로 했다. 그리하여 리스토마니아Lisztomania라고 불리는 광적인 팬들이 등장했다. 그가 무대에 오르자 나이 지긋한 부인들이 혼절했고, 남편들은 그의 환심을 사려고 보석을 내놓았다. 리스트는 마리 다구 백작부인과 어울리며 세 자녀를 두었지만, 두 사람은 중

압감으로 갈라서고 말았다.

제막식이 1845년 8월로 잡혔다. 프로이센 왕 빌헬름 4세는 물론 빅토리아 여왕과 알베르트 대공도 참석하기로 했다. 작곡가 베를리오즈와 마이어베어가 파리에서, 슈포어와 모셸레스가 빈에서 왔다. 슈만과 멘델스존은 리스트의 서커스를 두려워해서 자리를 피했다. 본은 음악회를 치를 규모가 되는 연주 공간이 없다는 것을 그제야 깨달았다. 리스트가 다시 한 번 돈을 내서 임시 홀을 마련했다.

라인강의 증기선이 수천 명의 관광객들을 마을로 실어 날랐다. 호텔이 꽉 들어찼고 맥주가 바닥났다. 리스트는 음악회를 네 시간이나 이어갔는데 이 공연은 클래식 역사에서 재앙으로 꼽힌다. 빌헬름 4세가 늦게 도착하여 자신이 놓친 곡을 다시 연주하도록 요구했다. 골든스타 호텔에서 손님 600명이 테이블을 차지하려고 싸움을 벌였다. 리스트가 자리에서 일어나 질서를 회복하려고 할 때 사람들의 시선이 옆 테이블로 옮겨갔다. 하이힐을 신고 엉덩이까지 맨살을 드러내며 춤을 추는 여자가 있었던 것이다. "리스트 씨의 손님으로 왔어요." 롤라 몬테즈였다.

어떤 예술가의 삶을 들여다보더라도 그 안에 롤라 같은 인물이 있다. 롤라는 '스페인 무용수'라고 소개되었지만 사실 스페인 출신도, 딱히 무용수도 아니었다. 본명은 엘리자베스 길버트이며, 아일랜드에서 태어난 잉글랜드 여자였다. 왕족들 앞에서 풍만한 상반신을 흔들며 풍요롭게 살던 여자. 리스트는 롤라와 하룻밤을 보내

고 나서 그녀를 호텔방에 가두고 도망쳤다. 그녀가 본의 베토벤 행
사장에 나타나 사람들 주목을 끌었을 때 리스트는 완전히 당황했
다. 어떤 음악가보다 최선을 다해 베토벤을 기리려고 준비한 자리
였다. 그는 본을 떠날 때 "지치고 낙담하고 거의 파산한 상태"였다.
1847년 9월, 서른다섯 살의 리스트는 피아노 연주 여행을 접었고,
공작부인과 함께 바이마르 지방에 정착했다. 나중에 그는 로마에
서 서품을 받고 사제가 되었다.

　본을 떠난 롤라는 바이에른 왕 루트비히 1세에게 갔다. 루트비
히는 그녀의 가슴이 진짜인지 만져보게 해달라고 했고, 사실임을
확인하자 만족하여 그녀를 뮌헨의 정부로 두었다. 둘의 관계는 1년
간 이어졌다. 1848년 혁명이 일어나 루트비히가 실각하고 롤라는
추방되었다. 롤라는 뉴욕으로 가서 서른아홉에 매독으로 사망했
다. 롤라는 록스타 그루피의 원조다. 그러니 그녀도 기념비를 받을
만하다. 1845년 베토벤 축제에서 치욕을 당한 본은 1870년 베토
벤 탄생 100주년 행사를 열며 리스트를 초대 명단에서 제외했다.

　베토벤 조각상을 제외하고 1845년 행사의 성과라면 마지막 음
악회에서 여러 아리아와 협주곡과 함께 연주된 곡이 유일한데, 그
곡이 바로 베토벤이 1810년 괴테의 희곡 『에그몬트』에 붙인 서곡
이다.

　『에그몬트』는 자신의 조국이 스페인에 점령당한 것에 맞서 싸
운 네덜란드인 에흐몬트의 인생을 소재로 한 작품이다. 리스트는
〈에그몬트 서곡〉을 음악회에 포함시켜 본의 시민들에게 베토벤이

이베리아와 네덜란드 혈통이기도 하다는 사실을 상기시켰다. 리스트 덕분에 이 작품은 행사의 개막 공연에 단골로 연주되는 곡이 되었다.

아르투어 니키슈가 1913년 런던 심포니 오케스트라와 녹음한 음반은 근사하다. 빌럼 멩엘베르흐(1926)는 네덜란드인답게 노골적인 공세에 나선다. 빌헬름 푸르트벵글러(1947)는 느린 정서와 사납게 몰아치는 기세를 융합한다. 레너드 번스타인은 브로드웨이와 브람스의 중간으로 공략한다. 페렌츠 프리차이는 통렬한 1958년 음반에서 파프리카 같은 리스트 음악을 떠올리게 한다[프리차이와 리스트는 헝가리인이고, 파프리카는 헝가리를 대표하는 채소다―옮긴이]. 클라우스 텐슈테트(1982)는 다 큰 여인에게 아이들이 잠잘 때 읽어주는 동화를 이야기한다. 크리스티안 틸레만(2005)은 바그너의 기괴함에 '헨젤과 그레텔'의 공포를 뒤섞어 고딕적 악몽을 선사한다.

76장

9인의 사도

리스트/베토벤, 아홉 곡의 교향곡 (피아노용으로 편곡)
(1837~1864)

리스트는 열한 살 때 베토벤이 자신의 이마에 입을 맞췄다고 말했다. 그는 바이마르의 집 거실에 베토벤이 쓰던 피아노를 두었다. 러시아에서 아일랜드로, 발트해에서 발칸반도로 연주 여행을 다니면서 리스트는 베토벤의 소나타를 많이 연주했고 아울러 자신이 아홉 개 교향곡을 피아노 독주용으로 편곡한 곡들도 선보였다. 마을에 오케스트라가 없는 사람들은 이런 식으로 교향곡을 접했다. 리스트의 전기를 쓴 앨런 워커는 이런 피아노곡이 "그를 다른 작곡가들의 작품을 가져다가 자신을 과시하기 위한 불꽃놀이로 삼는 쇼맨으로 보는 대중의 인식을 몰아냈다"고 말한다. "베토벤 음악을 위해 본인의 창의적 충동을 억누르는 (…) 자제의 행위는 견줄 사람이 거의 없다."

피아노용으로 편곡된 교향곡은 많은 이들이 녹음했다.

교향곡 1번 프랑스-키프로스의 피아니스트 시프리앙 카차리스가 1980년대에 녹음한 것은 소리가 아쉽다. 이딜 비레의 1985년 브뤼셀 녹음 역시 메마른 소리다. 블루밍턴에 있는 인디애나 대학의 장루이 아그노에르(2020)는 아주 흥미롭다고 할 순 없지만 맑고 밝은 연주다.

교향곡 2번 영국 햄프셔주 이스트 우드헤이의 세인트 마틴 교회에서 녹음한 콘스탄틴 셰르바코프는 반투명한 음향에서 근육질의 단단하고 옹골찬 연주를 들려준다. 매혹적인 조합이다.

교향곡 3번 〈영웅〉 프랑스의 조르주 플뤼데마셰는 힘이 들어간 나폴레옹의 모습이다. 가브리엘레 발도치는 이탈리아식 허풍이 어떤 건지 보여준다. 카차리스가 나의 일순위다.

교향곡 4번 피에르 불레즈의 조수였던 알랭 플라네스는 연주에 점묘파 모더니즘을 더해 마치 존 케이지가 프리페어드 피아노로 베토벤을 연주하는 것처럼 들린다. 리스트나 베토벤의 느낌은 덜하지만 듣는 재미가 있다.

교향곡 5번 기대하시라. 글렌 굴드는 베토벤 교향곡 5번을 홍키통크 피아노로 투지 있게 웅대하게 연주한다. 재현부에서 굴드가 연주하는 개시부 주제는 모든 지휘 수업에서 가르쳐야 한다. 이것으로 충분히 놀랍지 않다면, 시대 피아노 전문가 파울 바두라스코다가 있다. 높은 음역에서 독특한 음색을 선사한다.

교향곡 6번 〈전원〉 굴드는 1악장에서 훌륭한 동반자이며 폭풍에서 오싹한 공포를 안겨준다. 애슐리 와스는 영국 시골 저택에서 1820년대 포르테피아노로 목가적인 분위기를 자아낸다. 마르타 아르헤리치는 그리스 제자 테오도시아 노코우와 함께 (젤마르 바게가 새로 편곡한) 네 손을 위한 버전을 연주한다. 2020년 워너에서 나온 음반에서 인상적인 것은 아르헤리치가 타성적인 베토벤 연주를 고집스러우면서 예민하게 반응하는 제자에게 떠넘기려 하는 대목이다.

교향곡 7번   내가 악수를 나눈 가장 경이로운 사람은 도수 높은 안경을 쓰고 부소니와 알캉의 난곡을 연주한 영국인 피아니스트 로널드 스미스였다. 점차 시력을 잃어가던 그는 어마어마한 양의 음악을 암보로 연주했다. 우리가 그의 리스트/베토벤 7번에서 듣는 것은 베토벤에게 최고의 경의를 표한 리스트만큼이나 뛰어난 신동 피아니스트다. 도무지 숨 쉴 틈을 주지 않는다.

교향곡 8번   모스크바의 차이콥스키 음악원 출신인 유리 마르티노프가 2013년 9월 네덜란드 하를럼의 소박한 교회에서 베토벤 전곡을 녹음했다. 날렵한 발걸음의 8번에서 소리가 유난히 좋다.

교향곡 9번 〈합창〉   9번은 애초에 피아노에 어울리는 곡이 아니어서 리스트 편곡 버전의 어떤 연주도 충분한 설득력을 발휘하지 못한다. 이탈리아의 마우리치오 발리니가 대단히 느리게 연주한 2009년 녹음이 있지만, 나는 두 젊은 영국인 레온 매콜리와 애슐리 와스가 빠르게 몰아붙인 2008년 네 손 연주를 선호한다.

리스트는 베토벤의 〈아테네의 폐허〉에 나오는 모티브로 환상곡을 만들어 독주 피아노를 위한 곡, 두 대의 피아노를 위한 곡, 피아노와 오케스트라를 위한 곡, 이렇게 세 가지 버전으로 냈다. 마지막 버전에서 그는 한참 동안 피아노를 숨겨놨다가 〈수도승의 합창〉과 〈터키 행진곡〉에서 독주자를 등장시킨다. 재밌고 신나고 어쩌면 자조적이다. 음반이 드문데 리스트 같은 손을 가진 네덜란드의 에곤 페트리(1938), 그리고 크렘린이 절대로 외국으로 내보내지 않았던 리스트 스페셜리스트 그리고리 긴즈부르크(1952)를 추천한다.

77장

피아니스트의 손을 봐

피아노 협주곡 5번 E플랫장조 '황제' op.73 (1809)

〈황제〉협주곡에서 아이가 가장 먼저 보는 것은 모든 행위가 피아니스트의 오른손에 놓인다는 것이다. 어째서 그럴까? 이 곡은 협주곡 사상 가장 큰 규모의 오케스트라가 가동된다. 하지만 2악장에 보면 플루트 하나와 클라리넷, 트럼펫 둘, 팀파니는 하는 일이 전혀 없다. 어째서 그럴까?

첫 악장은 20분 동안 황제의 위용을 과시한다. 베토벤의 가장 행복한 조성으로 진행되며 피아노와 오케스트라가 전례 없이 치열하게 격돌한다. 베토벤은 독주자에게 그들이 원하는 대로 자유롭게 카덴차를 연주하도록 허락하지 않는다. 이번에는 모든 음 하나하나에 이유가 있으며 그 밖에는 아무것도 필요하지 않다.

사적 초연은 1811년 1월 로브코비츠 공작의 궁에서 있었고,

베토벤의 제자 루돌프 대공이 피아노를 맡았다. 황제의 아들이 〈황제〉 협주곡을 연주한 것이다. 첫 번째 공개 연주는 라이프치히에서 대성공을 거두었다. 손가락이 경쾌하게 미끄러지며 리듬을 타는 춤곡 주제는 거부할 수 없는 매력이 있었다. 피아니스트에게 개인적인 표현을 발휘할 여지를 많이 주는 협주곡이다.

인도 소설가 루쿤 아드바니의 『암소 사이의 베토벤』(1994)에 이 협주곡을 묘사한 대목이 나온다. "음악과 관련하여 거대하고 열정적이고 질서정연한 교란이 있어서 삶의 다른 모든 것을 제대로 바라보게 하고, 전반적으로 침묵이 바람직한 상황에 뭔가가 끼어들어 고도의 카타르시스를 안겨주는 것 같다." 2010년 영화 〈킹스 스피치〉의 마지막 대목에서 〈황제〉 협주곡 느린 악장이 연주되어 국왕 조지 6세가 말더듬 장애를 이겨낸 것에 만족해한다는 점을 나타낸다.

나치가 이 협주곡에 하켄크로이츠 문양을 새겼다. 빌헬름 바크하우스가 1933년에 비행기에서 아돌프 히틀러를 만나고 나서 독일 예술가 친우회 회장이 되었다. 1936년 9월, 바크하우스는 뉘른베르크 전당대회에 히틀러의 손님으로 참석하여 "독일 예술, 특히 독일 음악을 아돌프 히틀러만큼 열렬하게 사랑하는 사람은 없다"고 말했다. 바크하우스는 〈황제〉 협주곡을 평생 열한 번 녹음했다. 나치의 '문화 교육' 캠프에 몸담았던 히틀러 신봉자 엘리 나이는 1944년 베를린 공습 때 〈황제〉를 마치 수호신이라도 되듯 녹음했다. "나는 헌신적인 나치당원이고 히틀러가 조국을 구했다"고

말했던 발터 기제킹은 1945년 1월 베를린에서 〈황제〉를 녹음했
다. 아우슈비츠 굴뚝에서 차로 한 시간 거리에서 나치 지도자들을
접대했던 빌헬름 켐프는 1935년에 교조적 나치당원 페터 라베와,
1961년에 페르디난트 라이트너와 다시 〈황제〉를 녹음했다. 스위
스의 에트빈 피셔는 베를린에서 슈나벨을 대신하여 1951년 빌헬
름 푸르트벵글러와 녹음했다. 유려하고 느긋하고 저절로 미소 짓
게 하는 연주다.

　예술가라고 해서 우리보다 정치에 능숙한 것은 아니다. 그들은
후회하거나 부인하게 되는 결정을 내리고, 그러면서 주장하기를
자신이 옹호한 이데올로기가 무엇이든 자신의 음악에는 전혀 영
향을 미치지 않았다고 한다. 하긴 음반을 듣고는 바크하우스가 기
제킹보다 나치에 더 우호적이었는지, 피셔가 푸르트벵글러와 인종
문제를 논의했는지 알아낼 도리가 없다. 나치가 〈황제〉 협주곡을
껴안았다는 사실은 곡의 내용이 아니라 왜곡된 수용을 보여주는
것이다. 혹은 우리가 그렇게 생각하는 것이다.

　반대편을 살펴보면, 런던 대공습이 벌어질 때 내셔널 갤러리
에서 리사이틀을 하며 음악을 살리고자 애썼던 마이라 헤스의
1952년 〈황제〉 녹음이 있다. 가정교사처럼 열심히 집중하는 것을
보면 도덕적 우위를 되찾아야겠다는 결의가 느껴진다. 유대인 혈
통의 그리스인 지나 바카우어는 1962년 스타니스와프 스크로바
체프스키와 런던 심포니 오케스트라를 파트너로 맞아 녹음했다.
참으로 축복 같은 연주다.

엘렌 그리모(2007)는 가장 가벼운 터치를 구사한다. 우치다 미쓰코(1999)가 연주하는 아다지오는 속삭임을 살짝 넘는 정도다. 그러고 보니 여성 연주자가 거의 눈에 띄지 않는다. 마르타 아르헤리치, 완다 란도프스카, 마리야 유디나, 일로나 카보스, 아니 피셔, 잉그리드 헤블러, 모라 림파니, 알리스 자라 오트, 유자 왕, 마리아 조앙 피레스, 앤절라 휴잇이 보이지 않는다. 〈황제〉는 남성의 영역이다.

내가 오랫동안 마음속으로 아꼈던 연주가 있다. 아르투어 슈나벨이 프레더릭 스톡이 이끄는 시카고 심포니와 함께 한 1942년 녹음이다. 슈나벨은 베토벤처럼 무뚝뚝한 모습으로 피아노, 지휘자, 음악가들을 고달프게 하다가 피날레에 이르러 환한 표정으로 메시아의 축복을 내린다. 바렌보임이 지휘를 맡은 아르투르 루빈스타인(1976)의 연주 또한 기준점이 된다. 가끔 그는 담뱃불을 붙이려는 듯 음들 사이에서 멈춘다. 에밀 길렐스와 조지 셀(1968), 클라우디오 아라우와 클렘퍼러(1957)는 초월적이다. 아르투로 베네데티 미켈란젤리와 카를로 마리아 줄리니, 빈 필하모닉의 1979년 연주는 제멋대로 구는 이탈리아 관광객과 당혹스러워하는 오스트리아 집주인을 보는 듯하다. 루돌프 제르킨, 머리 퍼라이아, 폴리니, 브렌델, 아시케나지, 솔로몬, 부흐빈더, 글렌 굴드 모두 뛰어난 연주다. 그중 하나만 꼽자면 아시케나지와 하이팅크(1974)는 나무랄 데 없다. 그야말로 아름다운 연주다.

78장

터키 행진곡

아테네의 폐허 op.113,

슈테판 왕 op.117 (1811)

오스트리아 제국이 무엇보다 두려워한 것은 헝가리가 탈퇴하는 것이었다. 그래서 빈은 자신들이 신경 쓰고 있다는 것을 부다페스트에 보여주려고 몇 년마다 뭔가를 했다. 1808년에 황제는 페스트에 새로운 극장을 짓기로 했다. 독일 극장으로 명명된 이 극장은 아우구스투스 폰 코체부의 희곡에 당대 최고 작곡가가 붙인 음악을 1812년 2월 개관 무대에 올렸다.

〈아테네의 폐허〉에서 그리스 신들은 튀르키예의 지배를 한탄한다. 다분히 정치적인데 검열관도 청중도 모르고 넘어갔다. 베토벤이 붙인 음악은 영화 음악처럼 중요한 대목은 강조하고 따분한 대목은 가린다. 극의 한가운데에 베토벤은 작품번호 76의 피아노 변주곡에 나오는 〈터키 행진곡〉을 집어넣어 대단한 갈채를 받았다. 베토벤은 내친김에 코체부의 또 다른 희곡 〈슈테판 왕〉에도 음악을 작곡했다. 헝가리 왕국을 세운 군주의 이야기다.

코체부는 1819년 모호한 이유로 신학생에게 살해되는 비운을 맞았다. 페스트의 극장은 화재로 없어졌다. 베토벤의 음악은 1924년 리하르트 슈트라우스와 후고 폰 호프만슈탈에 의해 전후 오스트리아를 빗댄 알레고리로, 몰락한 제국의 폐허로 재조명되었다.

최고의 〈아테네의 폐허〉는 베른하르트 클레가 지휘한 베를린 필하모닉과 RIAS 합창단의 1970년 음반이다. 허투루 낭비하는 음이 하나도 없다. 나는 〈슈테판 왕〉 서곡의 진가를 꽤나 최근에야 발견했다. 가보르 타카치너지가 지휘를 맡은 제네바 체임버 오케스트라의 2021년 3월 음악회 실황은 자신들의 소중한 유산을 외부인이 말끔하게 손질한 것을 받았을 때 헝가리인들이 얼마나 들썩였을지 짐작하게 한다. 여기에는 장난기와 반항, 환호가 뒤섞여 있고 오스트리아-독일의 음악적 거만함을 앞뒤 살피지 않고 조롱한다. 강세를 워낙 급격하게 줘서 거의 베토벤처럼 들리지 않는다. 더 많은 지휘자들이 왜 그처럼 자유분방하게 템포를 운용하지 않을까 의문이 들 지경이다.

79장

톱 오브 더 팝스

매년 한두 번 누군가가 가장 인기 있는 클래식 음악 차트라며 내놓는다. 전문가, 청자, 데이터 분석가, 음반 비평가, 일반인이 뽑은 차트라지만, 사실 이런 설문 조사는 라디오 방송국의 플레이리스트와 음반사의 홍보 작업을 반영할 뿐이다.

클래식 FM이 선정하는 명예의 전당의 경우, 레이프 본 윌리엄스의 〈종달새의 비상〉이 11년 연속으로 정상을 놓고 다투었고, 라흐마니노프와 브루흐 협주곡이 이와 경합을 벌였다. 2020~2021년 베토벤의 해를 보면 교향곡 9번이 5위, 〈황제〉 협주곡이 7위, 〈전원〉 교향곡이 14위, 〈월광〉 소나타가 15위, 교향곡 5번이 존 윌리엄스의 영화 음악 〈쉰들러 리스트〉에 이어 17위를 차지했다.

'바흐트랙' 웹사이트가 매년 집계하는 음악회 자료는 더 포괄

적이다. 바흐트랙에 따르면 베토벤이 2019년에 가장 많이 연주된 작곡가였다. 전 세계 음악회의 일곱 개 중 하나에서 그의 곡이 연주되었고 총 20,535회의 공연이 이루어졌다. 〈영웅〉이 가장 자주 연주되었지만 그의 다른 곡들은 10위권에 하나도 포함되지 않았다. 이 집계에는 중국과 남아메리카의 자료는 빠져 있다.

나는 베토벤 수용과 관련하여 믿을 만한 자료를 얻고자 그의 음악과 인연이 가장 많은 오케스트라를 찾았다. 1842년에 창단된 빈 필하모닉 오케스트라에는 베토벤과 연주한 적이 있는 부모를 둔 음악가들도 있었다. 그러니 소유 의식을 가질 만도 했다. 나는 오케스트라의 아카이브 담당자 질피아 카르글 박사에게 베토벤의 어떤 작품이 가장 많이 연주되었는지 물었다. 그녀는 살짝 어리둥절해하더니 그런 질문은 처음 받아본다고 했다. 주말 동안 그녀와 동료들이 나를 위해 지난 180년간 빈 필하모닉이 연주한 베토벤 곡을 하나도 빠짐없이 찾아주었다. 아래에 빈 필하모닉이 무대에서 가장 자주 연주한 베토벤의 스무 곡을 정리했다. 한 곡만 뒤에 가서 논의하려고 이름을 가렸다.

1. (나중에 공개)
2. 교향곡 5번 C단조 op.67 (354회)
3. 교향곡 3번 E플랫장조 op.55 (323회)
4. 교향곡 6번 F장조 op.68 (234회)
5. 에그몬트 서곡 op.84 (205회)

6. 교향곡 9번 D단조 op.125 (204회)

7. 코리올란 서곡 op.62 (189회)

8. 교향곡 8번 F장조 op.93 (171회)

9. 교향곡 4번 B플랫장조 op.60 (162회)

10. 교향곡 2번 D장조 op.36 (146회)

11. 교향곡 1번 C장조 op.21 (135회)

12. 레오노레 서곡 3번 op.72a (117회)

13. 피델리오 op.72 (음악회 공연 107회, 빈 국립 오페라 극장에
    서는 1869년부터 950회 공연)

14. 바이올린 협주곡 D장조 op.61 (84회)

15. 피아노 협주곡 4번 G장조 op.58 (76회)

16. 피아노 협주곡 5번 E플랫장조 op.73 (73회)

17. 피아노 협주곡 3번 C단조 op.37 (66회)

18. 장엄미사 op.123 (55회)

19. 피아노 협주곡 1번 C장조 op.15 (40회)

20. 프로메테우스의 창조물 서곡 op.43 (27회)

빠진 곡이 몇 곡 있다. 피아노 협주곡 2번, 바이올린과 오케스
트라를 위한 두 곡의 로망스, 3중 협주곡, 합창 환상곡, 그리고 새
로운 극장이 개관할 때마다 단골로 연주되는 헌당식 서곡이 보이
지 않는다. 피아노 협주곡 4번은 더 인기가 높으리라 짐작되는 5번
앞에 놓이며, 세 곡의 오케스트라용 서곡이 비평적으로 중요한 바

이올린 협주곡보다 자주 연주된다. 하지만 여기서 알아야 할 것이 있다. 빈 필하모닉이 무슨 곡을 연주할지는 연주자들과 무관하게 결정된다. 오케스트라가 밖으로 공연을 떠날 때는 그들만의 전통을 지키면서도 공연이 열리는 지역의 기획자가 원하는 것을 들어준다. 이 차트는 빈에서 베토벤의 인기가 어땠는지 판단하려 할 때 우리가 얻을 수 있는 가장 공신력 있는 자료다.

여기서 놀라운 것은 빈 필하모닉 역사를 통틀어 가장 자주 연주된 베토벤 곡이 이름이 붙지도 않고 세상을 떠들썩하게 하지도 않았던 교향곡, 리하르트 바그너가 "춤곡에 불과하다"며 무시했던 작품이라는 사실이다. 카르글 박사 덕분에 나는 총 382회 공연된 교향곡 7번이 제법 큰 차이로 빈 필이 가장 자주 연주한 베토벤 곡이라고 말할 수 있다.

지금도 그럴까? 카르글 박사에게 2000년부터 2022년까지 베토벤 연주 횟수가 어떻게 되는지 물었다. 빈도는 사실상 똑같다. 21세기의 순위는 다음과 같다.

1. 교향곡 7번 (71회)
2. 교향곡 3번 (64회)
3. 교향곡 6번 (59회)
4. 교향곡 5번 (53회)
5. 교향곡 8번 (45회)
6. 교향곡 2번 (33회)

6. 피아노 협주곡 3번 (33회)

8. 교향곡 9번 (31회)

9. 교향곡 1번 (28회)

10. 피아노 협주곡 4번 (27회)

다음으로 나는 카네기 홀에 문의했다. 1891년 4월 개관해서 2020년 3월 코로나 유행으로 폐쇄될 때까지 미국을 대표하는 클래식 공연장이었다. 카네기 홀 대표 클라이브 길린슨에게 그곳에서 베토벤의 어떤 작품이 얼마나 자주 연주되었는지 물었다. 빈에서 그랬듯이 아무도 그런 질문을 한 적이 없었다고 한다. 카네기 홀은 교향곡 연주뿐만 아니라 독주 리사이틀도 열기 때문에 목록이 좀 더 다채롭지만, 상위권을 차지한 곡들은 거의 똑같다.

1. 교향곡 5번 (328회)

2. 교향곡 7번 (301회)

3. 피아노 소나타 23번 F단조 op.57 〈열정〉 (297회)

4. 교향곡 3번 (284회)

5. 레오노레 서곡 (282회)

6. 바이올린 협주곡 D장조 (248회)

7. 에그몬트 서곡 (236회)

8. 피아노 협주곡 5번 (215회)

9. 피아노 협주곡 4번 (192회)

10. 피아노 소나타 21번 C장조 op.53 〈발트슈타인〉 (187회)

11. 피아노 소나타 32번 C단조 op.111 (186회)

12. 피아노 소나타 31번 A플랫장조 op.110 (182회)

13. 교향곡 6번 (181회)

14. 피아노 소나타 14번 C샤프단조 op.27-2 〈월광〉 (178회)

15. 피아노 소나타 30번 E장조 op.109 (176회)

16. 코리올란 서곡 (169회)

17. 교향곡 9번 (160회)

18. 교향곡 8번 (159회)

19. 바이올린 소나타 9번 A장조 op.47 〈크로이처〉 (147회)

20. 교향곡 1번 (146회)

교향곡 두 곡(5번과 7번)이 정상을 놓고 다툰다. 피아노 협주곡 2번과 교향곡 2번, 4번은 목록에서 빠졌다. 교향곡 9번은 공연에서 보기가 어려운데 당연하게도 비용이 많이 들기 때문이다. 뉴욕은 빈만큼 〈전원〉을 좋아하지 않는다. 그 대신 〈열정〉에 열광한다. 교향곡 7번은 평균적으로 매년 두 차례는 무대에 오른다.

그렇다면 교향곡 7번의 어떤 점이 다른 교향곡보다 더 연주하고 싶게 만들까? 지휘자들에게 물었다. 기술적 이해에서 살짝 실망스러운 설명까지 다양한 반응들을 내놓았다. 헝가리 지휘자 이반 피셔는 내게 이렇게 말했다.

교향곡 7번이 유독 인기가 좋은 것은 2악장 때문일 수 있습니다. 실제로 하나의 음 E가 집요하게 반복되는 단순한 리듬 패턴으로 이루어진 걸작이지요. 또 하나 약박에 강세가 들어가는 인상적인 피날레도 있습니다. 듣고 있으면 베토벤이 반복적인 음악, 심지어 록 음악을 발명했다고 느끼게 됩니다.

사이먼 래틀의 회상이다.

오래전에 브렌델 부부의 집에서 푸르트벵글러 여사를 만났을 때 두 사람은 내가 베를린 필하모닉과의 데뷔 무대를 어떻게 할지 이야기했습니다. 여사는 내가 당연히 베토벤의 7번을 연주**해야 한다**고 했습니다. 가장 쉽게 성공을 거둘 수 있고 절대로 실패하는 법이 없다고요. 일리가 있는 말이었습니다. 비록 리허설은 대단히 힘들고 성에 안 차지만, 무대에서 생명력을 발휘하는 곡이며 독특한 광기가 연주자들을 사로잡아 불붙게 합니다. 나는 특별한 공연을 위해 그 곡을 아껴둡니다.

밀라노 라 스칼라의 음악감독 리카르도 샤이의 말이다. "나는 타당한 이유를 대기 어렵네요. 내 경험으로는 9번이 더 자주 연주되니까요. 개인적인 선택은 5번입니다. 분위기를 휘어잡는 데 최고의 곡입니다."

빈의 베토벤에 누구보다 정통한 프란츠 벨저뫼스트는 이렇게 말했다.

나는 그 곡을 많이 연주하지 않습니다. 워낙에 자주 연주되는 곡이라서 오케스트라가 지겨워해요. 내가 생각하기에 가장 자주 연주되는 비결이라면 모든 악장에 추진력이 있다는 겁니다. 그러니 처음으로 그 곡이 가장 자주 연주되는 곡이 되었을 때는 흥미로웠을 겁니다. 속도와 철도 같은 기계적인 것에 대한 매혹이 (…) 전반적으로 발달해서일까요?

레너드 슬래트킨은 실제적인 관점에서 곡을 바라보게 한다.

기본적인 수준에서 보면 지휘하기가 가장 쉽습니다. 느닷없는 템포 변화가 없고, 모든 교향곡 중에서 가장 직설적입니다. 지휘자가 아주 멍청이만 아니라면 청중의 호응을 끌어내지 못할 일이 없습니다.

그렇다고 곡의 어려움을 얕잡아보는 것은 아닙니다. 1악장에서 부점 리듬을 정확하게 잡기란 최고의 오케스트라와도 만만치 않은 일입니다. 많은 결정을 내려야 하는데 이유는 다양하죠. 대신 형식에서 까다로운 덫은 별로 없습니다. 내게 가장 어려운 곡은 6번입니다.

7번은 같은 프로그램에 난곡이 있을 때 끼워넣기에도 좋습니다. 언젠가 미니애폴리스에서 여름날 음악회를 했는데 리허설이 한 번밖에 없었어요. 7번은 10분만 주어졌습니다. 나는 오케스트라에게 악기를 내려놓으라고 하고는 어떤 반복을 지켜야 하는지, 어떤 리듬 음형을 어떻게 연주하기를 원하는지, 템포는 어떻게 할지 설명하느라 시간을 다 보냈습니다. 그날 연주가 지금까지도 내가 연주한 최고의 베토벤 7번입니다.

취리히 오페라단과 댈러스 심포니의 음악감독 파비오 루이지는 몇 가지 이유를 찾아냈다.

1. 기획자가, 특히 아시아에서 이 교향곡을 (차이콥스키의 5번, 말러의 1번과 더불어) 자주 요구하는 편입니다. 워낙 인기가 많으니까요. 이 곡은 하프와 퍼커션이 필요 없고 콘트라바순이나 잉글리시 호른 같은 추가적 악기도 없으니 여행을 다니는 오케스트라는 비용을 아낄 수 있습니다. 그러니 서로에게 윈윈이죠.
2. (베토벤의 최고작은 아니지만) 상대적으로 듣기 편한 교향곡입니다. 활기차고 즐겁고 지나치게 길지 않습니다.
3. 리허설을 많이 하지 않아도 됩니다. 오케스트라에게 너무도 친숙한 곡이니까요.
4. 긍정적이고 유쾌한 기분을 끌어냅니다. (우리 음악가들은 2악장을 가장 좋아합니다. 청중이 사랑할 뿐만 아니라 최고의 베토벤 곡이죠.)

개인적인 의견을 말하자면, 베토벤의 어떤 교향곡도 최고의 베토벤은 아닙니다(8번은 스스로를 비꼬고 환상으로 가득하다는 점에서 최고의 베토벤의 일면이기도 하겠네요). 〈영웅〉의 일부, 4번과 6번의 일부는 최고지만 교향곡 전체가 최고라고 할 수는 없어요(그의 모든 교향곡, 특히 〈영웅〉의 역사적 의의는 당연히 인정합니다). 교향곡을 후기 4중주나 후기 피아노 소나타, 〈장엄미사〉, 바이올린 협주곡, 피아노 협주곡 4번과 비교할 수는 없습니다. 그런 곡들이 최고의 베토벤이죠. 바이올린 소나타도 있군요. 그러나 이것은 순전히 개인적인 의견이고, 여기에 격렬하게 반대할 음악가들이 많다는 것을 압니다.

이것은 연륜 있는 거장의 의견을 임의로 취한 것이지만, 교향곡 7번이 그 자체로 인기가 있다기보다 다른 요인들, 가령 비용이나 편의성 때문에 자주 연주된다는 데 다들 동의하는 것 같다. 음악하는 여러 친구들에게 물었지만 교향곡 7번을 가장 좋아하는 베토벤 곡으로 꼽은 사람은 없었다. 가장 자주 연주되는 곡임을 알게 되자 몇몇은 이반 피셔의 말에 동의했다. "청중에게 이례적인 열광을 일으키는 피날레가 가장 돋보인다고 생각합니다."

그러나 자료는 거짓말하지 않는다. 아무런 의제가 없는 교향곡 7번이 〈영웅〉이나 9번보다 인기가 많다면, 그것은 청중이 스토리 없는 음악을 선호한다는 징후일 수도 있다. 7번은 판매 술책에 저항하는데도 판매가 잘 된다. 긍정적으로 볼 수 있는 결과다. 순수하고 단순한 음악이 거둔 승리다. 마케팅 예산을 줄이고 교육 프로그램을 재조정할 수 있는 기회다.

　내 평생 베토벤은 학교에서 아이들에게 눈깔사탕 같은 존재로 팔렸다. 〈엘리제를 위하여〉, 〈월광〉 소나타, 〈잃어버린 동전에 대한 분노〉로 대표되는 이런 끈적거리는 간식은 환상을 즐기고 거대한 것에 경외감을 느끼는 아이들 능력을 얕잡아보는 것이다. 아이들의 삶은 사소한 것으로 바뀌지 않는다. 그러니 수업 시간에 〈엘리제를 위하여〉 대신 교향곡 7번 피날레를 틀어주면 그들의 마음이 상상외로 활짝 열릴지도 모른다.

80장

손에 땀을 쥐는 연주

교향곡 7번 A장조 op.92 (1813)

위대한 지성들이 위대한 이 곡에 환하게 반응했다. 에밀리 브론테와 사뮈엘 베케트는 집에서 피아노로 이 곡을 연주했다. 에드워드 올비는 『누가 버지니아 울프를 두려워하랴』에서 이 곡을 인용했다. 자크 루시에는 재즈 변주곡을 작곡했고, 이사도라 덩컨은 안무를 만들었다. 벤 니컬슨은 7번 교향곡 발레를 위해 회색과 흰색으로 이루어진 삭막한 디자인을 만들었다(현재 테이트 갤러리에 있는 이 회화는 영국 모더니즘의 금자탑이다). 바그너는 프란츠 리스트가 피아노로 이 곡을 연주할 때 응접실에서 춤을 추었다. 베토벤은 이 곡을 가리켜 "나의 가장 훌륭한 작품 가운데 하나"라고 했다.

브론테는 런던에서 다섯 옥타브 피아노를 구입하여 집에서 매일 연주했다. 여덟 권짜리 피아노 선집 악보에서 그녀가 자주 펼친 대목은 베토벤의 4번, 6번, 7번 교향곡이었고 7번은 2악장이었다. 문예학자 로버트 W. 윌리스는 이렇게 말한다. "7번 교향곡의 해방 감은 히스클리프를 창조한 여성에게 당연히 매력적으로 여겨졌을 것이다." 윌리스는 "베토벤이 '전혀 길들여지지 않은 성격'이라고 한 괴테의 유명한 언급"에서 착안하여 브론테가 히스클리프의 성 격을 취했다고 믿었다. 브론테의 전기를 쓴 스티비 데이비스도 비 슷한 입장이다. "스타일과 짜임새, 비전에서 (『폭풍의 언덕』은 베 토벤과) 강한 유사성을 갖는다." 샬럿 브론테는 동생이 "독특한 음 악, 사납고 우울하고 정신을 고양시키는 음악"에 끌렸다고 말한다. 소설가와 작곡가는 고립감, 자기 몰두 성향, 무한한 지평에의 몰입 이라는 공통점이 있다.

　　다음은 베케트의 말이다. "베토벤 7번 교향곡은 소리의 표층 이 거대한 검은색 침묵 속으로 가라앉아 그때부터 우리는 계속 어 지러운 소리의 길이 헤아릴 수 없이 깊은 침묵의 틈과 연결되어 있 다고 생각하지 않을 수 없다." 그가 자신이 쓴 『고도를 기다리며』 를 설명하고 있는 글이라 해도 무방하다. 파리에 살 때 베케트는 피아노를 연주하고 많은 음악회에 갔다. 그는 베토벤 7번을 "단추 를 채운 느낌이 덜해서" 좋아했으며 지휘자의 차이도 구별할 줄 알았다. "푸르트벵글러 씨는 교양 있는 나치답게 미스터리를 참지 못한다. 그가 내놓은 이 음악은, 이런 표현이 괜찮다면, 달걀프라이 에 발을 하나 얹은 것 같았다." 언젠가 베케트는 듣지 못하는 베토 벤을 주제로 희곡을 써볼까 생각했다.

베토벤은 교향곡 7번을 유럽 역사의 분기점에 해당하는 1812년 여름에 테플리체에서 작곡했다. 그는 이듬해 말 빈에서 열린 상이 군인들을 위한 자선 음악회에서 교향곡 8번, 〈웰링턴의 승리〉와 함께 이 곡을 지휘했다. 이 무렵이면 베토벤은 전혀 듣지 못했다. 루이스 슈포어는 리허설을 이렇게 전한다.

그가 갑자기 뛰어올랐다. 그의 계산에 따르면 포르테가 시작되는 대목이었다. 그의 동작대로 되지 않자 그는 놀란 듯 두리번거렸고 오케스트라를 살펴보고 아직도 피아니시모를 연주한다는 것을 확인했다. 그가 자세를 잡으려는 순간 기다리던 포르테가 시작되는 것이 그의 눈에 들어왔다. 다행히도 공연에서는 이런 우스꽝스러운 일이 벌어지지 않았다.

2악장은 연주가 끝나자마자 앙코르 요청이 쏟아졌다. 피날레는 얼마 전 그가 런던 출판업자를 위해 편곡한 아일랜드 지그를 신나게 연주했다. 곧 음악회가 다시 마련되어 베토벤은 재정적 어려움을 덜었다.

반듯한 악장 구성은 이 곡이 직설적이라는 느낌을 준다. 하지만 실상은 전혀 그렇지 않다. 미국의 지휘자 레너드 슬래트킨이 수많은 문제를 내게 하나하나 알려주었다.

음의 길이, 아티큘레이션, 균형을 어떻게 잡아야 하는지가 중요합니다. 첫 화음부터 만만치 않습니다. 짧고 공격적으로 내야 할까요, 아니면 좀 더 길고 웅장하게 낼까요? 도입부에서 주요 주제를 16분음표가 아래에 이어지는 가운데서도 항상 똑같이 이어갈 수 있을까요?

본격적으로 악장이 시작되는 대목에는 성공적으로 해내기 가장 까다로운 베토벤 리듬이 등장합니다. 6/8박자에서 8분음표 다음에 16분쉼표가 나오고 그런 다음 8분음표로 넘어가는 리듬입니다. 9번 교향곡의 스케르초에서 팀파니가 연주하는 리듬과 같습니다. 실제로 나는 항상 오케스트라에게 말하기를 올바르게 연주하려면 팀파니를 생각하라고 합니다. 팀-파니, 팀-파니, 이렇게 말입니다.

2악장의 템포는 논란이 있습니다. 내가 아는 모든 지휘자가 이 문제로 골치를 앓고 계속해서 마음을 바꿉니다. 조지 셀은 이 악장을 가리켜 슈베르트 9번의 2악장과 더불어 지휘를 시작하기가 가장 어려운 곡이라고 말합니다. 스케르초에서 반복은 어떻게 할까요? 같은 음악을 세 번 연주하면 살짝 지루해질 수 있습니다. 비슷한 문제가 피날레에도 나옵니다.

균형을 조정하는 문제, 관악기와 현악기가 어디서 숨을 쉬어야 하는지, 트리플 포르테를 얼마나 세게 연주해야 하는지는 말하지 않겠습니다. 작곡가는 이런 셈여림표를 여기서 처음 사용하므로 앞에 나온 모든 더블 포르테는 이보다 작게 연주해야 할까요? 선택해야 하는 문제가 한둘이 아닙니다.

슬래트킨이 이상적으로 꼽은 음반에는 셀, 줄리니, 데이비드 진먼이 있지만, 어느 것도 아르투로 토스카니니가 1935년 BBC 심포니 오케스트라와 연주한 것을 대체하지 못한다. "다른 어떤 연주도 하지 못하는 방식으로 나를 사로잡습니다. 당시의 제한적인 기술력에도 불구하고 균형감이 탁월합니다. 손에 땀을 쥐며 듣게 됩니다." 슬래트킨의 말이다.

1930년대와 1940년대에 미국에서 자란 사람에게는 토스카니니의 명성이 프랭크 시나트라에 맞먹을 정도였다. 그는 모든 음악회가 NBC 네트워크를 통해 방송되고 수백만 명이 거실에서 라디오로 그의 연주를 들은 유명 지휘자만이 아니었다. 이탈리아 민주주의를 지키는 투사, 클래식 악보를 성전처럼 정확하게 지키는 지지자로 여겨졌다. 근본주의자 신화는 그의 사후에 뉴욕 공립도서관에서 그의 악보들을 공개하고 나서야 서서히 사그라들었다.

토스카니니가 악보에 가장 집착한 작곡가는 베토벤이었고, 교향곡에서 그의 권위는 까다롭게 따지는 비평가들도 어쩌지 못할 정도였다. 토스카니니의 명성은 그가 연주한 베토벤에 기인한 바가 컸다. 그런데 당혹스럽게도 이런 음반들이 나에게는 재미가 없었다. NBC 녹음 스튜디오의 갑갑한 소리 때문만은 아니다(그것도 작용했겠지만). 그의 연주의 맥박에서 뭔가가 경직되어 있다는 느낌을 받는다. 마치 도로의 갈림길에서 이쪽이냐 저쪽이냐를 선택하는 느낌이다. 토스카니니는 채찍을 휘두르듯 정확한 1939년 〈영웅〉으로, 초호화 출연진을 가동한 1940년 〈장엄미사〉로, 압도

적인 피날레를 자랑하는 1952년 교향곡 9번으로 미국에서 칭송
받았다. 이런 예외적인, 그리고 불편한 공연을 뒤로하자면, 나는
1935년 BBC 스튜디오에서 그가 녹음한 교향곡 7번이 가장 신나
고 거부할 수 없는 그의 면모를 보여준다는 슬래트킨의 말에 동의
한다. 영국 음악가들이 그의 까다로운 카리스마에 신선하게 반응
한 것도 크게 작용했다.

　토스카니니 외에 또 어떤 음반이 있을지 비평계의 친구들에게
재빠르게 설문 조사를 했다. 많은 이들이 빌헬름 푸르트벵글러의
1943년 베를린 연주를 선호했다. "한 음도 허투루 연주하지 않는,
최고로 긴박하고 흥미진진한 음반"이라고 데카의 전 사장 코스타
필라바치가 말했다. 스페인 비평가 루이스 수녠은 파블로 카살스
의 1969년 연주를 추천했다. "사소한 결함은 있지만 아흔두 살인
지휘자의 순수한 활력, 순수한 기쁨"이 느껴지는 연주다. 텔아비브
의 비평가 아미르 만델이 꼽은 것은 르네 레이보비츠와 로열 필하
모닉 오케스트라의 1961년 연주다. 놀랍게도 전원적 색채를 갖추
고 있는 연주다.

　몬트리올의 아서 캡티니스는 레오폴드 스토코프스키가 이끄는
전설적인 필라델피아 오케스트라의 1927년 연주를 꼽는다. "1악
장의 모든 마디가 살아 숨 쉽니다. 알레그레토는 템포가 아니라 프
레이징에서 아다지오지만 사람을 홀리는 매력이 있습니다. 피날
레의 광기도 좋습니다." 시카고의 피아니스트 로리 카우프만은 이
렇게 말한다. "조지 셀과 클리블랜드 오케스트라의 음반에서 여러

분은 이제까지 있는 줄도 몰랐던 음들을 듣게 되리라 장담합니다."
악장 오언 앤더슨은 니콜라우스 아르농쿠르가 이끄는 유럽 체임
버 오케스트라 연주를 선호한다. 나로 말하자면 다니엘 바렌보임
과 서동시집 오케스트라의 행복한 기운을, 그리고 리보르 페셰크
와 슬로바키아 필하모닉이 선사하는 여러 빛깔의 폭죽놀이를 좋
아한다. 둘 다 2020년에 나왔다.

덴마크 지휘자이자 바이올리니스트 니콜라이 스나이데르는
에리히 클라이버가 1950년 궁핍의 시대에 암스테르담에서 내놓
은, 운명의 칼날 위에 서 있는 음반을 꼽는다. "그의 비율 감각, 각
각의 모티브에서 남다른 제스처를 끌어내는 능력은 내가 볼 때 독
보적입니다. 무엇보다 그의 우아함, 활기, 음악에 경탄하는 감각이
강렬하고 감동을 줍니다." 카를로스 클라이버의 1975년 음반은
몸을 쓰는 것이 탁월해서 의자에서 벌떡 일어나고 싶게 만든다. 이
처럼 해석이 다양한 교향곡은 정말로 흔치 않다.

5부

어려운 상황에도 불구하고

81장

힘든 싸움

피아노 소나타 28번 A장조 op.101 (1815)

1813년 초에 베토벤은 동생 카를 카스파르가 결핵을 심하게 앓는 다는 것을 알았다. 잔인하게도 잠깐 회복의 기미를 보이기도 했지만 희망적인 상황은 아니었다. 베토벤은 동생과 가족을 재정적으로 떠맡기로 했다. 한 가지 조건을 걸었다. 아들의 단독 양육권을 자신에게 준다고 하는 문서에 카를 카스파르가 서명하도록 했다. 죽어가는 사람은 진술서에 서명했다.

나는 형 루트비히 판 베토벤의 솔직하고 꼿꼿한 성품을 확신하므로 내가 죽고 나서 미성년인 내 아들 카를 베토벤의 후견인을 형이 맡아줄 것을 희망합니다. 그러므로 내가 죽은 뒤 형을 후견 인으로 지명해줄 것을 존경하는 법원에 요청하는 바이며, 사랑

하는 형은 그 역할을 수락하고 내 아들을 언제라도 성심껏 보살
피기를 바랍니다.

1813년 4월 12일, 빈

이 문서 어디를 봐도 아이의 어머니에 대한 언급은 없다. 베토
벤은 제수의 존재를 지우려고 애썼다. 애초에 그녀가 동생을 함정
에 빠뜨리려고 임신한 것이라고 믿었다. "그의 어리석음을 보여줄
뿐만 아니라 그의 부도덕함을 드러내는 것"이라고 여겼다. 확실히
요하나는 수상한 사람이었다. 요하나의 부모는 딸을 사기꾼으로
고발했고, 요하나의 친구들은 그녀가 보석을 팔기 위해 자기들을
속였다며 그녀를 경찰에 넘겼다. 1811년 요하나는 횡령 판결을 받
아 발에 족쇄를 차고 1년간 감옥에서 지내게 되지만, 남편이 황제
에게 청원하여 한 달로 감형을 받았다. 부부 관계는 폭풍과도 같
았다. 카를 카스파르는 언젠가 루트비히가 보는 앞에서 식탁의 칼
로 요하나의 손을 찔렀다. 루트비히는 "동생의 분노를 겨우 피했
다"고 말했다. 하지만 그는 신뢰할 만한 중립적인 목격자가 아니었
다. 베토벤은 요하나를 미워했고, 카를 카스파르는 온갖 결점에도
그녀를 사랑했다. 그들의 아들 카를도 마찬가지였다.

요하나는 멍청하지도 가난하지도 않았다. 빈 외곽에 집이 있었
고, 베토벤이 나중에 알게 되듯 잘 속아 넘어가는 법정에서 슬픔
에 잠긴 과부 행세를 할 줄 알았다. 카를 카스파르에게 1500플로
린을 빌려주었던 베토벤은 어느 날 저녁 식사를 하다 말고 화가 나

서 요하나에게 소리를 질렀다. "요 도둑년! 내가 준 돈 어디 있어?" 카를 카스파르가 자리에서 일어나 아내 편을 들었고, "다시는 내 집에서 저런 괴물을 보지 않겠"다고 맹세했다. 그 일이 있고 나서 베토벤은 거리에서 동생을 보았다. 그의 상태에 충격을 받은 베토 벤은 마차를 잡아 집으로 같이 돌아오는 내내 그를 껴안고 있었다.

카를 카스파르는 1815년 11월 15일에 죽었다. 그의 유언장은 마지막 순간에 추가 조항을 달아 아홉 살 아들을 돌보는 일을 아 내와 형에게 공동으로 맡긴다고 했다. "두 사람이 내 아이의 행복 을 위해 힘을 합쳐주기를 바란다. 이것이 죽어가는 남편과 동생의 마지막 소망이다." 2주 뒤에 베토벤은 법정에 가서 단독 양육권을 주장했다.

이로 인해 필사적이고 잔혹하고 막대한 재정 손실을 가져온 4년간의 법정 다툼이 있었다. 베토벤이 어찌나 마음고생을 했는지 평생을 통틀어 유일하게 이 시기에 작곡을 하지 못했다. 1815년의 세 곡과 1818년 말에 나온 대곡 〈하머클라비어〉 사이에 블랙홀이 있다. 매일 아침 일어나자마자 한 시간 동안 피아노를 쳤던 일 중 독자 베토벤은 법원 출석과 진술서에 정신이 팔려 있었다. 상황이 엎치락뒤치락했다. 요하나는 베토벤이 성적 요구를 했고 자신이 이를 거절하자 자기를 괴롭혔다고 법정에서 진술했다. 베토벤은 그 녀가 "타락한 사람"이라고 되받아쳤다. 카를이 베토벤과 지내는 동안 요하나는 남자처럼 차려입고 나무 뒤에 숨어 수업이 끝나고 나오는 아이를 만났다. 그러자 베토벤은 카를을 학교에 보내지 않았고 규율을 어겼다며 매질을 했다. 카를을 성직자에게 보내 도덕에 관해 배우도록 했다. 베토벤은 아이를 키우기는커녕 아이와 지내본 적도 없었다. 카를은 도망쳐서 어머니 곁으로 갔다. 베토벤은 사람을 고용하여 둘의 만남을 염탐하게 했다.

그녀에게 양육권이 완전히 넘어갈 것처럼 보였을 때, 베토벤이 염탐을 시킨 자가 보고하기를 그녀가 사생아를 낳았다고 했다. 이 정보는 법정에서 요하나에게 불리하게 작용했다. 아이 이름은 베토벤 이름을 따서 루도비카로 지었는데 아마 화해의 제스처로 보인다. 카를은 베토벤에게 보내졌다. 그는 밤늦게 돌아다녔다. 1826년 열아홉 살에 그는 권총으로 자살 시도를 했다. 그러고 나서 자신을 사랑하지만 서툰 삼촌에게서 벗어나려고 군에 입대했다.

베토벤은 지쳤다. 아이를 돌보고 안정적인 가정을 꾸려줄 사람이 필요했다. 적절한 후보가 있었다. 카를이 다닌 학교 교장의 동생인데 아이를 좋아하고 그의 삼촌도 존경했지만, 베토벤은 사랑 없는 결혼을 지지하지 않는 사람이었다. 그는 혼자서 집안일을 하지 못했고, 가정부를 몇 달 이상 두지도 못했다. 그는 거의 듣지 못했다. 자신이 양부 역할에 부적격자임을 누구보다 잘 알았다. 여기서 의문이 든다. 그는 요하나에게 동정의 마음을 표했다. 카를에게 이렇게 말한 걸 보면 말이다. "나쁜 어머니라 하더라도 여전히 어머니야." 요하나가 베토벤이 자신에게 성적 욕망을 품었다고 한 주장이 거짓말이 아닐 수도 있다. 남자가 형제의 과부와 결혼하는 것은 흔한 일이다. 괴로움에 처했던 베토벤이 그런 생각을 했을까? 1994년의 영화 〈불멸의 연인〉에 보면 요하나가 베토벤의 은밀한 연인으로, 카를은 둘의 아들로 묘사되는데 완전히 허황된 발상이다.

≀

분류자들은 작품번호 101을 중기 베토벤의 마지막으로, 〈하머클라비어〉를 후기 베토벤의 시작으로 보지만, 두 곡 모두 그 자리에 들어맞지 않는다. 작품번호 101은 설명하기 힘든 곡이다. 개시부는 느긋한 분위기다. 그러다가 4분 뒤에 신경증에 휘말린다. 모든 것이 부산스럽고 아무것도 해결되지 않는다. 느린 악장은 덜컹대고 혼란스럽고 심란하다. 피날레 마지막은 건반의 맨 아래에서 으르렁댄다. 마치 베토벤이 전에 없이 저 아래로 가라앉고 있는 느낌이다.

　빌헬름 켐프는 이 곡을 마이센 찻잔처럼 대하며 우아하게 홀짝인다. 발터 기제킹은 기분이 언짢아 보인다. 헝가리의 게자 안다는 피날레에 버르토크 같은 공격성을 더한다. 아니 피셔는 느린 악장에서 듣는 이를 애달프게 하고 마지막은 담뱃불로 곡을 비벼 끄는 것 같다. 아르헤리치, 아시케나지, 길렐스, 폴리니는 인상적이다.

　나는 러시아를 빠져나와 독일에 정착한 디나 우고르스카야의 연주에 끌린다. 그녀의 아버지 아나톨 우고르스키가 베를린의 DG에서 녹음했다면, 디나는 뮌헨으로 갔고 빈에서 가르쳤다. 암에 걸려 투병하다가 2019년 마흔여섯 살에 생을 마감했다. 디나는 2013년 4월과 5월, 소규모 레이블에서 베토벤 소나타 네 곡을 녹음했다. 잃어버린 젊음을 애통해하고 조카를 위한 싸움에서 무기력해하는 작곡가의 심정이 잘 묻어나는 연주다. 베토벤 디스코그래피를 통틀어 가장 마음을 움직이는 표현을 여기서 볼 수 있다.

〰

베토벤이 죽고 나서 카를이 그의 유산을 물려받았다. 여전히 미성년자였기에 법원 공무원 야코프 호체바르가 후견인으로 지명되었다. 호체바르는 요하나의 먼 사촌으로 양육권 관련 청문회에서 그녀를 대변하려고 나왔다가 "칭찬할 만한 도덕적 행실과 거리가 멀다"며 오히려 비난했던 인물이다. 다행히도 어머니와 화해한 카를은 결혼하여 딸 넷과 아들 하나를 두었다. 부동산 중개인으로 일하며 편안하게 살다가 1858년 쉰한 살에 세상을 떠났다. 요하나는 자신이 갖고 있던 하일리겐슈타트 유서의 필사본을 런던의 경매장에서 팔아달라고 리스트에게 부탁했다. 낙찰가가 그녀가 부른 50기니에 미치지 못하자 리스트는 자신의 돈을 보태서 주었다. 요하나는 여든을 넘어서까지 살다가 1869년에 죽었다. 카를의 아들 루이스는 미국으로 이주하여 이름을 반 호벤으로 바꾸고 디트로이트의 철도 회사에서 일했다. 그가 베토벤 가계의 마지막 인물이다.

82장

잿더미가 되다

첼로 소나타 4번 C장조 op.102-1,

5번 D장조 op.102-2 (1815)

'브라우흘레, 링케' 카논 WoO.167 (1815)

1815년 새해를 하루 앞두고 베토벤의 후원자의 궁전이 화염에 휩싸였다. 빈의 러시아 대사 안드레이 라주모프스키 백작은 현악 4중주단을 고용하여 많은 베토벤 곡을 초연했다. 궁이 불타서 없어지자 백작은 4중주단을 계속 유지할 수 없었다. 리더인 이그나츠 슈판치히는 러시아로 가서 차르 밑에서 일했다. 다른 이들은 일자리를 찾으려고 여기저기 알아보았다.

사교적이고 수다스러운 첼리스트 요제프 링케는 마리 에르되디 백작부인 저택에서 아이들을 가르치는 교사 일을 맡았다고 베토벤에게 털어놓았다. 베토벤은 부인을 오랫동안 알고 지냈던 터라 빈에서 북쪽으로 5마일 떨어진 예들레제에 있는 집에 초대를 받아 갔다. 거기에는 요한 크사버 브라우흘레라고 하는 또 한 명의 상주 연주자가 있었다.

　남편과 별거 중이던 마리 부인은 "자그마한 몸집에 예쁘고 허약한 스물다섯 살의 여인으로 (…) 첫 아이를 출산한 이후로 난치병을 앓았다". 부인은 아편으로 통증을 달랬다. 베토벤은 자신의 고민을 묵묵히 들어주는 그녀를 "고해 신부"라고 불렀다. 두 사람은 링케를 놀리는 농담을 하며 우애를 다졌다. 첼리스트가 다뉴브 왼쪽('링케')에서 보잉을 시작하면, 오른쪽 기슭으로 건너가서야 마칠 수 있다는 것이었다. 그는 브라우흘레와 링케의 이름을 가지고 카논을 작곡했다. 저녁에 여흥으로 즐기는 30초짜리 두 성부 혹은 네 성부 소품이다. 베토벤은 7월 말에 첼로 소나타를, 8월 초에 또 한 곡을 작곡했다.

　베토벤은 마리가 믿고 의지하는 몇 안 되는 사람 중 하나였다. 헝가리 출신의 전남편이 그녀를 감시하고 있었고 그녀는 비밀경찰도 자신을 감시한다고 생각했다. 불안한 마음에 그녀는 호숫가의 집을 처분하고 크로아티아로, 다시 이탈리아로 갔다. 파도바에서 지낼 때 열네 살의 아들 아우구스트가 뇌 발작으로 돌연사하는 일이 있었다. 베토벤은 동생 카를 카스파르를 애도하는 마음으로 마리에게 편지를 썼다.

　가까운 사람을 예기치 않게 떠나보내는 것보다 고통스러운 일은 없소. (…) 돌이킬 수 없는 당신의 상심에 깊은 연민을 느끼오. 내가 오랫동안 잘 지내지 못했다는 것을 아직 당신에게 말하지

못했소. 나의 오랜 침묵에는 〔조카〕카를을 보살펴야 했던 이유
도 있소. 당신의 소중한 아들의 벗으로 내가 자주 생각했던 녀석
이오. 당신의 아들을 사랑하는 마음으로 슬픔에 함께하겠소.

빈의 카페에서 링케를 만난 베토벤은 뜻밖의 사실을 알게 되
었다. 아우구스트의 죽음이 가정교사 브라우홀레의 매질로 일어
난 것임을 마리의 가정부가 이탈리아 경찰에 말했다는 것이다. 마
리의 딸 미미는 아우구스트가 죽은 방에서 어머니의 아편을 삼켜
자살을 시도했다. 헝가리에 있는 그녀의 예전 가족은 아우구스트
가 작위를 물려받지 못하게 하려고 브라우홀레가 살해를 모의하
기에 앞서 미미를 강간했다고 주장했다.

마리는 빈으로 돌아가 케른트너슈트라세에서 아파트를 얻었
다. 1820년 또다시 불안해진 그녀는 뮌헨으로 이사를 갔고, 거기
서 브라우홀레를 그의 아내와 함께 다시 만났다. 그와의 관계는
이제 겉으로는 아무렇지 않았다. 뮌헨에서 미미는 개를 키웠는데
충실한 벗 베토벤을 기리는 뜻에서 이름을 피델리오라고 지었다.

베토벤이 죽었을 때 마리의 초상화가 그의 책상 속에 있었다.
그녀가 뒤늦은 연인이었을까? 소문이 돌았지만 이를 뒷받침하는
증거가 전혀 없다. 두 사람이 주고받은 편지는 애정이 넘치지만 대
부분 음악과 병에 관한 것이었다. 1994년 영화 〈불멸의 연인〉에서
잉그리드 버그먼의 딸 이사벨라 로셀리니가 눈부시게 아름다운
마리 에르되디 역을 맡아 연기했다. 하지만 실생활에서 마리는 성

적 매력을 보이기에는 지나치게 병약했다. 베토벤과 보낸 대부분의 시기에 휠체어를 타고 다녔다. 그녀의 아름다움은 여름에 작곡한 두 곡의 첼로 소나타에 아로새겨져 있다.

첼로 소나타는 1817년에 헌정 없이 출판되었다. 마리의 이름은 다음 판에 들어갔다. 첫 번째 C장조 소나타는 연주 시간이 15분, 두 번째 D장조 소나타는 20분이다. 음악 분석가 마틴 쿠퍼의 말이다.

두 곡 모두 베토벤이 앞서 작곡한 어떤 작품에서도 나타나지 않는 특징들을 똑같은 일관성이나 집중력으로 전개한다. 실제로 이 두 소나타는 새로운 양식, 3기 양식이라고 우리가 인식하게 되는 것을 가장 먼저 보여주는 예다.

베토벤의 주제들은 길게 확장되며 대체로 따라 부르기 어렵다. 황홀함—예컨대 소나타 5번의 아다지오—은 잠깐이다. 기쁨은 고통에 자리를 내준다. 소나타 4번의 개시부는 피아노 협주곡 4번만큼이나 제대로 연주하기 어렵다. 프랑스 듀오인 첼리스트 고티에 카퓌송과 피아니스트 프랑크 브랠리(2016)가 좋은 판단을 들려준다.

나쁜 연주들이 많다. 요요 마와 이매뉴얼 엑스는 지옥에서 맺어준 짝이다. 마는 헤드라인에 오르려고 기를 쓰고 엑스는 어떻게든 보이지 않으려고 숨는다. 재클린 듀프레이는 마이크에서 너무 멀어서 다니엘 바렌보임의 피아노 소리에 묻히고 만다. 그레고르

파티고르스키와 아르투르 루빈스타인은 차라리 독주 파트를 전화로 들려주며 녹음하는 게 나았을 것이다.

우는 소리는 그만하자. 첼리스트 레너드 로즈는 1953년 미국 의회도서관 리사이틀에서 피아니스트 레오니드 햄브로와 함께 우리를 소나타 5번의 어두운 핵심으로 데려간다. 느린 악장에서 베토벤은 마지막 피아노 소나타들의 언어를 선보인다. 그의 노래 〈아, 못 믿을 사람이여〉를 연상시키는 4분 30초경에 나오는 울음은 절망을 녹여 체념으로 만든다. 모든 청자가 자신의 유한성을 깨닫게 되는 대목이다. 미샤 마이스키와 마르타 아르헤리치(1995)는 이론의 여지가 없는 명연이다.

83장

우리 골목의 샐리

스물다섯 개의 스코틀랜드 노래 op.108,

스물다섯 개의 아일랜드 노래 WoO.152,

스무 개의 아일랜드 노래 WoO.153,

열두 개의 아일랜드 노래 WoO.154,

스물여섯 개의 웨일스 노래 WoO.155 (1809~1818)

1803년 7월 에든버러로부터 여섯 곡의 소나타를 작곡해달라는 편지가 도착했다. 베토벤은 300두카트를 원했다. 출판업자는 150두카트를 고집했다. 그것으로 끝인 줄 알았다. 하지만 베토벤은 보기보다 체계적인 사람이어서 편지를 서류철에 보관해두었다. 1년 뒤 그는 스코틀랜드 예술제조진흥청 이사회 서기를 맡고 있는 조지 톰슨과 협상을 다시 했다. 톰슨은 조국의 이미지를 세련되게 알리고자 스코틀랜드를 대표하는 시인 로버트 번스와 최고 작곡가를 맺어주기로 했다.

마을 교사의 아들로 안경을 썼고 고등 교육을 받았던 톰슨은 성실하고 활기차고 꼼꼼한 사람이었다. 이웃 마을 오케스트라에서 바이올린을 연주했고, 행사가 있으면 노래도 열심히 불렀다. 런던에서 무엇이 팔릴지 알았던 그는 1793년부터 1841년까지 600곡의 노래를 악보로 펴냈다. 계몽된 대중의 위력을 보여준 성과였다.

그는 "다소 모자란 점이 있고 흠잡을 수도 있는" 스물여섯 곡을 베토벤에게 보내면서 모두 편곡을 해달라고 했다. 베토벤은 이렇게 말하며 그가 다시 제시한 조건을 거절했다. "하이든 씨는 곡 하나당 영국 화폐로 1파운드를 받았소." 협상은 3년을 더 끌다가 베토벤이 쉰세 곡을 일괄적으로 계약하기로 했다. 전쟁으로 우편 업무가 불안정했으므로 베토벤은 각각의 곡을 3부씩 만들어 각기 다른 경로로 부쳤다. 모든 곡이 에든버러에 도착하기까지 3년이 걸렸다. 만족스럽게 곡을 받아든 톰슨은 최고 품질의 종이에 인쇄했고, 스코틀랜드의 대표 삽화가에게 고급스럽고 수집 가치가 있는 아름다운 책으로 만들도록 했다.

그는 베토벤에게 9년에 걸쳐 총 179곡에 해당하는 돈을 지불했다. 베토벤은 흥정하기를 좋아했지만 톰슨의 턱없는 요구에는 선을 그었다. "플루트를 위해 작곡을 할 수는 없소. 이 악기는 무척 제한적이고 불완전하니 말이오." 베토벤은 영어를 할 줄 몰라 톰슨과 서툰 프랑스어로 소통했다. 하지만 작곡하기 전에 곡의 내용이 무엇인지는 반드시 알아야 한다고 요구했다. 스코틀랜드 곡이 고갈되자 아일랜드와 웨일스 곡을 취했다. 톰슨은 "하찮고 열등한 노래가 들어가지 않게 구슬픈 곡과 활기찬 곡만" 선별했다. 판매가 주춤해지자 그는 "후대를 위해 작곡"하는 것이라며 베토벤을 안심시켰다. 톰슨은 구순을 넘어서까지 오래 살아서 자신의 손녀 캐서

린이 크게 성공한 런던의 소설가 찰스 디킨스와 결혼하는 것을 보았다.

녹음된 곡은 거의 없었다. 그러다가 1970년 베토벤 탄생 200주년을 맞아 음반사들이 박스 세트를 만들면서 새로운 생명을 얻게 되었다. 여가수들은 이런 곡을 어떻게 요리해야 할지 몰랐다. 고급스럽게 불러야 하나, 아니면 유행가처럼? 재닛 베이커는 "아리따운 아가씨, 하이랜드 아가씨"에서 양쪽을 섞어서 노래하며, 그러는 동안 그녀의 파트너들—예후디 메뉴인, 로스 포플, 조지 맬컴—은 호수에 빠진다. 미국 테너 로버트 화이트는 "우리 골목의 샐리"를 뮤직홀 노래처럼 다룬다(그의 파트너들은 요요 마, 아니 카바피안, 그리고 피아니스트 새뮤얼 샌더스다). "해질녘" "양치기 노래" 같은 발라드는 독일 예술 가곡만큼이나 훌륭하다. 토머스 앨런은 이런 곡들에 완전한 가치를 부여한다. 피셔디스카우는 지나치게 엄숙하다. 하지만 나는 "가장 다정한 남자는 제이미였지"를 줄리 카우프만이 부른 것을 좋아한다.

비애와 통렬함이 아일랜드 노래들에 뒤섞여 있다. 빅토리아 데 로스 앙헬레스와 피셔디스카우는 낙원에서 추방되기 전을 노래한 전원시를 그려낸다. 월터 스콧의 시 "얼스터로 돌아감"은 특히 매력적이다. 스물여섯 곡의 웨일스 노래 중 "희망 없는 사랑"은 슈베르트가 썼다고 해도 좋을 보석 같은 곡이다. 네 곡의 잉글랜드 노래에는 실내악으로 멋지게 편곡된 "신이여 왕을 지켜주소서"가 들어 있다.

ξ

**플루트(바이올린)와 피아노를 위한 여섯 개의 민요 변주곡 op.105,
열 개의 민요 변주곡 op.107 (1818~1819)**

마침내 베토벤은 자신의 원칙을 내려놓고 플루트를 위한 곡을 썼
다. 스코틀랜드 발라드 "멋진 사내, 하이랜드 사내"가 힘차게 연주
되고 나서 발을 높이 차는 우크라이나 춤곡이 이어진다. 프랑스의
플루트 대가 파트리크 갈루아가 피아니스트 세실 리카드와 녹음
한 음반이 몇 안 되는 음반 가운데 발군이다.

84장

친구를 위해

웰링턴의 승리 op.91 (1813)

베토벤이 작곡한 가장 당혹스러운 작품은 변명의 여지가 없이 대중을 선동하는 바로 이 곡이다. 그렇다면 베토벤은 어떤 변명을 내세웠을까? 그는 "친구를 위해 작곡했다"고 말한다.

그 친구는 똑딱거리며 음악의 속도를 나타내는 기계 메트로놈을 발명한 요한 네포무크 멜첼이다. 베토벤은 자신의 악보에 메트로놈 표기를 최초로 넣은 작곡가였다. 덕분에 판매가 늘어나자 멜첼은 성능이 개량된 나팔형 보청기를 그에게 선물로 주었다. 멜첼은 '판하르모니콘panharmonicon'도 만들었다. 스프링으로 작동하는 기계로 군악대 소리를 모방한다. 그는 파리에서 10만 프랑을 받고한 대를 팔았다면서 베토벤이 멋진 이 기계를 위해 곡을 하나 써준다면 더 많이 팔 수 있을 거라고 했다.

　때는 1813년 6월, 영국 웰링턴 공작이 스페인의 비토리아에서 벌인 전투에서 나폴레옹의 형 조제프 보나파르트를 격퇴시켰다. 베토벤은 이렇게 다짐했다. "영국인들에게 '신이여 왕을 지켜주소서'에 깃든 신의 은총을 보여줘야겠어." 그는 이 곡과 "지배하라 브리타니아여", 프랑스 행진곡 "말버러가 전쟁에 나갔네"의 선율을 뒤섞어 판하르모니콘이 동원되는 화려한 곡으로 만들었고, 훗날 조지 4세가 되는 영국의 섭정 왕세자에게 악보를 헌정했다.

　멜첼의 기계를 염두에 두고 음악을 만들었던 베토벤은 오케스트라용으로 다시 만들어 1813년 12월 교향곡 7번과 함께 초연했다. 〈웰링턴의 승리〉는 어마어마한 성공작이었다. 청중으로부터 대단한 갈채를 끌어냈고 부상당한 오스트리아 군인들을 위한 성금이 많이 모였다. 하지만 예술적으로는 졸작이다. 전장의 요란한 소음에 민망한 군가를 섞어놓은 곡이다. 음반을 살펴보면, 카라얀은 최고의 베를린 필하모닉 사운드로 이 곡을 되살리는 데 실패했다. 모턴 굴드는 뉴욕 필하모닉과의 연주에서 마치 세실 B. 드밀의 할리우드 대작처럼 지휘한다.

　멜첼은 끝이 좋지 못했다. 빈켈이라고 하는 암스테르담 오르간 제작자의 변호사들이 메트로놈의 소유권을 주장하고 나섰던 것이다. 베토벤과 살리에리가 증명서를 보냈음에도 멜첼은 1심에서 빈켈에게 패했다. 그는 1826년 미국으로 갔고, 이어 쿠바와 베네수엘라로 건너가 1838년 7월 배 위에서 사망했다. 미국의 소설가 너새니얼 호손은 그의 알려진 발명품들을 이렇게 정리했다.

하나: 누구 손에 들려도 몇 가지 영어 단어와 프랑스어 단어를 말하는 자동기계. 둘: 군악대의 모든 악기를 풍성하고 다양하고 힘차게 구현하는 근사한 악기 판하르모니콘. 셋: 랭스 대성당을 거대하고 멋지게 재현한 디오라마. 넷: 사람 크기에 당대 그 어떤 연주자도 필적할 수 없는 완벽한 음을 내는 트럼펫 연주 인형. 다섯과 여섯: 서커스단이나 원형 극장의 '기병과 보병'이 선사하는 온갖 까다로운 묘기와 놀라운 동작을 날렵하고 수월하고 우아하고 실감나게 해내 실제로 보지 않은 사람은 믿기 어렵다고 하는 승마 인형과 줄타기 곡예 인형. 일곱: 이름에서부터 '달콤한 소리'를 아름답게 들려준다고 증명하는 멜로디움. 여덟: 미국에서는 공개된 바 없다고 우리가 믿는 사기꾼 인형. 아홉: '마지막으로 중요한 것으로' 유럽에서 특허를 받은 음악 시간을 재는 기계로, 음악과 기계 장치, 디자인을 독보적으로 그야말로 명인답게 결합한 메트로놈.

85장

구덩이

'게르마니아' WoO.94,

'전사의 이별' WoO.143,

'빈 시민에게 보내는 이별 노래' WoO.121,

'오스트리아인의 군가' WoO.122,

'영광의 순간' op.136 (1814)

그가 작곡한 또 하나의 졸작은 독일 인종의 우월함을 선언한다. 〈게르마니아〉는 게오르크 프리드리히 트라이치케가 준비한 프로파간다 오페라에 나오는 곡이다. 빈의 모든 작곡가가 곡을 나눠서 맡기로 했다. 트라이치케는 안 데어 빈 극장 감독이었고 〈피델리오〉 대본을 수정했던 인물이니 베토벤으로서는 신세를 갚을 기회였다. 트라이치케는 유명한 나비 연구자이기도 했지만 시를 써서 나비의 목숨을 살릴 수는 없었다. 그의 대본은 유치했다.

독일이여, 독일이여,

그대가 지금 서 있는 모습이 어찌나 밝은지

안개가 그대의 위대한 머리를 감싼 것을 보니

낡은 태양이 빛을 잃었구나,

그러나 신이 그대를 도우려고 왔으니

그를 찬양하라, 그대에게 영광 있으라, 독일이여.

베토벤은 초연을 이렇게 전한다.

뛰어난 예술가들이 드물게 한자리에 모였소. (…) 저마다 조국을 위해 뭔가 기여해야 한다는 생각에 자신의 지위에는 상관하지 않고 기꺼이 낮은 자세로 멋진 공연을 끌어내고자 애썼소. (…) 전체 무리를 이끄는 역할이 내게 주어진 것은 그저 내가 음악을 작곡한 사람이었기 때문이오. 그게 다른 사람이었다면 나 역시 훔멜 씨처럼 타악기 자리에 앉았을 거요. 우리는 오로지 조국에 대한 순수한 사랑의 감정과 우리를 위해 애쓴 사람들을 위해 우리가 가진 능력을 발휘한다는 기쁨에 가득 차 있었으니 말이오.

베토벤은 민족주의에 이렇게 깊이 빠져든 적이 없으며 그곳에서 오래 허우적대지 않았다. 그는 트라이치케가 라틴어를 사용한 것을 두고 이렇게 말했다. "당신이 기로베츠나 다른 누군가에게 음악을 다시 맡긴다 해도 나는 조금도 화내지 않을 거요. 나라면 바인뮐러를 선호하겠지만, 어쨌든 내가 상관할 바가 아니지. 동시에 나 역시도 다른 누군가가 내 곡에 손을 댄다면 가만있지 않을 거요." 베토벤다운 말이다. 〈게르마니아〉는 5분 동안 괜한 시간 낭비만 한다. 가장 들어줄 만한 음반은 앤드류 데이비스의 1996년 음 반이다.

〈전사의 이별〉에서 바리톤은 몸과 영혼을 조국에 바치겠노라 고 맹세한다. 히틀러 전쟁이 치열하게 벌어지던 시기에 한스 호터 가 이에 걸맞은 격정으로 노래한다. 〈빈 시민에게 보내는 이별 노 래〉는 전쟁터로 나가는 공무원의 이야기인데 가사와 음악이 횡설 수설이다. 〈오스트리아인의 군가〉는 "위대한 독일 민족" 운운하는 가사로 시작한다.

이 곡들에 비하면 잘츠부르크 외과 의사 알로이스 바이센바흐 의 시에 붙인 칸타타 〈영광의 순간〉은 사정이 낫다. 아름다운 소프 라노 독창이 오케스트라와 합창단 반주로 펼쳐진다. 낯 뜨거운 가 사도 있지만 형편없는 곡이 아니다. 1997년 세인트 루크 오케스트 라가 뉴욕에서 녹음한 것이 첫 음반이며 세 명의 독창자 중 한 명 이 젊은 데버라 보이트다.

❧

'희생의 노래' op.121b (1824)

'떨어라' op.116 (1802~1814)

베토벤은 소프라노와 합창, 오케스트라를 위한 〈희생의 노래〉를 30년이나 붙들고 있었다. 모차르트의 〈마술피리〉에 나오는 "사제들의 합창"을 연상시키는 이 곡은 프리드리히 폰 마티손의 시에 음악을 붙인 것이다. 베토벤은 "친밀하고 독실한 감정을 담아 상당히 느리게 연주해야 한다"고 말했다. 텍스트는 참으로 악랄하다. 영원한 젊음과 아름다움을 얻으려고 어린아이를 신들에게 바치는 내용이다. 마지막 가사 "좋은 자에게 아름다운 것을Das Schöne zu dem Guten"은 좋은 예술가가 누리는 특권을 정당화하기 위해 베토벤이 써먹으면 좋을 구절이다. 하지만 그에게는 통하지 않았다. 베토벤은 미인과 자본 적이 없었다. 레이프 세게르스탐(2020)이 불편하게 있는 그대로 이 곡을 연주한 음반이 있다.

세 성부와 오케스트라를 위한 〈떨어라〉는 살리에리로부터 이탈리아 성악곡 수업을 받으면서 만든 곡이다. 베토벤은 1801년부터 1803년 사이에 곡을 만들었고, 1814년 2월 27일에야 교향곡 7번과 8번, 〈웰링턴의 승리〉와 함께 무대에 올렸다. 세게르스탐은 이번에도 음반에서 '첫날밤의 권리jus primae noctis'|중세 유럽에서 영주가 자신이 다스리는 백성이 결혼할 때 신부와 첫날밤을 갖는 권리—옮긴이|를 주장한다.

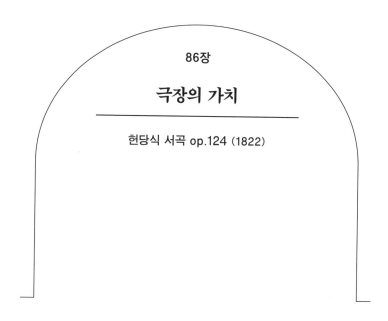

86장

극장의 가치

헌당식 서곡 op.124 (1822)

1822년 10월, 빈의 요제프슈타트 극장이 개관할 때 〈아테네의 폐허〉를 무대에 올리기로 한 가운데 베토벤에게 새로운 서곡을 작곡해달라는 요청이 들어왔다. 〈장엄미사〉와 교향곡 9번 작곡으로 한창 바쁜 와중에 그는 조카 카를과 조수 안톤 쉰들러를 데리고 가을의 숲으로 산책을 나갔다.

베토벤이 우리에게 먼저 가라면서 약속한 장소에서 합류하겠다고 했다. 얼마 뒤에 그가 우리를 따라잡으면서 말하기를 서곡에 넣을 모티브 두 개가 떠올랐다고 했다. (…) 그는 그것을 어떻게 다룰지도 말해주었다. 하나는 자유로운 양식으로, 하나는 엄격한, 그러니까 헨델의 양식으로 만들 생각이라고 했다. 그는 목소

리를 가다듬더니 노래로 불러주었다. 그런 다음 어느 모티브가
더 좋은지 물었다. (···) 조카는 둘 다 마음에 든다고 했다.

창의적 영감이 흘러넘쳤던 베토벤은 자신의 창의적 마음이 만
들어낸 작업물을 사람들에게 보여주며 감탄을 끌어냈다. 서곡은
웅장하고 기억에 남고 재치 있고 기운이 넘치고, 그러면서 은근히
역사적 의미도 있었다. 신비하고 장엄한 효과에 만족했는지 베토
벤은 18개월 뒤에 교향곡 9번을 초연할 때 이 곡을 앞에 연주했다.

개관 연주는 자주 그렇듯 기대를 밑돌았다. "새로 조직된 요제
프슈타트 극장 오케스트라는 공연 당일 오후에야 〔악보를〕 받았
고, 모든 파트에 이루 열거할 수 없이 많은 실수가 있었다. 아래층
좌석이 거의 꽉 들어찬 가운데 이루어진 리허설은 필사가의 최악
의 오류만 바로잡기에도 부족했다." 베토벤은 바닥의 진동을 '들으
려고' 한쪽 귀를 바닥을 향해 숙이고 오케스트라를 지휘했다.

이 서곡은 곧바로 수호신의 가치를 얻었다. 1824년 8월 베를린
의 쾨니히슈타트 극장이 개관할 때 이 곡이 연주되었다. 리하르트
바그너는 여기서 '헌당/봉헌Weihe'이라는 말을 가져와 악극 〈파르
지팔〉을 '무대 봉헌을 위한 축제극Bühnenweihfestspiel'이라고 명명했
다. 이 곡은 독일에서 연주회장이나 오페라하우스가 개관하거나
재개관할 때마다 반드시 들어야 하는 곡이 되었다. 많은 극장이 잿
더미가 되어 새로 지어야 했던 1945년 이후에는 더더욱 그러하여
독일이 과거의 아픔을 딛고 다시 일어서는 것을 나타내는 은유로

자리 잡게 되었다.

연로한 펠릭스 바인가르트너는 1938년 애비 로드에서 녹음하면서 간소함을 드라마와 결부시켰다. 음반을 듣고 있노라면 그가 베토벤을 알았던 음악가들을 돌아보는 것만 같다. 인상적인 다른 음반으로 이고르 마르케비치(1958), 로린 마젤(2004), 헤르베르트 폰 카라얀(1970)이 있다. 내가 꼽은 우열을 가릴 수 없는 두 음반은 밀라노의 장엄함이 느껴지는 클라우디오 아바도와 베를린 필하모닉(1994), 그리고 나폴리의 연극적인 연출을 강조한 리카르도 무티와 필라델피아 오케스트라(1988)다. 북부와 남부에서 이탈리아의 영원한 부활을 함께 알린다.

6부

인류 전체를 위한 목소리

87장

처녀처럼

레오노레 서곡 1번 op.138,

2번 op.72a,

3번 op.72b,

피델리오 서곡 op.72c (1803~1814)

베토벤의 유일한 오페라 〈피델리오〉는 계속해서 실패했다. 그는 네 차례 개정하고 이름을 바꾸고 절망하고 다시 작업했고, 다른 오페라는 쓰지 않았다. 오페라 팬이 아니었다. 그는 오페라에서 벌어지는 부도덕한 관계와 대충 얼버무리는 해결을 경멸했다. 귀가 들리지 않으면서 오페라는 베토벤에게 갈수록 감당하기 어려운 것이 되었다. 다양한 배역의 가수들, 오케스트라 연주자들 외에도 무대에 극을 올리려면 대본 작가, 연출가, 디자이너, 무대 담당자, 헤어/분장 담당자에게 정보를 주고 협력을 끌어내야 하는데 이것은 베토벤이 작업하기 좋은 방식이 아니었다.

그러나 안 데어 빈 극장에서 오페라를 의뢰하면서 숙소를 무료로 제공하겠다고 하자 그는 집중력을 발휘했다. 모차르트의 〈마술피리〉 대본을 썼던 에마누엘 시카네더가 〈베스타 여신의 불꽃〉 대본을 그에게 주었다. 건장한 연인을 줄줄이 거느리다가 결혼할 때가 되면 처녀로 돌아가는 로마의 여인이 주인공이다. 베토벤은 대본을 받고 갈기갈기 찢었다. "빈의 시장에서 사과를 파는 여인네들 입에서 나올 법한 언어와 가사"라며 코웃음을 쳤다. 그러나 시카네더의 극장에서 지내는 것은 좋아서 베토벤은 요제프 존라이트너가 대본으로 각색한 〈레오노레〉를 작곡하기로 했다. '부부애의 승리'(원작 제목)는 베토벤이 이상적으로 생각하는 일부일처제의 이미지에 완벽하게 부합했다. 문제는 이번에도 플롯이었다.

플로레스탄은 폭군 돈 피차로에 의해 감옥에서 옥살이 중이다. 그의 아내 레오노레가 그를 빼내려고 한다. 그래서 '피델리오'(정절 fidelity?)라는 소년으로 남장男裝을 하고 교도소로 들어가 교도관 일자리를 얻는다. 젊고 매력적인 그녀의 정체를 아무도 알지 못한다. 또 다른 교도관의 딸 마르첼리네가 그녀의 소년다운 매력에 푹 빠졌고, 레오노레는 좋다고 달려드는 여자들의 구애를 피하려고 한다. 이런 내용은 베토벤에게 크게 와닿지 않았다. 그의 마음이 이런 플롯의 반전에 움직이지 않는다는 것이 느껴진다. 음악과 드라마는 각자의 길을 가다가 따분한 연설과 낭송이 이어질 때 하나로 만난다. 완전한 신념을 보여주는 것이 하나 있으니 베토벤이 자신을 불운한 플로레스탄과 동일시한다는 것이다. 잘못하지도 않았는데 소리가 들리지 않는 감방에 갇힌 사람, 오로지 데우스 엑스 마키나deus ex machina | 극의 상황을 해결하기 위해 뜬금없이 벌어지는 사건

─옮긴이│만이 여기서 꺼내줄 수 있는 사람이라는 것이다. 베토벤은 데우스 엑스 마키나를 믿지 않았다. 그러니 오페라의 구출극에 신념이 없을 수밖에 없다.

〈피델리오〉는 푸치니의 〈토스카〉의 예고편 같은 면이 있다. 여자가 사랑하는 남자를 무슨 수를 써서라도 감옥에서 빼내려고 애쓰는 상황이다. 〈토스카〉에서 여주인공은 교도소장에게 몸을 주겠다고 하고는 결정적인 순간, 완전히 납득이 가는 정당한 행동은 아니지만, 그를 살해한다. 〈피델리오〉는 레오노레의 딜레마에 있는 성적 요소를 그냥 얼버무려 아무도 그녀를 범하려고 하지 않는다. 그녀의 양성애자의 면모가 두드러지는데도 말이다. 〈토스카〉는 자유를 얻고자 섹스를 제안한다. 〈피델리오〉는 자유를 말하고 섹스는 완전히 억압하는 오페라다. 토스카는 추파를 던지거나 아니면 싸움을 건다. 피델리오는 오로지 도망칠 뿐이다. 잠재력을 그냥 묻어두는 등장인물은 공감을 끌어내지 못하며 청중은 이런 플롯에서 만족스러운 도덕적 판단이나 지적 판단을 내리기에 충분한 자료를 보지 못한다.

대신에 사람들은 집으로 돌아가면서 오페라 서곡을 흥얼거렸다. 리하르트 바그너는 1826년 열세 살에 서곡을 듣고는 깨달음을 얻었다. "이 연주를 듣고 나서 이런 만족감을 주는 뭔가를 작곡하고 싶다는 강렬한 욕망을 느꼈다." 바그너의 모든 음악은 어떻게 보면 이 오케스트라용 서곡에서 나왔다. 하지만 어떤 서곡일까?

베토벤은 총 네 개의 서곡을 작곡했는데 전문가들만 그 차이

를 알아볼 수 있다. 어떻게 된 사정인지 찬찬히 설명하자. 〈피델리오〉가 1805년 11월 20일, 3막으로 초연될 때 연주된 서곡이 있었다. 출판업자가 보낸 악보에는 '레오노레'라는 제목이 붙어 있었는데 이것이 1번이다. 베토벤은 오페라를 처음 개정하면서 서곡을 새로 썼고 당혹스럽게도 여기에 '레오노레 3번'이라고 제목을 붙였다. 1번보다 확연히 낫다. 하지만 오페라는 손볼 것이 여전히 많았다. 그래서 세 번째 서곡이 1814년에 더해졌고 레오노레 4번 작품번호 72가 되었다|오늘날 오페라가 상연될 때 연주하는 서곡으로 피델리오 서곡이라고 하며 오페라와 구별하기 위해 작품번호 72c로 표기한다—옮긴이|. 2번과 3번은 작품번호 72a와 72b가 되었다. 처음의 서곡 1번은 작품번호 138로 베토벤의 카탈로그에서 맨 마지막에 놓인다. 레오노레 서곡은 음악 사서들에게 악몽이다.

레오노레 서곡 1번은 연주 시간이 9분, 2번과 3번은 14분이다. 1번과 2번은 퉁명스러운 존 엘리엇 가디너(1997), 스산한 프리츠 부슈(1950), 장대한 베르나르트 하이팅크(2005), 절제한 스타니스와프 스크로바체프스키(1994) 음반이 있다. 클라우디오 아바도와 빈 필은 4번에서 훌륭한 가치를 끌어낸다.

제일 뛰어난 서곡은 3번이다. 구스타프 말러 덕분에 가장 자주 연주되는 베토벤 곡 가운데 하나이기도 하다. 말러는 빈에서 〈피델리오〉를 공연할 때 2막의 장면이 바뀌는 대목에서 조바심이 나서 레오노레 서곡 3번을 연주하여 청중의 잡담을 멈추게 했다. 그는 이 곡을 워낙에 좋아해서 빈 필하모닉, 뉴욕 필하모닉 오케스트라와 교향곡을 연주하는 자리에서 열여덟 번이나 연주했다. 3번은 오페라 본편에 들어 있지 않은 행동을 음으로 표현하며 깊은 감정의 결의를 보인다. 전해지는 말에 의하면 말러의 연주는 그의 가장 번뜩이는 연주였다고 한다.

　말러의 제자 브루노 발터의 1936년 빈 녹음은 잔잔한 긴장감으로 불꽃이 튄다. 페렌츠 프리차이는 1960~1961년에 베를린에서 두 차례 소심한 음반을 녹음했다. 푸르트뱅글러(1953)는 성적 암시가 흐릿하게 깔린 가운데 솔직하게 전전긍긍하는 모습이다. 레너드 번스타인은 1976년 국제사면위원회 자선 음악회에서 극도로 흥분된 모습을 보인다. 세르주 첼리비다케는 비인간적으로 느리다. 마리스 얀손스(2019)는 강렬한 온기를 뿜어낸다.

88장

난파선

피델리오 op.72 (1805~1814)

"이 오페라는 내게 순교자의 왕관을 안겨줄 것이다." 베토벤의 말
이다. 다른 곳에서는 "난파선"이라고 부르기도 했다. 푸르트뱅글러
는 이렇게 말했다. 〈피델리오〉는 우리가 익히 아는 의미의 오페라
가 아니며 베토벤은 극장의 음악가가 아니다." 오페라에는 긴장과
충격, 흥분, 그리고 멋진 아리아가 필요하다. 〈피델리오〉는 앞의 셋
이 부족하며, 비록 눈과 귀를 즐겁게 하는 화려한 장면은 있지만
"희망이여, 오라"를 샤워하면서 따라 부르는 사람은 아무도 없다.
독일의 오페라 극장들은 〈피델리오〉를 언제라도 무대에 올릴 수
있는 정규 레퍼토리로 갖추고 있다. 뉴욕의 메트로폴리탄 오페라
극장은 2000년 이후로 새로운 연출을 선보인 적이 없다.

오페라라기보다는 실패한 조각 그림 맞추기에 가깝다. 베토벤

은 자신을 플로레스탄과 동일시하며 그의 아내를 탐하면서 죄의
식을 느낀다. 그래서 음악에서 성적 특징이 지나치게 두드러지지
않게 하려고 애쓴다. 그는 욕망을 억누름으로써 이야기를 죽인다.
그 결과 〈피델리오〉에서는 누구도 뜨거운 감정이 일지 않는다. 플
로레스탄과 레오노레는 부부간의 열정이 없음을 인정한다. "고결
한 부인을 가진 사람들이 우리와 기쁨의 노래를 나누게 하자"고
노래하는 합창은 공허하게 들릴 수밖에 없다. 레오노레는 결코 가
정적인 주부가 못 될 것이다. 플로레스탄은 그녀가 자신을 밖으로
빼내려고 무슨 일을 해야 했는지 항상 궁금하게 여길 것이다. 이런
결혼은 당연히 오래 지속될 수 없다.

　오페라의 모호한 성적 정체성과 관련해서는 아르헨티나 역사학
자 에스테반 부흐의 분석이 유용하다. 그는 교도관 제복을 입은 레
오노레에서 "퀴어함―본래의 자리에서 벗어나 남성의 역할을 맡는
여성―을 선언하는 것과 스트레이트함―본래의 자리를 지켜 남
편 곁에 있는 여성―을 인정하는 것을 동시에" 본다. 대본과 음악
어느 것도 결정을 내리지 못한다. 〈피델리오〉는 세습 통치자들에
게 권력을 다시 돌려주려고 1815년 유럽 최악의 독재자들―메테
르니히, 탈레랑, 웰링턴, 라주모프스키―이 빈 회의에 모인 가운데
연주되었다. 이것이 어떤 기준에서 자유의 오페라라는 걸까?

　그런 신화는 1945년 이후에 처음으로 등장했다. 히틀러의 죄
과를 씻어내고자 필사적이었던 게르만 국가들은 독일의 평판을
증언하는 인물로 베토벤을 불러왔다. 빈 국립 오페라 극장은 재개

관 작품으로 〈피델리오〉를 준비하면서 나치를 지지했던 신념을 결코 포기하지 않았던 카를 뵘에게 지휘봉을 맡겼다(톰 스토파드의 희곡 『레오폴트슈타트Leopoldstadt』에 이와 관련한 정황이 나온다). 뵘의 배역—이름가르트 제프리트, 마르타 뫼들, 안톤 데르모타—은 음반에서 손꼽을 만한 수준이다. 프리차이의 배역—제프리트, 레오니 리자네크, 피셔디스카우, 에른스트 헤플리거—은 더 화려하다. 에리히 클라이버는 죽기 며칠 전에 비르기트 닐손, 한스 호프, 잉게보르그 벵글로르, 고틀로프 프리크와 손잡고 〈피델리오〉를 녹음했다. 이것으로도 부족하다면, 번스타인(1978)은 레오노레에 군둘라 야노비츠, 플로레스탄에 르네 콜로, 마르첼리네에 매혹적인 슬로바키아 메조소프라노 루치아 포프를 캐스팅했다. 2010년 아바도는 스웨덴의 바그네리안 니나 스템메와 달콤한 목소리의 바이에른 가수 요나스 카우프만을 내세웠는데, 둘 다 의미 있는 사랑을 나누기에는 지나치게 위압적이다.

　기념비적인 음반이 하나 있다. 1961년 1월, 연로한 오토 클렘퍼러가 때늦은 런던 오페라 데뷔를 위해 코번트 가든 무대에 섰다. 1927년 베를린의 크롤 오페라 극장에서 공연한 클렘퍼러의 〈피델리오〉는 간소한 무대 디자인으로 현대 시대를 열었다. 오래지 않아 히틀러가 크롤 극장을 폐쇄했고 클렘퍼러는 망명했다. 미국에서 그는 몸과 마음이 망가졌다. EMI 프로듀서 월터 레그가 그를 런던으로 불렀다. 오케스트라가 그의 취향에 맞춰 장대한 스케일의 음악을 만들었고, 코번트 가든에서 캐나다의 존 비커스가 플로레스탄을, 세나 유리나츠가 레오노레를 맡는 꿈의 〈피델리오〉 무대를 제안했다. 테스타먼트 레이블에서 나온 개막일을 녹음한 테이프는 세 황금시대—말러의 빈, 1920년대 베를린, 활기찬 1960년대가 시작되는 런던—의 요소들을 결합했다. 레그가 기획한 EMI 스튜디오 녹음은 클렘퍼러의 에너지가 예전만 못하면서 전과 같은 날카로움이 없다(그는 1973년 여든여덟에 세상을 떠났다).

〈피델리오〉의 포스트모던 연출을 주도한 사람은 스페인의 연출가 칼릭스토 비에이토다. 그는 이 오페라의 플롯을 중세 미로로 접근한다. "모든 인물, 감옥에 갇힌 플로레스탄뿐만 아니라 모두가 미로에서 길을 헤매며 중심 지점을 찾으려고 애쓴다." 비에이토에 따르면 〈피델리오〉에는 "자유로워지려는 욕망의 절박함, 히스테리가 있다." 하지만 무엇으로부터 자유로워지려는 걸까? 그리고 무엇을 위해? 비에이토는 말하지 않는다. 철학자 에른스트 블로흐는 "미래의 모든 바스티유 습격은 〈피델리오〉에 암암리에 표현되어 있다"며 우리를 안심시킨다. 과연 그런가? 바스티유는 지금도 건재하다. 파리 오페라 극장의 본거지다. 중산층이 이곳에서 세금으로 지원되는 싸구려 좌석을 즐기고 빈티지 샴페인을 홀짝인다. 위층과 아래층에서는 외진 교외에 사는 아프리카인들이 버스로 출근하여 변기를 닦고 냄새를 지우는 동안 말이다. 만약 이것이 〈피델리오〉가 나타내는 전부라면, 우리 사회가 비즈니스석을 차지하는 사람들이 잠시 보너스를 누리도록 하기 위해 가난한 사람들이 대가를 치르게 하는 한, 플로레스탄은 결코 자유롭다고 할 수 없다. 도달할 수 없는 이상향으로 미화하기보다는 우리 시대의 자유를 희화화한 작품으로 〈피델리오〉를 이해하는 것이 더 쉽다. 오, 희망이 있을까? 어림도 없다.

89장

기우뚱하는

피아노 소나타 30번 E장조 op.109 (1820)

베토벤은 그만둬야 할 때를 알았다. 그는 1812년에 열 번째이자 마지막 바이올린 소나타를 썼고, 다시는 뒤를 돌아보지 않았다. 8년 뒤에 그는 피아노 소나타가 서른두 곡에 이르자 책을 덮었다. 32에는 대칭성이 있다. 2의 다섯제곱이다. 하지만 베토벤은 아르놀트 쇤베르크처럼 숫자에 신경 쓰지 않았다. 그는 몇 곡을 작곡했는지 세지 않고도 그냥 이만하면 충분하다는 것을 알았다.

〈하머클라비어〉 소나타를 작곡하고 그만둘 수도 있었을 때 출판업자가 그에게 세 곡을 더 부탁했다. 베토벤은 양육권 다툼으로 돈이 필요할 때여서 수락했다. 마지막 3부작이 된 작품번호 109, 110, 111은 〈하머클라비어〉보다 손가락은 더 편하지만 심적으로 준비할 것이 더 많다. 작품번호 109는 부드러운 커튼 뒤에 거대한 악상을 숨긴다. 건반을 누를 때마다 자국이 남는다. 모든 음이 실존적이다.

오른손을 위에 두고 왼손으로 아래에서 아멘 응답을 하며 시작한다. 짧은 두 악장에 이어 15분에 달하는 피날레가 나온다. 추수감사절 주제가 강력한 여섯 개의 변주로 이어진다. 모두 그의 행복한 조성 E장조로 진행되다가 길을 잃고 B로, 이어 먼 조성 D샤프로 나아간다. 그가 어디로 가는지 짐작도 못할 때 〈장엄미사〉가 모습을 드러낸다. 그러면 우리는 이것이 평범한 피날레가 아님을 안다. 이것은 천국으로 가는 문이다.

그는 서른 번째 소나타를 연인 안토니 브렌타노와 프랑크푸르트 사업가 프란츠 브렌타노 사이에서 난 열아홉 살의 딸 막시밀리아네에게 헌정했다. 베토벤이 그녀에게 바친 헌정사는 새로운 영역에 들어선 자, 스스로와 거의 화해에 이른 자가 보내는 훈계의 목소리다.

헌정이라!!! 허나 이것은 수많은 사람들이 사용하고 남발하는 그렇고 그런 헌정이 아니오. 이 세상의 고결하고 훌륭한 자들, 시간이 결코 망가뜨릴 수 없는 자들을 하나로 연결해주는 정신이오. 지금 그대에게 말을 거는 것은 이런 정신이오. 그대를 불러내 아직 아이였을 때의 그대 모습을 내가 보게 하고, 참으로 선하고 고결한 많은 자질을 갖춘, 그리고 자식의 안위를 걱정하는 그대 아버지를 보게 하는 거요. (⋯) 이런 고결한 가족의 기억은 내 마음속에서 결코 시들지 않소. 바라건대 그대도 가끔은 나를 친절한 감정으로 생각해주면 좋겠소. 나의 가장 진심이 담긴 바람이오. 그대와 모든 가족들의 삶에 신의 가호가 있기를.

베토벤은 우리에게 이런 축복의 말을 남기며 시작한다. 이것을 아는 연주자들은 열망과 묵인을 조화시키려고 애쓴다. 프리드리히 굴다(1958)는 대담하게 소리를 낮추며, 마리아 조앙 피레스(2001)는 미묘하게 복잡하다. 루돌프 제르킨(1987)은 통사론 강의를 한다. 찰스 로젠(1971)은 연주하면서 각각의 악절을 분석하고 있다는 것이 거의 느껴질 정도다.

작품번호 109에 가장 어울리는 피아니스트는 연주에 앞서 마지막 3부작 전체를 깊이 생각해본 사람이다. 블라디미르 아시케나지(1983)는 처음 들으면 지나치게 과묵하다는 인상을 받는다. 소비에트 러시아에서 내키지 않게 망명한 그는 아이슬란드와 스위스에 집을 얻었고, 매체의 간섭으로부터 멀리 떨어진 곳에 가정을 꾸렸다. 그는 런던, 프라하, 도쿄, 시드니의 명문 오케스트라에서 수석 지휘자로 일했지만, 낮은 목소리sotto voce를 넘어서는 법이 결코 없었으며 거장의 지위에 마음이 흔들리지 않았다. "경력을 얻으려고 애쓰지 말고 연주하는 음악에 집중하라"가 그의 모토였다. 작품번호 109에서 그는 수수하게 선율을 연주하여 '노래에 충만하게 Gesangvoll'라는 베토벤의 지시를 이행한다. 크리스토퍼 누펜이 촬영한 그의 연주(유튜브 동영상)는 세월이 흐를수록 점차 무르익는다.

90장

마지막 손길

피아노 소나타 32번 C단조 op.111 (1821~1822)

루트비히 판 베토벤의 마지막 소나타는 맨 처음 이 곡을 연주한 사람들을 좌절시켰다. 어떤 사람은 "과학적인 성격"과 "계산된 기이함"을 불평했고 "조화롭게 불쾌하다"고 했다. 베를린의 리뷰 기사는 여기서 "무덤의 소리"를 감지했다. 첫 화음이 음산하고 단호하여 스스로 쓴 묘비명처럼 들렸을까? 오늘날 우리 귀에는 완전히 새로운 뭔가의 탄생을 나타낸다. 한두 세기가 지나서야 제 기능을 발휘하는 전위적인 것 말이다. 작품번호 111은 빠르게 질주하는 자동차와 무선 연결망의 세계에 속한다. 일례로 포르투갈 피아니스트 마리아 조앙 피레스의 연주를 들어보면 병적이라거나 마지막이라는 느낌이 전혀 없고 보이지 않던 시야가 열리는 느낌이다. 70대에 피레스는 세대를 아우르는 음악 프로젝트를 열어 상급자가 초보자에게 (그리고 반대로도) 배우도록 했다. 그녀는 이 소나타 첫 악장에서 베토벤이 알려진 세계를 넘어섰다는 것을 이해했다.

이것을 맨 먼저 알아차린 사람은 짧은 생의 마지막 해에 이른 프란츠 슈베르트였다. 죽어가던 슈베르트는 작품번호 111에서 첫 악장의 주제를 취해 조를 바꿔 하인리히 하이네의 체념의 시에 붙인 노래 〈아틀라스〉에 넣었다.

나, 불운한 아틀라스는 하나의 세계
고통으로 가득한 세계를 떠받치고 있네,
견딜 수 없는 것을 떠받치다보니
내 마음은 터지고 마네.

서른한 살의 슈베르트는 예술이 죽어가는 생명을 살릴 수 없다는 것을 받아들였다. 그는 베토벤의 교향곡 2번과 7번을 무의식적으로 자주 인용했고, 그의 〈송어〉 5중주에 코리올란의 단편이 등장한다. 〈아틀라스〉에서 친연성은 그가 작품번호 111의 첫 악장에서 가져온 세 음(C-Eb-B) 모티브로 확인된다. 슈베르트는 "베토벤이 멈추고 떠난 지점에서 계속 이어갈 것이다"라는 말을 즐겨 했다. 베토벤이 "사람들을 사랑으로 녹이기보다 광기로 몰아붙인다"며 불평하기도 했다. 하지만 슈베르트는 〈백조의 노래〉에서 베토벤과 같은 삭막한 길을 기꺼이 걷고자 했다.

다른 작곡가들, 예컨대 쇼팽의 암울한 소나타 2번, 프로코피예

프의 교향곡 2번도 작품번호 111을 인용한다. 영국의 한 일렉트로
닉 프로그레시브 록 밴드는 아예 '작품번호 111'을 밴드 이름으로
취했다. 차트에서 가장 높은 순위에 오른 오퍼스 111의 히트곡은
아이러니하게도 '좋은 날이야It's a Fine Day'라는 제목의 황량한 댄스
곡이다.

베토벤의 마지막 소나타는 악장이 둘뿐이다. 거친 악장, 부드러
운 악장. 세 번째 악장이 예정되어 있었을까? 모를 일이다. 곡은 시
작과 함께 잔혹하게 몰아붙인다. 그러다가 2악장에 접어들어 3분
이 지날 즈음 베토벤은 주제를 일종의 당김음에 맞춰 양옆으로 흔
들어대며 부기우기나 래그타임에 가깝게 만든다. 이것은 늦은 밤
리프를 주고받으며 사람들과 어울리는 유혹적인 재즈다. 스위스
피아니스트 에트빈 피셔는 1954년 강력한 음반에서 자신의 문화
적 틀을 벗어나는 리듬에 불편한 심기를 드러낸다. 베토벤은 이 소
나타를 "아주 어렵지는 않다"고 했지만, 멜첼의 메트로놈 표기에
맞춰 32분의 12박자로 연주해야 하는 대목은 융통성 없는 피아니
스트에게 악몽이다. 이것을 제대로 연주하려면 박을 가지고 놀 줄
아는 예술가, 여러 문화를 경험해본 예술가가 필요하다.

슈나벨은 어설픔과 기민함을 오간다. 아라우는 생각이 너무
많다. 굴다는 환각으로 마음을 차분하게 만든다. 레비트는 하나의
페이스로 일관한다. 아나톨 우고르스키는 1악장이 11분, 2악장이
27분으로 듣는 사람의 진을 뺀다. 젊은 피아니스트들은 잔혹하게
들춰진다. 스물세 살의 이보 포고렐리치가 카네기 홀에서 이 곡을

연주했을 때『뉴욕 타임스』의 비평가 해럴드 숀버그가 31분 31초의 연주 시간을 쟀다. 그 이후로 그는 측정을 좀처럼 피하지 못했다. 앤절라 휴잇은 예순이 되어서야 이 곡을 연주했고, 다음 날 아침 소셜 미디어에 그 사실을 전했다.

　　해냈어요! 지난밤 베토벤의 작품번호 111을 사람들 앞에서 처음으로 연주했답니다. 데번에 있는 친구의 오두막에서 예순다섯 사람을 앞에 두고. 뵈젠도르퍼 피아노로. 아주 친밀한 자리였습니다. 연주를 시작하기 전에 그 사실을 말하는데 목이 메더군요. (…) 연주하면서 긴장한 건 말할 것도 없고요. 이제 남은 평생 이 곡을 더 잘 연주해야겠다는 생각입니다.

　　다니엘 바렌보임은 피날레에 탱고를 가미한다. 블라디미르 아시케나지는 유령의 기운으로 가득한 시베리아의 캄캄한 겨울밤을 본다. 마리야 유디나는 거리낌 없이 무대에 올라 죽어서 끝내야 하는 춤을 춘다. 빈에서 일본 외교관의 아이로 자랐고 나중에 영국 국적을 취득한 우치다 미쓰코는 문화적 장벽을 초월하여 천상의 마무리를 이루어낸다. 그녀가 여기서 불러내는 광경은 베토벤이 작품번호 111의 마지막에 지쳐서 펜을 내려놓고 잉크를 채워 이것을 이어받기로 예정된 슈베르트에게 넘기는 해방의 행위다. 위대한 예술은 항상 우리보다 오래 살아남는다. 토마스 만의 양가적인 소설『파우스트 박사』에 보면 한 인물이 베토벤의 작품번호 111

에 대해 "예술은 언제나 예술의 외양을 내던진다"고 말한다. 우치다가 하는 것이, 모든 예술가가 모든 공연에서 하기를 갈망하는 것이 바로 이것이다.

ϟ

1929년 노벨문학상을 수상한 토마스 만은 생의 저점에 이르렀을 때 이 소나타에 손을 내밀었다. 히틀러가 집권하자 그는 외국으로 나갔다. 그러자 나치는 그가 쓴 에세이들을 불태우고 뮌헨에 살던 그의 이웃 브루노 발터를 내쫓았다. 만의 아내 카티아는 발터처럼 유대인이었다. 만은 스위스 산악 마을에 오두막을 얻어 **조용하게** 지냈다.

　그러다가 1936년 1월, 그가 호명되는 일이 벌어졌다. 취리히의 한 신문 편집장이자 토마스 만의 팬인 에두아르트 코로디가 히틀러가 유대인들을 몰아냄으로써 독일 문화에 기여했다고 주장하는 고약한 기사를 쓴 것이다. "다른 나라로 떠난 사람들은 다들 소설계에 몸담은 이들이며 시인은 한 명도 없다." 코로디가 이렇게 코웃음을 쳤다. 저널리스트인 아들 클라우스 만이 아버지에게 간청했다. "뭐라도 좋으니 대응을 보이세요. (…) 이번에는 정말 우리 모두가 죽느냐 사느냐의 문제예요." 카티아 만이 초안을 마련했다. 만은 마음을 정하지 못해 나흘 밤낮을 고심하며 단어를 고치고 줄이고 늘리고 얼버무렸다. 월요일 아침 그는 신문사를 직접 찾아가 편집장에게 소심하게 손본 원고를 건넸다. "내가 몇 마디 해도 되겠소? 어쩌면 반대 의견일 수도 있는데 들어보시오." 그는 이렇게 글을 시작하며 많은 비유대인 작가들이 독일을 떠났다고 했다. 자신과 형 하인리히 만, 베르톨트 브레히트, 아네테 콜브, 그리고 시인도 열 명이 넘는다고 했다. 이로 인해 독일 문학은 이루 말할 수 없는 폐해를 입었다. 대규모 망명은 "괴테의 나라와 나머지 세계가 끔찍하고 불길하게 멀어지는 일을 초래"할 거라고 경고했다. 만의 편지가 신문에 실리자 나치는 그의 베스트셀러 소설들도 추가로 불 속에 집어넣었다. 만은 흔들렸지만 놀라지 않았다. 그의 자아는 이런 상황에 대처할 만큼 강했다. 하긴 그는 독일어로 글을 쓰는 가장 유명한 생존 작가였다. "내가 있는 곳에 독일 문학이 있다"고 선언했던 사람이니 말이다.

그는 미국으로 건너가 프린스턴 대학에서 가르쳤고, 이어 캘리포니아에 정착했다. 그곳에서 전시에 독일인들을 향해 방송을 했다. 1942년 7월, 독일군이 러시아로 한창 진격하고 있을 때 그는 결코 승리를 얻을 수 없다고 선언했다.

그런 것은 존재하지 않습니다. 용인되는 것, 허락되는 것, 생각되는 것의 영역 내에 있지 않습니다. 방해될 것입니다. 아니, 히틀러가 승리를 항상 방해할 것입니다. 가련한 악당이기에, 그의 본성 때문에, 그의 있을 수 없는 정신 나간 성향 때문에 그렇습니다. 그렇기에 거짓과 허위만을, 사전에 비난받을 수밖에 없는 것들만을 생각하거나 말하거나 행합니다.

토마스 만은 자신이 누구보다 히틀러를 잘 안다고 믿었다. 괴
테의 『파우스트』에서 요제프 괴벨스의 교활한 거짓말에 이르기
까지 온갖 삐뚤어진 독일인의 심리를 봐왔기 때문이다.

"이 우둔한 사탄은 파우스트의 영혼, 인간성이 있는 영혼과 함
께 지옥에 떨어지지 않습니다. **혼자서** 지옥으로 갈 것입니다." 토마
스 만은 그렇게 예언했다. 그는 히틀러를 역사의 일탈이라고 선언
했다. 강력한 알레고리가 그의 마음속에서 싹트기 시작했다.

만의 소설 『파우스트 박사』는 한 독일 예술가의 일생과 범죄를
서술한다. 소설의 반영웅인 작곡가 아드리안 레버퀸은 자신의 영
혼을 악마에게 팔고 그 대가로 새로운 작곡 방식을 알게 되어 세계
적 명성을 얻는다. 레버퀸이 처음으로 감화를 받은 것은 마을의 오
르가니스트 벤델 크레추마어가 "베토벤은 어째서 피아노 소나타
작품번호 111의 3악장을 쓰지 않았을까?"라는 주제로 강의를 한
것이었다. 크레추마어의 주장에 따르면 베토벤의 마지막 소나타
는 "전통이라는 아늑한 지대를 떠나, 인류가 공포에 질려 바라보는
가운데 완전히 개인적인, 오로지 개인적인 영역으로 올라섰다. 자
아는 자신의 절대성에 고립되고, 자신의 청력이 죽으면서 감각적
인 세계와도 고립되어 고통을 겪는다." 레버퀸은 이런 불일치를 해
결하는 사람이 되고 싶었다.

베토벤이 세속적인 가치와 결별한 것은 토마스 만의 망명, 그

아내의 절망, 히틀러 치하 독일의 비인간성을 나타내는 은유가 된다. 이 모든 것이 베토벤의 마지막 소나타에 이미 들어 있다. 만이 보기에 작품번호 111은 "돌아갈 길이 없는 종착지"를 나타낸다.

만은 동료 망명자로부터 음악에 관한 조언을 받았다. 마르크스주의 철학자이자 가끔 장난기가 돌아 작곡에도 손을 댄 테오도어 W. 아도르노다. 아도르노는 아르놀트 쇤베르크가 열두 음 모두를 정렬하여 유연한 음계로 만들어 작업하는 모더니즘 작곡 방식을 어떻게 발명했는지 만에게 설명했다. 쇤베르크의 12음 기법은 『파우스트 박사』 8장에서 레버퀸이 악마에게서 받은 개인적인 선물로 상세하게 설명된다.

소설은 1947년에 출간되어 『뉴욕 타임스』와 몇몇 콧대 높은 저널의 서평란에서만 주목했을 뿐이다. 하지만 퍼시픽 팰리세이즈에 사는 독일 망명자 집단에는 원자폭탄이 떨어진 것과 다름없었다. 쇤베르크는 만의 상상력이 빚어낸, 매독에 걸려 기력이 없고 전혀 독창적이지 않은 작곡가에게 자신의 작곡 방식을 사용한 것에 분개했다. 그는 미국의 한 저널에서 만을 향해 공세를 폈다. 노벨상 수상자도 똑같이 대응했다. 아도르노가 항상 희망했듯이 카페 모임에서 많은 논의가 벌어졌다. 격분이 잦아들었다. 쇤베르크는 가난하게, 만은 부유하게 죽었다. 두 사람 다 독일 땅에 두 번 다시 발을 들이지 않았다. 작곡가의 손자 래리 쇤베르크의 책에 상세하게 나오지만, 문화를 둘러싸고 이렇게 분노가 분출한 바탕에는 불완전한 세상에서 창작이 안겨주는 좌절이 자리하고 있다. 베토벤이 작품번호 111에서 보여주는 바가 그것이다.

2018년 앙겔라 메르켈의 독일 연방 정부는 1300만 달러를 들여 토마스 만이 『파우스트 박사』를 집필했던 집을 사들여 "지식인들을 위한 독일인 숙소"로 개조했다. 2021년 7월, 만이 쓰던 ('가난한 자의 스타인웨이'라고 알려진) 휠록 베이비 그랜드피아노를 그의 손자 프리도 만이 마련했다. 그리고 2021년 10월, 이 피아노는 산레모 드라이브 1550번지의 거실에서 러시아-독일-유대인 피아니스트 이고어 레비트에 의해 공식적으로 다시 봉헌되었다. 레비트는 작품번호 111 소나타를 베토벤이 200년 전 작곡했다고 하는 바로 그날에 맞춰 연주했다.

작품번호 111은 세계 문학에서 독보적인 자리를 얻었다. 1975년 프랑스에서 망명생활을 하던 체코 소설가 밀란 쿤데라는 『웃음과 망각의 책』에서 어린 시절의 기억을 되살리려고 애쓴다. 그는 브르노의 집에서 음악학자인 아버지 루드비크 쿤데라가 치매를 앓던 것을 생각한다.

언젠가 아버지가 나를 방으로 불렀다. 작품번호 111 소나타 악보의 변주곡 대목이 피아노에 놓여 있었다. "봐라," 그가 악보를 가리키며 말했다(피아노 연주는 더 이상 하지 못했다). 다시 "봐라"라고 했고, 한참을 애쓰더니 이렇게 말했다. "이제 알겠다!" 그는 중요한 뭔가를 내게 설명하려고 했지만, 그가 사용한 말을 전혀 알아들을 수 없었다. 내가 자신의 말을 알아듣지 못한다는 것을 알고는 아버지는 의아한 표정으로 나를 쳐다보며 말했다. "참 이상하군."

쿤데라는 죄책감에 시달렸다. "그에게 질문을 많이 하지 않은 나를, 그에 대해 아는 것이 많지 않은 나를, 그렇게 그를 떠나보낸 나를 용서할 수 없었다. 사실 아버지가 작품번호 111 소나타 악보를 가리킨 그날 내게 말하려 했던 것이 무엇인지 불현듯 깨닫게 된 것은 이런 죄책감 때문이다." 쿤데라는 그것이 무엇인지 명확히 밝히려고 애쓴다. 아버지 쿤데라가 볼 때 작품번호 111에는 다른 모든 것을 포함하는 비밀이 있다. 그의 아들은 그것을 "또 다른 무한, 만물 속에 감춰진 내적 다양함의 무한"이라고 부른다.

밀란 쿤데라는 자신의 소설을 "변주곡 형식"으로 지었다. 베토벤은 다른 이들이 탐험할 수 있는, 창작하는 영혼이라면 그 안에서 도전해야 하는 "또 하나의 우주"를 만들었다. 쿤데라는 "열여섯 마디에 불과한 주제에서 베토벤이 마치 지구 심층부로 갱도를 파고 내려가듯 이 열여섯 마디를 깊게 파고든다"는 사실에 압도된다. 베토벤은 마지막 소나타에서 우리를 청력이나 말하기, 생각하기, 존재하기를 잃은 사람들과 다시 연결해준다. 베토벤 음악에는 우리가 알아낼 수 있는 것보다 더 많은 것이 있다. 그는 창의적 삶이 시들어가는 단계에서도 우리의 마음을 건드린다.

91장

슈베르트의 영감

현악 5중주 C장조 WoO.62 (1827)

죽어가는 베토벤에게 복을 빌어주거나 유명인을 만난다는 흥분을 즐기고자 그를 찾은 사람들 중에 유일하게 빈에서 태어나고 자란 음악 천재 프란츠 슈베르트가 있었다. 두 사람은 전에 만난 적이 없었다. 슈베르트는 워낙 수줍음이 많아서 악보 가게에서 베토벤을 보고도 다가가지 못했다. 그는 〈피아노 듀엣을 위한 프랑스 노래에 의한 변주곡〉(1822)을 베토벤에게 헌정한 바 있는데, 베토벤이 이것을 인정했는지 우리는 모른다.

창창한 20대이던 슈베르트는 (어느 친구의 말에 의하면) "불타오르는 욕정"에 휩싸였다. 베토벤 전기를 쓴 메이너드 솔로몬은 그를 "양성애와 동성애 빈 예술가 무리의 핵심 인물"로 지목한다. 통통하고 안경을 쓴 슈베르트는 사랑의 신과는 거리가 멀었다. 뭉툭

한 코, 갈라진 턱, 내향적 성격, 작은 키에 이마가 넓었던 그는 주체할 수 없이 기분이 오락가락했고, 스스로를 "이 세상에서 가장 불행한 사람"이라고 했다. 그는 성매매를 했던 것으로 보인다. 1823년 즈음부터 매독을 앓았다. 4년 뒤에 죽음에 대한 동경이 깔린 연가곡 〈겨울 나그네〉를 작곡하면서 슈베르트는 모든 용기를 내어 병상의 베토벤을 방문했다.

베토벤은 이미 사람을 알아보지 못했다. 하지만 슈베르트는 그가 자신의 노래를 칭찬하면서 젊은이가 언젠가 "세상을 떠들썩하게 만들 것"이라고 했다는 이야기를 들었다. 그는 베토벤에게 고개를 숙여 절하고 방을 나왔다. 며칠 뒤에 그는 장례식에서 횃불을 들고 운구 행렬을 따른 서른여섯 명 중 하나였다.

난데없이 슈베르트는 현악 4중주에 첼로가 추가된 편성으로 C장조 곡을 하나 썼다. 그의 최고작 중 하나로 평가받는 작품이다. 그는 어디서 영감을 얻었을까?

출판업자 안톤 디아벨리가 확인되지 않은 서랍에서 베토벤 악보라며 꺼내들고는 "작곡가의 마지막 작품"이라고 했다. 4분 길이의 미완성곡으로 현악 4중주에 울림을 더하려고 첼로를 하나 추가한 편성이다. 슈베르트는 같은 편성, 같은 조성으로 현악 5중주 C장조를 작곡했다. 돌이킬 수 없는 상실을 나타내듯 낮게 우르릉거리며 시작한다. 베토벤의 채울 수 없는 정신과 가장 겸허한 그의 숭배자 프란츠 슈베르트의 거부할 수 없는 서정성이 가득 담긴 5중주의 정수다.

1828년 11월, 침상에서 죽어가던 슈베르트는 베토벤의 C샤
프단조 현악 4중주 작품번호 131이 듣고 싶다고 했다. 음악가들이
모여 그를 위해 연주했고 그는 기쁨의 탄성을 내질렀다. 그는 마지
막 요청에 따라 베토벤 옆에 묻혔다.

베토벤이 마지막에 남긴 5중주 단편과 관련해서는 다니엘 호
프와 이키 오피츠(바이올린), 아미하이 그로츠(비올라), 타탸나 마
주렌코(비올라), 다니엘 뮐러쇼트(첼로)의 2019년 DG 음반이 있
다. 슈베르트 곡과 비교할 수는 없다.

92장

작은 소품

일곱 개의 바가텔 op.33 (1801~1803),

열한 개의 바가텔 op.119 (1822),

여섯 개의 바가텔 op.126 (1825)

바가텔은 테이블에서 막대기와 공을 가지고 노는 게임이다. 비오는 날 상류층 지주들이 실내에 모여 즐겼다. 프랑스 작곡가 프랑수아 쿠프랭은 1717년 이 용어를 악곡에 처음으로 사용했다. 베토벤은 '작은 것Kleinigkeiten'이라는 의미로 썼다.

베토벤은 열두 살 때 처음으로 바가텔을 작곡했다. 그리고 20년 뒤에 묘한 화성을 더해 작품번호 33의 세트를 내놓았다. 그냥 가볍게 즐기는 곡이 아니다. 그는 〈에로이카 변주곡〉을 앞두고 피아노를 시험하고 있었다. 스코틀랜드 피아니스트 스티븐 오스본 (2012)은 음반에서 일과 놀이 사이에 절묘한 균형점을 찾았다.

베토벤이 바가텔에 다시 손을 댄 것은 한참 뒤의 일이다. 1822년 교향곡 9번을 작곡하고 있을 때 라이프치히의 출판업자 C. F. 페

터스가 새로운 세트를 작곡해달라고 요청했다. 베토벤은 잠깐 시
간을 내어 바가텔을 작곡했고, 페터스는 곧바로 답을 보냈다. "몇
몇 사람들에게 연주해보라고 했는데 **누구 하나** 당신이 쓴 곡이라
고 믿지 않더군요. 내가 부탁한 것은 바가텔인데 이건 너무 작아
요. 그리고 대체로 너무 쉬워 피아노를 좀 친다는 사람에게는 적
절치 않아요. 초보자에게는 너무 어려운 악절이 많군요." 베토벤
은 꽤 예쁜 곡이라 항변했고 자랑스럽다고 했다. 다시 페터스의 말
이다. "오해를 할까 싶어 마지막으로 말하자면, 이 곡들은 악보로
내지 않을 겁니다. 그 대신 당신에게 이미 지불한 돈은 손해를 보
겠지요."

　베토벤은 바가텔 악보를 런던으로 보냈다. 클레멘티는 "L. 판
베토벤이 피아노포르테를 위해 다양한 스타일로 작곡한 즐거운
열한 곡들로 이루어진 소품"으로 내놓았다. 소품도, 다양한 스타
일도 맞다. 깨끗이 치워놓은 책상 같은 느낌이다. 슈나벨은 가볍게
사색하듯 해석한다. 스티븐 오스본은 보다 일관성 있는 해석을 들
려준다. 아마도 페터스의 말이 옳은 것 같다.

　하지만 베토벤은 그냥 떠나지 않았다. 피아노를 위한 작품은
이것으로 끝이라고 모든 출판업자들에게 일러두더니 작품번호
126의 세 번째 세트를 본인의 의지로 내놓았고 어린 시절을 추억
하는 마음에서 동생 요한에게 헌정했다. 그러나 이 바가텔은 내용
과 복잡함으로 볼 때 아이들이 치는 곡이 전혀 아니다. 베토벤은
출판업자 쇼트에게 이렇게 말했다. "몇 곡은 (…) 아마도 내가 작곡

한 이런 종류의 곡 가운데는 최고작일 거요." 총 여섯 곡이며 그중 한 곡은 그때까지 그가 작업했던 모든 곡들과 곧 모습을 보일 마지막 현악 4중주곡들의 탈속적인 세계를 잇는 오르페우스의 다리를 건넌다.

철학자 아도르노는 작품번호 126이 "그 자체로 보이기보다 다른 어떤 것의 징후로 보이며" 네 번째 곡이 "가장 중요하다"는 것을 맨 처음 이해한 사람이었다. 이 B단조 바가텔 아래에 무엇이 있을까? 두 가지 유형의 죽음이라고 아도르노는 말한다. 하나는 개인의 죽음, 또 하나는 많은 사람들이 자신의 종말에 대해 생각하기를 외면하고 "비유기적, 객체적" 존재로서 받아들이는 살아 있는 죽음이다. 아도르노에 따르면, 베토벤은 모든 것이 결국에는 끝나게 된다는 현실을 어떻게 끌어안고 살지 우리에게 가르치려고 한다. "개인은 관습적 반응이라는 마딧점으로, 그들에게 객관적으로 기대되는 작동 방식으로 축소된다." 죽음을 생각하기를 거부하는 자는 현존하는 삶에 활력이 떨어진다. 삶을 충만하게 살려면 죽음을 의식해야 한다. 베토벤의 바가텔은 선율로는 자신의 죽음을 이야기하고 형식으로는 이를 부인하여 둘이 결합된 양상을 보인다. 아도르노는 이런 독창적인 분석에 대단히 만족스러워한다.

이토록 심오한 개념이 눈깔사탕 같은 곡에서 나타난다는 사실은 베토벤이 중요한 곡과 중요하지 않은 곡을 더 이상 구별하지 않았음을 말해준다. 이때부터 그의 모든 음악은 깊이에 몰입한다. 네 번째 바가텔은 빠르고 노여워하고 강하게 훈계하며 시작한다. 왼손은 낮은 음역에서 으르렁대며 결코 만족하지 않는다. 오른손은 이리저리 움직이며 정체가 확인되지 않은 문제를 해결하려고 나선다. 그를 괴롭히는 문제가 뭔지 우리는 모르지만, 그는 아주 조용하게 B장조로 미해결의 마무리를 하고 떠난다. 아도르노는 다른 곳에서 여기에 이름을 붙였다. 죽음은 "오로지 창조된 존재에만 부과되는 것이며 예술 작품은 해당 사항이 아니다." 여기서부터 베토벤의 모든 음은 불멸의 것이다.

스뱌토슬라프 리흐테르는 마지막 세 곡을 영원한 삶을 보여주는 것으로 해석한다. 슈나벨은 어찌할 바를 모르는 모습이 역력하다. 피오트르 안데르셰프스키는 영적이고, 브렌델은 지적이고, 굴드는 약 기운이 없으며, 빌헬름 켐프는 세속적이고, 스티븐 코바체비치는 초현실적이다(내가 첫손에 꼽는 연주다). 모든 피아니스트가 저마다 다르게 바가텔을 연주한다.

93장

젤라토의 매력

현악 4중주 12번 E플랫장조 op.127 (1824~1825)

베토벤은 이제 자신을 위해서만 곡을 썼다. 남들이 자기 음악을 어떻게 생각하든 신경 쓰지 않았다. 마지막으로 '진지한' 현악 4중주를 쓴 지도 12년이 지났다. 열두 번째 4중주곡은 힘찬 유니즌 화음으로 성찰적이고 불가해한 곡임을 선언한다.

곡은 외견상 행복한 조성에 해당하는 E플랫장조다. 4악장 구성이며 연주 시간은 40분이다. 하지만 시작부터 불안정하게 느껴진다. 서정적인 주제가 낮은 현악기들이 초조하게 떠드는 소리에 끊어진다. 두 차례 베토벤은 반복되다 마는 모티브를 집어넣는데 딱히 주제와의 상관성은 보이지 않는다. 음의 각을 날카롭게 세우고 싶은 유혹이 든다. 무조성의 느낌도 들고 아름다움은 연주자의 우선순위에서 맨 뒤에 놓인다. 느린 2악장은 끝 모르고 올라가는 주제에 의한 여섯 개 변주곡으로 이루어져 있다. 3악장은 딱지처럼 저절로 뜯겨나간다. 피날레에서 베토벤은 짧은 보상으로 교향곡 9번의 주제를 잠깐 선보인다. 이것은 기쁨일까? 그는 어디로 가고 있는 걸까? 본인은 알고 있을까?

베토벤으로 하여금 현악 4중주로 돌아가게 만든 사람은 아마추어 첼리스트이기도 한 러시아 친구 니콜라이 갈리친 공작이었다. 그는 자신의 결혼식에서 연주할 곡을 베토벤에게 의뢰했다. 베토벤이 내놓은 작품은 사실상 연주가 불가능했다. 1825년 3월, 이그나츠 슈판치히의 4중주단이 초연을 했는데 들어주기 힘들 만큼 귀에 거슬렸다고 한다. 베토벤은 초연을 망친 슈판치히를 내보내고 음악원에서 바이올린을 가르치는 요제프 미하엘 뵘에게 두 번째 공연을 맡겼다. 뵘은 흥분했다. 빈의 일인자 바이올리니스트를 제칠 절호의 기회였기 때문이다. 그의 말을 들어보자.

베토벤은 연주가 형편없었다는 것을 전해 듣고는(그는 그 자리에 없었다) 격노하여 망신을 면할 때까지 연주자들을 쉬지 못하게 했다. 그는 이른 아침에 사람을 보내 나를 부르더니 예의 퉁명스러운 말투로 말했다. "나의 4중주곡을 연주해줘야겠소." 그렇게 해서 정해졌다. 반대나 의심은 있을 수가 없었다. 베토벤이 원하는 것은 어떻게든 행해져야 했으므로 내가 까다로운 과제를 떠맡았다. 베토벤이 지켜보는 가운데 리허설을 자주 가졌다. 가엾은 사람은 자신이 만든 천상의 소리를 더 이상 듣지 못했으므로 눈으로 확인하는 수밖에 없었다. (…)

그는 눈으로 면밀하게 활의 움직임을 따라가며 템포와 리듬이 살짝 흔들리는 것도 판단하고 금방 바로잡을 수 있었다. 마지막 악장이 끝날 때 '메노 비바체'라고 표시된 부분이 나오는데, 내가 보기에는 전체적인 효과를 약화시키는 것 같았다. 그래서 리허설 때 내가 원래의 템포를 유지하는 것이 좋겠다는 의견을 냈다. (…) 베토벤은 모퉁이에 웅크리고 앉아 아무것도 듣지 못했지만 긴장한 채로 유심히 지켜보았다. 마지막 활 스트로크가 끝나자 그가 간결하게 "그렇게 하지" 하고 말하고는 책상으로 가서 네 파트에 '메노 비바체'라고 표기된 것을 지웠다.

뷤과 세 명의 연주자가 유연함이라고는 조금도 없는 이 악보를 보며 얼마나 열심히 절박하게 연습했을지 상상해보자. 그들은 밤낮없이 연습했겠지만 헛수고였다. 작품번호 127은 그들의 능력 밖이었다. 한 차례 공연하고 나서 베토벤은 그들을 내보내고 슈판치히를 다시 불렀다. 어느 연주자에게도 사과의 말은 없었다. 가엾은 뷤은 그가 원했을 멋진 해석자가 아니라 그저 유능한 교사로 기억된다. 그가 가르친 제자 중에 요제프 요아힘이 있었기 때문이다. 바이올린 협주곡에서 그랬듯이 까다로운 베토벤 작품을 또다시 망각에서 구해낸 것은 요아힘이었다.

요아힘은 베를린의 왕립 음악원에서 공연 감독으로 일하면서 사명감을 느껴 1869년 에른스트 시버, 하인리히 데 아나, 빌헬름 뮐러와 현악 4중주단을 결성했다. 다들 왕립 오케스트라 단원이자 존경받는 교수였다. 시버는 파트타임 지휘자였고, 데 아나는 악장이었다. 요아힘은 특별 공연을 하기보다 음악회 무대에서 현악 4중주곡을 선보이고자 했다.

펠릭스 포사르트가 요아힘 4중주단을 그린 그림이 있다. 무대 연단에 두 명씩 앉아 서로 마주보고 있고, 청중이 사방을 둘러싸고 앉아 1000명이 들어찬 홀에서 가족 같은 친밀한 분위기를 자아낸다. 베토벤 4중주곡을 연주한 그들의 리사이틀에 다녀온 사람에 따르면 "고양과 갱생을 경험하려고 모인 신자들의 집회"라고 했는데 포사르트의 그림에서도 충분히 확인된다. 그런 몰입의 분위기에서는 숨소리도 함부로 내서는 안 되었다. 벨기에의 바이올린 거장 외젠 이자이는 베를린에서 요아힘이 베토벤 현악 4중주 전곡을 연주했을 때 그 분위기가 "작은 스케일의 바이로이트" 같았다고 했다.

파트너들이 나이를 먹어가자 요아힘은 뛰어난 독주자들로 단원을 교체했다. 첼리스트 로베르트 하우스만은 브루흐의 〈콜 니드라이〉를 초연했고 요아힘과 함께 브람스의 2중 협주곡을 초연한 인물이다. 바이올리니스트 카렐 할리르는 시벨리우스의 바이올린 협주곡을 처음으로 연주했다. 요아힘의 파트너들은 각기 제자들로 일가를 이루었다. 할리르가 가르친 제자 데이비드 매니스는 나중에 뉴욕에서 매니스 음악원을 창설했으며 후기 베토벤 4중주곡을 신대륙에 전파했다. 이 곡들이 청중에게 받아들여진 데는 요제프 요아힘이라는 인물의 위상이 큰 역할을 했다. 요아힘은 오래도록 살아 아르놀트 쇤베르크의 현악 4중주곡이 조성의 장벽에 균열을 내고 20세기 모더니즘 시대가 열리는 것을 보았다.

그저 우연의 일치일 수도 있겠지만, 작품번호 127의 음반에서 헝가리 4중주단이 강세를 보인 데는 요아힘의 태생이 작용한 것으로 보인다. 베토벤이 두 번째 공연을 맡긴 뵘처럼 요아힘 역시 부다페스트 출신의 유대인이었다. 이 4중주곡을 처음으로 녹음한 것은 1926년 헝가리인 예노 레너였다. 클레즈머│동유럽 유대인들의 민속 음악—옮긴이│ 밴드와 집시 춤곡이 연상되는 연주다. 레너 4중주단의 파프리카 같은 템포를 EMI에서 나온 아돌프 부슈 4중주단의 진짜 독일의 견고함과 비교해보라. 일부러 지역색을 살리고자 경쟁하지는 않는다. 헝가리인들은 자기들이 잘하는 것을 했을 뿐이다.

음반의 계보를 따라 내려가면 산도르 베그의 베그 4중주단 (1952), 졸탄 세케이가 이끄는 헝가리안 4중주단(1955), 그리고 다채로운 빛깔을 내는 부다페스트 4중주단을 만나게 된다. 부다페스트 4중주단은 1917년부터 1967년까지 활동했고, 단원들 대부분이 러시아계 유대인이어서 헝가리어로, 이어 영어로 말하는 법을 배웠다. 가장 유명한 연주자는 바이올리니스트 알렉산더 슈나이더와 비올리스트 보리스 크로이트다. 부다페스트 4중주단은 컬럼비아 레코드사의 전속 4중주단처럼 되었다. 그들은 리허설을 할 때 아무도 들어오지 못하게 했고 연주료를 네 명이 동등하게 받는 것으로 유명했다. 많은 미국인들이 그들을 통해 베토벤의 현악 4중주곡을 처음으로 접했다. 작품번호 127의 아다지오를 그들 보다 더 불길한 기운으로 연주하는 음반은 없다.

헝가리인들의 공습은 코다이 4중주단(1998), 버르토크 4중 주단(2014), 타카치 4중주단(2005)으로 이어진다. 타카치의 현재 리더인 영국인 에드워드 듀슨베리는 베토벤의 4중주곡들을 연주 한 경험을 책으로 썼다. 그는 작품번호 127과 씨름한 것이 "극과 극을 오가는 경험"이었다면서 "제대로 자지 못하고 녹음 세션이 길어지면서 아픈 곳이 하나둘 늘어났다"고 했다. 그리고 "작품번 호 127의 느린 악장을 녹음했을 때는 해방의 시간"도 있었다고 한 다. "그날 저녁, 음악적 성부들의 숭고한 얽힘에 빠져드는 것 말고 는 그 어떤 것도 중요하지 않았다." 베토벤이 이렇게 말하는 것 같 다. **나의** 고통을 느껴봐.

슈판치히로부터 내려오는 빈 양식은 빈 필하모닉의 악장 발터 바릴리(1956)로부터 시작한다. 그의 계승자들로, 빈 필의 악장이 던 귄터 피힐러가 이끄는 알반 베르크 4중주단은 침통함과 평온 함이 종이를 자르듯 날카롭게 균형을 맞춘 연주다. 그들의 제자들 이 결성한 4중주단으로 카살스 4중주단, 벨체아 4중주단, 아르테 미스 4중주단이 있다. 모두 작품번호 127의 매혹적인 동영상 연주 를 남겼다. (계보 이야기가 나와서 하는 말인데, 미국의 에머슨 4중주 단 리더 유진 드러커는 부슈 4중주단 멤버의 아들이다.) 개인적인 선 호도를 꼽자면, 타카치, 에머슨, 알반 베르크, 그다음으로 신시내 티에서 활동하는 라살 4중주단이다. 다들 모범적인 연주다. 순전한 즐거움으로만 따지자면 뾰족한 하이힐 같은 이탈리아노 4중주단을 고르겠다. 젤라토처럼 거부하기 어려운 매력이 있다.

　모두를 만족시키는 음반은 없다. 종종 연주자들이 청중이 아니라 자신들을 위해 베토벤을 연주한다고 의심하는 사람이 있다. 비올리스트 레베카 클라크는 이렇게 말한다.

　베토벤의 4중주곡들은 다른 어떤 곡들보다 청자가 아닌 연주자를 위해 존재한다. (…) 대부분의 실내악곡은, 예컨대 모차르트 곡은 그 자체로 많은 것을 말한다. 자신의 방식으로 밝게 빛난다. 베토벤은 연주자가 숨겨진 모호함을 밝게 비춰야 한다. 연주자가 제대로 이해하지 못하면 청중을 이해시킬 수 없다.

94장

상대성이론

현악 4중주 13번 B플랫장조 op.130,

대푸가 B플랫장조 op.133/op.134(네 손을 위한 편곡)

(1825~1826)

열세 번째 4중주곡은 여섯 악장에 연주 시간이 50분에 달한다. 지나치게 길다는 주위의 충고에 따라 베토벤은 〈대푸가〉로 알려진 피날레를 좀 더 짧은 엔딩으로 바꾸었다. 작곡가 루이스 슈포어는 이 곡을 다음의 두 곡과 더불어 "해독할 수 없고 바로잡을 수 없는 공포"라며 무시했다. 초연을 마치고 한 비평가는 "중국어처럼 도무지 알아들을 수 없는" 작품이라고 했다.

첫 악장은 아다지오에서 느닷없이 알레그로로 넘어간다. 2악장은 2분 만에 끝난다. 3악장은 모리스 라벨의 〈라 발스〉의 으스스한 예고편이다. 4악장은 도주 차량처럼 예고 없이 가속 페달을 밟는다. 5악장 카바티나는 마음이 치유되는 깊은 곳에서 흘러나온다. 어떤 것도 "그렇게 마음을 움직이지 못했다"고 베토벤은 말한다. 슈판치히의 연주자인 카를 홀츠는 베토벤이 "슬픔과 눈물 속에서 카바티나"를 작곡했다고 기억한다. "그의 음악이 그토록 진심 어린 영감을 불어넣은 적이 없었으며, 그는 이 악장을 생각만 해도 눈가에 눈물이 맺혔다." 이것은 기도일 수도 있고 위안일 수도 있다. 그는 자신의 고통을 끝내달라고 부탁하는 것일까? 1826년 3월 21일, 빈 사람들은 2악장과 4악장에서 박수를 쳤다. 베토벤은 격노했다. "이런 하찮은 곡에 박수라니. 푸가에는 왜 박수를 치지 않는 거야?"

'푸가fugue'는 둘 이상의 주제가 서로 얽히고 반박하는 음악이다. 정신의학에 '해리성 둔주dissociative fugue'라고 하는 희귀한 질환이 있다. 자신이 누구인지 혹은 어디 사는지 기억하지 못하는 질환이다. 몇 시간, 며칠, 몇 주씩 사라졌다가 나타나는데 완전히 치료된 경우가 많으며 자신에게 무슨 일이 있었는지 전혀 알지 못한다. 해리성 둔주의 원인은 아직 밝혀지지 않았다. 어원이 되는 라틴어 '푸가레fugare'는 '쫓아가다' '도망치다'라는 뜻이다. 정신의학자들은 환자가 사냥하는 자인지, 사냥 당하는 자인지도 확실히 알지 못한다.

음악에서 푸가의 예술은 요한 제바스티안 바흐의 유산인데 마찬가지로 완전히 이해되지 않았다. 베토벤은 자신의 〈대푸가〉를 "살짝 자유롭고, 살짝 멀리 나아갔다"고 설명한다. 의도적으로 모호하게 말했을까? 이고르 스트라빈스키는 "영원히 동시대성을 잃지 않는 절대적으로 현대적인 음악 작품"이라고 평가했다. 베토벤

은 이 곡을 4중주곡과 별도로 작품번호 133으로 출판했지만, 그
의미에 대해서는 아무런 단서도 주지 않았다. 어떤 사람은 삶이 실
패로 끝났음을 받아들인 것으로 해석한다. 과르네리 4중주단의
아널드 스타인하트는 정반대로 해석하여 "생명 자체가 거기서부
터 진화한 태초의 혼돈"이라고 주장한다. 시인 실비아 플라스는 아
버지의 죽음을 〈작은 푸가〉라는 시에 담았다.

> 그분은 베토벤을 들을 수 있었지
> 검은색 주목나무, 흰색 구름,
> 지독한 합병증.
> 손가락의 덫, 건반의 난동.

플라스는 아버지를 추모하면서 자신은 혼돈을 들을 뿐인 후
기 베토벤을 아버지가 이해하는 것을 부러워한다. 그는 멀쩡히 듣
는데 플라스 자신은 귀가 멀었다. 이 시에서 베토벤은 불행하게 뚝
잘린 삶에서 그녀가 간파하지 못하는 모든 것을 나타내는 은유다.
작품번호 130과 거기서 나온 푸가에서 베토벤은 더 이상 대답
에 개의치 않는다. 그는 해석자와 청자들에게 알아서 하라고 맡긴
다. 대답을 찾는 과정이 감각적이고 지적인 즐거움이 되도록 단서
를 제공할 뿐이다. 위대한 지성들도 똑같은 과정을 겪었음을 알게
되면 격심한 스트레스를 감내할 수 있다.

≀

1913년 베를린에서 요제프 요아힘의 마지막 4중주단 멤버였던 카를 클링글러가 작품번호 130의 4악장을 연주한 녹음이 있다. 다른 연주자들은 러시아계 유대인 요제프 리브킨트, 웨일스인 아서 윌리엄스, 클링글러의 동생 프리돌린이었다. 1914년 8월 1일, 리브킨트와 윌리엄스는 적성 외국인으로 체포되어 룰레벤 수용소에 억류되었다. 4년 뒤에 그들은 아무렇지 않은 상태로 풀려났다. 윌리엄스는 고국으로 돌아가 옥스퍼드에서 현악 4중주단을 결성했고, 기쁘게도 객원 교수로 와 있는 알베르트 아인슈타인을 참여시켰다ㅣ아인슈타인은 평소에 바이올린 연주를 즐겼고 음악에서 많은 영감을 받았다―옮긴이ㅣ. 과학자들이 음악가들과 어울리는 것은 이례적인 일이 아니다. 클링글러는 노벨물리학상 수상자 막스 플랑크와 친하게 지냈다. 플랑크는 아인슈타인의 상대성이론을 가장 먼저 지지했던 독일인이다. 1944년 여름 클링글러의 시골 저택에서 그와 플랑크가 함께 찍은 사진이 있다. 음악과 미지의 것을 공통적으로 사랑하는 유명한 두 신사의 행복한 모습이 담겨 있다.

하지만 이 모습을 그대로 믿어서는 안 된다. 클링글러는 유대인 피가 흐르는 아내 때문에 겁에 질려 있었고, 자신이 몸담고 있는 대학이 요아힘의 흉상을 박살내자 안위에 위협을 느꼈다. 그는 게슈타포에 끌려가 심문을 받았는데 요아힘이 아니라 플랑크가 문제였다. 플랑크의 아들인 첼리스트 에르빈이 7월 히틀러 암살 시도에 연루되었다는 혐의를 받은 것이다. 에르빈 플랑크는 1945년 1월 베를린 교도소에서 처형되었다. 그의 명석한 아버지는 살아갈 의지를 잃었다.

클링글러는 생의 말년에 일본에서 명사 대접을 받았다. 그의 학생이던 스즈키 신이치가 아이들에게 악보를 읽지 않고도 암기를 통해 바이올린을 연주하도록 가르치는 교수법을 개발했다. 스즈키는 요아힘을 통해 베토벤과 연결되는 스승으로부터 지지를 끌어냈다. 그러니 세계적으로 통하는 스즈키 교수법은 작품번호 130의 한 악장을 맨 처음 녹음한 사람의 권위에 기대고 있다.

현대에 나온 가장 만족스러운 작품번호 130 음반은 타카치, 에벤, 카살스, 과르네리, 알반 베르크, 에머슨 4중주단의 음반이다. 〈대푸가〉에서 이탈리아노 4중주단은 웨일스 시인 딜런 토머스가 말한 "빛의 스러짐"에 분노한다. 나는 이보다 더 몰입하게 만드는 연주를 알지 못한다.

ƻ

실비아 플라스가 언급한 피아노 버전의 푸가는 베토벤이 직접 편곡한 것이다. 지휘자 펠릭스 바인가르트너는 이 곡을 현악 오케스트라용으로 편곡했다. 빌헬름 푸르트벵글러는 베를린 필하모닉 (1952) 음반과 빈 필하모닉(1954) 음반에서 이렇게 묻는 것 같다. 공포를 목격하고도 어떻게 삶을 이어갈 수 있을까? 〈웨스트 사이

드 스토리〉에서 레너드 번스타인은 〈대푸가〉의 한 대목을 슬쩍 가
져와 "쿨" 장면을 시작한다. 음악이 음계의 열두 음 모두를 순차적
으로 이어가는 가운데 갱들이 춤을 춘다. 사회에 불만을 품은 뉴
욕 노동자 청년들의 소외를 강조하는 효과가 있다. 『시계태엽 오렌
지』에서 앤서니 버지스가 그랬듯이 번스타인도 베토벤의 가장 비
세속적인 주제 가운데 하나에 내재된 폭력성을 들춘다. 베토벤의
음악은 특권층을 대변하는 만큼 바깥으로 내몰린 사람들도 대변
한다.

95장

시간의 유동성

현악 4중주 14번 C샤프단조 op.131 (1825~1826)

"현악 4중주곡의 에베레스트"라고 불리는 이 곡의 일곱 악장은 감정과 지성과 인내심을 극한으로 내몬다. 출판업자 쇼트가 어떤 곡이냐고 묻자 베토벤은 "잡다한 것을 훔쳐서 조합했다"고 받아넘겼다. 하지만 바이올리니스트 카를 홀츠에게는 자신이 작곡한 최고 현악 4중주곡이며 이보다 나은 곡이 나올 수도 있다고 했다. "예술은 그 자리에 머물러 있어서는 안 된다고 우리에게 요구하네. 다행히 예전보다 상상력이 부족하다는 느낌이 덜 들어." 슈베르트는 죽기 닷새 전에 이 곡을 듣고 이렇게 탄식했다. "이제 우리가 쓸 것이 뭐가 남았단 말인가?"

잘못된 인식이 퍼졌다. 1870년 리하르트 바그너는 첫 악장을 "음악에 담긴 가장 우울한 정서"라고 여겼고, 피날레는 "온 세상이 벌이는 춤"이라고 했다. "떠들썩한 기쁨, 고통에 찬 울부짖음, 사랑의 황홀, 더없는 행복, 슬픔, 광란, 폭동, 괴로움, 번개가 치고 천둥이 으르렁거리고, 그 위로 이 모든 것을 지고서 돌풍을 헤치고 심연의 직전까지 거만하게 끌고 갔던 거대한 바이올린 연주자의 모습이 보인다. 그는 슬며시 웃는다. 그에게는 이런 마법이 한낱 장난에 지나지 않기 때문이다. 밤이 찾아온다. 그의 날은 끝났다." 〈방황하는 네덜란드인〉이 착상된 순간이다.

버지니아 울프는 『파도』라는 소설에서 작품번호 131을 인용한다. T. S. 엘리엇의 『네 개의 4중주』를 보면 이런 언급이 나온다. "현재의 시간과 과거의 시간은 / 어쩌면 모두 미래의 시간 속에 있고 / 미래의 시간은 과거의 시간에 포함되니 / 모든 시간이 영원히 현재라면 / 모든 시간은 결코 만회될 수 없다." 철학자 헤겔, 물리학자 아인슈타인만큼이나 베토벤도 시간의 유동성과 존재의 유한성을 대비시킨다. 그의 4중주는 실존적 난제를 제기한다. 야론 질버먼의 영화 〈마지막 4중주〉에서 중년의 현악 연주자가 작품번호 131을 연주하다 말고 소리친다. "이제 어떻게 하지? 멈춰? 아니면 싸워?" 인생 후반부가 되면 모두가 작품번호 131에 바탕을 둔 그런 질문에 맞닥뜨리게 된다.

음울한 첫 악장은 두 개의 춤곡으로 넘어가는데 둘 다 으스스하다. 4악장은 곡의 심장이다. 촘촘하게 짜내려간 변주곡이다. 5악장은 도시 간 고속 열차다. 그러고 나서 스스로를 돌아보는 명상이 2분간 이어지다가 피날레가 들이닥친다. 연주자나 청자는 도무지

쉴 틈이 없다. 서양 음악을 통틀어 이보다 집중력이 길게 요구되는 작품은 없다고 봐도 된다. 엔딩은 숨이 끊어질 때 나는 소리처럼 갑작스럽다.

이 곡을 조카 카를의 자살 시도와 연관 짓는 전기 작가가 있다. 좋은 이론이지만 날짜도 내용도 맞지 않다. 이 4중주곡에는 교향 곡 5번의 분노나 마지막 피아노 소나타의 체념이 없다. 그의 마음 은 더 높은 곳에서 저 아래 세상을 내려다본다. "메뚜기도 짐이 될 것이며 정욕이 그치리니 이는 사람이 자기의 영원한 집으로 돌아 가고 조문객들이 거리로 왕래하게 됨이니라(「전도서」 12장 5절)." 삶과 죽음에 걸쳐 있는 작품번호 131에는 의외의 출처에서 가져 온 선율이 나온다.

1898년 베를린 시너고그(유대교 회당)의 성가대 지휘자 에밀 브레슬라우어는 이 4중주곡 6악장이 유대교에서 가장 신성한 날 로 지키는 '속죄의 날'에 부르는 '콜 니드라이' 성가 선율로 시작한 다는 것을 알아냈다. 어떻게 된 일일까? 1824년 베토벤은 빈의 구 시가지 중심부에 최초로 세워진 시너고그를 위해 음악을 작곡해 달라는 요청을 받았다. 자이텐슈테텐가세 예배당은 오페라하우 스와 비슷하게 지어졌으며 설립자들이 아리아를 좋아했다. 그들 은 슈베르트에게 안식일 전야 예배를 위한 히브리어 시편 작곡을 의뢰했다. 베토벤은 고분고분하지 않았다. 참고 자료로 유대 노래 악보를 보내달라고 했으며 의뢰받은 일은 수행하지 않았다. 그는 악보를 훑어보던 중 콜 니드라이에 눈이 꽂혔을 것이다. 본에서 자랄 때 그 곡을 들은 경험이 있었을 터이기 때문이다. 남자 마흔네 명과 여자 스물아홉 명이 앉을 수 있는 자그마한 시너고그가 본에 있었다. 속죄일을 맞아 날씨가 무더워 창문을 활짝 열어둔 가운데, 어린 베토벤이 지나가다가 콜 니드라이를 듣는 광경을 상상하기란 어렵지 않다. 이렇게 해서 기억이 돌아왔다. 1825년에 베토벤은 매력적이고 유명한 작가 라헬 파른하겐을 만났다(미국의 한 베토벤 웹사이트에 "그는 유대인 여자와 데이트를 했다"고 나온다). 그는 유대교 전례의 초석이 되는 곡을 인용함으로써 그녀에게 좋은 인상을 주려고 했을 수 있다. (콜 니드라이 기도문은 8세기 이라크에서 시작되었고, 선율은 그로부터 1000년 뒤에 만들어졌다. 비유대인인 막스 브루흐는 베를린 성가대에서 이 노래를 듣고 1880년에 이를 바탕으로 첼로 협주곡을 작곡했다.)

음반을 살펴보면 줄리어드 4중주단과 부다페스트 4중주단은 6악장에서 히브리 느낌을 확실히 살려 연주한다. 1944년 빈에서 녹음한 슈나이더한 4중주단의 연주는 아리안적이지 않은 요소를 전부 걷어냈다. 비유대인들인 이탈리아노 4중주단은 지중해의 다문화에서 길어 올린 곡조를 자랑한다.

내가 고른 작품번호 131의 음반은 부슈(1936), 과르네리(1989), 타카치(2005)다. 내가 각별히 아끼는 것은 라살 4중주단(1977)의 음반이다. 신시내티에서 활동하는 네 명의 히틀러 망명자─헨리 메이어, 월터 레빈(바이올린), 피터 캄니처(비올라), 잭 커스테인(첼로)─는 쇤베르크의 음렬주의라는 분광기를 통해 후기 베토벤에 역으로 접근한다. 미래에서 가져온 증거로 과거를 조망하려는 것이다. 나는 들을 때마다 새로운 뭔가를 배운다. 혼자 틀어박혀 일주일 동안 이 작품만 듣고 싶다면 이만한 선택이 없다.

♪

베토벤이 죽고 나서 누가 이런 4중주곡들을 연주했을까? 빈에서는 후기 베토벤이 선반에서 치워져 먼지가 쌓였다. 파리에서는 초기 곡들조차 연주되지 않았다. 베를린 사람들은 요아힘이 4중주단을 결성하기까지 40년을 기다려야 했다. 무슨 이유인지 모르겠지만 베토벤의 마지막 곡들이 청중을 만난 것은 음악과 무관한 런던에서였다. 주동자는 토머스 마사 알세이저다. 『타임스』 신문의 공동 소유주로 자수성가한 사람인데, 말년이 좋지 못했다.

　섬유업자의 아들로 태어난 알세이저는 『타임스』에 기사를 쓰면서 회사 지분을 사들였고, 음악을 홍보하여 신문사의 첫 음악 비평가가 되었다. 시티 전문기자로 활동하면서 내부자 정보를 얻었다. 1821년 마흔한 살의 그는 열일곱 살의 교육받지 못한 여자와 결혼하여 열세 명의 자녀를 두었다. 그는 블룸즈버리 퀸 스퀘어 26번지에 집을 얻었고, 그곳에서 1832년 크리스마스이브에 이그나츠 모셸레스 지휘로 베토벤의 〈장엄미사〉 영국 초연이 있었다. 낙관과 계몽의 시대였다. 알세이저는 시인 키츠와 워즈워스, 에세이스트 찰스 램, 소설가 파니 버니, 그리고 음악가 멘델스존, 슈포어, 요아힘과도 친했다. 하지만 무엇보다 그가 열정을 보인 것은 베토벤이 남긴 현악 4중주곡이었다.

1845년 봄에 알세이저는 '베토벤 4중주 소사이어티'를 창설하여 그의 열여섯 곡 모두(〈대푸가〉는 제외하고)를 10주에 걸쳐 연주했다. 할리 스트리트의 맨션에 250명의 청중을 앉히고 악보를 나눠주었다. 청중은 공연 시작 30분 전인 저녁 8시까지 와서 곡을 익혀야 했다. 요아힘이 바이올리니스트 프로스퍼 세인튼, 비올리스트 헨리 힐, 첼리스트 스키피온 루셀로와 4중주단을 이루어 연주했다. 알세이저는 첫 번째 전곡 연주에 흡족하여 4중주 페스티벌을 해마다 열고, 런던이 결혼으로 붐비는 시즌에 회원들만 참석하는 이벤트로 만들겠다고 선언했다.

하지만 그의 자만심은 오래가지 않았다. 다른 영리한 경영자처럼 알세이저도 철도에 과하게 투자했다. 런던에서 엑세터로 가는 노선을 집중적으로 사들였다. '철도 마니아'라고 불린 투기 광풍은 기업의 파산으로 금세 잦아들었다. 투자자들은 돈을 날렸다. 『타임스』는 투기꾼을 거세게 비난했지만, 알세이저는 신문을 이용하여 자신의 주식값을 높이려 했다는 비판을 받았다. 1845년 10월, 아내 엘리자베스가 죽었다. 11개월 뒤에 알세이저는 자신의 책임이 아닌 회계 실수 때문에 『타임스』에서 해고되었다. 엘리자베스가 죽고 이듬해에 알세이저는 자신의 목을 그었다. 섬유업자들은 "올곧은 정신"의 형제를 애도했다. 워즈워스는 "냉철하고 건전한 판단력의 소유자"였다고 슬퍼했다. 4중주 소사이어티는 1851년

만국박람회 때까지 해마다 연주를 이어갔다. 세계의 모든 발명품
이 하이드 파크에 전시된 가운데 베토벤은 과거의 유물로 치부되
었다.

　알세이저가 남긴 유산이 하나 있다. 그는 전곡 연주를 기획하
면서 초기 곡 하나, 중기 곡 하나, 후기 곡 하나로 모든 음악회를 구
성했다. 오늘날까지 사용되고 있는 라운드 모델이다. 그는 이것이
베토벤을 가장 잘 이해하는 방식이라고 보았다.

96장

핵의 합창

교향곡 9번 D단조 '합창' op.125 (1824)

태초에 교향곡 9번이 있었다. 1793년 스물두 살의 베토벤은 1786년에 출간된 프리드리히 실러의 〈환희〉라는 시에 음악을 붙이기로 마음먹었다. 1811년 그는 개시부 선율을 작곡했고 "서곡으로 작업할 것"이라는 메모를 남겼다. '실러 서곡'에 관한 언급은 그의 대화록에 계속 등장한다. 교향곡 9번의 첫 소절이 만들어진 것은 1817년이다. 1년 동안 그는 교향곡 두 곡을 구상했다. 1819년 그는 다른곡들은 제쳐두고 피아노 소나타 세 곡과 〈장엄미사〉 작곡에 전념했다. 교향곡 8번을 작곡하고 10년이 지난 1822년 12월, 마침내그는 런던의 필하모닉 소사이어티로부터 의뢰받은 교향곡 9번 작곡을 수락했다. 네 명의 독창자와 대규모 합창단이 독일어로 노래하는 사상 최대 규모의 교향곡이 될 것이라는 말은 그들에게 하지 않았다. 어쩌면 본인도 아직 몰랐을 수 있다.

베토벤은 1823년을 교향곡 9번 작곡에 고스란히 바쳤다. 8월 말까지 겨우 15분 분량만을 완성했다. 아다지오 작곡에 두 달이 더 걸렸다. 그는 또다시 펜을 놓고 바덴으로 가 요양을 했다. 효과가 있었던 모양이다. 그는 스케치북을 들고 "해냈어! 해냈어!"를 외치며 집으로 돌아왔다.

1824년 신년 벽두에 난데없이 인류애에 사로잡힌 베토벤은 그토록 미워했던 제수 요하나에게 신년 인사를 보냈다. 교향곡 9번을 작곡하면서 더 좋은 사람이 되었을까? 그는 원래 화해를 잘하는 사람이 아니었다. 그는 2월에 교향곡을 마무리했다. 친구들이 빈에서 가장 좋은 안 데어 빈 극장 오케스트라를 예약했다. 베토벤은 듣지 못함에도 지휘를 하겠다고 고집을 부렸다. "그럼 서곡만?" 하고 친구들이 묻자 베토벤이 말했다. "아니, 더 많이 할 거네." 극장은 예약을 거부했다. 그래서 케른트너토르 극장으로 옮겨졌다. "루트비히 판 베토벤 씨가 직접 지휘에 참여한다"는 내용의 현수막이 내걸렸다.

날짜를 보고 의아해한 사람이 있었을 것이다. 1824년 5월 7일은 금요일이었다. 신작을 금요일에 선보이는 사람은 없었다. 부자들은 사냥을 하러 교외에 나가 있었고 왕족과 귀족도 오지 않을 것이기 때문이다. 하지만 베토벤은 이런 상황을 반기는 듯했다. 마침내 그는 빈의 진짜 시민들에게 교향곡을 선보일 수 있었다.

5월 7일 금요일 저녁 7시, 베토벤이 케른트너토르 극장에 도착했다. 그는 검은색 코트가 없어서 녹색 코트를 입고 있었다. 격식을 덜 차리는 청중이니 신경 쓰지 않을 거라고 판단했다. 극장은 사람들로 꽉 들어찼다. 병상에 있다가 들것에 실린 채로 극장을 찾은 음악 애호가도 있었다. 프로그램은 비교적 짧았다. 먼저 헌당식 서곡과 〈장엄미사〉 일부가 연주되었고, 잠깐 쉰 다음 드디어 교향곡이 공개되었다.

바이올리니스트 요제프 미하엘 뵘이 오케스트라에서 연주를 맡았다.

베토벤이 직접 지휘했다. 그는 지휘대 앞에 서더니 미치광이처럼 몸을 앞뒤로 흔들었다. 한 순간 몸을 위로 쭉 펴다가 다음 순간에는 바닥까지 몸을 웅크렸다. 그리고 손과 발을 마구 휘저어댔는데 그 모습이 마치 모든 악기를 연주하고 모든 합창 파트를 따라 부르려는 것 같았다.

교향곡은 현의 트레몰로로 시작한다. 20초간 백색소음이 이어지고 나면 기분 좋고 익숙한 전원적 풍경으로 넘어간다. 2악장은 다른 스케르초보다 연주 시간이 두 배로 길다. 중간에 우레 같은 박수가 터져 나와 경찰관이 "침묵!"이라고 소리쳤다. 오케스트라 악장으로 부지휘자 역할을 맡은 미하엘 움라우프는 음악가들이 베토벤의 갈팡질팡하는 박을 따라가지 못할까봐 조마조마했다. 악장과 악장 사이에 그들에게 지휘봉을 무시하되 베토벤의 얼굴에서 결코 눈을 떼지 말라고 했다.

아다지오는 아다지오의 속도가 아니다. 메트로놈 표기 60이면 꽤 빠른 편이다. 피날레에서 6분이 지나도록 오케스트라는 이리저리 헤매고 독창자들은 자리에 앉아 있다. 그러다가 갑자기 속도가 붙더니 베이스가 나선다. "오, 친구들이여, 이런 음악이 아니오." 세상이 바뀐 순간이다. "좀 더 쾌활한 노래를 부릅시다." 베이스가 제안한다. "환희, 환희의 노래 말이오." 그러고 나서 "모든 인간은 형제가 되리라"가 이어진다. 처음으로 교향곡이 인류 전체를 위해 목소리를 낸다.

베토벤은 훈계를 온건하게 다루었다. 형제애는 자칫 평등으로 오해될 수 있었는데, 그것은 반체제를 나타내는 위험한 표현이었다. 하지만 예수가 말하지 않았던가. "형제의 사랑으로 서로 우애하라." 베토벤은 공식적인 신념과 선동 사이에서 아슬아슬한 줄타기를 했다. 실러의 시가 애절하다면 베토벤의 음악은 인류의 하나 됨이 실질적으로 가능하다고 선언한다.

한 시간 넘게 이어진 치열한 연주가 끝나자 빈이 한 번도 들어보지 못한 기립박수가 터져 나왔다. 메조소프라노 카롤리네 웅거가 베토벤의 소매를 잡아당겨 박수치고 환호하고 발을 구르는 청중의 모습을 볼 수 있도록 했다. "마침내 내 승리가 이루어졌어. 이제 진심으로 말할 수 있어." 베토벤이 말했다.

그는 프라터슈트라세에 있는 '춤 빌덴 만'('거친 남자')이라고 하는 레스토랑에 자리를 하나 예약해두었다. 나가는 길에 매표소에

들러 알아보니 연주료와 팁, 경비를 제하면 벌어들인 돈이 거의 없었다. 그는 레스토랑으로 들어서자마자 쉰들러에게 사기꾼이라고 몰아붙였다. 세 명은 일어나서 나가버렸다. 승리의 밤에 베토벤 혼자 레스토랑에 남겨두고 말이다. 두 번째 연주는 800플로린의 적자를 보았다. 런던의 필하모닉 소사이어티에서 보낸 50파운드 수표로 겨우 손해를 면했다. 베토벤은 건강이 나빠졌고 다시 통증을 느꼈다. 교향곡 9번을 작곡하느라 모든 것을 쏟았으니 이제 즐거움을 누릴 일이 별로 없었다. 그는 침묵에 빠져들었다. 자신이 얼마나 대단한 것을 이뤘는지 알지 못한 채. 그러한 반응을 얻는 또 다른 교향곡이 나오기까지 50년이 걸렸다. 요하네스 브람스가 첫 번째 교향곡을 발표했을 때 곧바로 베토벤의 10번이라는 별명을 얻었다.

교향곡 9번의 영국 초연은 1825년 3월에 있었다. 조지 스마트 경이 지휘를 맡았는데 "시끌벅적한 현대적인 광란의 소리"로 "청중의 인내심"을 시험했다. 1831년 3월, 프랑수아앙투안 아브네크가 파리 음악원에서 교향곡 9번을 지휘했다. 음악가 프랑수아조제프 페티스가 베토벤의 의도를 묻자 그는 이렇게 답했다. "악보를 들여다보며 연구했지만 나로서는 이해할 수 없었소." 북미 초연은 1846년 5월 20일에 뉴욕 필하모닉 오케스트라와 영국 지휘자 조지 로더가 맡았으며, 피날레는 보통사람들이 쓰는 영어로 노래했다. 당대 최고로 박식했던 미국의 평자 존 설리번 드와이트는 이렇게 말했다. "대단한 작품을 듣는 흥분에 다들 체력이 바닥났지만,

우리의 가장 고귀한 신념을 확인해주는 음악이었다." 그 뒤로 7년 동안 아무도 이 곡을 무대에 올릴 생각을 하지 않았다.

시간이 흐르면서 이 교향곡은 음악 활동의 중심을 차지했고 특별한 예식의 음악이 되었다. 리하르트 바그너는 이 곡이 "나의 모든 묘한 생각과 욕망을 신비롭게 구현한 목표물"이라면서 바이로이트 축제에서 개막작으로 연주했다. "이 교향곡과 관련한 중요한 것은 모두 리하르트 바그너에게서 나왔다." 리하르트 슈트라우스의 말이다. 구스타프 말러는 1900년에 100명의 음악가와 500명의 가수를 동원하여 9번을 지휘했다. 그가 설명하기를 "베토벤의 소망을 실현했고 (…) 거장이 의도한 그 어떤 것도 일반적으로 혼잡한 소리에 희생되거나 묻히는 일이 없도록 했다"고 했다. 돌아보면 1000명의 연주자가 동원되는 말러의 대곡 교향곡 8번을 위한 예행연습이 아니었나 싶다.

당연하게도 누군가는 싫어했다. 프랑스인 클로드 드뷔시는 1901년에 이렇게 말했다. "교향곡 9번은 고결한 단어와 장식적인 진술의 장막에 싸여 있다. 다른 어떤 곡보다 헛소리를 많이 만들어낸 걸작이다. 놀랍게도 요즘 들어 곡이 그에 관한 산더미 같은 글들에 파묻혀 관심을 끌지 못하는 것 같다." 드뷔시의 친구 이고르 스트라빈스키는 작가 마르셀 프루스트에게 말하기를 베토벤 교향곡 9번 피날레가 "실러의 강력한 송가에 극히 빈약한 곡조를 첨부"한 것이라고 했다. 혼자서만 이렇게 인식한 것이 아니다. 영향력 있는 보스턴 비평가 필립 헤일은 "주요 선율이 말할 수 없이 저급하다"

고 했다. 영국 소설가 이언 매큐언은 "동요 가락" 같다고 치부했다.

모더니즘 작곡가들은 판단이 나뉘었다. 피에르 불레즈는 베토벤을 인정하는 쪽이었지만, 카를하인츠 슈토크하우젠은 1972년 옥스퍼드 강의에서 교향곡 9번을 1초로 압축해서 들으면 훨씬 나을 거라고 했다. 그의 말대로 컴퓨터를 사용하여 실제로 그렇게 한 사람이 있었다.

교향곡 9번을 가장 급진적으로 해석한 사람은 앤서니 버지스다. 그의 소설 『시계태엽 오렌지』는 교향곡 피날레가 강간과 폭력의 판타지를 부추기는 것으로 묘사한다. 비행非行을 일삼는 주인공 알렉스는 '환희의 송가'가 흘러나오는 가운데 끔찍한 고문 장면을 강제로 보는 혐오 치료를 받는다. 버지스는 "기독교에서 말하는 자유의지의 알레고리"를 쓰려고 했다고 말한다. 무대에서 알렉스는 '환희의 송가'에 맞춰 이렇게 노래한다. "시계태엽 오렌지가 되지 마 / 자유는 사랑스러운 목소리를 갖고 있지 / 좋은 것도 있고 사악한 것도 있어 / 양쪽을 다 보고 선택해."

치료가 끝나고 알렉스가 많은 사람이 지켜보는 가운데 베토벤을 배경 음악으로 여성과 섹스를 하는 장면으로 이야기는 끝난다(스탠리 큐브릭의 영화는 소프트코어 포르노 엔딩이다). 소설과 영화 모두 작가의 정체성 혼란으로 망가졌다. 야심 찬 아마추어 작곡가이기도 한 버지스는 베토벤 같은 존재가 되려고 했다. 하지만 이 교향곡에서 끌어낼 수 있는 멋진 결말에는 끝이 없다.

교향곡 9번은 1세대 여성해방 운동에서 표적이 되었다. 음악학

자 수전 매클러리가 이 교향곡을 가리켜 남성이 여성에게 행한 최
악의 것을 나타낸다고 선언했기 때문이다. "9번의 첫 악장에서 재
현부가 주는 묘미는 음악에서 가장 소름끼치는 순간이다. 세심하
게 준비한 종지가 좌절되어 에너지가 계속 쌓이다가 마침내 성욕
을 분출하지 못한 강간범이 목을 졸라 죽일 것 같은 분노로 폭발
한다." 이 문장은 곧바로 여성 운동에서 가장 자주 인용되는 슬로
건 중 하나가 되었지만, 굳건한 음악적 실재에 기초를 두고 있지 않
아 매클러리는 자신의 진술을 "음악 역사에서 가장 소름끼치게 폭
력적인 에피소드"로, 그리고 "가부장제 문화를 만든 모순적인 충
동의 음악에서 가장 강렬한 표명"으로 수정했다.

참이든 거짓이든 거친 말들은 힘을 발휘한다. 매클러리의 주장
에서 영감을 얻어 시인이자 에세이스트 에이드리엔 리치는 〈마침
내 성적 내용으로 이해된 베토벤의 교향곡 9번〉이라는 시를 썼다.
이렇게 시작한다.

발기부전이나 불임의 공포에 떠는
둘의 차이를 알지 못하는 남자
울부짖음과 완전히 고립된 영혼이
자아의 터널에서 기쁨을 보고 소리치는
갱년기 음악을
구별하려고 애쓰는 남자 (…)

교향곡 9번을 가리키는 것이다. 달변의 피아니스트 찰스 로젠은 평소 그답지 않게 감정을 자제하며 반응했다.

강간범의 살해의 분노라는 구절이 이후에 철회되어 매클러리가 문제를 인식했음을 보여주지만, 뭔가 엄청난 것이 여기서 벌어지고 있음을 깨닫게 하는 장점이 있다. 매클러리의 성적 폭력 은유는 그것을 묘사하는 나쁜 방법이 아니다. (…) 성욕을 분출하지 못한 강간범이 타당한 대응물이라고 생각하지는 않지만, 이 대목을 들으면 베토벤이 오르가슴을 열여섯 마디 동안 이어가는 방법을 찾아낸 것 같다. 실제로 이 대목이 그토록 충격적으로 느껴지는 이유는 짧은 폭발인 줄 알았던 것을 그토록 긴 악절로 늘여나가는 힘이다.

뭐라고? 로젠은 교향곡에서 정력을 알아보고 베토벤을 대단한 정력가로 재조명한 매클러리의 공로를 인정한다. 하지만 성욕의 슈퍼맨은 페미니스트들의 발상과는 거리가 있다. 그리고 교향곡 9번을 작곡할 당시 베토벤은 이런 욕망에 휘둘리지 않았다. 젊은 시절에도 정숙한 사랑을 고집했던 그였다. 매클러리 주장의 핵심은 역사적 사실이나 음악적 사실에 기반을 두고 있지 않다. 그렇다고 페미니스트 음악학의 기반이 되는 진술에서 물러나지는 않겠지만 말이다.

교향곡 9번은 많은 이데올로기에 휘둘렸다. 히틀러와 스탈린은 이 곡을 대중 선동에 이용했다. 유럽연합은 분열의 송가로 삼았다. 그러니까 시민의 단합을 우선시하고 원치 않는 이민자들은 강제적으로 배제하는 것을 나타냈다. 실러의 가사 "하지만 기뻐할 수 없는 자들은 눈물을 흘리며 조용히 떠나라"는 그리스 해안에서, 헝가리의 철조망 울타리에서, 이탈리아 교도소에서, 그리고 프랑스 정부가 플라스틱 뗏목을 타고 영국으로 가려는 아프리카인들과 아시아인들을 가두고 있는 칼레의 난민촌에서 매일같이 목격된다. 2023년에 베토벤의 인류 형제애는 무슨 가치가 있을까? 1989년 베를린 장벽이 무너질 때 레너드 번스타인은 이 교향곡을 지휘하면서 '환희'라는 단어를 '자유'로 고쳐 연주했다. 서양에서는 그 제스처에 환호했지만, 환희도 자유도 느끼지 못하는 사회적 약자들 중에는 한탄하는 이들이 많았다. 교향곡 9번은 해석에 무한히 열려 있지 않다.

어두운 면만 있는 것은 아니다. 이 교향곡을 가장 희망적으로 받아들인 예는 '다이쿠(9번)'라고 하는 일본의 행사다. 일본에서는 한 해가 끝날 즈음 이 교향곡을 연주하는데, 그 수요가 점점 커져서 가장 최근 집계에 따르면 도쿄에서만 쉰다섯 차례 공연이 있었고 수천 명의 사람들이 리허설에 참여하고 합창단에서 노래를 불렀다. 이런 전통은 1914년으로 거슬러 올라간다. 연합군 측이던 일본군이 동중국 칭다오에서 독일 수비대를 포로로 잡았다. 독일인들은 자체적으로 오케스트라와 합창단을 결성하여 매년 크리스마스에 교향곡 9번을 연주했다. 이것을 눈여겨본 일본인들은 전쟁이 끝

인류 전체를 위한 목소리 **501**

나고 집으로 돌아가 교향곡을 연주했다. 라이프치히 게반트하우스에 교향곡 9번 마지막 화음을 연주하고 나서 새해를 맞는 전통이 있었다는 사람도 있다. 이것은 국가적 행사가 되었다. 1940년 12월, 일본 천황 즉위 2600주년을 맞아 폴란드계 유대인 망명자 요제프 로젠슈토크가 일본 국영 라디오 방송에서 이 곡을 지휘했다. 이 반향은 지금까지 이어지고 있다. 2011년 동일본 대지진 희생자 추모 공연이 뉴욕에서 열렸는데, 합창에 1만 명이라는 기록적인 인원이 참여했고 1000만이 넘는 사람들이 유튜브 동영상을 보았다. 이만큼 웅변적이지 않으면서 더 강렬한 연주는 2005년 12월 블라디미르 아시케나지가 도쿄에서 지휘한 것이다. 한껏 몰입하여 탁월한 명상을 이루었다.

〱

이 교향곡을 지휘하기가 얼마나 어려운지는 주요 지휘자들이 실로 다양한 형태와 스타일을 선보인다는 사실에서 확인할 수 있다. 첫 악장을 보자. 알려지기로 첫 녹음은 말러의 제자 오스카어 프리트가 1929년에 지휘한 것으로 연주 시간이 14분이다. 클렘퍼러는 17분, 푸르트벵글러는 19분이다. 지휘자들은 나이가 들면서 속도가 느려지는 경향을 보인다. 1941년에 총 65분이 소요되었던 카를 뵘은 1979년에 79분으로 템포를 잡는다. 하지만 교향곡은 마음대로 부풀려도 되는 풍선껌이 아니다. 허용 가능한 중간값이 있다. 1시간 45분까지 늘려 잡은 브라질 지휘자 막시미아누 코브 라나 40분 안으로 끊어야 한다고 생각하는 보스턴의 인습타파자 벤저민 잰더는 당연히 옳을 수가 없다.

200장의 음반을 들어보았는데 실황 음반이 기억에 남는다. 클렘퍼러, 솔티, 아바도, 하이팅크가 두드러진다. 텐슈테트는 해체주의의 욕망으로 첫 악장에서 소나타 형식을 과감하게 무너뜨린다. 솔티와 클렘퍼러는 항상 스튜디오 녹음보다 실황이 더 흥미진진하다.

망명자 세 명이 디스코그래피에서 눈에 띈다. 가진 자들에 의해 경제적으로 유지되는 예술에서 망명자들이 가진 것 없는 자들의 목소리를 내기 때문일까? 헝가리의 페렌츠 프리차이가 1957년 새해를 하루 앞두고 베를린 칼리지 홀에서 지휘한 음반은 그 자리에 있던 통찰력 있는 비평가에 따르면 '오싹하고' '야만적인' 강렬함을 자아낸다. 이 음반은 큐브릭의 영화 〈시계태엽 오렌지〉 사운드트랙으로 사용되었는데 야만성을 전혀 잃지 않는다. 프리차이는 극단적으로 매끈한 카라얀과 정반대되는 해석으로 베를린에서 입지를 다졌다.

라파엘 쿠벨리크와 바이에른 방송 교향악단의 1975년 음반은 화를 누그러뜨린 연주다. 체코 망명자 쿠벨리크는 공산주의가 무너지면 고향 프라하로 돌아갈 거라고 항상 말하고 다녔다. 바츨라프 하벨 혁명이 있고 난 다음인 1990년 6월 프라하에서 그를 보았을 때, 나는 이 음반에 깃든 낙관주의를 마침내 이해하게 되었다.

쿠벨리크는 개인적으로 만나면 까다롭고 재미없는 사람, 자유의 적과 손잡은 자들을 결코 용서하지 않는 사람일지도 모른다. 하지만 이 음반에서 그는 멋진 영감을 발휘하여 빼어난 오케스트라와 합창단을 이끈다.

폴란드 망명자 르네 레이보비츠는 1961년 로열 필하모닉 오케스트라와 교향곡 9번을 녹음했다. 그야말로 현대적인 연주여서 그의 제자 피에르 불레즈와 한스 베르너 헨체의 급진주의가 어디서 나왔는지 알게 해준다. 불필요한 제스처와 외관을 싹 걷어내고 마치 수술을 기다리는 환자처럼 생사가 여기에 걸려 있다는 듯이 연주한다.

거대 음반사에서 나온 시대 악기 연주는 대체로 재미가 없다. 이 곡은 추천 음반 목록이 길다.

푸르트벵글러—베를린 필(1942), 토스카니니—라 스칼라(1946), 클렘퍼러—암스테르담 콘세르트헤바우(1956), 에리히 클라이버—빈 필(1952), 프리차이—베를린 필(1957), 셀—클리블랜드 심포니(1961), 레이보비츠—로열 필(1961), 카라얀—베를린 필(1962), 슈미트-이세르슈테트—빈 필(1965), 솔티—시카고 심포니(1972), 카를로 마리아 줄리니—런던 심포니(1972), 쿠벨리크—바이에른 방송(1975), 텐슈테트—런던 필(1992), 데이비드 진먼—취리히 톤할레(1999), 아바도—베를린 필(2001), 얀손스—바이에른 방송(2007), 샤이—라이프치히 게반트하우스(2011), 틸레만—빈 필(2011), 안드리스 넬손스—빈 필(2019).

그리고 하나가 더 있다.

2021년 10월, 베르나르트 하이팅크가 세상을 떠나면서 음반사 일정에 맞춰 교향곡 전곡을 내는 지휘자는 역사 속으로 사라지게 되었다. 카라얀은 꾸준히 점점 더 매너리즘에 빠졌고, 솔티는 더 시끌벅적하게 굴었고, 번스타인은 더 제멋대로였으며, 아바도는 더 자기성찰에 빠졌고, 무티는 더 오만하게 굴었다.

예외가 있었으니 1990년대 말에 필립스에서 쫓겨났다가 실황음반으로 돌아온 하이팅크였다. 2019년 2월, 아흔 살 생일을 몇 주 앞두고 하이팅크는 뮌헨에서 바이에른 방송 교향악단과 교향곡 9번을 연주했다. 이 음악회의 모든 것이 완벽했다. 오케스트라와 합창단은 세계 최고였고 독창자들은 흠잡을 데 없었다. 하이팅크는 무리를 끓어오르게 만들었고 두려움이나 실패 없이 최고 실력을 발휘하도록 했다. 연민과 이해가 곳곳에 배어 있는 연주다. 피날레는 무사히 돌아온다는 약속과 함께 공중으로 살포시 날아오른다. 오래도록 살아남을 베토벤 9번이다.

～

그 뒤에 교향곡 10번이 있었을까?

새로운 교향곡의 가능성은 베토벤이 죽기 여드레 전에 구술하고 런던의 이그나츠 모셸레스에게 보낸 편지에서 제기되었다. 그는 "이미 스케치를 마친 새 교향곡이 나의 책상에 있다"고 언급했으며 필하모닉 소사이어티에게 관심이 있는지 물었다. 답장이 오기 전에 베토벤은 죽었고, 그의 책상에서 교향곡으로 작업할 만한 것은 아무것도 발견되지 않았다. 바이올리니스트 카를 홀츠는 베토벤이 한 악장의 일부를 피아노로 연주했다고 했다. 쉰들러가 이렇게 보증한 스케치가 있다. "이것은 베토벤이 죽기 대략 열흘에서 열이틀 전에 작곡한 마지막 음악이다. 그는 내가 보는 앞에서 악보를 적었다." 우리는 교향곡 9번의 초기 단계에서 그가 또 하나의 교향곡을 동시에 작곡했다는 것을 안다. 이것이 그 곡일까?

그러다가 한참 뒤인 1988년에 영국의 음악학자 배리 쿠퍼가 250마디의 스케치를 확인하여 세 부분(안단테, 알레그로, 안단테)으로 이루어진 15분 분량의 교향곡 악장으로 만들었다. 쿠퍼의 '교향곡 10번'은 1988년 10월 런던에서 초연되었다. 전에 빈 필의 악장이었던 발터 벨러가 지휘를 맡았고 로열 리버풀 필하모닉이 연주했다. 비평가들은 코웃음을 쳤다. "음악이 만들어지다 만 것처럼 들린다"고 썼던 평자는 작곡가 앤서니 페인으로 밝혀졌는데, 훗날 그는 에드워드 엘가가 없애라고 했던 스케치를 토대로 교향곡 3번을 만들었다. 비평은 일관성이 필요한 예술이 아니다.

쿠퍼의 '10번'은 일주일 뒤에 카네기 홀에서 호세 세레브리에르의 지휘로 다시 연주되었다. 벨러와 윈 모리스의 음반이 있는데 어느 것도 설득력 있는 연주는 아니다. 개시부는 자신감이 없다. 예전의 교향곡을 암시하는 부분이 있는데, 그것은 베토벤이 아니라 작품을 완성시킨 사람이 만들어낸 것이 분명하다. 들을수록 재

활용 같다는 생각이 든다. 8분 45초는 9번, 14분은 〈전원〉이 떠오른다. 8분 30초와 11분 10초에 거대한 주제가 나온다. 무조성을 예고하는 대목인데 악상을 계속 발전시키지 않는다. 전체 형태가 완전하게 구상된 말러의 10번이나 작곡가가 마무리한 대목까지만 연주해도 괜찮은 모차르트의 〈레퀴엠〉, 브루크너의 9번과 달리 베토벤의 10번은 관심거리가 되기에 부족한 토르소|머리와 팔다리 없이 몸통만 있는 조각—옮긴이|다.

급기야 컴퓨터가 가세했다. 구체음악 작곡가 피에르 앙리는 아홉 개 교향곡 전체를 파리의 데스크톱에 넣고 콜라주를 만들어 베토벤 10번 '리믹스'라며 라디오로 내보냈다(유튜브로 들을 수 있다). 2019년에는 본의 베토벤 하우스로부터 승인을 받은 데이터 분석가들이 10번 스케치에 알고리즘을 적용하면서 현악 4중주에서 주로 가져온 주제들로 보강했다. 결과물은? 죽도 밥도 아니다. 본의 베토벤 오케스트라가 연주를 맡았는데 모든 수준에서 실패작이다. 베토벤처럼 들리는 것은 죄다 다른 악보에서 베낀 것이며 나머지는 그냥 따분하다. 유레카의 순간이 하나도 없다. 천재성이나 독창성이 번뜩이는 대목이 없으며 베토벤이 평소에 하듯 한계를 밀어붙인다는 느낌이 조금도 들지 않는다. 1000분의 1초, 1만 분의 1초도 아깝다. 사람들을 낚으려는 언론의 술책이다. 베토벤은 인공지능에 대해 어떻게 생각했을까? 언젠가 그는 한 비평가에게 퉁명스럽게 쏘아붙였다. "내가 아무렇게나 갈긴 것도 당신이 쓰는 것보다는 낫소."

97장

과거에 경배를

현악 4중주 15번 A단조 op.132 (1823~1825)

작곡의 계기는 건강 문제였다. 1825년 5월, 베토벤은 심각한 복통을 앓았다. 의사가 술을 피하고 과식하지 말고 가장 중요한 것으로, 밤에 작곡하지 말라고 했다. 베토벤은 투덜대면서 시키는 대로 했다. 비수기에 온천에서 요양을 했는데 의사의 지시로 술과 만두를 먹지 못하게 되자 격분하여 한밤중에 4중주곡을 작곡했다.

다섯 악장 중간에 '회복한 자가 감사하며 신에게 올리는 리디아 선법의 성스러운 노래'라는 제목이 붙은 악장이 있다. 16세기에 교황이 참신한 선율 대신 따분한 그레고리오 성가를 다시 부르라고 지시하자 작곡가 조반니 피에를루이지 다 팔레스트리나는 그를 만류하고자 리디아 선법으로 노래를 작곡했다. 팔레스트리나는 교회 음악의 구원자로 여겨진다. 베토벤은 어쩌면 자신이 현악

4중주를 사소함에서 구해낸 자라고 여겼는지도 모른다.

　바흐를 경배하듯 곡은 푸가로 시작한다. 두 개의 주제가 트리스탄 같은 사랑의 2중주에서 충돌한다. 3악장은 아르놀트 쇤베르크가 1946년에 심각한 심장마비를 겪고 나서 현악 3중주를 작곡하는 데 영감이 되었다. 이 곡의 흔적은 버르토크 벨러의 피아노 협주곡 3번에서도 들을 수 있다. 베토벤은 악보에 "새로운 힘을 느끼며"라고 적었고, 이탈리아어로 다시 적어 의사에게 다음과 같은 처방과 함께 악보를 보냈다. "의사 양반, 죽음이 들어오지 않게 문을 닫으시오. 〔음악의〕 음들이 도움이 필요한 사람에게 도움을 줄 것이오. 이 작품은 전에 아무도 오른 적 없는 야곱의 사다리의 새로운 단段이오." 그는 사다리 위에서 야곱을 기다리는 것이 무엇인지 알았다.

　14번보다 먼저 작곡된 15번은 1825년 11월 14일에 초연되었다. 이제 베토벤은 50대 중반으로 당시 남성의 평균적인 기대 수명을 15년이나 넘긴 터였다. 하루하루가, 모든 음악이 선물이었다.

　그는 계속해서 연주자들에게 불가능한 것을 요구했다. 중간 악장에서 그는 네 명의 연주자가 2분음표들을 스포르찬도로 함께 연주하며 악절을 마치도록 했다 | 스포르찬도는 음을 '갑자기 강조하며' 연주하라는 뜻인데 2분음표처럼 긴 길이의 음을 활로 세게, 그것도 서로 맞춰서 연주하는 것은 불가능하다—옮긴이. 어떻게 실행할까? 미국의 에머슨 4중주단은 "주차하고 출발하기"라고 이름 붙인 테크닉을 개발했다. 스포르찬도 뒤에 활을 살짝 멈추었다가 속도를 다시 끌어올리는 것

이다. 거의 비슷한 효과가 났다.

음반에서 에머슨 4중주단은 빼어난 기교로 마음을 사로잡는다. 소비에트 시절 보로딘 4중주단은 치열하게 분투하는 모습이 쇼스타코비치를 생각나게 한다. 라살 4중주단은 감사의 악장에 깊이와 위엄을 부여하고, 이탈리아노 4중주단은 서정성을 끌어낸다. 프랑스의 에벤 4중주단(2020)은 도발하듯 느리다. 듣고 있으면 팔레스트리나의 코랄이 조용하게 펼쳐지는 듯하다. 마지막 알레그로는 유연하고 다정하여 베토벤의 이마에 키스를 한다. 어쩌면 베토벤이 우리에게 키스를 하는지도 모른다.

98장

악당

안톤 디아벨리 왈츠 주제에 의한 변주곡 C장조 op.120

(1823)

베토벤은 피아노가 "불만족스러운 악기이고 영원히 그러할 것"이라고 선언했다. 출판업자 입장에서 이 말은 그를 꾀어 일을 맡길 유인책으로 작용했다. 피아노 악보만큼 잘 팔리는 것은 없었고 베토벤은 사업에 전혀 손해가 아니었다. 몇몇이 그와 접촉했는데 이례적인 캐릭터의 인물이 성공했다. 안톤 디아벨리는 수도승이었다. 여섯 곡의 미사곡을 작곡하고 나서 잘츠부르크의 수도원을 나왔고, 빈에서 피아노와 기타를 가르치며 생계를 꾸렸다. 고해성사 방에서 인간의 약점을 귀담아듣도록 훈련받은 그는 사창가 노래를 피아노용으로 편곡하여 출판했으며, 프란츠 슈베르트와 계약하여 〈마왕〉을 작곡하도록 했다. 한 명의 가수가 네 명의 역을 맡는 이 노래는 독일 가곡 레퍼토리에서 극적 분기점이 된다. 슈베르트의 작품번호 1로 당당히 이름을 올렸다. 프란츠 리스트가 순회공연을 돌며 피아노곡으로 연주했고 나중에는 오케스트라용으로도 편곡되었다.

디아벨리는 가만히 앉아서 돈을 번 사람이 아니었다. 그는 자신이 아는 모든 작곡가, 총 쉰한 명에게 편지를 보내 자신이 새로운 왈츠를 작곡했으니 변주곡을 써달라고 했다. 프란츠 크사버 모차르트(우리가 아는 작곡가의 아들)는 두 곡을 제출했다. 슈베르트, 훔멜, 모셀레스, 체르니, 리스트, 루돌프 대공도 이에 응했다. 베토벤은 처음에는 디아벨리의 주제가 "구두 수선공의 가죽 쪼가리" 같다며 거부했다. 그러자 디아벨리는 가격을 높였다. 베토벤은 그정도 가격이면 대여섯 곡까지도 만들 수 있을 거라고 했다.

그는 스물다섯 곡, 결국에는 서른세 곡까지 썼다. 일단 시작하면 말릴 수 없었다. 베토벤의 모든 변주곡은 보석처럼 반짝반짝 빛난다. 하나하나가 디아벨리의 원곡을 반복하지 않으면서 생각나게 한다. 변주곡 형식을 멸시했던 그는 여기서 거꾸로 뒤집고 밖으로 드러낸다. 16번 변주와 17번 변주는 서로를 뒤집어놓은 곡이다. 22번 변주는 대중적인 오페라 아리아의 역사를 요약한 것이다. 23번 변주는 모차르트의 〈돈 조반니〉를 조롱한다. 바흐에서 가져온 변주도 있다. 페이드아웃으로 끝나는 피날레는 베토벤의 피아노 소나타 32번을 참고한 것이다. 현대 조성 관계에 관한 교본을 썼던 아르놀트 쇤베르크는 "화성의 관점에서〔디아벨리 변주곡은〕베토벤의 가장 모험적인 곡으로 불릴 자격이 있다"고 했다. 알프레트 브렌델은 "모든 피아노곡을 통틀어 최고작"이라고 칭송했다. 확실히 위대한 지성들에게 호소하는 매력이 있었지만, 디아벨리가 기대했던 대중 시장에는 통하지 않았다.

디아벨리가 내건 홍보 문건은 참으로 요란했다.

우리는 전혀 평범한 부류가 아닌 변주곡을 세상에 내놓으려 합니다. 옛 고전의 불멸의 창조물들과 어깨를 견줄 만한 위대하고 중요한 걸작을, 오로지 베토벤만이, 다른 누구도 아닌 살아 있는 진정한 예술의 표본인 베토벤만이 만들 수 있는 걸작을 말입니다. 최고로 독창적인 구조와 악상, 최고로 담대한 음악적 어휘와 화성이 여기서 남김없이 발휘됩니다. 견고한 테크닉에 바탕을 둔 피아노포르테의 모든 효과가 가동됩니다. 이 작품이 더욱 흥미로운 것은 그의 동시대인들 중 오로지 우리의 위대한 대가만이 주제에서 그런 전개의 결과물을 끌어냈다는 사실입니다. 멋진 푸가인 24번과 32번은 진지한 스타일을 사랑하는 친구들과 심미가들을 놀라게 할 것입니다. 2번, 6번, 16번, 17번, 23번 등은 뛰어난 피아니스트들을 매료시킬 것입니다. 모든 곡들이 참신한 악상과 사려 깊은 전개, 능숙하게 조를 바꾸는 아름다움으로 빛나 제바스티안 바흐의 같은 형식으로 된 유명한 걸작 옆에 놓일 자격이 충분하다 하겠습니다. 우리는 이 작품을 세상에 내보내게 되어 자랑스러우며, 아울러 우아하면서 극도로 정확성을 기해 인쇄에 임하도록 모든 노력을 다했습니다.

피아니스트들은 겁에 질렸고 비평가들은 할 말을 잃었다. 런던의 잡지 『하모니콘』은 베토벤이 "귀가 멀어 한때 참으로 예리했던 감별력을 잃은 것"이라고 판단했다. 베토벤 전기를 쓴 빌헬름 폰 렌츠는 변주곡을 "천재의 일탈"이라며 깎아내렸다. 바그너 지휘자 한스 폰 뷜로는 〈디아벨리 변주곡〉을 "고딕 대성당"에 비유했다. 경탄할 작품이지만 제정신인 음악가라면 결코 오르지 않을 것이라고 했다.

아르투어 슈나벨은 부유한 자들의 화를 돋우려고 리사이틀에서 이 곡을 연주했다. "여기서 즐기는 사람은 나밖에 없소. 돈을 받거든. 사람들은 돈을 지불하고 고통을 느끼는 거요." 그가 껄껄대고 웃었다. 끝까지 남아 있었던 사람은 두 명뿐이었다(그중 하나가 젊은 루돌프 제르킨이다). 슈나벨이 1937년 애비 로드에서 녹음한 음반은 구조가 장대하고, 가르침이 당당하며, 경박함에서 엄숙함으로 곧장 넘어가는 전환이 근사하다.

제르킨이 1958년에 녹음한 디아벨리는 목석도 눈물을 흘리게 할 수 있다. 브렌델의 1977년 음반은 평온함이란 이런 것임을 50분간 보여준다. 폴란드계 헝가리인 피오트르 안데르셰프스키는 1990년 리즈 콩쿠르 도중에 나가버렸다. 자신이 디아벨리를 제대로 연주하지 못했다고 느낀 것이다. 그가 2018년에 내놓은 디아벨리 음반은 다른 모두를 뛰어넘는 명연이다. 안데르셰프스키는 이 곡에서 교향곡과 같은 발전을 본다. 2번은 3번이 가까스로 감추고 있는 비밀을 속삭인다. 대담하게 낮은 목소리를 취하는 그는

30번을 기진맥진하여 올림픽 주경기장으로 들어오는 마라톤 선수처럼 묘사한다. 마지막 음은 워낙 충격적이어서 완전히 받아들이는 데 몇 초가 걸린다. 피오트르 안데르셰프스키는 이 곡에 관한 한 금메달을 받을 자격이 충분하다.

99장

이것이 끝?

현악 4중주 16번 F장조 op.135 (1826)

베토벤은 작품번호 135의 피날레에 제목을 달았다. 악보에 "대단히 어렵게 내린 결정"이라고 적었다. 느리게 표기된 개시부 화음 아래에 "그래야만 할까?"라는 문구를 적었고, 다음 주제가 등장하는 대목에는 "그래야만 한다"라고 적었다. 음악의 권위자들은 피날레의 이런 문구를 작곡가가 죽음을 예상하고 차분하게 받아들인 것으로 해석한다.

하지만 그럴까? 베토벤은 다른 곳에서 이 작품에 대해 말하기를 세 폭짜리 제단화의 첫 번째 작품이라면서 새로운 시작이라고 했다. 비올라가 여섯 음의 질문을 던지며 시작한다. 이른 아침 시골길 산책이 이어진다. 가파르지 않은 길을 깡충거리며 나아간다. 스케르초는 시종일관 윙크와 웃음소리로 가득하다. 3악장은 진지하되 침울하지 않다. 모든 것을 껴안는 거대한 선율이 악장을 이끈다. 피날레만이 구름에 덮여 있다. 작곡가가 지축을 흔드는 실존적 질문을 던진 탓이다.

베토벤은 조카의 자살 시도가 있고 두 달 뒤에 이 곡을 작곡했다. 곡으로는 이 사실을 짐작도 못할 것이다. 그도 그럴 것이 이 4중주곡에서 성가시게 늘어놓는 질문이 나오기 전까지는 모든 것이 온순하고, 그 질문조차 가장 침울한 베토벤이 아니기 때문이다. "그래야만 한다"를 이루는 세 음은 확고하고 안정적이다. 패배적이지 않다. 곡이 끝날 무렵 고음의 현이 신경을 거슬리게 한다. 이것은 무슨 뜻일까?

출판업자 모리츠 슐레징거는 이런 설명을 내놓았다.

마지막 4중주곡에 나오는 수수께끼 같은 "그래야만 할까?"와 관련하여 나는 누구보다 그 의미를 잘 설명할 수 있다. 그가 직접 문구를 적은 원래의 악보를 내가 갖고 있으며 그는 다음의 글과 함께 악보를 보내왔다. "'그래야만 할까?'는 내가 불행한 사람임을 보여주는 것으로 해석하면 되오. 이 곡을 작곡할 무렵에 마음속에 훨씬 거대한 뭔가가 있어서 작곡하기가 몹시 힘들었거니와 내가 당신에게 약속한 대로 작곡했고, 돈이 몹시 필요했기 때문이오. 조급한 마음에 곡을 나눠서 당신에게 보내오. 조판 과정을 용이하게 하고자 함이오. 뢰틀링겐(당시 그는 그곳에 살았다)에서는 단 한 명의 필사가도 찾을 수 없어서 내가 직접 악보를 옮겨 적어야 했소. 그게 얼마나 고된 일인지 모를 거요.”

베토벤은 늘 정신없는 상황에서 허둥대는 자신에 대해 농담을 하고 있다. 마음속에 있었다는 “훨씬 거대한 뭔가”는 카를의 자살 시도를 말하며 나머지는 일상의 불만이다. 그는 잊을 만하면 찾아오는 통증은 신경 쓰지도 않았다. 악보에 적은 문구는 구스타프 말러가 교향곡 9번과 10번에 적은 것처럼 순간적인 절망을 표출한 것이다. 그는 이런 우울에서 곧 회복하게 된다. 베토벤은 이 4중주곡에서 죽어가고 있지 않다. 아직은 아니다.

부슈 4중주단은 1933년 녹음으로 불멸의 기준을 세웠다. 카살스 4중주단(2017)은 “그래야만 할까?”를 무심하게 던지고 나서 젊음으로 반박한다. 나는 브로드스키 4중주단(2017)이 3악장에서 속삭이듯 부드럽게 어루만지는 대목을 각별히 아낀다. 앞선 곡의 ‘콜 니드라이’ 분위기가 희미하게 반복된다.

100장

모두가 평등한 세상

세 곡의 에클레아 WoO.30 (1812)

1826년 11월의 마지막 날, "시골에서 병에 걸리면 속수무책이 되리라는 (…) 생각에 마음이 바빠진" 베토벤은 동생 요한의 집을 떠나 빈으로 돌아왔다. 지붕 없는 수레를 타고 이틀 동안 차가운 길을 달려 집에 온 그는 마른기침을 했고 고열에 시달렸으며 양쪽 허리에 통증을 느꼈다. 개인 주치의를 불렀는데 오지 않겠다고 했다. 종합병원에 응급 의사를 보내달라고 했는데 그도 오지 않았다. 병원에 다시 요청하자 안드레아스 바브루흐 교수를 보냈다. 원래 사제였던 그는 병원장 딸과 결혼하고 나서 유명한 병리학자가 되었다. 열성적인 첼리스트이기도 했던 바브루흐는 자신과 비슷한 나이에 본인이 심각한 상태임을 잘 아는 환자 베토벤을 돌본 상세한 기록을 남겼다. 바브루흐는 베토벤이 황달에 담즙질choleric | 히포크라테스

가 분류한 사람의 네 가지 기질 가운데 하나로, 화가 많고 공격적이고 진취적이다
—옮긴이│이며 배에 물이 들어차 있다는 것을 알았다. 그는 임시방
편의 치료를 하고 매일 방문했다. 베토벤의 동생을 불렀다. 조카 카
를이 그의 식사를 맡았다. 가정부 잘리는 그의 사생활을 보호해주
려고 했다.

크리스마스를 닷새 앞두고 바브루흐는 외과 의사를 데리고 와
방광에 도뇨관을 집어넣어 물을 빼내는 시술을 시켰다. 불편한 처
지였고 어림짐작으로 하는 일이었다. 오줌이 바닥에 흘러넘치자
베토벤이 농담을 했다. "교수님, 당신 모습이 지팡이로 바위를 내
려치는 모세 같군요." 극심한 통증에 시달리면서도 그는 유머와 여
유를 잃지 않았다.

마흔 권짜리 헨델 악보집이 런던에서 도착했다. "아직도 그에게
서 배울 게 있어!" 베토벤이 소리쳤다. 통증이 그의 가슴에서도 느
껴졌다. 바브루흐는 걱정이 되어 전문의들을 소집하여 회의를 열
었다. 그중에는 사랑하는 테레제의 삼촌 말파티 박사도 있었다. 말
파티의 제안으로 베토벤은 한증막에 들어가 땀을 뺐지만 좋아지
지 않았다. 뮌헨에서 〈피델리오〉 공연을 마치고 막 도착한 가수가
그에게 주니퍼베리 차를 끓여주었다. 런던의 필하모닉 소사이어티
에서 100파운드를 보내 치료비에 쓰도록 했다.

1827년 둘째 날 아침, 조카가 체코의 이흘라바라는 마을에 있
는 부대로 돌아갔다. 베토벤은 변호사를 불러 카를을 자신의 유일
한 상속자로 정한다고 했다.

아파트 문이 내방객들로 닫힐 틈이 없었다. 헌신적인 모리츠 리히노프스키 백작, 침울한 슈판치히와 그의 제2바이올리니스트 카를 홀츠, 테레제 말파티의 여동생 아나(베토벤은 그녀를 알아보지 못했다), 훔멜 부부, 슈트라이허 부부, 작곡가 휘텐브레너와 힐러, 슈베르트 등이 그의 대화록에 이름을 올렸다.

2월 27일, 의사에게 네 번째로 시술을 받고 나서 베토벤은 절망에 무릎을 꿇었다. "어떤 위로의 말도 그에게 힘이 되지 못했다." 바브루흐가 적은 말이다. "생명을 주는 봄 날씨가 찾아오면 그의 고통이 덜어질 거라고 내가 장담하자 그가 웃었다. '나의 날은 끝났소. 나를 도와줄 수 있는 의사가 있다면 그의 이름은 원더풀이라고 불릴 것이오!'" 그가 헨델의 〈메시아〉를 인용하면서 차분하게 받아들이자 의사도 급기야 눈물을 흘렸다. 이제 그가 할 수 있는 것은 없었다.

3월 16일, 바브루흐는 그에게 "시민과 종교에 의무를 다할" 시간이 되었다고 했다. 베토벤은 무슨 말인지 알아들었다. "사제를 부르시오." 휘텐브레너에 따르면 그는 마지막 의식을 마치고 나서 사제에게 감사의 말을 했고 "덕분에 마음이 편안해졌소"라고 했다고 한다. 한편 휘텐브레너는 카를의 어머니 요하나를 방에서 보았다고 했는데, 카를은 이런 주장에 반박하며 요하나가 아직 모르고 있었다고 했다(그녀가 마지막 침상을 지켰다는 이야기가 위키피디아에 나돈다). 슈베르트의 친구인 석판화가 요제프 에두아르트 텔트셔가 모퉁이에서 죽어가는 작곡가를 그렸다.

3월 20일, 베토벤이 훔멜에게 말했다. "나는 곧 저 위로 가게 될 거네." 그는 엘리자베트 훔멜에게 손수건으로 얼굴을 닦아줘서 고맙다고 했다. 그녀는 그의 머리카락 한 타래와 다른 물품들을 몰래 챙겼다. 변호사들이 도착하여 그의 유언장에 대해 트집을 잡았다. 3월 23일, 베토벤은 유언장의 문장을 명료한 다섯 행으로 줄였다. 오른쪽으로 휘어진 필체로 이렇게 적었다. "나의 조카 카를이 유일한 상속자이며 나의 재산은 그의 친족과 유언에 의한 상속자에게 갈 것이다. 빈, 1827년 3월 23일. 루트비히 판 베토벤." 카를은 모범적인 공무원이자 남편으로 다섯 자녀의 아버지로 살았다. 카를은 1858년 쉰세 살에 죽었다.

베토벤은 3월 24일에 의식을 잃었다. 3월 26일, 쉰들러와 게르하르트 폰 브로이닝이 묫자리를 보려고 베링 공동묘지로 갔다. 날이 어둑해지는 5시를 막 넘겼을 때 하늘이 열리면서 번개가 번쩍거렸다. 베토벤이 누워 있는 슈바르츠슈파니에르하우스로 서둘러 돌아왔을 때 그들을 기다리던 것은 "끝났다"는 말이었다. 동생 요한, 작곡가 휘텐브레너, 충실한 가정부 잘리가 그 자리를 지킨 유일한 인물이었다. 머리카락 타래를 챙긴 휘텐브레너는 전기 작가를 위해 베토벤의 마지막 순간을 윤색했다. "죽어가던 사람은 갑자기 휘텐브레너의 팔에서 고개를 들더니 자신의 오른팔을 힘차게 뻗었다. 마치 군대에 명령을 내리는 장군처럼. 하지만 한 순간일 뿐이었다. 팔은 도로 침대로 떨어졌고 그는 다시 쓰러졌다. 베토벤은 죽었다."

부검이 시행되어 간경변, 신장 손상, 중증 췌장염, 담석, 복부 팽만, 두개골의 체액 과다가 확인되었다. 어느 것도 단독으로는 직접적인 사망 원인이 아니다. 석고 데스마스크가 여러 개 만들어져서 팔렸다. 화가 요제프 단하우저가 죽은 베토벤을 스케치했다. 그는 살아 있는 마지막 모습이라고 주장했는데 거짓이다. 사라진 주권株券을 두고 소란이 벌어졌다. 요한 판 베토벤은 공황 발작을 일으켰다. 브로이닝이 서랍의 자물쇠를 열고 불멸의 연인의 편지와 브룬스비크 여인 한 명의 초상화와 함께 들어 있는 주권을 꺼내 보여주었다.

3월 29일 오후 3시, 루트비히 판 베토벤이 마지막 여행을 시작했다. 브로이닝은 군중 통제를 위해 군인들을 보내달라고 알저의 부대에 부탁해놓았다. 여덟 명의 카펠마이스터가 운구에 참여했다. 서른여섯 명의 음악가들이 횃불로 운구 행렬을 밝혔다. 관을 실은 마차가 성 트리니티 성당으로 향했고, 관악대가 피아노 소나타 작품번호 26의 장송행진곡을, 네 대의 트롬본이 세 곡의 에클레아 가운데 두 곡을 연주했다.

아홉 명의 사제가 예식을 집전했다. 성당에는 위험할 정도로 사람이 몰려 많은 친척들과 친구들이 군인의 제지로 들어가지 못했다. 벽과 샹들리에서 밀랍이 떨어졌다. 사제들은 이그나츠 폰 자이프리트의 〈리베라 메〉를 노래했다.

베토벤의 죽음으로 다들 슬픔에 잠겨서 음악에는 신경을 쓰지 못했다. 3월 26일 아침, 출판업자 토비아스 하슬링거는 베토벤이 동생 요한을 방문하러 갔을 때 '위령의 날'을 위해 작곡한 네 대의 트롬본을 위한 에클레아 악보가 편집되지 않은 채로 그냥 있다는 것이 생각났다. 하슬링거는 악보를 지휘자 자이프리트에게 주었다. 빈에서 손이 가장 빠른 편곡자였다. 과연 자이프리트는 열두 시간 만에 「시편」 51편에 나오는 〈미제레레〉 가사를 붙여 남성 합창단이 노래하는 대목과 트롬본 연주가 교대하는 식으로 편곡했다. 네덜란드 트롬본 연주자 세바스티안 켐너는 이렇게 말한다.

이 작품에는 초월적인 기묘함이 있다. 바로크 시대, 몬테베르디의 간소함을 가리키는 동시에 베토벤이 교향곡 8번을 작곡하면서 상상했던 불안한 소리도 담고 있다. 베토벤은 평소처럼 속임수를 쓰고 있다. 첫 번째 에클레아의 서두를 듣는 순간 주요 조성 D단조가 확인되지 않아 허를 찔렸다는 느낌이 든다. 첫 세 마디는 거의 A의 변격종지처럼 들린다. 그러니까 곡이 명확한 서두 없이 중간부터 시작하는 느낌이다.

트롬본은 교회 관습에서 천국의 트럼펫과 연결되어 세속의 삶의 연약함을 상기시킨다. 에클레아는 시민들이 세상을 떠난 친지들의 무덤을 찾는 위령의 날인 11월 2일, 빈의 묘지에서 계속 들을 수 있었다.

한 배우가 극작가 프란츠 그릴파르처가 쓴 추도사를 읽었다. "그리하여 그는 죽었지만 영원히 살게 될 것입니다." 정치인을 제외하고 이렇게 규모가 큰 장례식은 빈에서 유례가 없었다. 1만 명이 운집했다는 사람이 있고 2만 명이라고 하는 사람도 있다. 지나가던 사람이 군중의 노파에게 다가가 누구를 애도하는지 물었다. "모르세요?" 그녀가 소리쳤다. "음악가들의 장군이 죽었다고요."

$$\wr$$

18개월 뒤에 슈베르트가 그의 옆에 묻혔다. 후손이 없었던 두 사람의 무덤은 방치되었다. 그러다가 1863년 10월, 빈 악우협회가 두 작곡가를 파내고 다시 묻었다. 그 과정에서 베토벤의 두개골을 포함하여 유골 일부가 잘못 놓이게 되었다. 1888년 6월, 그의 유골은 슈베르트와 함께 빈의 중앙묘지로 옮겨졌다. 여기서 두 사람은 마지막으로 안치되었다. 불멸의 작곡가들을 위한 이 명예의 숲에 모차르트는 시신을 찾지 못해 기념비만 있다.

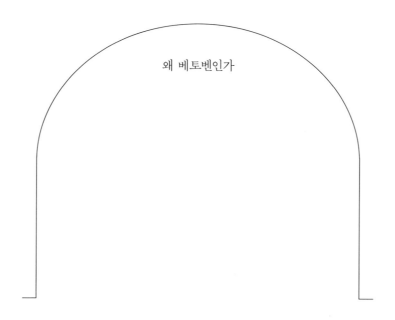

왜 베토벤인가

10여 년 전에 나는 미국 편집자와 랜덤하우스 도서관을 서성거리며 방금 마무리한 원고의 제목을 어떻게 정할까 고민했다. 공식적인 작곡가 전기도 음악 분석도 아닌, 그 둘에 다른 것이 섞인 모호한 책이었다. 서가를 돌다가 우리 중 한 명이 말했다. "왜 말러인가?" 그 순간 모든 것이 해결되었다.

왜 말러인가? 뜬금없이 던진 질문은 나를 빤히 노려보고 있었다. 살아생전에 손가락질을 당했고 이후 반세기 동안 아무도 찾지 않다가 다시 교향곡 논쟁의 주인공으로 올라선 작곡가는 그 말고는 없었다. 왜 말러인가? 자칭 "삼중으로 고향이 없는" 이 작곡가의 무엇이 거절과 과찬이라는 극단적인 반응을 일으켰을까? 인간과 음악 사이의 어딘가에 대답이 있는 것이 분명했다. 나는 이렇게 적었다. "구스타프 말러를 찾는다는 것은 우리가 이 좋은 세상에 잠 깐 머물면서 손에 넣을 가치가 있는 몇 안 되는 무언가를 얻는 것 이다."

그렇다면 왜 베토벤인가? 그에게는 정반대의 말을 할 수 있다. 음악 역사상 사람들이 천재성을 곧바로 알아보고 모든 작품을 영 속적으로 인정한 작곡가는 그 말고는 없었다. 다른 작곡가들은 기 껏해야 부분적인 찬사를 받았을 뿐이다. 요한 제바스티안 바흐의 오라토리오는 100년 동안 아무도 연주하지 않았다. 헨델의 오페 라는 두 세기 동안 거의 공연되지 않았다. 모차르트는 비록 오페 라는 인기를 얻었지만 교향곡과 협주곡은 불쏘시개로 사용되었 다. 아르투어 슈나벨의 비서인 페터 디아만드가 내게 해준 말인데, 1927년 모차르트의 피아노 협주곡 27번이 작곡가가 죽고 나서 대중 앞에서 처음으로 공개되자 다음 날 아침 클라우디오 아라우 가 토스카니니 대신 연락했다면서 곡이 괜찮은지 물었다고 한다. 아무도 위대한 작곡가의 모든 작품이 다 훌륭하다고는 생각하지 않았다.

슈베르트의 피아노 소나타는 수 세대 동안 무시를 당했다. 슈 만의 교향곡은 버린 작품이었다. 베르디의 오페라 몇 곡도 마찬가 지였다. 베토벤은 고전주의 낭만주의 작곡가 중에서 유일하게 처 음부터 끝까지, 그의 시대에서 우리 시대에 이르기까지 인정을 받 았다. 어째서 그럴까? 카리스마의 문제는 아니다. 그의 성격은 사 람들을 끄는 것 이상으로 사람들을 밀어냈다. 마케팅 문제도 아니다. 그가 음악회를 지나치게 많은 음악으로 꽉꽉 채운 것을 보면 어떻게든 음악회를 망치려고 애쓴 사람처럼 보인다. 베토벤은 체계적이지 못하다기보다는 음악적 혼돈을 고집스럽게 체계화한 사람이었다. 처음 듣고 그의 음악을 간파하기는 어려웠겠지만, 음악가들과 대중들은 남들보다 더 높은 수준에 있는 고귀한 음악임을 알아보았다.

　운 좋게도 베토벤에게 경쟁자가 없었다는 것은 사실이다. 로시니의 오페라와 하이든 말년의 작품을 제외하면, 그의 라이벌은 케루비니, 살리에리, 파가니니, 클레멘티, 훔멜, 휘텐브레너 정도였다. 그런 사람들 중에서 돋보이는 것은 쉬웠겠지만, 상트페테르부르크에서 필라델피아까지 음악 애호가들이 그의 천재성 앞에 의심 없이 고개를 숙였다는 사실은 의미심장하다. 그릴파르처의 추도사 "그리하여 그는 영원히 살게 될 것입니다"라는 구절은 베토벤이 영원불멸의 반석이라는 당시 사람들의 공감을 반영한 것이다.

　베토벤의 카리스마는 그의 음악에 있다. 모든 곡이 독특하게 잡아끌고 예기치 않은 것을 약속한다. 본인과 청자에게 그토록 한결같고 그토록 진지한 요구를 한 작곡가는 없었다. 아마추어든 프로페셔널이든 베토벤 4중주곡을 연주하려는 사람은 하이든, 슈베르트, 브람스, 버르토크, 쇼스타코비치를 연주하려는 사람과 다른 마음가짐을 갖게 된다. 베토벤은 더 많은 것을 요구한다. 그의 음악에도 즐거움이 있겠지만, 그 아래에는 우리가 샤르트르 대성당, 〈모나리자〉, 타지마할 앞에 섰을 때 느끼는 경외감이 있다. 베토벤을 경험하려면 더 높은 수준의 집중력이 필요하다.

그의 차별성은 그의 음악을 쉽게 건드리지 못한다는 사실로 드러난다. 그는 사실상 인용이 불가능한 작곡가다. 베토벤의 곡에서 파생된 것이 거의 없다. 그가 쓴 주제로 변주곡을 작곡한 로베르트 슈만, 막스 레거, 프란츠 슈미트는 대체로 실패했다. 〈웨스트 사이드 스토리〉에 나오는 "섬웨어"라는 곡은 베토벤의 〈황제〉 협주곡 2악장 선율에서 가져온 것이다. 레너드 번스타인은 자신이 우월한 부류임을 브로드웨이 청중에게 이렇게 드러냈다. 존 레넌의 노래 "비코즈"는 〈월광〉 소나타를 거꾸로 돌려 활용한다. 얼리샤 키스는 "할렘스 녹턴"에서 〈월광〉을 배경으로 활용한다. 빌리 조엘의 "디스 나이트"는 〈비창〉 소나타를 가져다 쓴다. 자크 루시에 트리오는 교향곡 7번 알레그레토 악장으로 재즈 변주곡을 연주한다. 하지만 그게 전부다. 베토벤처럼 견고하고 독창적인 작품에 견주기에는 하나같이 빈약하다.

그는 경험적으로 흉내 낼 수 없다. 누구도 교향곡 9번, 〈하머클라비어〉, 〈대공〉 3중주, 후기 4중주를 따라 하지 못했다. 드미트리 쇼스타코비치의 말년 작품이 종종 비교되곤 하는데 그것은 헌사다. 소비에트 작곡가가 그의 고통을 느낀다고 베토벤에게 전보를 보내는 것이다.

베토벤 없는 음악은 상상이 되지 않는다. 그는 음악을 배경에서 전경으로 끌어냈다. 그는 음악이 연주되는 동안 사람들이 잡담을 멈추고 듣도록 했다. 사람들은 집으로 돌아갈 때 곡조를 흥얼거리는 것이 아니라 작품에 담긴 사상을 생각했다. 그는 음악을 오락 이상으로 끌어올렸다. 그가 태어났을 때 독일 음악은 이탈리아 음악보다 열등하게 여겨졌지만, 다시는 그럴 일이 없었다. 우리 시대에 매달 온라인으로 소비되는 베토벤 음악은 700만 분分에 달한다.

베토벤은 셰익스피어, 다빈치, 미켈란젤로와 함께 서양 문명의 기둥을 이룬다. 자신의 예술에서 우뚝 솟은 존재다. 그의 초상화를 보면 강철 같은 눈빛이 당혹스럽게 느껴지겠지만, 위대한 예술가 중 그만큼 잘 공감하는 사람도 드물다. 그와 이름이 같은 철학자 루트비히 비트겐슈타인은 베토벤에게 강한 일체감을 느낀다. 본인의 정체성의 일면을 규정하려고 애쓸수록 더 깊이 이해한다. 1931년 3월 1일자 메모에서 비트겐슈타인은 이렇게 말한다.

베토벤은 철저하게 현실주의자다. 내 말은 그의 음악에 거짓이 없다는 뜻이다. 그는 삶을 총체적으로 바라보며, 그러고 나서 찬미한다. 그야말로 종교다. 종교적 묘사가 아니라. 그래서 진짜 고통을 겪는 자에게 위안을 줄 수 있다. 위로에 실패하고 원래는 이렇지 않아, 하고 말하지 않는다. 그는 아름다운 꿈으로 달래지 않는다. 영웅처럼 세상을 바라보며 구원한다.

베토벤의 행동은 불쾌할 때도 많았지만 그럼에도 존경을 자아냈다. 비트겐슈타인은 그가 하루 하고 반이 지나도록 식사도 않

고 작곡에 몰입하고 나서 성질을 부리는 모습을 묘사하면서 "과
연 그다운 행동"이라고 했다. 베토벤은 위대한 사상가들에게 영웅
이었다.

역경을 이겨낸 모범적인 사례로 베토벤만 한 작곡가는 없다. 말
러는 인종적 모멸에 배우자 부정에 고통스러운 질병까지 겪었지
만, 그런 그도 전쟁과 평화, 삶과 죽음에 일반적인 해결 방안이 되
지는 않는다. 베토벤은 청각 장애를 겪으면서 홍수와 화재, 폭탄과
기근, 질병과 역병을 돌파하고 나아가는 길을 제시했다. 코로나 대
유행에 고립되었을 때 나는 베토벤보다 나은 동반자를 상상할 수
없었다.

매일같이 사람들이 죽어갈 때 〈영웅〉이 없었다면, 장례식이 줌
으로만 이루어질 때 후기 소나타가 없었다면, 세상이 멈춰버려 글
쓰는 것이 소용없다고 느껴졌을 때 중기 소나타가 없었다면, 음반
과 온라인에 베토벤의 덜 알려진 작품들이 없었다면, 어떻게 내가
몸과 정신을 부여잡고 팬데믹을 견뎌냈을지 모르겠다. 왜 베토벤
인가? 그는 몽블랑산처럼 항상 그 자리에 있기 때문이다. 어떤 것
에도 휘둘리지 않으면서 언제라도 닿을 수 있는 존재로 거기 있다.
그는 인간의 필요와 고통을 표현하는 데 있어 실패를 모르는 작곡
가다. 생각하는 삶에는 어디든 베토벤이 필요하다.

코로나로 도시가 봉쇄되었을 때 나는 그의 다른 면모를 보게
되었다. 그가 고집이 세고 나쁜 친구에 간섭이 심한 형이고 실생활
에서 지저분하고 속수무책이라는 것을 알았지만, 그럼에도 그가

점점 좋아졌다. 음악으로 더 좋은 세상을 만들겠다는 그의 결의를 존경하게 되었다. 그는 이런 일을 하려고 세상에 내려왔다. 창작자인 그는 만물의 창작자에게 사명을 받았다. 우리는 최고의 존재를 위해 아껴둔 고마운 마음을 그에게 표한다.

이런 인식은 아주 중요하다. 우리가 사는 21세기는 역사적인 가치들이 다시 쓰이고 문화적 아이콘들이 쫓겨나는 시대다. 어떤 문화를 가리켜 다른 문화보다 앞서거나 뛰어나다는 말을 더 이상 하지 않는다. 공립학교 아이들은 쓰레기통 뚜껑을 박자에 맞게 두드리는 것이 바이올린으로 선율을 연주하는 것과 다르지 않다고 배운다. 미국 국립 오케스트라는 베토벤 전곡을 무대에 올릴 때 (그와 결코 동등하지 않은) 아프리카계 미국 작곡가인 조지 워커, 윌리엄 그랜트 스틸의 곡들과 나란히 연주한다. 오늘날 중요한 문화는 취소 문화cancel culture│논쟁이 되거나 가치관이 맞지 않는 유명인을 보이콧하는 문화—옮긴이│다.

백인성과 남성성을 문제 삼아 베토벤을 금지시켜야 한다는 요구가 있었다. 억눌린 자들의 목소리를 위한 공간을 마련하려면 그를 침묵시켜야 한다는 논리다. 머지않아 종신직 교수를 노리는 학자가 베토벤이 노예 매매를 한 회사 주식을 갖고 있었다는, 9번 교향곡에서 노래한 10대 가수들에게 자신의 입에 키스를 하도록 했다는, 미성년자에게 욕을 했다는, 백주 대낮에 공공장소에서 소변을 보았다는 증거를 들고 나올 것이다. 실제로 이런 주장 중 하나를 제외하면 모두가 사실이다. 베토벤에 대한 금지령은 현재의 기류로 보자면 『뉴욕 타임스』에 헤드라인으로 실릴 날이 머지않았다.

베토벤을 금지시킨다? 그러면 우리는 무엇을 잃게 될까? 베토벤을 지운다는 건 음악의 심장에 블랙홀을 남기는 것이다. 베토벤이 없으면 바그너, 베르디, 말러도 있을 수 없다. 니나 시몬, 마이클 잭슨, 존 윌리엄스도 없다. 얼래나, 리조, 저스틴 비버도 없다. 베토벤의 음악은 바이올리니스트 야샤 하이페츠에서 첼로를 연주한 에드 시런에 이르기까지 수많은 경력의 발판이 되었다. LA의 예토벤Yeethoven 프로젝트는 이렇게 말한다. "어디서 베토벤이 끝나고 카녜이 (웨스트)가 시작하는지 알아낼 수 있는지 보자!" 베토벤은 바위고 나머지는 먼지다. 그를 지우면 집이 무너진다.

음악의 집만 문제가 아니다. 인간은 특출한 것을 동경하는 욕구가 있다. 평등을 자랑하는 사회도 사람들이 우러러보는 우상이 있어야 한다. 그것이 정치인 레닌이든, 과학자 아인슈타인이든, 우주비행사 닐 암스트롱이든, 사업가 일론 머스크든, 배우 조지 클루니든, 농구선수 르브론 제임스든. 머스크는 자신의 자동차에 〈월광〉 소나타를 장착했다. 암스트롱은 달에서 교향곡 5번을 틀었다. 제임스는 경기를 "작곡"한다는 뜻에서 "농구의 베토벤"이라고 불린다. 저마다 나름의 방식으로 베토벤의 시혜를 입었다.

베토벤을 구하려는 전투가 앞으로 몇 년간 치열하게 벌어질 텐데 결과가 어떻게 될지 모르겠다. 논의의 조건이 바뀌었고 표현의 자유가 위축되어 공정한 싸움이 되기는 어렵다. 과거와 현재의 엘리트들이 그렇지 못한 이들을 모욕한 것을 두고 베토벤 같은 부류에게 화살을 돌리려는 사람들이 많다. 베토벤이 위기인 건 분명한 사실이다. 우리가 할 수 있는 것은 음악이 차이를 가져올 수 있는 사회적 상황에서 그의 음악이 삶의 질을 높일 수 있음을 보여주는 것이다.

어떤 음악이 가장 잘 보여줄까? 베토벤의 어떤 곡을 들어야 하는지 질문을 받을 때마다 나는 "당신이 어떤 사람인지에 달려 있다"고 말한다. 모든 예술이 모두에게 맞지는 않는다. 우리가 음악에 연결되는 것은 색에 연결되는 것과 같다. 당신이 가장 좋아하는 것은 나의 것과 다르다. 유독 내 마음을 움직이는 것이 있다. 베토벤을 이해하지 못하는 사람도 있다. 그와 연결되지 않는 것을 나는 충분히 이해하고 공감한다. 살면서 종종 나는 그의 소리의 강력함에 소외를, 심지어 위협을 느끼기도 했다. 그는 내가 부분적으로만 속하는 문화를, 내가 완전히 거부하는 규율을 대표하는 사람이었다. 내 세대는 "베토벤을 저리 치워" 하고 노래했다. 나는 곡을 통해 베토벤에 다가가는 법을 배웠다. 각각의 곡에서 내 마음을 끄는 대목을 찾기 시작했다. 삶의 현 시점에서 내가 가장 친밀하게 연결되는 곡은 바이올린 협주곡이다. 학대받은 아이가 어른의 세계에 맞서는 투쟁, 순수가 냉소에, 취약함이 힘에 맞서는 투쟁이다. 이 협주곡은 힘없는 자에게 정의를, 배제된 자에게 관심을 준다. 무엇보다 비포장도로를 걸어 먼지를 집으로 끌고 오는 고집불통의 천재에게 감사의 마음을 전한다. 이 까다롭고 놀라운 작품의 모든 마디에 베토벤의 발자국이 담겨 있다.

바이올린 협주곡은 갈등을 최대한 끌고 간다. 누구도 포로가 되지 않는다. 마지막 마디에 이를 때까지 싸움이 어느 쪽으로 결판 날지 알 수 없다. 지휘자는 서툰 심판이다. 믿을 수 없고 절대로 통제하는 법이 없다. 주인공들은 으르렁대거나 웃는다. 음악은 자원이 바닥날 때까지 50분 동안 주인공들을 앞뒤로 쥐고 흔든다. 끝나기 직전에 오케스트라가 황급히 물러나며 독주자에게 마지막 비명을 지를 기회를 준다. 바이올린은 승리감에 취해 상승 음계를 연주한다. 오선지의 정점에 오를 때 완전히 뜻밖에도 오케스트라가 마지막 두 음에서 요란하게 부서지는 파도를 날린다.

막판에 극적인 동점에 이른 것이다. 평등의 용인, 훌륭한 것에 대한 경의의 표현이다. 실제로 세상에 생명이 존재하는 한 우리가 보거나 듣게 되는 그 어떤 것보다 훌륭하다. 이 협주곡에는 패자도 승자도, 피해자도 복수자도, 탐욕도 원한도 없다. 음악의 클라이맥스 순간에 살아 있다는 기쁨, 가능한 모든 세상 가운데 최고를 경험한다는 기쁨이 터져 나올 뿐이다. 이것은 베토벤의 시그니처다. 끝없이 계속되는 창작의 영광에 그가 느끼는 무궁무진한 환희의 송가다.

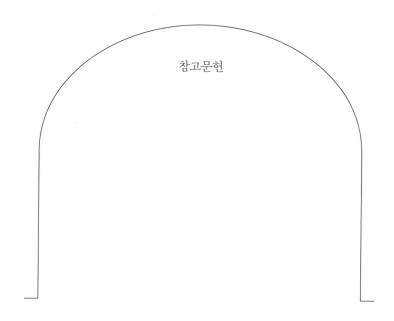

참고문헌

Alexander Thayer, *Life of Beethoven*. 1866년에서 1879년 사이에 독일어로 처음 발간되었다. 작곡가를 알았던 사람들의 증언과 그의 삶과 관련된 일차 자료들을 바탕으로 하고 있어서 지금도 기본적인 문헌으로 통한다. 여러 명의 수정을 거쳤고 가장 최근에 재출간된 것은 2015년이다.

Barry Cooper, *Beethoven Compendium* (1991). 작곡가의 삶에서 잘 알려지지 않은 일이나 사소한 인물들을 찾아보기에 특히 유용하다.

Maynard Solomon, *Beethoven* (1977)〔메이너드 솔로몬, 『루트비히 판 베토벤』 1·2, 김병화 옮김, 한길아트 2006〕. 정신분석에 바탕을 둔 전기로 논란이 많지만 여전히 읽을 가치가 있다.

Martin Cooper, *Beethoven: The Last Decade 1817-1827* (1970). 음악 분석이 훌륭하다.

Laura Tunbridge, *Beethoven: A Life in Nine Pieces* (2020). 읽는 재미가 있다.

Esteban Buch, *Beethoven's Ninth: A Political History* (1999). 참신하고 도^발

적인 내용으로 많은 생각을 하게 한다.

Edward Dusinberre, *Beethoven for a Later Age: Living with the String Quartets* (2016)〔에드워드 듀슨베리, 『새로운 세대를 위한 베토벤』, 장호연 옮김, 아트북스 2020〕. 현악 4중주의 행간으로 우리를 친밀하게 데려간다.

Charles Rosen, *Beethoven's Piano Sonatas: A Short Companion* (2002). 피아노 소나타에 관한 필수적인 문헌이다.

Jan Caeyers, *Beethoven, A Life* (2020)〔얀 카이에르스, 『베토벤』, 홍은정 옮김, 도서출판 길 2018〕. 최근의 연구 동향을 파악하기에 좋다.

그 밖에 인용된 책들

Theodor W. Adorno, *Quasi una fantasia* (1963).

Rukun Advani, *Beethoven Among the Cows* (1994).

Charles Barber, *Corresponding with Carlos* (2011)〔찰스 바버, 『지휘자가 사랑한 지휘자 카를로스 클라이버』, 김병화 옮김, 포노 2014〕.

Kurt Blaukopf, *Mahler* (1969).

Anthony Burgess, *A Clockwork Orange* (1962)〔앤서니 버지스, 『시계태엽 오렌지』, 박시영 옮김, 민음사 2022〕.

Jindong Cai and Sheila Melvin, *Beethoven in China* (2015).

Jonathan Carr, *The Wagner Clan* (2007).

E.M. Forster, *Aspects of the Novel* (1927)〔E. M. 포스터, 『소설의 이해』, 이성호 옮김, 문예출판사 1990〕.

Fred Gaisberg, *Music on Record* (1946).

Peter Gay, *Reading Freud* (1990).

Nadine Gordimer, *Beethoven Was One-Sixteenth Black* (2007).

Ronald Harwood, *Taking Sides* (1995).

Oliver Hilmes, *Franz Liszt* (2016).

John L. Holmes, *Conductors on Record* (1982).

Allan Janik, *Wittgenstein's Vienna* (1973)〔앨런 재닉·스티븐 툴민, 『비트겐슈타인과 세기말 빈』, 석기용 옮김, 필로소픽 2020〕.

Stephen Johnson, *How Shostakovich Changed My Mind* (2018)〔스티븐 존슨, 『쇼스타코비치는 어떻게 내 정신을 바꾸었는가』, 김재성 옮김, 풍월당 2019〕.

Bruno Monsaingeon (ed.), *Sviatoslav Richter: Notebooks and Conversations* (2001)〔브뤼노 몽생종, 『리흐테르: 회고담과 음악수첩』, 이세욱 옮김, 정원출판사 2005〕.

Theodor Reik, *The Haunting Melody* (1953).

Artur Schnabel, *My Life and Music* (1961).

E. Randol Schoenberg (ed.), *The Doctor Faustus Dossier* (2018).

Tom Stoppard, *Leopoldstadt* (2020).

John Tyrrell (ed.), *Intimate Letters: Leoš Janáček to Kamila Stösslová* (1994).

Bruno Walter, *Theme and Variations* (1946).

Elizabeth Wilson, *Mstislav Rostropovich* (2007).

Elizabeth Wilson, *Playing with Fire: The Story of Maria Yudina, Pianist in Stalin's Russia* (2022).

웹사이트

Robert Eshbach's Joseph Joachim website: https://josephjoachim.com/2014/10/20/about-this-site-3

The Emil Gilels Foundation: http://archiv.emilgilelsfoundation.net/en

The David Oistrakh website: http://oistrakh.ru/en/david_oistrakh/biography

The Association for Adorno studies: https://www.adornostudies.org

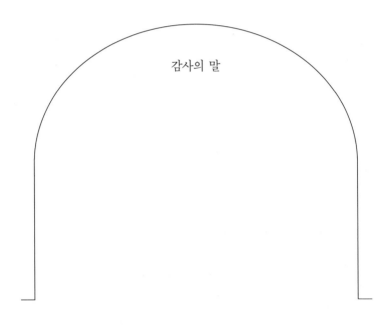

감사의 말

이토록 거대한 주제를 다루는 책이라면 평생에 걸쳐 대화하고 오래 산책하고 끝없이 듣고 쉼 없이 연구한 것을 바탕으로 하기 마련이다. 내가 제일 큰 신세를 진 사람은 가장 가깝고 가장 소중한 사람인데 이름을 밝히고 싶어 하지 않는다. 그럼에도 두 사람은 언급해야겠다. 나는 지금은 세상에 없는 누이 미리엄의 손에 이끌려 유치원에 가는 동안 처음으로 생각이라는 것을 하게 되었다. 어린 나를 헌신적으로 돌봐준 누이는 모든 것을 다 아는 것 같았다. 정보를 받아들이고 검증하고 상호 확인하고 검색하고 기억하는 법을 내게 알려주었다. 내가 평생 이룬 모든 것이 어떻게 보면 미리엄으로부터 시작된 셈이다.

또 한 명의 누이 비어트리스는 내가 이 책의 최종 원고 제출을 앞두고 있을 때 갑자기 세상을 떠났다. 이후 며칠 동안 생각해보니 우리는 그토록 오랜 세월을 지나면서도 한 번도 말다툼을 한 적이 없었다. 둘 다 의견이 강했지만 서로를 비판하지 않고 격려만 해주었다. 비어트리스의 전폭적인 지지는 내가 자신감을 갖고 전업 작가의 길로 들어서게 된 원동력이었다. 그 말을 누이 생전에 하지 못한 것이 못내 아쉽다.

베토벤의 생애 및 시대와 관련하여 빈 대학의 미하엘 로렌츠 박사로부터 많은 도움을 받았다. 그는 매그레 경감의 집요함과 에르퀼 푸아로의 직감으로 음악가의 출생, 결혼, 사망, 유언에 관한 기록을 추적하는 학자다. 그는 내가 존재하는지도 몰랐던 길들을 가리켜주었고, 다른 여러 베토벤 관련 도서에 나오는 실수를 반복하지 않도록 했다.

책 마지막 단계에서 이스라엘 편집자 쉬무엘 로즈너가 대단히 독창적인 두 가지 생각을 떠올렸다. 덕분에 이 책은 다른 모습이 되었다.

다음은 자신의 시간과 전문 지식과 우정과 도덕성을 아낌없이 베풀며 나의 연구를 도운 사람들이다.

빈: 질피아 카르글 박사, 알빈 프리스, 레나타 슈타르크포이트 박사, 볼프강 헤를레스 박사, 페터 폴툰, 게르하르트 슈트라스크슈반트너, 카린 회플러, 오스카어 힌터레거, 클라우디아 카프자머, 안드레 콤플로이, 안니나 미클과 고 펠릭스 미클, 고 쿠르트 블라우코프 박사와 헤르타 블라우코프 박사.

본/쾰른: 일로나 슈밀, 가브리엘레 실러, 고 조너선 카.

베를린: 틸 얀추코비치, 더글러스 케네디, 클레멘스 트라우트만, 키릴 게르슈타인, 고 헬무트 슈테른.

뉴욕: 클라이브 길린슨, 데버라 보다, 애덤 크레인, 마누엘라 횔터호프, 스티브 루빈, 팀 페이지, 앨런 코진, 제인 겔프먼, 마티 애셔, 라피 그룬펠드와 다니엘라 그룬펠드, 레나 캐플런, 고 길버트 E. 캐플런.

로스앤젤레스: 고 베티 프리먼, 어니스트 플라이슈만.

이스라엘: 아미르 만델 박사, 오데드 제하비, 예호수아 엥겔만, 모셰 칸, 요나단 칸, 브루리아 벤바루크, 단 야키르, 쉬무엘 로즈너, 예헤즈켈 베이니슈, 길리 하우슈너, 고 노암 셰리프, 그리고 요령과 좋은 취향을 발휘하여 젊었던 내가 오랫동안 미워했던 〈전원〉 교향곡과 화해하도록 도운 아비바 아스트라한.

그 밖에 피터 올워드, 블라디미르 아시케나지, 린 벤더, 이반 빈스톡, 고 해리슨 버트위슬, 톰 바우어, 데클런 카힐, 피터 도노호, 조지프 드웩, 이스라엘 엘리아, 톰 펠텀, 앤 포든, 존 길홀리, 프랑수아 지라르, 고 베르톨트 골드슈미트, 길리 하우슈너, 고 세포 하이킨하이모, 개빈 헨더슨, 고 타티아나 호프만, 스티븐 허프, 스티븐 이설리스, 고 마리스 얀손스, 와스피 카니, 더글러스 케네디, 고 마이클 케네디, 에스더 클래그, 기돈 크레머, 앤시아 크레스턴, 마이클 레이미, 로버트 란토스, 야이르 라피드, 슐로모 레빈, 일라이 레빈, 로버트 로, 후안 루커스, 조애나 매클, 피오나 매덕스, 고 네빌 매리너, 닐 맥그리거, 리보르 페셰크, 코스타 필라바치, 이레네 폴린스카야 박사, 대니얼 폴린, 고 주지 로보즈, 고 알비 로젠탈, 클라우디아 루벤스타인, 고 마이클 섀터 박사, 베라 시렌, 레너드 슬래트킨, 에드 스미스, 아예단 소라베 박사, 디콘 스테이너, 그레이엄 스튜어트, 루이스 수녠, 제이미 테일러, 아리아네 토드스, 발레리오 투라, 베로니카 웨들리, 엘리자베스 윌슨, 로저 라이트, 시몬 영, 셩 윈, 니콜라이 스나이데르.

나의 에이전트 빌 해밀턴보다 예민한 심성의 소유자이며 신중하게 설득하는 사람도 없다. 원 월드 출판사 편집자 샘 카터는 열의에 관한 한 올림픽 선수다. 내가 쓴 것이 자기 마음에 들면 환호하여 방 안을 환하게 밝힌다. 그들의 지지가 없었다면, 그리고 리다 바쿠아스의 세심한 교열과 온화한 문제제기가 없었다면 나는 이 책을 쓸 수 없었을 것이다. 앞서 언급한 모두에게 감사의 말을 전한다. 빠뜨린 사람이 있다면 재판본에서 언급할 것이다.

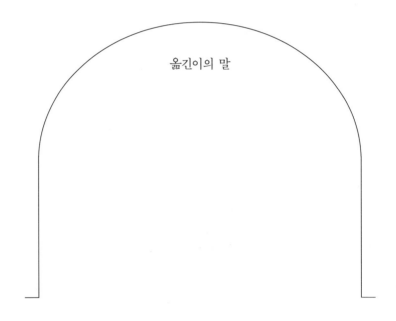

옮긴이의 말

노먼 레브레히트는 클래식 음악과 관련하여 글을 쓰는 해외 필자들 중 국내에 가장 널리 알려진 이름이다. 그의 이력에서 두 가지가 눈에 띈다. 하나는 클래식 음악 뉴스를 다루는 웹사이트 '슬립드 디스크'(https://slippedisc.com/)를 운영한다는 것이다. 전세계 클래식 음악 소식을 가장 빠르게 접할 수 있는 곳인데다가 한국 음악가들의 소식도 종종 올라와 국내 음악 관계자들이 자주 들르는 사이트다. 또 하나는 그가 내놓은 음악 외 저술들이다. 세계사에서 유대인들의 활약상을 다룬 근작 『천재와 불안』은 베스트셀러였고, 첫 번째 소설 『이름들의 노래』는 휘트브레드 문학상에서 데뷔 소설 부문을 수상했다. 이로써 검증되는 사실이 있으니 그가 저널리스트의 정보력에 작가에게 필요한 상상력과 통찰력까지 두루 갖춘 인물이라는 것이다.

그가 쓴 모든 글에서 이런 장점이 빛나지만 이 책에서 더 두드러져 보인다면 그것은 이 책이 무난한 구성을 취하고 있기 때문이다. 베토벤 음악을 주제로 짧은 글들을 엮어서 책 한 권을 쓰는 것은 클래식을 좀 들었다 하는 사람에게는 그리 어려운 일이 아니다. 가장 친숙한 음악일 테고 작품 수도 많고 하나같이 중요한 곡이고 음반도 많고 자료도 넘쳐난다. 음악을 좋아하는 이들에게 베토벤 음악은 공기와도 같은 것이어서 숨이 찰 때마다 그 존재를 의식하게 된다. 하지만 문턱이 낮다는 것은 뒤집어 말하면 주목받기 어렵다는 뜻이다. 또 베토벤이야, 하는 소리를 듣기 쉽다. 이런 구성으로 특별한 책을 쓰려면 남다른 능력이 필요하다. 나만이 아는 정보가 있어야 하고, 수많은 음반과 자료를 소화하여 자신의 관점으로 정리할 수 있어야 하고, 아울러 독자들에게 읽는 재미를 줘야 한다. 이것은 노먼 레브레히트가 가장 잘하는 분야다.

이 책에는 베토벤과 관련하여 거의 모든 것이 다 담겨 있다. 시시콜콜한 버릇과 식습관, 그가 앓았던 육체적 정신적 질병, 이제 슬슬 지겨운 불멸의 연인과 엘리제의 정체까지 인간 베토벤의 다양한 면모를 다루며, 예술가로서의 면모도 당연히 나온다. 또 하나의 축은 그의 음악을 연주한 사람들의 이야기인데, 베토벤 음악은 서양 음악의 기둥이나 마찬가지이므로 우리가 아는 거의 모든 연주자들이 다 나온다고 보면 된다. 이들만 따로 떼서 살을 붙이면 또 한 권이 나올 정도다. 그 외에도 정치, 인종, 젠더, 미학, 예술가와 비평가의 윤리까지 그가 건드리지 않는 분야가 없다. 그는 베토벤을 주제로 수많은 곁가지를 만든다. 여기에는 단순한 호기심을 충족시키는 조사 결과도 있고 머리가 지끈거리는 철학적 분석도 있다. 특히 나의 관심을 끄는 것은 그가 개인적인 사연을 음악에 곁들일 때다. 똑같은 곡이 저마다 다른 모습으로 사람들 마음속에 기억된다는 것은 항상 놀라운 일이다. 내가 미처 알아차리지 못한 곡의 또 다른 면을 보게 되니 소중한 경험이기도 하다.

앞서 무난한 구성이라고 했지만 글과 글을 잇는 흐름은 눈여겨 볼 만하다. 비록 독립적으로 쓰인 글들이지만 비슷한 성격의 곡들을 묶어놓았고 맥락을 고려하여 배치한 덕분에 하나의 에피소드가 끝나고 다음 에피소드로 넘어가는 흐름이 마치 자연스러운 드라마를 보는 듯하다. 그리고 모든 글들을 하나로 묶어주는 것이 있으니 바로 이 책 제목이다. 왜 베토벤인가. 레브레히트는 코로나 대유행 때 베토벤을 들으며 그 시기를 견뎌낼 수 있었다고 말한다. 전염병의 창궐로 사람들과의 연결이 다 끊어졌을 때 그는 음악가로서 치명적인 손실인 청각을 잃어 세상과 단절되었던 작곡가 베토벤을 떠올렸다. 그를 들으며 다시 연결될 세상을 머릿속에 그려보고 힘을 냈다. 베토벤의 인간적인 불완전함마저 그의 음악에 힘을 실어주는 요소였다. 그런 작곡가는 세상에 단 한 명이다. 그러니 베토벤이어야만 하는 것이다. 유일무이함, 대체 불가능함은 예술가에게 중요한 덕목이다. 그것은 글을 쓰는 사람도 마찬가지다.

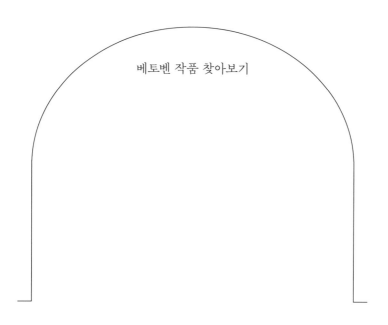

베토벤 작품 찾아보기